普通高等教育"十二五"国家级规划教材
普通高等教育"十一五"国家级规划教材

21世纪 经济管理精品教材 工商管理系列

服务营销

王永贵 ◎ 编著

清华大学出版社
北京

本书封面贴有清华大学出版社防伪标签，无标签者不得销售。
版权所有，侵权必究。举报：010-62782989，beiqinquan@tup.tsinghua.edu.cn。

图书在版编目(CIP)数据

服务营销/王永贵编著.—北京：清华大学出版社，2019(2022.8重印)
(21世纪经济管理精品教材·工商管理系列)
ISBN 978-7-302-51489-3

Ⅰ.①服… Ⅱ.①王… Ⅲ.①服务营销 Ⅳ.①F713.3

中国版本图书馆 CIP 数据核字(2018)第 246891 号

责任编辑：左玉冰
封面设计：李召霞
版式设计：方加青
责任校对：王凤芝
责任印制：丛怀宇

出版发行：清华大学出版社
网　　址：http://www.tup.com.cn, http://www.wqbook.com
地　　址：北京清华大学学研大厦A座　　邮　编：100084
社 总 机：010-83470000　　邮　购：010-62786544
投稿与读者服务：010-62776969, c-service@tup.tsinghua.edu.cn
质 量 反 馈：010-62772015, zhiliang@tup.tsinghua.edu.cn

印 装 者：三河市君旺印务有限公司
经　　销：全国新华书店
开　　本：185mm×260mm　　印　张：23.75　　字　数：542千字
版　　次：2019年1月第1版　　印　次：2022年8月第9次印刷
定　　价：69.00元

产品编号：078416-04

序　言

伴随着产品主导逻辑向服务主导逻辑的转变，顾客角色也在经历着动态的演化：从被动的接受者向主动的选择者、共同生产者、价值的共同创造者和能力的共同开发者转变。如何通过更优异的服务营销来提高顾客的满意度和忠诚度，进而提升顾客资产的价值，并最终提升企业的财务绩效，已经成为企业界和学术界共同关心的战略问题。在移动互联网、大数据、人工智能与数字经济飞速发展的今天，无论是在制造企业中，还是在服务企业中，服务已经成为竞争优势的重要源泉。而且，以学科交叉与创新为特点的服务营销正吸引着人们越来越多的注意力。作为一门茁壮成长的学科，服务营销在发展过程中，被人们所关注的重心也经历了从服务的界定、服务营销的概念、服务质量、服务生产到服务价值，再到顾客知识和服务主导逻辑的演进历程。

本书以顾客价值感知、价值锁定、价值创造与交付以及价值提升为主线，以服务经济和消费经济时代的来临为大背景，以服务业的蓬勃发展和服务在企业竞争力提升中的战略作用为起点，从深入剖析服务的内涵及其本质特征入手，系统地阐述了服务营销与传统的市场营销之间的区别和联系，论述了服务营销的相关理论，重点总结和探索了企业从事服务营销与管理的核心问题及流程，并在总结国内外成功服务营销与管理实践的基础上，系统地介绍了服务中的消费者行为、顾客需求的管理以及关系营销在服务营销中的有效运用等问题，剖析了服务营销战略和服务市场细分等关键问题，透视了服务产品的开发与交付流程。同时，还紧紧抓住服务营销中的三个独特要素——有形展示、服务人员和服务流程展开了讨论，进而结合中国企业的实际情况，分别阐述了服务产品、服务定价、服务渠道、服务沟通与服务展示、服务质量以及服务失败和服务补救等重要问题。最后，为适应企业实践的最新要求和国外有关服务市场营销的最新热点，本书还重点介绍了服务生产率的相关概念及其关键影响因素，从而为企业更好地考评服务营销与管理的实施效果提供了标准、方法和工具。

在本书的写作过程中，与2007年出版的教育部"十一五"规划教材《服务营销》（北京师范大学出版社）和2008年出版的《服务营销与管理》（南开大学出版社）相比，在逻辑推理和文字表述中，编者力求在精练性、清晰性、通俗性和易懂性等方面更进一步。同时，从格式编排的角度看，除了每章开头准确阐述学习目标以外，还在正文之后增加了本章小结、关键词汇、复习思考题、本章案例、即测即评和补充阅读材料，既有利于学员把握每章学习的主要内容，也有利于激发学员的兴趣，更有利于授课教师的备课、讲授、复习和测评授课效果。在本书的编撰过程中，我们也借鉴了不少业内的优秀文献与资料。尽管我们力尽所能与作者取得联系，但仍有一些未取得联系的作者，请相关作者见书后与我们联系，以便我们支付相应的报酬。对于这些优秀的作者，我们再次表示诚挚的谢意。

此外，在本书的修订过程中，对外经济贸易大学英语学院的学生朱在芝（第1～4章）、国际商学院的孙启涵（第5～6章）、张天翼（第7～9章）、冯思博（第10～11章）、王璐（第12～15章）以及编者的博士生胡宇（通校全书）从事了大量的初期整理和修订工作。没有他们的努力，本书今天是无法与读者见面的。

本书不仅适合作为国内各高等院校市场营销专业和其他经济与管理类本科生与研究生的教材，而且还可供有志于从事工商管理实践的中高层管理人员和市场营销人员以及大专院校从事市场营销研究工作的学者参考之用。

鉴于时间和编者水平有限，书中不当之处在所难免，在此诚恳地希望读者和同行不吝赐教，以便再版时得以修正和提高。

王永贵
2018年6月于惠园

本书作者王永贵教授倾力奉献
"服务营销"慕课（MOOC）

- 本课程被教育部高等学校电子商务类专业教学指导委员推荐为"优质慕课"
- 本课程被教育部高等学校工商管理类专业教学指导委员评定为"金课"
- 本课程2020年中国大学MOOC（慕课）第三期选课人数超10000人，被全国近80所高校列为疫情期间的优质慕课课程
- 本课程在中国大学MOOC（慕课）三期累计选课人数22630人，评分4.8分
- 本课程在智慧树平台定向限制选课10000余人，受到企业界人士的广泛好评
- 相关课程获教育部批准为国家级精品视频公开课

课程简介

商场风云变幻，市场群雄争锋。顺应趋势、引领市场、贴心服务、关注需求、共创价值，永远是企业长青和个人成就的领先之道。

与传统的市场营销课程不同，"服务营销"课程强调市场细分、目标市场选择和市场定位（STP）以及基于产品、定价、渠道、促销（4P）的市场营销组合方案，更强调服务的特殊性以及服务营销组合中的新3P——人员、流程和有形展示；本课程既强调传统的价值创造、传播和交付，又强调顾客体验的设计、打造和分享以及顾客的期望与感知，更强调服务与利润的关系，乃至顾客资产的经营。本课程既包括服务企业的服务营销，又包括制造企业的服务营销。在服务主导逻辑范式日益被关注和当今服务经济时代下更是如此。

"服务营销"课程就是这样一门课程，其主要包括以下三个部分：基础篇（课程导论、服务营销攻略、服务期望与感知），专题篇（服务环境、服务流程、服务员工、客户关系、服务补救、服务创新六个核心专题）和理论篇，共计10章。本课程将与您一起开启顾客体验之旅，与您共同探索服务创造价值（体验）、传播价值（体验）、交付价值（体验）和分享价值（体验）的科学与艺术，全方位解密服务营销之道、洞察顾客需求之法、引领价值共创之路、打造卓越体验之旅、助力未来发展之巅，带您迈入事业与职业的成功殿堂。

本课程可通过登录中国大学MOOC（慕课）或扫面下方二维码进行深度学习。

目　录

第一篇　概　述

第一章　服务、服务经济与服务营销 ··· 2
　　第一节　服务经济与服务产业的崛起 ·· 2
　　第二节　服务的内涵与服务营销的演进 ··· 6
　　第三节　服务的类型与服务包 ··· 16
　　本章小结 ··· 23
　　关键词汇 ··· 23
　　复习思考题 ·· 24
　　本章案例 ··· 24
　　即测即评 ··· 25
　　补充阅读材料 ·· 25

第二章　服务营销及其组合 ·· 26
　　第一节　服务营销与产品营销的比较 ··· 26
　　第二节　服务营销组合 ·· 28
　　第三节　服务营销三角形与服务营销价值链 ·· 32
　　本章小结 ··· 37
　　关键词汇 ··· 37
　　复习思考题 ·· 37
　　本章案例 ··· 37
　　即测即评 ··· 39
　　补充阅读材料 ·· 39

第二篇 感 知 价 值

第三章 服务中的消费者行为 ... 42
- 第一节 消费者行为与消费者类型 ... 42
- 第二节 服务购买流程与决策模型 ... 52
- 本章小结 ... 56
- 关键词汇 ... 56
- 复习思考题 ... 57
- 本章案例 ... 57
- 即测即评 ... 58
- 补充阅读材料 ... 58

第四章 顾客期望与需求管理 ... 59
- 第一节 顾客期望的内涵与类型 ... 59
- 第二节 顾客期望管理 ... 62
- 第三节 顾客需求管理 ... 71
- 本章小结 ... 85
- 关键词汇 ... 85
- 复习思考题 ... 86
- 本章案例 ... 86
- 即测即评 ... 87
- 补充阅读材料 ... 87

第五章 服务的顾客感知 ... 88
- 第一节 服务接触中的顾客感知 ... 88
- 第二节 服务质量管理与顾客感知 ... 92
- 第三节 顾客满意与顾客价值 ... 100
- 本章小结 ... 105
- 关键词汇 ... 105
- 复习思考题 ... 106
- 本章案例 ... 106
- 即测即评 ... 107
- 补充阅读材料 ... 107

第三篇 锁 定 价 值

第六章 服务导向战略 ... 110
- 第一节 服务导向与服务价值主张 ... 110
- 第二节 服务营销战略规划 ... 119

  第三节 服务营销战略选择 ································· 124
  本章小结 ··· 142
  关键词汇 ··· 142
  复习思考题 ··· 143
  本章案例 ··· 143
  即测即评 ··· 144
  补充阅读材料 ··· 144

第七章 服务市场细分与定位 ································· 145
  第一节 服务市场细分与选择 ································· 145
  第二节 服务市场定位的内涵与原则 ····················· 153
  第三节 服务市场定位的层次与步骤 ····················· 155
  本章小结 ··· 167
  关键词汇 ··· 167
  复习思考题 ··· 168
  本章案例 ··· 168
  即测即评 ··· 169
  补充阅读材料 ··· 169

第四篇 创造与交付价值

第八章 服务产品管理 ··· 172
  第一节 服务产品与服务设计 ································· 172
  第二节 服务品牌管理 ··· 184
  本章小结 ··· 189
  关键词汇 ··· 189
  复习思考题 ··· 189
  案例分析 ··· 190
  即测即评 ··· 191
  补充阅读材料 ··· 191

第九章 服务定价管理 ··· 192
  第一节 服务定价面临的特殊性问题 ····················· 192
  第二节 服务定价方法 ··· 200
  第三节 服务定价策略、技巧与问题 ····················· 204
  本章小结 ··· 211
  关键词汇 ··· 211
  复习思考题 ··· 212
  本章案例 ··· 212

	即测即评	213
	补充阅读材料	213

第十章 服务渠道管理 … 214
第一节 服务渠道的基本问题 … 214
第二节 企业在服务交付中的角色 … 220
第三节 经由中间商和电子分销渠道交付服务 … 224
本章小结 … 236
关键词汇 … 236
复习思考题 … 236
本章案例 … 236
即测即评 … 238
补充阅读材料 … 238

第十一章 服务沟通与服务展示 … 239
第一节 服务沟通 … 239
第二节 服务促销 … 247
第三节 服务展示与实体环境 … 255
本章小结 … 265
关键词汇 … 266
复习思考题 … 266
本章案例 … 266
即测即评 … 268
补充阅读资料 … 268

第十二章 服务流程管理 … 269
第一节 认识服务流程 … 269
第二节 服务蓝图及其应用 … 271
第三节 服务流程设计与再造 … 277
本章小结 … 286
关键词汇 … 286
复习思考题 … 286
本章案例 … 287
即测即评 … 288
补充阅读材料 … 288

第十三章 服务员工管理 … 289
第一节 服务利润链理论 … 289
第一节 服务员工管理与内部营销 … 293
第三节 服务员工授权 … 298
第四节 服务员工绩效、激励与文化 … 301

本章小结 ··· 307
　　关键词汇 ··· 307
　　复习思考题 ··· 307
　　本章案例 ··· 308
　　即测即评 ··· 309
　　补充阅读材料 ··· 309

第五篇　提升价值

第十四章　顾客服务与顾客关系 ··· 312
　　第一节　顾客服务与关系营销 ··· 312
　　第二节　顾客关系管理及其实践误区 ··· 317
　　第三节　超越顾客关系管理 ··· 327
　　本章小结 ··· 330
　　关键词汇 ··· 331
　　复习思考题 ··· 331
　　本章案例 ··· 331
　　即测即评 ··· 332
　　补充阅读材料 ··· 332

第十五章　服务失败与服务补救 ··· 333
　　第一节　服务失败 ··· 333
　　第二节　顾客对服务失败的反应 ··· 337
　　第三节　服务补救 ··· 343
　　本章小结 ··· 352
　　关键词汇 ··· 353
　　复习思考题 ··· 353
　　本章案例 ··· 353
　　即测即评 ··· 354
　　补充阅读材料 ··· 354

中文文献 ··· 355
英文文献 ··· 359

第一篇 概 述

人类社会在经历了前工业化社会和工业化社会阶段之后,已经迎来了后工业化社会阶段。显然,在后工业化社会里,出现了一系列不同于以前社会阶段的新现象、新特征、新规则。其中,服务及其所带来的深远影响,不得不令人深思。

第一章 服务、服务经济与服务营销

当今社会里,服务对每个组织和部门都变得十分重要。不管是服务公司、生产企业、非营利性组织,还是公共部门,都不得不学会如何应付新经济的挑战——服务社会的来临。本章围绕服务经济的背景,概要性地阐述了服务的内涵、特性、分类、服务营销学的发展以及服务特性对营销的启示。可以说,这些内容是服务市场营销的研究基础。本章的学习目标主要为:

学习目标
- 了解服务的内涵和特征及其与有形商品的异同
- 熟悉服务营销学和服务经济的发展历程
- 了解服务业的分类及其营销启示
- 掌握服务包的概念

第一节 服务经济与服务产业的崛起

社会的发展大体上可以分为前工业化社会、工业化社会和后工业化社会三大阶段。[①] 在后工业化社会阶段,出于工业化进程的需要、人口的增加和物质产品的大量消费以及人们对文化生活需求的增加,导致了服务业的空前发展和繁荣。

一、服务经济与经济发展

顾名思义,所有与服务有关的经济元素或经济体都可以称得上服务经济。与工业经济相比,服务经济像一个初出茅庐的婴孩,它的历史才不过半个世纪。不过,由于服务经济发展迅猛,它很快就在人类的社会经济生活中扮演起十分重要的角色。

美国社会学家丹尼尔·贝尔(Daniel Bell)的人类社会发展三阶段理论认为:人类社会发展可以分为三个阶段,即前工业化社会、工业化社会和后工业化社会。后工业化社会是该理论的核心,其首要特征就是后工业化社会是一个服务社会,服务是社会基础,财富的来源不是体力、能源,而是信息。同时,他还认为,服务经济的发展并非在后工业化社会才首次出现,作为一个整体,它在经济发展的三个时期都有发展。服务业的发展历程可以分为:个人服务和家庭服务→交通通信及公共设施→商业、金融和保险业→休闲性服务业和集体服务业。

虽然通常认为服务业属于第三产业的范畴,它与第二产业的工业是对立的,但随着社会的不断发展,二者的界限越来越模糊,现代的工业与传统的工业不同,生产活动中的服务成分大大增加,服务与生产的关系也密切了许多。服务已经逐渐成为生产型企业中的重

---

① [美]丹尼尔·贝尔. 后工业社会的来临——对社会预测的一项探索 [M]. 高铦,等译. 北京:商务印书馆,1984.

要元素，在日常经营活动和市场竞争中越发显得重要。

服务经济在整个社会经济中的地位也在不断发生变化。实际上，自20世纪中叶以来，以服务业与服务贸易为主要内容的服务经济迅速崛起，以美国为代表的许多发达国家就已经从工业经济时代过渡到服务经济时代。这些国家经济的发展已经建立在其强大的服务业基础之上。例如，1951年，美国制造业占GDP（国内生产总值）的比重为27.90%，到了2017年，这个数字已经逐渐降低至11.60%，而人均个人消费在服务上的支出占人均GDP的比率由1951年的24.12%增长到46.93%。由此可见，服务业已经成为经济发展最为强劲的增长点。发展中国家的情况也是如此，以中国为例，自改革开放以来，随着中国经济的持续快速发展，服务业规模不断扩大。中国服务业增加值年均增长10%，占GDP的比重由1978年的23.7%提高到2017年的51.63%，服务业占全社会就业人员的比重由12.2%上升为2016年的43.50%。服务业已成为国家吸纳就业的主渠道，不仅是经济增长的重要推动力量，而且对于扩大就业、提高人民生活水平发挥了重要作用。可以说，全球经济正呈现出逐渐服务化的趋势，服务经济慢慢地取代工业制造业这些传统的经济主体，在全球经济当中占据着越来越重要的地位，成为经济舞台的主角。由此可以看出，服务的元素在社会中扮演着越来越重要的角色。无论是政府、企业还是个人，都愈加重视服务，服务已经逐步渗透到各个层面，成为我们今后生活和工作的主旋律。或许在21世纪，我们最常用的口号就是——服务、服务，还是服务！①

二、21世纪的服务产业

18世纪60年代和19世纪70年代的两次工业革命给人类的生活方式带来了巨大的变化，生产力和生产水平得到了前所未有的提高，促进各个国家的经济迅速发展。这两次工业革命形成了依靠先进的科学技术和大机器设备的工业产业，自那以后，工业成为许多国家国民经济的重要组成部分，社会物质变得非常丰富，极大地提高了人民的生活水平。到了20世纪50年代，科学技术的继续进步推动了社会生产力和物质文明的加速发展，许多国家的经济结构发生了转变，很多人已经不再满足于物质上的享受，转向更高层次的精神追求。在这个背景下，从表1-1可以看出，在主要发达国家和发展中国家，服务业（第三产业）均对GDP的增长产生了较为积极的贡献，服务业开始在各个产业中逐步占据主导地位，大有取代农业和工业的趋势。

表1-1　主要发达国家/发展中国家服务业（第三产业）对GDP的贡献率（2015年）　　%

国家/地区	贡 献 率	国家/地区	贡 献 率
美国	82.3	俄罗斯	69.1
加拿大	156.7	巴西	57.5
英国	87.2	墨西哥	82.8
法国	91.7	南非	93.2

① 本段数据来源于Wind数据库检索，相关变量指标包括G1107320、G1138028、G1138021、M0001395、M001400、M0024160。

续表

国家/地区	贡 献 率	国家/地区	贡 献 率
德国	67.9	波兰	45.8
意大利	52.5	韩国	73.3
荷兰	89.9	菲律宾	65.2
澳大利亚	74.8	巴基斯坦	68.2
中国	54.1	马来西亚	62.8

资料来源：世界银行 WDI 数据库，3-13，Share of Contributions of the Three Strata of Industry to the Increasw of GDP.

根据 OECD（经济合作与发展组织）的数据，许多发达国家服务业在国家经济中所占的比重已经接近或超过 70%，服务业虽然起步较晚，但却已经成为现代社会经济体中不可或缺的、极其重要的一部分，而工业制造业的比重却在逐渐下降。服务业的飞速发展，不仅加快了经济的增长，对于社会就业率、经济结构的优化、劳动生产率的提高等诸多方面都有正面的影响。随着技术的飞速发展，互联网正在逐渐成为推动服务产业转型升级的重要因素，请参阅资料卡 1-1。

资料卡 1-1　　"互联网+"与服务业升级

随着互联网、移动互联网与各行业的深度融合，消费互联、产品互联正在逐步向产业互联发展。"互联网+服务业"已经成为当下服务产业转型的热点，也是各个企业、投资机构的必争之地。

从定义上来看，"互联网+服务业"是由传统服务业与互联网结合发展的产物，属于新兴交叉行业。"互联网+服务业"是互联网思维和服务经济相结合的一种新型业态，同时也推动着服务产业的升级与扩张。互联网在服务业的应用领域主要包括与电商相关的交通运输、仓储和邮政业、住宿和餐饮业、金融业、房地产业、租赁和商务服务业、文化、教育和娱乐业。

在移动互联网成为城市的基础设施、智能手机和智能终端大量普及的条件下，丰富的数据给服务行业带来了很大的便利。"互联网+"对于服务业的影响主要体现在六个层次，即终端互联、数据交换、动态优化、效率提升、产业变革和社会转型。具体表现为：智能终端完成了人与人、人与物、物与物、人与服务的实时链接，而云计算、大数据挖掘使得终端形成的数据能够被实时交换、计算和分析形成解决方案，进而将数据转化为实际生产力。基于以上模式的不断迭代、演进与优化最终会带来服务效率的提升进而带动产业变革。产业变革最终体现为生产力的增强，进而提升国民经济水平和人民生活水平。

资料来源：根据"腾讯研究院，互联网+服务行业解读（2016），网址 http://www.tisi.org/4486（2018年6月5日访问）等资料编写。

三、中国的服务业

上面的内容向我们展示了服务产业这个后起之秀迅猛的发展势头以及它对社会经济发展的不可取代的促进作用，这让我们不得不对它另眼相看。对于中国来讲，是不是也存在这样的情况呢？中国的服务业发展趋势究竟如何，是不是前途一片光明呢？

实际上，和世界许多国家一样，中国的服务业在 20 世纪后期也经过了快速的发展。尤其是在改革开放以后，中国服务业的发展更是日新月异。在 1978 年我国改革开放之初，国内服务业产值仅有 905.10 亿元，占 GDP 的比重仅为 24.60%；在经济快速发展了近 40 年之后，2017 年我国服务业产值已达到 427 031.50 亿元，在国民生产总值中的比重已经达到 51.63%，如图 1-1 和图 1-2 所示。

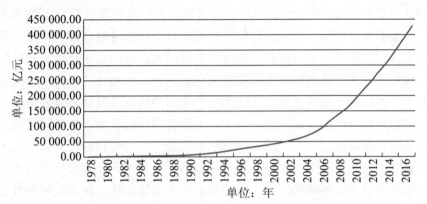

图 1-1　1978—2017 年中国服务业（第三产业）产值增长情况

资料来源：Wind 数据库。

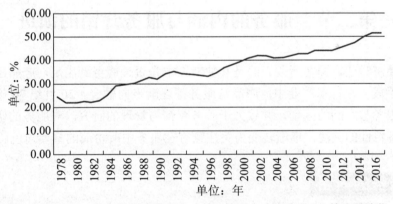

图 1-2　1978—2017 年中国服务业（第三产业）占国家 GDP 的比重演化

资料来源：Wind 数据库。

具体而言，中国服务业的发展，主要表现在三个方面[①]：一是规模扩大、比重提高，对国民经济增长贡献率提高。从 1978 年到 2004 年，服务业的产值增长了 50 倍，并且高于同期 GDP 增速。从 1978 年到 2017 年，服务业的产值增长超过 470 倍，并且高于同期 GDP 增速。二是服务业已经成为吸纳就业的主要渠道。从 1978 年的 4 890 万人猛增到 2016 年年底的 33 757 万人，净增加从业人数 28 867 万人，约是同期第二产业净增加就业人数的两倍，充分体现了服务业就业弹性高的特点。三是服务业的竞争力在不断增强。在

---

① 欧新黔.中国服务业发展报告 [M].北京：经济出版社，2004：3-4；王永贵.服务营销 [M].北京：北京师范大学出版社，2007.

中国加入世界贸易组织十几个年头之后，随着外资服务企业的大量涌入，中国的银行业、电信业、保险业和零售业等重要服务产业的综合竞争实力显著增强，涌现出一批颇有竞争力和强劲成长势头的绩优企业。

服务业的兴旺发达是我国经济持续快速健康发展的有力佐证，从国家经济产业发展水平的层面上来看，服务业的高质量发展对于优化产业结构、提高产业竞争力、扩大就业、改善人民生活，实现城乡、区域、经济、社会、环境，以及国内发展与对外开放协调发展都起到了十分重要的作用。随着经济全球化的进程以及中国加入WTO（世界贸易组织），我国服务业面临着全世界服务企业的竞争，接受来自全球的各路高手的挑战。我国幅员辽阔、人口众多，加之随着中国改革开放的逐步推进，人民生活水平有了大幅度提高，因此我国的服务业市场巨大，这早已成为诸多跨国企业垂涎三尺的大"蛋糕"，这是我国服务业在未来所面临的机遇，如何开发这片沃土成为今后中国经济发展的重要命题。为了全民建设社会主义和谐社会，提高人民生活水平，全面建设小康社会，党和国家提出了"加快发展现代服务业，提高第三产业在国民经济中的比重"的战略目标，党的十九大报告中提出了"支持传统产业优化升级，加快发展现代服务业，瞄准国际标准提高水平"，因此，我国将继续加大对服务业领域的投资、建立健全相关法律法规、树立良好的投资环境、加快技术创新，积极投入全球竞争中去，这是我国服务业面临的环境。

第二节　服务的内涵与服务营销的演进

在服务经济时代，顾客所关心的是其独特需求是否最终得到满足，产品已从最终目的变为了一种手段。在许多产业中，产品与服务都逐渐走向融合。20世纪70年代起，学者们开始关注服务与产品的区别，并致力于服务营销与管理的研究。对服务的研究也经历了从早期对服务特性的关注，逐渐转变为关注顾客在服务中所扮演的重要角色。

一、服务的内涵

那么，服务究竟是什么呢？尽管一直和我们"相处"，可要准确地阐述它的定义，恐怕并不是一件简单的事。在生活中是如此，在企业界和学术界也是如此。实际上，自从人们认识到服务的存在以来，对其界定和认识的争论就从来没有停止过。从不同的角度、不同的立场、不同的背景来看待它，往往会得出不一样的结果。在《现代汉语词典》里，服务的界定是这样的："为集体（或别人）的利益或为某种事业而工作"。这是服务的一般性概念，它涵盖了服务所指的一切内容，凡是工作的目的不是"为己"的行为，都属于这个范畴。从经济学的角度来讲，它是与有形商品相对应的一个概念，商品和服务都能够给别人带来使用价值。但不同的是，商品通常表现为不同形式的具体事物，而服务则是以各种活动的形式出现的。从动词来看，生产和服务是一对概念，商品是人们用劳动生产出来的有形物体，而服务则是劳动所提供的无形形态。可以说，迄今为止，对"服务"一词的界定和理解，无论是经济学领域的专家，还是营销学领域的专家，都没有形成一致的共识[①]。下面就列举一些学者有关服务的界定，供读者体味，请参阅资料卡1-2。

资料卡1-2　　　　　　　几个关于服务的界定

马克思（Marx）：服务这个名词，一般地说，不过是指这种劳动所提供的特殊使用价值，就像其他一切商品也提供自己的特殊使用价值一样；但是这种劳动的特殊使用价值在这里取得了"服务"这个特殊名称，是因为劳动不是作为物，而是作为活动提供服务的……

美国市场营销协会（AMA）（1960）：服务是可独立出售或与商品共同出售的一些行为、利益或满足。

W.里根（W.Reagan）（1963）：服务代表着能够直接产生满足感（如运输、住宿）的无形物，或是与其他产品或服务（如信用、送货）一道购买并共同产生满足感的无形物。

布罗伊斯（Blois）（1974）：服务是一种供出售的能产生利益和满足的活动，这些活动不会导致以商品形式出现的物理性变化。

W.J.史丹顿（W.J.Stanton）（1974）：服务是可以明确加以分辨的、无形的活动，如果将其提供给消费者或制造业用户，能够满足其需求；服务未必与产品或其他服务的销售相关。

希尔（Hill）（1977）：一项服务生产活动是这样一项生产活动，即生产者的活动会改善其他一些经济单位的状况。一方面，这种改善可以采取消费单位所拥有的一种商品或一些商品的物质变化形式；另一方面，改善也可以关系到某个人或一批人的身体或精神状态。随便在哪一种情形下，服务生产的显著特点是生产者不是对其商品或本人增加价值，而是对其他某一经济单位的商品或个人增加价值。

安德森（Anderson）（1983）：服务是直接或间接付费后所获得的任何无形的好处，服务常包括或大或小的物理或技术性的构成要素。

科特勒（Kotler）（1983）：服务是一方给另一方提供的一种无形的行为或利益，它不会导致任何所有权的转移，它的生产（提供）流程可能会与物质产品相联系，也可能不与它们相联系。

格罗鲁斯（Gronroos）（1990）：服务是一种或一系列在一般情况下体现为无形本质的行为，这些行为发生在顾客与服务供应商有形资源或商品或服务提供系统之间的相互影响的流程之中，它们能为顾客解决某种问题。

资料来源：根据肖祥辉，李忠民.服务经济理论研究述评[J].重庆工商大学学报（西部论坛），2005，15（4）：69-70；朱欣民.西方企业服务管理方略[M].成都：四川大学出版社，1996：31-32等资料整理。

有关服务概念的真正研究大致是从二十世纪五六十年代开始的。1960年，AMA最新将服务定义为"用于出售或者是同产品连在一起进行出售的活动、利益或满足感"。这一定义曾被广泛使用，但它的缺点也是显而易见的，它并没有充分地把服务与产品区分开，

[①] 王永贵，徐宁.顾客抱怨与服务补救[M].天津：南开大学出版社，2007.

因为有形产品也能用于出售并获得利益和满足感。由此，不少学者开始探索服务的内涵。菲利普·科特勒认为：服务是一方能够向另一方提供的基本是无形的任何活动或利益，并且不导致任何所有权的产生。它可能与某种有形商品联系在一起，也可能毫无关系。[①] 泽斯曼尔则提出了一个简单而广泛的定义：服务是行动、流程和表现。[②] 格罗鲁斯在研究了服务的众多定义之后，基于服务的特性给出了以下界定：服务是由一系列或多或少具有无形特性的活动所构成的一种流程，该流程是在顾客、员工和有形资源的互动中进行的，而这些有形资源（有形产品或有形系统）作为顾客问题的解决方案提供给了顾客。[③]

美国市场营销协会在1960年定义的基础上，又对服务的概念进行了修订，将其定义为："可被区分界定、主要为不可感知、但却可使欲望得到满足的活动，而这些活动并不需要与其他产品或服务的出售联系在一起。生产服务时可能会或不会需要利用实物，而且即使需要借助某些实物协助生产服务，这些实物的所有权也不涉及转移的问题。"

当然，以上这些定义，都是从某个侧面反映服务的特质，有着一定的局限性。但是它们从不同的侧面揭示了服务的一些共同特点，从而可以使其他学者从这些基本特征出发研究服务的内涵。

二、服务的本质特性

从本质上看，服务是服务供应商和服务接受者之间进行的一种无形的、互动式的活动。因此，服务最本质的特性就是无形性和互动性。

1. 服务的无形性

服务有别于有形物品，它可能与有形物品有联系，也可能独立存在。例如，我们在饭店就餐时，不仅需要服务员热情周到的服务，也需要美味可口的饭食；而我们在理发店理发时，希望得到的只是理发流程的舒适和最终的一种美发效果。服务的这种无形性致使顾客对服务质量的评价非常困难。但是顾客对服务的感知贯穿于整个服务流程当中，既包括服务和产品带来的体验，也包括服务人员、环境、企业形象等环节带给顾客的瞬时感受。尊重、理解、承诺履行和令人愉悦等感知有助于顾客提高感知质量。

2. 服务的互动性

在工具、技能和各种资源的辅助下，服务供应商和服务接受者通过互动共同为服务接受者寻找有效的问题解决方案。例如，理发师通过了解顾客需求，根据顾客的发质、脸型和气质等为其设计适合的发型；顾客则需要不断表达自己的意图，调整自己的想法，配合理发师使发型达到自己最满意的效果。因此服务是一个互动的流程，在此流程中生产和消

---

① [美] 菲利普·科特勒, 凯文·莱恩·凯勒. 营销管理. 14版 [M]. 王永贵, 等译. 北京：中国人民大学出版社, 2012.

② [美] 瓦拉瑞尔·A. 泽斯曼尔, 玛丽·乔·比特纳. 服务营销 [M]. 张金成, 白长虹, 译. 北京：机械工业出版社, 2004：2.

③ [芬] 克里斯廷·格罗鲁斯. 服务营销与管理——基于顾客关系的管理策略. 2版 [M]. 韩经纶, 等译. 北京：电子工业出版社, 2002：32.

费同时进行。

借助服务革命，制造业和服务业之间的差距正逐渐缩小，世界经济也越来越体现出服务经济的特征。在 20 世纪 80 年代左右，在世界经济形势已发生巨大变化的背景下，服务企业迅速崛起，但是这些服务企业在运用市场营销的概念和工具时常会感到困惑，它们意识到需要一种以服务为导向的框架模式，美国服务营销学创始人之一——戴维斯曾这样概括服务管理对服务企业的意义：正如在工业革命时期服务活动围绕着生产进行组织和管理一样，我们能够预见在今天新的经济活动中，生产将围绕着服务进行组织和管理。

三、服务营销与服务营销的演进

服务营销和产品营销类似，作为整个市场营销理论体系的一个分支，其专门研究服务市场营销的普遍规律和策略技巧，并在充分了解顾客需求的前提下，以顾客导向为理念，通过相互交换和承诺以及与顾客建立互动关系来满足顾客对服务流程消费的需求。其中，这里所指的承诺是指合作关系中的一方在某种程度上存在与另一方合作的积极性。[1] 服务营销与传统市场营销的显著区别之一在于：服务营销的交换对象不是有形的产品，而是无形的服务。

（一）服务营销的产生与发展

对服务的研究从亚当·斯密时代就开始了，但是服务营销作为一门学科产生才刚刚几十年时间。如果从产生与发展的历程来看，主要包括以下三个阶段。

1. 产生阶段

在这段时期里，服务营销学还处于描述性研究阶段，大部分研究服务营销的学者是从发表论文开始的。拉斯梅尔（Rathmell）还提出了服务营销不同于有形产品营销，应该得到重视，并应该采取非传统的方法研究服务营销问题。[2] 约翰逊（Johnson，1969）的论文进一步提出"商品和服务是否有区别"，从而引发一场商品对服务的论战。在 20 世纪 70 年代，理论界对服务特征的研究最为蓬勃，贝特森（Bateson）、温伯格（Weiberger）、兰吉尔德（Langeard）、格罗鲁斯（Gronroos）、洛夫洛克（lovelock）等学者纷纷发表经典性论著。

1979 年召开的关于服务营销理论的首次现代美国市场营销协会学术会议，标志着起步阶段的结束。起步阶段最主要的贡献就是对服务特征的描述，不可感知性、不可分割性、差异性、不可存贮性等，构成了一个坚实稳定的基础，证明服务营销有别于商品营销。

2. 探索阶段

20 世纪 80 年代上半期是一个百家争鸣的时期，这一阶段的研究完全建立在第一阶段的研究成果之上，主要探讨了服务的特征如何影响消费者的购买行为。很多研究集中于消费者对服务的特质、优缺点以及潜在的购买风险评估。

---

[1] [芬] 克里斯廷·格罗鲁斯. 服务营销与管理——基于顾客关系的管理策略 [M]. 韩经纶，等译. 2 版. 北京：电子工业出版社，2002：27.

[2] J.M. Rathmell. What is meant by services? [J]. *Journal of Marketing*, 1966, 30（10）：32-36.

这个阶段有两种外部环境的倾向引发了对服务营销的深入研究：首先，是20世纪80年代初期对服务业解除管制改变了在航空运输、金融服务、电信领域、健康保健等领域的营销作用，激烈的价格竞争和新对手的出现使服务营销成为决定公司命运的关键手段。这种强烈的需求加强了实践者与理论者之间的沟通，使服务行业的管理者与市场营销专家联手共同应付挑战。其次，是美国市场营销协会组织的一系列关于服务营销的学术会议对其发展予以肯定，极大地鼓舞了理论界对服务营销研究的热情。

此外，在这一阶段美国的服务市场营销学者在亚利桑那州立大学成立了"第一跨州服务市场营销学研究中心"，成为北欧迪诺克学派之后的又一个服务市场营销学研究中心，它标志着美国市场营销学者开始重视对服务市场营销学的研究。

3. 理论突破和实践阶段

到了20世纪80年代后半期，有关服务营销的研究主要集中在传统的市场营销组合是否能够有效地推广到服务营销中，并且在服务营销中需要哪些营销工具。越来越多的学者在这一时期意识到有效的服务市场战略应包括七种变量，即在传统的市场营销组合上添加了"人员"（people）、"有形展示"（physical evidence）和"服务流程"（process），从而达到了7Ps。学者们逐渐认识到了"人"（包括顾客和企业员工）在服务推广和生产过程中的作用，由此衍生出"关系营销"和"服务系统设计"的研究领域。有关"服务质量"和"服务接触"的研究在此阶段具有突破性意义，从此阶段开始，学者们开始使用实证的方法验证服务营销领域的理论创新，在研究的方法论上有别于之前的两个阶段。随着7Ps的提出和日益得到广泛认同，学者们开始了多样化的与7Ps有直接或间接关系的研究，包括内部市场营销、服务文化、员工和顾客满意、全面质量管理以及服务的设计及其市场定位战略等。这些研究都引领了90年代以后服务营销理论的研究方向。在该阶段，有关服务营销的书籍、期刊论文、学术报告等文献数量激增。其中，贝特森于1989年撰写的教科书《管理服务营销》和洛夫洛克于1984年出版的《服务营销》教材都已成为该学科领域的经典著作。进入21世纪后，服务营销呈现出产品与服务相融合，制造业向服务业转化的趋势。随着服务营销学、信息技术和工业工程技术等领域的发展与融合，服务科学研究开始兴起。[①] 服务科学研究并不是对服务营销的替代，而是服务营销在21世纪的新发展。

（二）服务营销的重心转移与演进

如前所述，尽管服务营销活动在20世纪60年代就已经出现，但在大约30年以前，服务营销还仅仅是市场营销学中的次要角色。时至今日，随着服务营销的发展与演进，其重心也在不断地发生转移，如图1-3所示。

（1）20世纪60年代，人们普遍关注的是服务的定义。在这一阶段，已经开始涉及"服务"这一概念，不过重点集中在服务的相关内容、服务与商品的区别以及服务的准确定义方面。例如，人们普遍认识到服务行业的持续增长，探讨了服务与商品之间的主要区别，认为服务是一种过程，其主要收益是通过服务过程所创造的（如餐馆老板在餐馆为顾客提供服务，病人通过医生的行为来获得医疗服务等）。

---

① 郭国庆，贾淼磊，孟捷. 服务营销管理. 3版 [M]. 北京：中国人民大学出版社，2002：24.

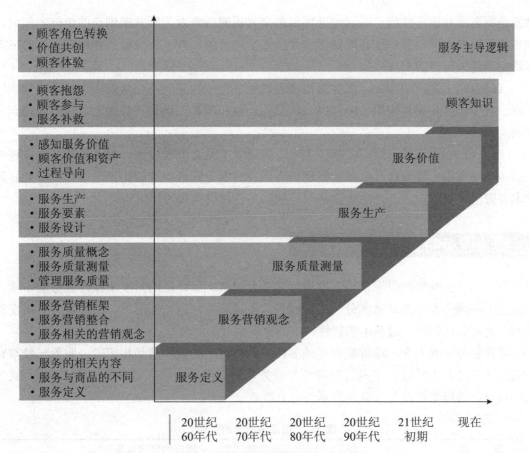

图 1-3　服务营销与管理重心的转移

资料来源：根据 [瑞士] 布鲁思等. 服务营销：服务价值链的卓越管理 [M]. 王永贵，译. 北京：化学工业出版社，2009 等资料绘制。

（2）20 世纪 70 年代，所关注的重心主要转移到服务营销观念上，并在 20 世纪 70 年代末至 80 年代初达到了巅峰。这一阶段所强调的，主要是把服务区别商品的典型差异转化为针对服务的市场营销观念，并提出了服务营销的基本架构和服务机构的整合营销。同时，新的营销观念——关系营销也开始在服务营销中崭露头角。

（3）20 世纪 80 年代，服务营销的重心开始转移到服务质量的测量上。在这一阶段，不仅产生并开始强调服务质量这一概念，而且已经开始将其作为服务企业的主要挑战。其中，比较典型的代表就是应用最为广泛的差距服务质量模型和 SERVQUAL（服务质量）测量体系。同时，也有学者强调服务接触是服务质量管理的核心，并提出了"真诚瞬间"的概念，诸如关键实践法和服务蓝图法等工具应运而生。

（4）20 世纪 90 年代，服务营销的重心逐渐转移到服务的生产或服务运营上来。在这一阶段，企业开始越来越关注服务的收益率和服务成本，在剖析服务生产过程中的投入与产出关系的基础上提出了服务生产力的概念，并开始探讨如何基于对服务要素的分析与管理来提高服务生产力。同时，在这一阶段，也开始关注服务技术、服务人员和内部营销实践以及顾客的参与。

（5）21 世纪初，服务营销的重心则转移到服务价值上来。其中，一个非常重要的概念就是顾客感知服务价值，即通过顾客视角来分析服务企业为顾客所创造的价值。同时，学者和管理者也开始关注顾客能够给企业所带来的价值，顾客终身价值和顾客资产的概念开始受到越来越多的关注。

（6）在21世纪的今天，服务营销在强调服务价值的同时，更是强化了对顾客知识的管理。其中，诸如顾客抱怨、顾客参与、服务补救和顾客创新管理等主题，正日益得到普遍的关注。

（7）自2004年第一篇有关服务主导逻辑的学术论文发表以来，有关从产品主导逻辑到服务主导逻辑的转变以及服务主导逻辑所引发的服务管理范式的转换，得到了企业界和学术界前所未有的关注，有关价值共创和顾客角色转换的探讨层出不穷。

四、服务特性及其营销启示

自20世纪70年代以来，西方市场营销学者们从产品特征的角度来探讨服务的本质，从而便于将服务和有形产品区分开来。对于大多数服务而言，无形性、流程性、异质性和易逝性是较公认的四个最基本的特性。

尽管服务无处不在，尽管服务多种多样，但与有形的实体产品相比较，服务一般都有一系列独特的基本特性，正是这些特性为服务营销提供了启示，如表1-2所示。下面就分别针对服务的每个特性及其营销启示进行分析。

表1-2　商品与服务的区别

商　品	服　务	相应的营销含义
有形性	无形性	• 服务不可存储 • 服务不容易进行展示或沟通 • 服务难以定价 • 服务质量不容易评估
标准化	异质性	• 服务的提供与顾客的满意取决于许多不可控因素 • 无法确知提供的服务是否与计划或宣传相符 • 难以提供质量一致的同种服务
生产与消费分离	流程性	• 顾客参与并影响交易结果 • 顾客之间相互影响 • 员工影响服务结果 • 分权可能是必要的 • 难以进行大规模生产
可存储	易逝性	• 服务的工艺供应和需求难以同步进行 • 服务不能退货或转售

资料来源：A. Parasuranman，Valarie A. Zeithaml，Leonard L. Berry. A conceptual model of service quality and its implications for future research[J]. *Journal of Marketing*，1985，49:42. 有改动

（一）服务的特性

1. 无形性

服务的无形性是指服务在购买之前是看不见、摸不着的，没有具体的量化指标可供评

价参考。这是服务与产品最主要的差别。无形性意味着与有形产品相比，服务的若干组成元素很多时候是无形无质的，另外，服务的利益也难以觉察，或者在一段时间后顾客才能感觉到利益的存在。

相比较而言，纯粹的产品是高度有形的，而纯粹的服务是高度无形的，但它们在现实中都非常少见。在现实中，很多服务需要利用有形的实物才能完成服务程序。例如，餐饮业的服务中，不仅有厨师烹调的服务流程，也有物料的加工流程。其实，在纯粹的产品和服务间存在着一系列连续变化的中间状态，如图1-4所示。所以在更多情况下，有形产品可能作为无形服务的载体，而无形服务则可能是有形产品价值或功能的延伸。现实中许多企业实际向顾客提供的往往也都是产品和服务的"综合体"。

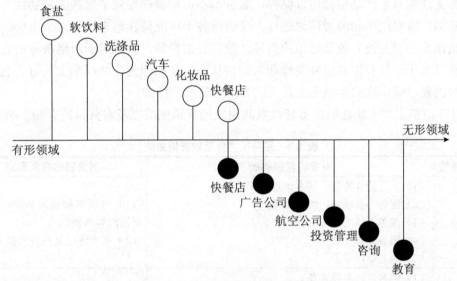

图1-4 从有形到无形的连续谱系

资料来源：G.Lynn Shostack. Breaking free from product marketing[J]. Journal of Marketing，1977：77.

2. 流程性

流程性或者又称为不可分离性，是服务的又一本质特性，同时也导致了商品营销与服务营销的最大区别所在。一般而言，商品首先进行生产，然后是销售和消费；而大部分服务却是先进行销售，然后是同时进行生产和消费。

有形的实物产品在从生产、流通到最终消费的流程中，往往要经过一系列的中间环节，生产与消费常常具有一定的时间间隔。而服务则与之不同，它具有流程性，即服务的生产流程与消费流程同时进行。也就是说，服务人员提供服务于顾客时，也正是顾客消费服务的时候，二者在时间上不可分离。由于服务本身不是一个具体的物品，而是一系列的活动或者说是流程，所以在服务流程中，消费者和生产者必须直接发生联系，从而生产的流程也就是消费的流程。服务的这种特性表明，顾客只有而且必须加入服务的生产流程中，才能最终消费到服务。顾客不仅是服务的消费者，而且是服务的协作生产人。他们参加生产流程并且能观察生产流程，因此他们可能会影响服务交易的结果。例如，只有当病人向医生讲明病情，医生才能够作出诊断。

3. 异质性

异质性指服务的构成因素和服务质量水平经常变化。服务行业是以"人"为中心的产业，人的个性的存在使得服务很难采用同一种标准。服务是一系列活动的整合流程，其中的顾客、员工、管理人员以及环境等任何一个要素发生了变化都会对服务流程和服务结果产生影响。所以，服务供应商每次提供的服务可能都会有所不同，无论是两个完全不同的企业所提供的同种服务，还是同一企业、同一员工在不同时间内提供的服务，即使提供的服务完全相同，不同的接受者对其的评价结果也会存在差异。例如，同样是去一个旅游景点，有些人会流连忘返，而有些人则会失望而归。

4. 易逝性

服务无法像有形产品那样可以储存，服务的不可存储性导致了服务的易逝性。因为服务不可感知，并且生产和消费同时进行，使得服务不可能储存起来以备未来出售。如果生产或制造出来的服务没有被及时地消费掉，就只有浪费掉。例如对于网络服务而言，非高峰期的流量是无法储存用来缓冲高峰期的拥挤状态。又如即使公共汽车上只有一名乘客也必须按时出发，该班次的其他座位是无法为下一班次预留的。

表 1-3 概括了如上所述的服务特性及其引发的营销挑战以及对营销的有利影响。

表 1-3 服务的特性及对营销影响

服务的特性	引发的营销挑战	对营销的有利影响
无形性	(1) 缺乏搜寻特征，顾客难以选择 (2) 服务不易展示，沟通困难 (3) 服务无法受到专利保护 (4) 服务难以存储 (5) 服务难以定价	(1) 可以感知到服务价值，进而促进顾客体验 (2) 可以通过某些方式展示服务
流程性	(1) 顾客排队难以避免 (2) 顾客感知质量有多个服务接触点，加剧管理难度 (3) 顾客之间相互影响 (4) 难以大规模批次生产 (5) 顾客参与，增加服务难度和降低效率 (6) 服务失误不易被掩盖，直接暴露	(1) 服务人员与顾客接触，培养关系 (2) 直接了解顾客需求，改进服务
异质性	(1) 难以统一控制服务质量 (2) 服务不易标准化和规范化 (3) 服务失误没有评判标准	(1) 提供差异化和个性化服务 (2) 一线员工自主性和积极性较高
易逝性	(1) 资源浪费 (2) 服务不能退货或者转售 (3) 服务的供应和需求难以同步进行	(1) 服务不会腐烂变质，减少售后隐患 (2) 服务不能退换，减少损失 (3) 驱动企业不断提高效率和合理利用资源

资料来源：根据李克芳，聂元昆.服务营销学.2版[M]. 北京：机械工业出版社，2016：7；张圣亮.服务营销与管理[M]. 北京：人民邮电出版社，2015：18-21；王永贵.服务营销[M]. 北京：北京师范大学出版社，2007 等资料绘制。

在这四大特性中，无形性被广泛认为是服务的最基本特性，其他特性则是从服务的无形性衍生而出。正因为服务的无形性，才使得服务必须具有流程，生产与消费的不可分离性。而异质性和易逝性在很大程度上是由服务的无形性和流程性决定的。

（二）服务特性的营销启示

1. 服务无形性的营销启示

服务的无形性使人们对其质量的评价变得非常困难。顾客常常会通过主观感知来评价服务。但是，一方面，每个顾客会产生怎样的感知企业往往无法了解；另一方面，企业提供的服务质量到底如何，顾客也无法预先获知。因此，企业可以考虑借助一些有形依据来展示无形的服务[1]。例如有形展示、服务模拟和规范的流程说明等。

服务的无形性对消费者行为的影响及对企业制定服务营销战略具有特殊含义，大部分服务属于不可感知的产品，顾客对它们的特质很难评估，因为即使在消费和享用之后，顾客也无法根据消费经验感受这种产品带来的利益，而只能相信服务供应商的介绍和承诺。例如，病人在诊断后只能相信医生的说法及其开出的药方。

2. 服务流程性的营销启示

服务流程很大程度上决定了用服务质量和顾客满意等指标来反映的服务结果，尤其是服务流程中的"关键时刻"。只要顾客与企业发生接触，不管多细微都可能会给顾客留下印象，所以这些接触与互动直接影响了服务评价。企业想要管理好服务流程，就应当加强实时监控能力，可以通过对服务流程实施标准化规范，从而减少潜在的服务失误。除此之外，企业还应当对服务流程进行系统的管理，也就是说不但要管理内部员工，更要加强对顾客的管理。在所有顾客中，值得企业特别关注的一类是"问题顾客"（扰乱服务流程的人）。在一个服务交付系统中，"问题顾客"会在服务的生产与交付流程中给自己和他人带来麻烦，直接导致顾客满意度下降。[2] 例如，在餐厅里如果酒醉的人呕吐，会使其他顾客避之不及，从而对他们的服务感知产生负面影响。

此外，企业应当鼓励积极的顾客参与。服务的流程性致使企业难以通过集中化来获取显著的规模经济效益，为此企业可以考虑让顾客参与到服务的设计、生产、交付、维护以及信息共享等活动中去，从广泛而深入的顾客参与中获取收益。目前，许多研究结果都表明：顾客在企业创新中扮演着十分重要的角色。正是由于服务的流程性，互动营销作为服务营销中的新兴课题正得到前所未有的关注。例如，宜家家居（IKEA，宜家家居是一家来自瑞典的家具和家居零售商）所推崇的顾客体验式互动营销。消费者进入宜家后，随处可见尺子、铅笔、纸张等物品，消费者可以亲自参与到对个人家具的设计中，这大大激发了消费者的热情，不但为宜家提高了销售业绩，也为宜家家具产品的设计提供了新的思路。

3. 服务异质性的营销启示

服务的异质性使服务管理和控制变得更加困难。顾客对企业及其提供的服务产生形象

---

[1] [美] 菲利普·科特勒，王永贵. 市场营销学 [M]. 王永贵，等译. 北京：中国人民大学出版社，2017.
[2] [美] 瓦拉瑞尔·A. 泽斯曼尔，玛丽·乔·比特纳. 服务营销 [M]. 张金成，白长虹，译. 北京：机械工业出版社，2004：15.

混淆，对于同一个企业，它的几家分店提供的服务可能参差不齐。对此，企业可以采用服务流程的标准化来尽力为顾客提供具有统一质量特征的服务，具体可以考虑采取以下三个措施：①挑选优秀的服务人员并加强培训，以便提供优良的服务。②在组织内部实施服务流程的标准化，如通过流程图等形式对服务时间和程序进行严格规定，以便及时了解已有或潜在的服务缺陷。③通过顾客建议和投诉系统，对顾客进行调查，追踪顾客满意度，发现和改善质量较差的服务。

4. 服务易逝性的营销启示

无形的服务不能储存，而且需求难以准确预测，所以企业的计划服务能力就显得非常重要。例如，消费者对旅游景点的餐饮、住宿等服务需求在旅游旺季和淡季往往存在巨大差异，而且企业在淡季的剩余供给是无法存储到旺季的。面对不可存储的服务供给，企业可以通过配给的方法来规划服务。在旺季通过提高费用适当地抑制需求，而在淡季通过提供附加服务、开发新服务或者降低服务费用来刺激需求。在通信行业中，通信公司往往将时间划分为"闲时"和"忙时"。"闲时"的通话费用要低于"忙时"，以此鼓励顾客多在通话低谷时段使用通信服务，从而减少通话高峰时段的线路负担。

服务不可储存、需求波动大，而且难以预测。因此，计划服务能力对企业来说至关重要。一方面，企业可以通过挽留和计划安排来"储存"顾客。例如，饭店、理发店和旅店等服务机构都接受预订服务，这样可以根据顾客的需求情况和自身服务能力进行调节，从而减少顾客的等待和流失。另一方面，也有些服务供应商借助差异化定价来进行协调。不过，企业必须保证这些措施处于顾客可以忍受的范围之内，并要时刻关注顾客态度的变化，必要时予以适当补偿。此外，补充性服务、自动化和增加顾客工作参与等措施，也可以在一定程度上缓解服务供应商面临的压力。

对于每项具体的服务来说，服务的四个特性的组合是不同的，这将成为差别化以及竞争优势的源泉，公司可以通过调整服务特性组合来获取竞争优势。例如，快餐服务公司可以通过高度标准化来降低成本，取得竞争优势；在银行业，可以通过应用自动提款机（ATM）等电子工具来减少与消费者个人的接触，从而节约交易时间，并在银行内提供给消费者更为灵活的金融服务。因此，分析公司及竞争者在服务组合中所处的位置，是一个发现竞争优势源泉的重要手段。

第三节　服务的类型与服务包

不同类型的服务有不同的互动流程并呈现出不同的特性，从而对服务营销和管理人员提出了不同的要求。了解服务的类型，对于不同类别的服务型企业提升营销战略绩效、跨行业之间相互借鉴、丰富营销理论研究水平、提高服务营销与管理水平有很大的帮助。企业在制定和实施服务营销战略时，必须充分考虑不同服务类型的特点，做到有的放矢。

一、服务的类型与营销启示

目前,服务营销中存在许多种服务分类方法,对服务进行适当的分类可以为创新服务营销提供更多机会。例如,芬兰学者格罗鲁斯根据人员的参与程度将服务分为高接触性服务和高技术性服务。高接触性服务指的是那些主要依靠人员来完成服务流程的服务;而高技术性服务则是指那些主要利用自动系统、信息技术或其他有形要素来完成服务流程的服务。但这两类服务对人员都具有较高的依赖性。一般而言,这种分类有助于管理人员对服务流程进行规范:高接触性服务应体现出更高的个性化水平,而高技术性服务则比较容易实现标准化。下面就几种典型的服务分类方法进行阐述。

(一)基于涉及产品的服务分类

基于服务所涉及的具体产品,可以把服务划分为两大基本类型:一类是与产品有关的服务,另一类则是纯服务。

1. 与产品有关的服务

所谓与产品有关的服务,又称产品服务,是指在交易流程中不但有服务,还有有形产品,如运送、安装和维护等服务。在这类服务的交易流程中,顾客总价值由产品价值和服务价值共同组成。根据侧重点的不同,这类服务又可以细分为依附于产品的支持性服务,以服务为主、附带产品的服务,以及产品与服务相互混合的综合服务这三种基本类型。

(1)依附于产品的支持性服务。这类服务在制造业中比较常见。普通产品(如汽车和计算机)的技术越复杂,它的销售就越倾向于依靠伴随产品销售而产生的服务质量和效用(如送货、修理和保养、培训操作人员和装配指导)。[1] 目前很多企业已经将产品服务作为提高企业竞争力的重要武器,并不断进行开发和利用。

(2)以服务为主、附带产品的服务。这类服务的交付由一项主要服务和某些附加服务或辅助产品组成。例如,航空公司的乘客所购买的是运输服务,他们到达目的地的运输服务并没有表现为任何有形物品,但在运输服务的提供流程中,往往会涉及一些如食物、饮料和杂志等有形物品。另外,大型会议中心除了提供会议使用的数字化会议系统和投影电子屏幕等设备服务以外,往往也提供饮品与食物等附带产品。

(3)产品与服务相互混合的综合服务。这类服务主要指服务与产品在顾客的消费流程中都很重要,缺一不可。例如,餐馆既要提供食品,又要提供服务,缺乏任何一项都不能够正常经营。类似的,加工服务(如裁衣店)既为顾客提供技术服务,又要提供实物产品。

2. 纯服务

纯服务是指完全独立于有形产品的服务,如理发、护理、保险业、银行业和律师服务等。在纯服务中,顾客与服务供应商之间的互动显得十分重要。例如,律师事务所为顾客提供的服务主要是智力服务,但却是一个高接触性的互动流程。近年来,随着分工的专业化以及信息技术的出现,纯服务得到了迅速发展。例如物流流程中的某些重要环节,如运

---

[1] [美]菲利普·科特勒,洪瑞云,梁绍明,陈振忠. 市场营销管理. 2版 [M]. 梅清豪,译. 北京:中国人民大学出版社,2001:453.

输和仓储等服务已经从一些企业中独立出来形成了一种纯服务性质的供应企业,为顾客提供更加专业的物流服务,如运输公司、仓储公司和第三方物流公司等。

在现实中,纯粹的服务相对较少,服务与有形产品交融在一起的状态则相对较多。在大多数情况下,服务需要依托有形产品,而有形产品中也包含了服务的成分。对服务进行分类研究,有利于企业提高服务管理和服务营销的水平。

(二)基于劳动密集程度与互动和定制化程度的服务分类与营销启示

与格罗鲁斯相似,罗杰·施米诺(Roger Schmenner)对服务的类型进行研究,最终将劳动力密集程度与同顾客之间的互动和定制化程度作为服务交付流程的两个主要维度,对服务进行了分类,如图 1-5 所示。

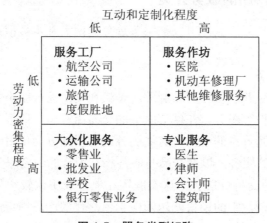

图 1-5 服务类型矩阵

资料来源:Roger W. Schmenner. How can service businesses survive and prosper[J]. Sloan Management Review, 1986, 27 (3):25.

劳动力密集程度是指劳动力成本与资本成本的比例,一般而言劳动力密集程度越高,意味着该服务所要求的劳动力消耗也越大,资本投入则相对较少;反之则意味着劳动力的消耗要低于资本的消耗。互动和定制化程度是指服务供应商与服务接受者间的接触程度,如果服务是标准化的,那么顾客与服务供应商间就不需要进行很大程度的互动,顾客对服务的影响程度也就较低,如快餐店提供的标准套餐;而如律师这样互动和定制化程度较高的服务则要求顾客与服务供应商间进行充分沟通。

从图 1-5 可知,依据劳动力密集程度,互动和定制化程度,可将服务分为四大类别:服务工厂、服务作坊、大众化服务及专业服务。①服务工厂的劳动力密集程度,互动和定制化程度都较低。在这种服务中,企业提供的是标准化而不是定制化服务,服务提供者与顾客之间不需要太多互动,服务并不主要依靠人力完成,多是由机器、设备等完成,企业因此需要提供一定的资金投入来购买机器设备等,如航空公司,运输公司等。②服务作坊的劳动力密集程度低,互动和定制化程度高。企业提供定制化服务,服务提供者与顾客需要充分互动,服务劳动力密集程度低,主要依靠机器设备而不是人力完成,同上,企业需要较多资金投入购买设备,如医院,汽车修理厂等。③大众化服务劳动力密集程度高,主要靠人力而非设备完成服务，互动和定制化程度低，提供标准化服务，不需要过多接触，如零售业、批发业等。④专业服务的劳动力密集程度，互动和定制化程度都较高，企业提供定制化服务，主要依靠人力尤其是某方面专家完成，服务提供者和顾客接触较多，如医生、律师等。

（三）基于服务交付方法的服务分类与营销启示

根据服务交付方法对服务进行分类，构成了服务营销渠道策略的主要内容，它把服务区分为顾客介入服务组织、服务组织介入顾客以及顾客与服务组织的远距离交易这三种类型。从服务市场的分销渠道来看，这种分类方法能够对顾客服务经历的性质和服务成本等产生重要影响。

1. 顾客介入服务组织

对于这类服务而言，顾客必须到服务组织所在的场所才能够接受服务，如到歌剧院看歌剧、到餐厅吃饭等。这类服务带给管理人员的营销启示，就是要考虑到店面位置的便利性、店面装潢的美观性以及提供服务的速度（响应性），考虑是否是在对顾客而言很便利的地点和时间把服务交付给顾客，考虑顾客在接受服务场所时是否感到愉快，考虑服务场所、设备和人员是否能够给顾客带来良好的体验等。

2. 服务组织介入顾客

有些服务往往需要服务组织（服务供应商）到顾客那里去提供服务，如清洁服务、搬运服务和大型家电的维修服务等。对于服务人员来说，这类服务成本是非常高的，往往比顾客到店面接受服务需要更多的时间、更多的服务人员和更多的交通费用等。不过，这类服务体现了服务组织的专业性，并使顾客享受到上门服务的便利。

3. 顾客与服务组织的远距离交易

在顾客与服务组织的远距离交易中，顾客与服务组织并没有直接面对面地接触，顾客关心的只是服务结果如何，这有助于减少在服务流程中发生服务失败的机会。在这类服务中，顾客与服务组织的接触可能是通过电话、邮寄或者网络等方式进行的。例如，信用卡和网上银行服务都属于这种服务类型。对于这类服务，企业考虑的重点就应该是通信工具（或交易工具）的可用性以及服务是否能够吸引顾客等。

此外，在对服务进行分类的流程中，还可以考虑以下因素：①考虑服务组织与顾客的关系，并将服务区分为建立持续的关系（如会员制服务）和分散的关系（如没有正式关系）；②考虑服务体验要素，并根据人员和设备在服务体验中的各自参与程度进行分类。总的来说，服务的分类方式还有很多，视角不同，分类就会有所不同。实际上，无论按照什么标准分类，需要考虑的关键都是它能否给服务营销人员提供一定的价值和战略思路，以及它对服务营销人员的营销活动有何帮助。

（四）基于服务交付形式和顾客关系的服务分类

根据洛夫洛克的研究，服务交付形式是指企业是连续性还是间断性为顾客提供服务。顾客关系指企业与顾客间是会员还是非会员关系。根据以上分类标准，服务可分为四类：

连续性会员关系、连续性非会员关系、间断性会员关系、间断性非会员关系。如图 1-6 所示。

连续性会员关系	连续性非会员关系
煤气公司	灯塔
电力公司	路灯
宽带服务	广播公司
有线电视	高速公路
间断性会员关系	**间断性非会员关系**
健身卡	快递公司
公交卡	电影院
银行卡	医院
商场会员卡	汽车维修

图 1-6　基于服务交付形式和顾客关系分类

资料来源：根据张圣亮.服务营销与管理[M].北京：人民邮电出版社，2015：25 绘制。

（五）基于需求波动程度和服务供应受限程度的服务分类与营销启示

需求波动程度是消费者对特定服务消费的需求起伏；服务供应受限程度是企业短时间进入特定领域的难易程度。洛夫洛克依据需求波动程度和服务供应受限程度将服务分为四类，如图 1-7 所示。

服务供应受限程度	需求波动程度 小	需求波动程度 大
大	培训 教学 治疗 美容	旅游 宾馆 餐饮 剧院
小	银行 保险 干洗店 法律服务	电力 电信 燃气 宽带

图 1-7　基于需求波动程度和服务供应受限程度的服务分类

资料来源：根据 Christopher H. Lovelock. Classifying Services to Gain Strategic Marketing Insights[J]. Journal of Marketing，1983，47（3）：9-20 改编。

在这种分类标准下，企业需要关注消费者需求的变化，消费者需求为什么变化？变化是否是周期性或者仅仅是随机波动？结合企业自身进入该服务市场的难易和成本来制定应对策略。

二、服务包

随着服务市场的发展和顾客的日趋成熟，服务包（service package）的概念应运而生并得到了较快发展。1998 年，美国的詹姆斯·A. 菲茨西蒙斯提出：服务包是指在某种环境下提供的一系列产品和服务的组合。[①] 也就是说，服务包通过有形产品和无形服务的结

---

① [美] 詹姆斯·A. 菲茨西蒙斯，莫娜·J. 菲茨西蒙斯.服务管理：运作、战略与信息技术.3 版 [M].张金成，范秀成，译.北京：机械工业出版社，2003：19.

合来满足顾客需求。我们可以把某种环境下所提供的一种服务产品看作一个"包裹",即包的集成,其中包含了多种服务和产品,而且囊括以下四个关键要素:服务设施(如酒店大堂)、辅助物品(如餐馆里的菜肴)、显性服务(如 24 小时提供的 ATM 服务)、隐性服务(如舒适感、气氛),它们可以给顾客带来多种利益。

(一)服务包的层次性

从服务组合角度看,企业可以把服务划分为三个层次,即核心服务、便利性服务和支持性服务。这三者的关系如图 1-8 所示。

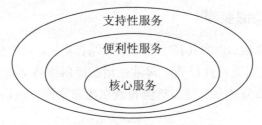

图 1-8 服务包的层次性

1. 核心服务

核心服务也叫主服务,是企业在市场上存在的基本理由。[①] 核心服务往往是顾客可感知并获得的、构成服务产品的核心利益,主要由产品层次中的核心利益及期望价值组成。例如,对餐厅来说,提供饮食就是它的核心服务。而提供住宿则是宾馆的核心服务。一个企业也可以同时拥有多个核心服务,如航空公司的核心业务是客运服务和货运服务。

2. 便利性服务

便利性服务是企业为了便于顾客使用或消费其核心服务而提供的额外服务,通常包括各种辅助物品、有形产品以及相关的辅助服务等。有时,往往不容易把提供便利性服务的有形产品和提供核心服务的生产资源区分开来,二者的主要区别在于它们对核心服务的"功用"不同。例如,自动取款机是银行提供的"为储户提供便利这种核心服务"的生产资源,而信用卡则是为了使储户使用这种核心服务而向储户提供的便利性服务(有形产品)。航空公司为了支持其核心的运输业务,会为顾客提供便利的网上订票服务。

3. 支持性服务

支持性服务与便利性服务类似,也是一种附加服务。但是与便利性服务不同的是,支持性服务的效用不在于使顾客对核心服务的使用或消费更加便利,而在于它能够增加服务的价值,从而将本企业的服务与竞争对手区别开来。可以说,支持性服务是实现服务差异化的重要源泉。例如,移动电话公司提供的小秘书功能就是一种支持性服务。

便利性服务和支持性服务的区分有时并不十分明显。在一定条件下的便利性服务在另一环境下可能成为支持性服务。例如,长途旅行中,提供餐饮是便利性服务,但在短途旅行中则变成支持性服务,因为此时的餐饮将企业差异化,帮助企业获得更大竞争优势。但

---

① [芬]克里斯廷·格罗鲁斯. 服务营销与管理——基于顾客关系的管理策略.2 版 [M]. 韩经纶,译. 北京:电子工业出版社,2002:124.

两者之间仍存在本质差异。便利性服务是必不可少的,核心服务的实施需要便利性服务;而支持性服务并非是义务的,只是企业差异化和增强竞争力的辅助手段。

对服务包进行上述三个层次的区分,对服务企业来说很有必要。有人将服务包比作一个细胞。其中,核心服务是细胞核,是企业在市场上存在的主要原因,也是顾客购买服务产品的核心利益;便利性服务则是细胞质,它为细胞核提供支持和营养,使服务包正常发挥作用;而支持性服务则可以看成细胞壁,它决定了服务包这一细胞的规模。在现实中,顾客可以通过感受细胞壁的韧性来判断服务包的特征。因此,支持性服务主要用于提高服务包对顾客的吸引力和竞争力。[1]

(二)服务包的关键要素

服务包是对服务的性质、内容及其组合效果的综合描述,可以包括以下四个关键要素。

(1)服务设施,又叫支持性设施,常常是指在提供服务之前必须到位的物质资源,如一个高尔夫球场、装修好的餐厅等。这类设施在建立之前应该明确其目的,建成后其结构不易改动。

(2)辅助物品。这是指顾客为了消费服务所应具备的支持性设备,这类物品可以是顾客自备,或者由服务供应商提供、顾客付费购买,如高尔夫球杆、美容院的护肤品等。

(3)显性服务。根据詹姆斯·A.菲茨西蒙斯的理解,显性服务就是可以用感官感知到的、构成服务本质特性的那些利益[2],从而使顾客问题得到解决。显性服务是顾客消费的主要目的,也是影响顾客评价的重要因素。例如,在享受了按摩服务之后,身体的疲倦感消失;在经过维修之后,家用电器可以正常运行等。

(4)隐性服务。这是指顾客在体验了服务流程之后所能感知到的精神方面的享受。这是服务的非本质特征,是服务给顾客带来的价值增值。例如,使用某种银行卡的贵宾或某通信公司的 VIP(贵宾)用户可以享受机场或火车站的贵宾服务,顾客在餐厅内就餐时可以享受到清新的环境和优雅的音乐。如果将显性服务比作硬件,隐性服务则相当于软件,对提高顾客忠诚度,避免顾客流失具有重要意义。

根据识别和理解服务包的上述四个关键要素,企业可以为服务包制定基本的评价标准,以便对服务包进行科学的评价。

(三)扩展服务包

上述服务包仅仅停留在企业对服务产品的基本设计和实施上,而没有考虑顾客对服务的感知和评价,这在服务经济时代是远远不够的。于是,扩展服务包的概念应运而生。所谓扩展服务包,就是把基本服务包与服务的可获得性、顾客与组织的互动性以及顾客参与状态等因素融合在一起,在企业提供服务的同时更多地考虑顾客感知,用服务的技术质量和过程质量共同评价感知服务质量。

---

[1] 李明生. 运用服务包理论创建铁路运输品牌产品 [J]. 中国铁路,2004(2):39-42.
[2] [美] 詹姆斯·A.菲茨西蒙斯、莫娜·J.菲茨西蒙斯. 服务管理:运作、战略与信息技术.3 版 [M]. 张金成,范秀成,译. 北京:机械工业出版社,2003:19.

1. 服务的可获得性

服务的可获得性主要指顾客获取服务的难易程度，如营业时间的长短、服务地点是否比较容易安全到达、服务人员的技术是否娴熟等。根据研究，在顾客心目中，服务的可获得性主要包括四个组成部分：地点的可获得性、顾客对服务地点的有形资源进行利用的便利性、与顾客接触的服务人员的数量及其能力以及顾客参与的轻松程度。

2. 顾客与组织的互动性

顾客与服务组织进行互动，不但可以更好地了解、表达自己，同时也可以进行自我调整以适应组织的运营系统，从而更好地享受服务。一般而言，顾客与组织的互动主要包括与服务人员的互动、与组织服务部门的互动、与其他顾客的互动以及与提供服务的物质资源的互动。

3. 顾客参与状态

顾客参与将对顾客自己所感知的服务产生影响。例如，如果顾客对通信公司推出的服务不感兴趣，不参与进来，那么通信公司的服务质量就会因此下降。所以，顾客参与状态能够直接表明企业提供的服务对顾客的吸引力究竟有多大。

通过扩展服务包概念，企业不但可以将服务流程质量引入服务质量的总体评价系统当中，还促使企业从一个全新的角度对资源要素进行整合性分析。这在竞争日趋激烈的服务经济时代，对于企业提高自身服务产品的竞争力具有非常重要的意义。

本章小结

人类社会在经历了前工业化社会、工业化社会和后工业化社会之后，终于迎来了以服务业与服务贸易蓬勃发展的服务经济时代，世界经济越来越呈现出服务经济时代的特征。随着服务经济的发展，服务市场日趋成熟。服务产品和服务业本身的特点决定了服务市场有着不同于有形商品市场的特性。

相应地，服务营销学也因此得到了不断地发展和完善。理论界尽管存在众多关于服务的界定，但普遍都强调了服务的特性，尤其是服务的无形性和流程性。正是服务所具有的这些不同于实体产品的特性，决定了服务营销与传统产品的市场营销之间存在很大的差异，不同的服务特性对服务营销与管理具有不同的启示。

同时，在理论界划分服务类型的方法也有很多，采用新的分类方法有助于为服务营销与管理提供更多的创新机会。在企业实践中，除了单一服务以外，很多企业实际都在以服务包的形式向顾客提供服务。正确理解并扩展服务包的概念，有助于企业提高自身服务产品在服务市场上的竞争力。

关键词汇

服务：是由一系列或多或少具有无形特性的活动所构成的流程，是在顾客与员工、有形资源的相互关系中进行的互动流程。其中，这些有形资源（有形产品或有形系统）是作为顾客问题的解决方案提供给顾客的。

服务营销：在充分认识到顾客需求的前提下，以顾客导向为理念，通过相互交换、承诺以及与顾客建立互动关系来满足顾客对服务流程消费的需求。其中所指的承诺，是指合作关系中一方在某种程度上存在与另一方合作的积极性。

服务包：是指企业在某种环境下提供的一系列产品和服务的组合。

复习思考题

1. 与产品相比，服务具有哪些特性？请举出具体例子。
2. 服务具有不同于实体产品的基本特性，请简述两个基本特性并剖析其营销启示。
3. 扩展服务包概念是如何将服务流程质量引入服务质量的整体评价体系中去的？

本章案例

"无讼"的智能服务创新

2017年12月，作为法律互联网服务机构，"无讼"在国内发布了一款基于人工智能的、独创的、用于帮助企业处理法务的产品"无讼法务"。与传统的商业法律服务不同，无讼法务使用人工智能来方便企业和降低成本，以缓解中小微企业的法律需求。

现代企业管理的各个方面都与法律密切相关。乐观估计，我国企业法务的市场需求在千亿级别。全国约有7000万家企业，而企业数量每年以近30%的速度增长，但是全中国只有不到1%的企业拥有健全的法务部门系统，绝大多数企业，特别是中小微企业，法务部门仍处于亟须填补的状态，迫切需要法务援助。

即使企业可以通过雇用外部律师等方式获得法律服务，但雇用律师所能提供的服务实际上只能满足企业真正法务需求的一小部分。无讼法务的创始人之一的蒋勇认为：商业经营活动的许多方面都离不开法务。如合同的制定与审核、广告的设计和修改、规章制度的落定与执行。类似的法务需求相对而言比较琐碎，需要耗费大量精力在细微的事情上，这些细微之处不完全与法律专业相关，律师们其实不屑于做此类事情，但这些细微琐碎的细节确实是企业的法务诉求。

而如果企业内部聘请法务，则需要每年至少20万元的高成本，20万元对中小微企业而言是笔高昂的费用，许多中小微企业对此望而却步。更何况对大多数中小微企业而言，法务并不是公司创立早期就需要考虑的核心或者说是刚需问题。而即使企业咬牙花重金聘请了外部律师，但有限的能力精力及资源也让单个法务难以全面有效地落实全部法务服务的职能。无讼法务的引入在一定程度上可以缓解一些困扰中小微企业琐碎但却必不可少的问题。

无讼法务是基于人工智能的企业法律服务平台。它基于整个网络的数据，由六个模块组成：公司治理，合同管理，合规管理，劳动人员，知识产权和财务账户。借助人工智能帮助企业实时监测相关法律相关风险，实现企业法务管理与实施的规范化。

无讼为满足不同企业的法务需求,建立了强大的法务团队,每一位加入无讼法务的会员企业,都有权配置一名专职法务。这位专属该企业的法务将会负责协助处理企业的法律问题,管理相关法务,随时响应企业的法律需求。无讼争取使企业实现法务管理信息化,为其会员企业提供云端法务管理系统。会员企业拥有自己专属的账号密码,可以一键发起服务需求、记录服务踪迹、动态监控企业法务,除此之外,还有更多的法务智能工具可以一一体验。

目前无讼已拥有超过 6 万名律师进行过认证,这些律师遍布全国各地,有 4200 余万份裁判文书标定了在无讼法务认证的律师能力。无讼法务建立标准的作业工具,严格控制法律服务质量。2016 年 10 月,中国法务第一个人工智能机器人"法小淘"被无讼法务公开发布,它根据顾客的个人需求实现智能筛选配对律师。同年 12 月,无讼法务宣布其已获得中国风险投资和 IDG Capital(IDG 技术创业投资基金)的 1.2 亿 B 轮融资。无讼更是斩获 2017 ECI Awards(艾奇奖)国际数字商业的服务创新类金奖。无讼累计服务企业已经达到 9816 家、累计法务服务高达 30 多万单、累计为服务企业节省 2 亿多的费用、服务覆盖 30 多个省市。

无讼的出现不是要彻底替代现实世界的律师,而是要协助中小微企业的律师提高工作效率,节约经营成本,减少法务风险。无讼法务无疑是对公司法务的一大革新,更是智能服务的一大进步。

资料来源:根据"用人工智能为 4000 万中小企业搭建云端法务部",http://it.people.com.cn/n1/2017/1206/c1009-29689437.html 等资料整理。

思考题

1. 服务的几个特性,如无形性、流程性、异质性和易逝性,会给"无讼"智能法务带来什么挑战与机遇?

2. 根据你的理解,"无讼"都提供了哪些服务包?

即测即评

补充阅读材料

第二章 服务营销及其组合

随着服务在现代经济中重要性的不断增加，服务营销日臻完善，并和产品营销的差异日益明显。服务营销组合在产品营销基础上发展和创新。为提高服务质量，获得更多顾客价值，服务营销三角形和服务营销价值链不断被完善。

企业的服务营销应关注于对服务营销方式以及职能的管理，而对服务的管理则是建立在企业对其他职能的管理基础之上。本章通过阐述服务营销的特性、服务营销的组合、服务营销三角形以及服务管理新模式，以探讨服务营销及其管理流程。本章的学习目标主要为：

学习目标
- 认识服务营销与传统的产品营销的区别
- 了解服务营销组合及其应用
- 掌握服务营销三角形

第一节 服务营销与产品营销的比较

一、服务视角的产品分类

对服务的定义及其特性的研究都是基于把服务和有形产品分开为出发点的，而企业提供的产品可能是有形产品，也有可能是无形服务，或者是二者的融合。因此，在市场交换的流程中很难把服务从有形产品中独立地分离出去。科特勒认为，按照服务与有形产品在产品中大致所占的比重，可以将市场上的产品分为五种。

（1）纯粹有形产品。如肥皂、牙刷等产品中几乎没有附加任何服务的成分。现代社会中此类商品越来越少，商家为增强竞争优势，往往都在产品中提供一定服务来提高附加价值。

（2）附加部分服务的有形产品。这些服务通常是为了促使消费者乐意去购买该产品。通常这类产品较为复杂或非最终产品，需要商家提供配套服务，如商家提供运输、安装、定期维护等，顾客才能正常使用该产品。所以服务在此类产品中是必不可少的，服务也越来越成为影响顾客消费意愿的重要因素。

（3）混合产品，其中服务和有形物质各占一半。如在餐馆里往往是服务与食品并举。

（4）主要服务附带少量的有形产品和其他服务。如旅客乘坐飞机购买的是运输服务，他们到达终点没有得到任何有形产品。不过，在旅途中航空公司会提供一些食品、饮料和杂志等。

（5）纯粹的服务，其中几乎不会附加任何有形物品，如律师和心理咨询等服务。这类的服务依据劳动力密集程度高低又可分为两大类：一是主要依靠人力完成；二是借助机器设备等完成。

因此，产品和服务似乎没有清楚的标准来划分它们的界限，每一个行业似乎都渗透着服务，区别只在于所包含的服务成分的多少。而现实生活中，纯粹产品和纯粹服务的例子都较少，大部分都是产品和服务的融合。从市场营销的观点来看，虽然有形产品和无形服务在表面上体现出不同的物质特征，但实际上并没有本质区别，它们都是能为消费者提供满足感和利益的产品。所以虽然我们界定了服务的基本特性，但它只是表明服务在这些方面有较强的倾向性，而服务只是这些特性的不同组合。广义地理解产品同服务的关系，其意义在于传统的市场营销理论和原则在服务领域具有一定的适用性，但这并不意味着可以完全照搬过来。事实上，即使是对于同是有形产品的产业用品和消费品，二者在营销战略的制定上也有很大不同。基于服务与有形产品的不同特征和概念，必然需要区别于传统产品营销的服务营销理论和架构。

二、服务营销与产品营销的比较

服务具有无形性、流程性、异质性、易逝性等基本特性，这些特性决定了服务营销与产品营销有着本质的不同，具体表现在以下七个方面。[①]

（一）产品特点不同

如果说有形产品表现为一个物体或东西，服务则表现为一种行为、一种绩效或努力。由于服务是无形的，顾客更多的是根据服务设备和环境感知其质量和效果。

（二）顾客对生产流程的参与

由于顾客直接参与生产流程，如何管理顾客使得服务推广有效进行就成为服务营销管理的一个重要内容。

（三）人是产品的一部分

服务的流程是顾客同服务供应商广泛接触的流程，服务绩效的好坏不仅取决于服务供应商的素质，也与顾客的行为密切相关。所以人就成为服务的一部分。

（四）质量控制问题

由于人是服务的一部分，服务的质量很难像有形产品那样用统一的质量标准来衡量，进而其缺点和不足也就不易发现和改进。

（五）时间因素的重要性

在服务市场上，既然服务生产和消费流程是由顾客同服务者面对面进行的，服务的推广就必须及时、快捷，以缩短顾客等候服务的时间。而过长的等待时间会使顾客对企业的

---

① 李海洋. 服务营销[M]. 北京：企业管理出版社，1996：46.

服务质量和形象产生怀疑。

（六）分销渠道的不同

服务企业不可以像生产性企业那样把产品通过物流渠道从工厂运送到顾客手中，而是借助电子分销渠道或是把生产、零售和消费地点连在一起来推广产品，这些渠道基本上附属于企业的生产流程。

（七）产品无法储存

生产服务的设备、劳动力等能够以实物的形态存在，但它们只能代表一种生产能力而不是服务本身。如果没有顾客需要提供服务，无疑是生产能力的浪费，相反如果服务需求超过供给又会因为缺少存货而使顾客失望。所以，如何使波动的需求同企业的生产能力相匹配便成为服务营销管理中的一个难题。

第二节 服务营销组合

对于传统的产品销售来说，4Ps 是核心的市场营销决策变量，有助于企业拥有更大的市场份额和利润。但随着服务经济时代的到来，越来越多的企业认识到顾客忠诚、顾客份额和顾客营利性才是服务营销的目标，而上述的市场营销变量已远不能满足这些目标。

一、服务营销系统

在服务中消费者通常是与服务的生产和销售直接接触的，因此，不能把生产系统与销售系统分开。销售与生产的地点也往往是统一的。洛夫洛克在《服务营销》一书中提出"服务的营销系统"模型，如图 2-1 所示。

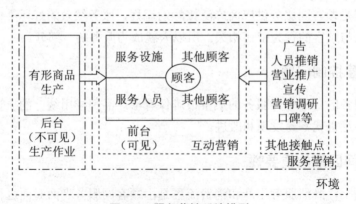

图 2-1 服务营销系统模型

资料来源：[美] 克里斯托弗·H. 洛夫洛克. 服务营销 [M]. 陆熊文，庄莉，译. 北京：中国人民大学出版社，2001：48.

服务的营销系统包括生产/销售系统和其他消费者直接感受的服务成分。其中,服务的生产系统要素包括服务场地、设备、人员,还有顾客。这个实体环境的设计通常是顾客满意程度的一个重要决定因素。该系统将规定服务运营的地理范围和进度计划,描述场地的设计和布置,表明应该如何和在何时利用资源来完成特定的工作。服务的销售系统是关于服务何时、何地、如何提供给顾客,该系统将具体阐明给予顾客的利益和作为回报顾客将承受的成本。这个系统的核心是服务组织的人员和消费者的接触,因此,其成功的关键是根据消费者的需求来设计服务的传递。而其他接触点则是传递关于如何、何时、何地消费服务的信息的,它与生产系统、销售系统相互结合。

通过以上的模型分析,我们可以看出,由于服务与有形产品的区别,使得服务营销不能同管理的其他职能领域隔绝开来。在现代服务性组织中,销售、生产和人力资源这三种职能发挥着中心及相互关联的作用。而在整合服务组织各项职能的基础上,服务营销组合扩展至 7Ps。

二、扩展的服务营销组合——7Ps

服务中人员对服务质量存在不可避免的影响,员工与顾客间的互动是服务生产中不可缺少的环节。另外,服务的无形性特性也使得顾客消费时信心不足,进而促使顾客寻找有形证据来帮助理解和评价服务。因此,人员、有形展示、流程与传统的 4Ps 一起构成新的服务营销组合,当然服务营销中的 4Ps 并不完全与传统市场营销组合中的一致。表 2-1 对产品市场营销和服务营销中的 4Ps 进行了比较。

表 2-1 服务营销组合与产品营销组合比较

营销组合	产品	价格	渠道	促销	人员	有形展示	流程
服务	服务范围 服务质量 服务水准 服务品牌 包装	灵活性 区别定价 折扣 认知价值 付款条件	渠道设计 店面位置 可用网络 仓储 运输	媒体类型 广告 宣传 公共关系 个性服务	员工招聘 员工培训 内部营销 顾客参与 顾客行为	员工服装 设施设备 色彩 声音	活动流程 标准化 定制化 员工授权
有形产品	产品线 产品组合 包装、品牌 售后服务	折扣 付款条件 价格变动 贸易折扣	渠道选择 渠道设计 运输、仓储 递送服务	广告 人员推销 公共关系 营业推广			

资料来源:王永贵.服务营销[M].北京:北京师范大学出版社,2007.

(一)产品

产品(Product)营销强调企业要设计和生产符合顾客需求的实体商品和服务,而在服务产品策略中企业还必须考虑提供服务的范围、服务质量及服务的品牌等因素。服务产品包括一个满足顾客主要需求的核心产品和各种相辅相成的补充服务元素，这些补充服务元素帮助顾客更有效地使用核心产品的价值。补充服务内容包括提供信息、咨询、订购、招待、处理例外等。例如，酒店的核心服务是提供住宿，但除此之外，酒店预订、客房服务、休闲娱乐等也成为评价酒店的重要因素。

（二）价格

企业应该为满足顾客需求的产品和服务制定具有竞争力的价格（Price），在服务营销中价格不仅与顾客的支付能力相关，而且也是顾客判断服务质量的依据，他们依据自己的认知价值来判断服务的价值。为了计算某项特定服务是否"值得"，顾客可能不仅仅通过投入的金钱去评估，更会付出时间和精力。因此，服务营销人员不应只设定目标顾客愿意和能够支付的价格，还应该尽可能减少顾客在使用该服务时的其他支出。这些支出可能包括额外的金钱成本（如到服务地点的差旅费用）、花费的时间、不必要的精神和体力劳动以及产生的负面感官体验。服务的定价比产品定价更加灵活。由于服务不易保存，在需求超过供给的期间，顾客可能会遭到拒绝或被要求忍受更长的等待时间。因此，能平衡不同时段的需求水平以匹配可供容量的动态定价策略十分重要。

（三）渠道

渠道（Place）指企业为了将产品交付到目标市场而建立的分销网络。渠道可分为物理渠道和电子渠道两种。对于服务营销的渠道策略而言，物理渠道的搭建，如服务场所的店面位置、仓储及运输的便利性及其覆盖的地理范围等因素显得非常重要。除了物理渠道之外，基于互联网、移动互联网的电子渠道搭建则是企业渠道战略中需要考虑的重要一环，通过APP（手机软件）终端来提供服务交付的入口是当前较为常用的营销渠道实践之一。制定渠道战略时企业需要了解其提供的核心产品属性，若以信息提供为主要属性的服务，构建高效的电子渠道是首要选择，如提供在线音乐服务的"网易云音乐"、商业杂志"第一财经周刊"以及提供在线教育的"可汗学院"均建立了易用、友好的并能够在不同平台上进行使用的应用软件。

当然，如果企业提供的服务是在线商城、航班服务等，需要顾客真实参与的服务，则电子渠道仅提供了信息传递、预定或者提前支付的作用，物理渠道如快递物流、服务设施等依然起到重要的交付作用。

值得注意的是，时间在交付渠道中扮演着越来越重要的角色。顾客对时间非常敏感，生活节奏越来越快，顾客正在把浪费的时间视为消费服务时的成本。他们可能愿意为节省时间而付出额外的费用。越来越多的忙碌顾客期望服务在他们需要时是可用的，而不是需要顾客适应服务供应商的营业时间。

（四）促销

促销（Promotion）强调企业为促进产品销售而从事特定的信息传播活动。在服务营销中，促销更注重向不同的顾客传递不同的信息。企业往往会为顾客提供个性化的信息和服务以提升顾客忠诚度。因此，不同需求的顾客往往要求企业传递不同的服务信息、采取不同的促销策略。

（五）人员

人员（People）指参与到服务流程中并对服务结果产生影响的所有人员，包括企业员工、顾客和处于服务环境中的其他人员。企业员工的着装、仪表、态度和行为等因素都会影响到顾客对服务的感知。同时，由于服务的不可分割性，顾客自身也会参与到服务中来，他们也会对服务感知和服务质量产生重要影响，甚至会影响到其他顾客的感知。此外，处于服务环境中的其他人员也影响着服务的生产和消费流程。例如，持有银行贵宾卡的顾客往往会因为其他人的羡慕而提高对服务质量的感知和对服务价值的认同。

（六）有形展示

服务的有形展示（Physical Evidence）包括服务环境（如装潢、音乐和员工服饰等）、服务流程中的实物设施以及其他有助于服务的生产、消费和沟通的有形要素。值得关注的是，有形展示的存在一定要使服务变得更加便利或提高服务的质量和生产效率。例如，服务场所应该有便利的交通、醒目的店面标志以及令人感到舒适的外部环境；内部设施对于连锁服务机构来说应该拥有一致的装潢（如色调、外观、照明等）。

（七）流程

流程要素（Process）指的是服务交付的流程和运营系统。服务流程也是顾客对服务质量进行评价的流程。其中包括服务任务流程、服务时间进度、标准化和定制化等因素。服务在给顾客提供之前一般都是一样的。不同的人在不同的时间、不同的地点的参与才使服务流程呈现不同结果。因此服务的设计要考虑到服务的生产与交付的流程性及顾客的真正需求。值得指出的是，具有不同市场定位的企业，往往在服务流程的设计上呈现较大的差异，并不能简单地判断孰优孰劣。例如，有的企业以提供高度标准化的服务流程为主，如麦当劳、肯德基；有的企业则以提供个性化的服务流程为主，如美容店。

三、基于顾客满意和忠诚的 4Ps+3Rs

关系营销的兴起给很多企业带来了收益，人们便开始关注营销中的顾客满意和顾客忠诚问题，企业更加关注"顾客份额"而不仅仅是"市场份额"。在这种情况下，一些学者和企业重新界定服务营销组合，提出了4Ps + 3Rs服务营销组合策略。其中，3Rs指顾客挽留、相关销售和顾客推荐。

（一）顾客挽留

顾客挽留（retention）是指努力并持续地与顾客建立长期关系，维持与保留现顾客，以取得稳定收入。很多研究和实例都已表明老顾客比新顾客更能为企业带来利润。随着老顾客对企业的熟悉，企业对这些顾客的营销费用以及服务费用会降低；另外，由于转移成本的存在，他们不会轻易转向其他企业，价格的敏感性也不高。莱希赫尔德的研究表明：如果企业的顾客挽留率能维持每年 5% 的增长率，那么企业的顾客基础在 14 年内会翻一番，若每年维持 10% 的增长率，那么每 7 年就可实现成倍增长。[①]

（二）相关销售

相关销售（related sales）是指企业将新产品销售给老顾客。老顾客对企业产品具有信心，因此企业新产品的推广费用可大大降低，推广时间也会缩短。同时，老顾客对新产品的价格也不是很敏感。另外，企业可以根据对老顾客的了解而围绕原产品设计出新产品，这类产品更能满足消费者的需求，从而成为企业新的利润增长点。实际上，现在人们常说交叉销售和升级购买都是相关销售的具体表现形式。[②] 例如，阿里巴巴旗下的淘宝 APP 的大规模使用在某种程度上带动了另一款移动应用——"支付宝"使用率的提高。

（三）顾客推荐

顾客推荐（referral）是指忠诚的顾客会对其他潜在的顾客进行"推荐"，当今海量的广告和宣传信息使很多顾客会感到茫然，因此他们更倾向于重视朋友和亲人的推荐，尤其是有使用经验的人的推荐。美国消费者协会近几年做的一项调查结果显示：一般情况下，高度满意与忠诚的顾客至少会向 5 个人推荐自己使用的产品，而不满意的顾客则会告诉 11 个人。由此可见，顾客的满意程度会对企业的形象和声誉产生重大影响，从而影响企业的获利能力。

任何类型的服务营销组合都是以传统的 4Ps 为基础，包含传统营销组合的各种要素，当然同时也会赋予这些要素新的内涵，除此之外再结合服务流程与结果感知引入关系营销、顾客满意和忠诚等组合因素。在服务经济时代，企业只有不断地提高顾客满意度和忠诚度才能赢取长期利益和竞争优势。

第三节　服务营销三角形与服务营销价值链

服务是无形的，它不能像有形产品那样通过自身来展示优势；服务投入和产出的可变性不仅会降低消费者信心，也使得服务质量更难以评价；服务活动是个流程，是服务人员和顾客都参与互动的流程。种种特征都显示出服务的质量是难以管理的，为了增强与提高服务营销的效果和效率，服务营销整合的思想被引入服务营销体系之中。在服务营销流程中，需要把市场营销管理、生产管理和人力资源管理等职能都纳入服务流程之中。

---

① ［美］弗雷德里克·莱希赫尔德. 忠诚的价值——增长、利润与持久价值背后的力量 [M]. 常玉出译. 北京，华夏出版社，2001：42.

② 王永贵. 顾客资源管理 [M]. 北京：北京大学出版社，2005.

一、服务三角形

斯蒂文·阿布里奇曾在其所著的《服务、服务、服务》一书中提出了服务三角形的概念，在其基础上，进行内容的整理改进，以便能更好地理解顾客忠诚的形成机制，形成了以顾客为中心的服务质量管理模式，如图2-2所示。

图 2-2　改进后的服务三角形

服务策略、服务载体、服务人员三者是构成服务质量最重要的因素，它们构成一个服务三角形，相对独立地面向顾客这个中心，各自发挥着作用。其中，服务策略的管理层次高于服务载体和服务人员，服务策略位于战略层，服务载体和服务人员位于战术层或基层。[①]

（一）服务策略

服务策略是指对顾客具有重要意义的、对企业又是可行的，有关提高服务质量的明确的原则或方法。企业必须制定一种服务策略，使顾客感受到"这就是我们的企业，这就是我们的经营之道，我们将始终为您服务"的理念。而要达到这一点，必须做到以下两点。

（1）满足顾客的现实需要，这就要学会从顾客的角度出发去考虑问题。例如，对于家具店的店主来说，他应知道自己不能只是卖家具，因为顾客不仅仅是买家具，还会考虑家具的颜色是否与房间其他物品相匹配，是否美观，家人是否喜欢，是否耐用等。所以，店主还应成为一个咨询者，为顾客提出有价值的参考意见。

（2）要满足顾客的潜在需要。对于顾客没有考虑到的因素，也要加以考虑。例如海尔集团售出产品之后，定期打电话询问顾客产品的使用情况，并提醒用户一些注意事项。这些看似小事，但对顾客的影响是较大的。顾客认为企业是真诚地为自己着想，从而对企业及其产品和服务产生了好感。

（二）服务载体

服务载体是指企业为顾客服务时需要用的设备和企业直接向顾客提供的一系列产品，主要包括服务环境、服务内容和服务手段等。

1. 服务环境

服务环境包括选址和服务设施布置。对于服务而言，选址十分重要，它直接关系到营业额的多少。由于大多数服务业需要直接与顾客接触，所以其营业场所选址要求接近顾客；服务设施的布局则能提高工作效率和促进顾客满意。

---

① 何明光. 论基于顾客忠诚的企业服务质量管理策略 [J]. 企业经济, 2004（5）: 25-27.

2. 服务内容

服务内容是否满足顾客需要，是赢得顾客的一个基本条件。除了一些基本的服务内容外，企业可推出超值服务。例如，当顾客购买了汽车后，经销商会为顾客代办有关汽车的相关手续或保险业务等，同时还会给顾客及家人寄来生日卡和晋升、毕业、结婚等人生大事的贺卡，提供超值服务。

3. 服务手段

在服务手段或者服务方式上，企业应充分考虑到行业特点、企业自身特点等因素。例如，随着信息技术的发展，各种各样的非店铺销售日益兴盛，顾客不再去商店，而是由双方在商店之外的地方进行买卖的方式。如电视购物、网络购物、邮购、自动售货机等。

（三）服务人员

优秀的服务人员使得企业成为以顾客为中心的企业，企业必须在相应的岗位上启用合适的人才。对于服务人员来说必须具备技术上的能力，即与服务有关的专业能力。另一种能力就是人际交往的能力，它包括真诚的服务态度、良好的精神风貌以及对顾客的尊重、信任、理解、体谅、有效沟通等。例如，具有传奇色彩的咖啡王国——星巴克就特别强调同时对员工软技能（顾客服务方面的技能）和员工硬技能（咖啡制作方面的技能）两个方面的培训。优质的服务是长期的，这就要求企业必须持之以恒，按照质量管理模式，保持现有的服务，并且将不断改进服务质量作为一项基本工作来做。

二、有形产品营销三角形

按照传统观点，生产具有封闭性，顾客不参与有形产品的生产流程。企业通过市场营销等活动来了解顾客的需求，生产出相应产品后通过外部营销活动将产品推荐给目标顾客，并作出承诺。如果产品符合顾客需求，则企业遵守了先前的承诺。因此企业就是在作出承诺、遵守承诺、兑现承诺的流程中谋求生存和发展。上述观点正是从产品营销三角形视角对营销作用的说明，如图 2-3 所示。

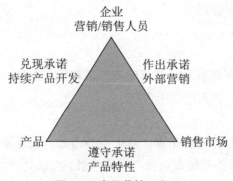

图 2-3 产品营销三角形

资料来源：[芬]克里斯廷·格罗鲁斯. 服务营销与管理——基于顾客关系的管理策略. 2版 [M]. 韩经纶，等译. 北京：电子工业出版社，2002：38.

三、服务营销三角形

服务营销要远比有形产品的营销复杂。在服务开始前,企业无法预知顾客的需要与期望;在服务流程中,各类人员对服务都会产生影响,使得服务结果多种多样;服务结束后,企业也无法准确了解顾客的感知服务质量和感知价值。面对这一系列的不可控因素,格罗鲁斯将员工、技术、知识、顾客时间和顾客作为企业的资源纳入服务营销体系中,形成服务营销三角形,它由外部市场营销、内部市场营销和互动市场营销三个核心部分组成,如图 2-4 所示。

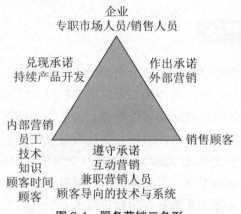

图 2-4 服务营销三角形

资料来源:[芬]克里斯廷·格罗鲁斯.服务营销与管理——基于顾客关系的管理策略.2 版 [M]. 韩经纶,等译.北京:电子工业出版社,2002:39.

服务营销三角形显示了服务营销的关键组合要素:企业、一线员工与顾客之间的关系,它们必须紧密联系,为促进服务的生产和交付而协同运作。其共同目的就是建立企业与顾客间的长期关系和提升顾客忠诚度。[①]

(一)外部市场营销——建立关系

外部市场营销是企业根据顾客期望向顾客作出承诺的流程。外部市场营销不仅包括广告、人员推销和有形展示等传统市场营销活动,也包括服务人员及服务流程等服务营销特有的要素组合。例如,航空公司把那些经常乘坐本公司航班的顾客称为"最具价值的顾客",并发放贵宾卡,为他们提供有别于其他顾客的服务。在外部市场营销流程中,企业要作出一致且能够兑现的承诺。

(二)互动市场营销——维持关系

互动市场营销就是在服务人员接触顾客的流程中,将顾客、员工和设备都视为营销资源,让他们都参与到市场营销活动中来,以便实现承诺的一种手段。在服务营销三角形中,

---

① Kasturi, Anand, Internal Processes in Services and Customer Relationships[R], IIMB Management Review, 2003, 15(3), 84.

企业的员工都是市场营销人员，专职的和兼职的市场营销人员通过与顾客接触获得更多的顾客信息，为顾客提供个性化的服务。因此，互动市场营销不仅仅是企业遵守承诺的流程，也是企业保持与顾客的持久关系、保留忠诚顾客的关键点。

（三）内部市场营销——支持关系

企业的一切活动都需要通过员工来实现，企业要兑现对顾客的承诺，就必须利用一切资源和沟通方式，使员工能够利用企业资源和信息来建立、维持与顾客间的关系。内部市场营销包括为服务人员提供培训、建立内部激励机制以及定期的企业文化沟通等。

四、服务营销价值链

显然，在当今的顾客中心时代，服务营销活动的目标就是不断地增加价值，而这就要实现更多积极的顾客感知与评价，促使他们采取更多积极的顾客行为，从而获得更高的顾客价值。因此，企业的服务营销活动必须以服务利润链为主导逻辑（有关服务利润链的内容，将会在后面的章节中重点介绍），设计并实现服务营销价值链，并把主要精力集中在一系列影响顾客感知与评价、顾客行为和最终创造与交付价值的营销活动上，如图2-5所示。实际上，该图也概括出本书的主要篇章结构，从理解服务中的消费行为、发掘顾客的期望与需求以及跟踪顾客的感知等一系列旨在感知价值的营销活动入手，进而通过服务导向的确立、服务市场的细分和服务定位来锁定顾客价值，然后据此有针对性地实施一系列旨在创造与交付价值的营销活动（服务营销组合）——服务产品管理活动、服务定价管理活动、服务渠道管理活动、服务沟通管理活动、服务展示管理活动、服务流程管理活动和服务员工管理活动，从而在为顾客提供优异价值的同时，确保企业取得卓越的经营绩效水平。在此过程中，有效的顾客关系在管理活动和服务补救管理活动中则成为进一步提升价值的两大支柱。

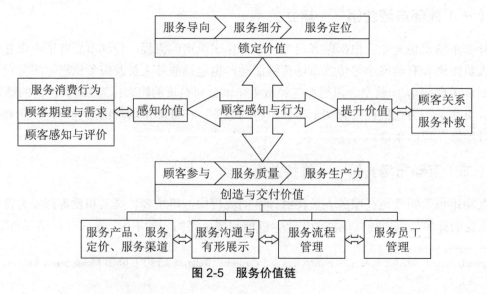

图 2-5　服务价值链

本章小结

服务具有无形性、流程性、异质性、易逝性等基本特性，这些特性决定了服务营销与产品营销有着本质的不同。因此，服务营销组合在对传统的4Ps进行调整和扩展的基础上添加了人员、有形展示和流程，它们一道构成了扩展后的服务营销组合。另外，随着关系营销的兴起，顾客满意和忠诚日益成为企业关注的重点，在此基础上又发展出以顾客满意和忠诚为关键要素的4Ps+3Rs服务营销组合。

服务活动是服务人员和顾客都参与的互动活动，服务相对于有形产品的特殊性致使在服务营销中市场营销、生产和人力资源管理三种管理职能必须密切配合，这是服务营销整合的主要思想。在整个整合流程中，顾客的重要性被凸显，服务营销的重点也转移到以顾客价值为核心的思路上，并逐渐发展成市场营销的新理念。

服务的管理不同于传统制造业中的管理，服务管理的重心偏向顾客关系的总体效用、长期伙伴关系的建立、顾客满意和忠诚的提升及顾客感知质量的转移，这使得服务及服务营销的管理显示出独特的视角。

关键词汇

服务三角形：服务策略、服务载体、服务人员三者是构成服务质量最重要的因素，它们构成一个服务三角形，相对独立地面向顾客这个中心，各自发挥着作用。

互动市场营销：互动市场营销就是在服务人员接触顾客的流程中，将顾客、员工和设备都视为营销资源，让他们都参与到市场营销活动中来，以便实现承诺的一种手段。

内部市场营销：内部市场营销是一种将员工视为顾客的管理哲学。它意味着将员工视为企业的内部顾客，努力为员工提供优质的内部服务，创造员工的满足感，通过创造满足员工需要的工作来吸引、发展、激励和保持高质量的员工，以此使得企业所有层级的员工都能理解自己的工作并具备提供优质服务的技能、资源、经验和意愿。

复习思考题

1. 简述服务营销组合与传统营销组合的异同并举例说明其在实际中的运用。
2. 论述服务三角形中的三要素是如何以顾客为中心发挥作用的？
3. 联系实际说明内部市场营销的应用及其作用。

本章案例

7-Eleven的服务营销之道

7-Eleven，是源于美国的一家著名的连锁便利商店。7-Eleven的名称，源于1946年，这家连锁便利商店标榜其营业时间从上午7时开始一直到晚上11时结束。后由日本零售业经营者伊藤洋华堂于1974年引入日本，从1975年开始24小时全天候营业。目前为日本7&11控股公司旗下全资子公司。

1. 7-Eleven 的服务市场定位

作为服务领先者的定位。7-Eleven营业员的服务态度很好，店内的各种细节也体现出对顾客的关怀，这些是普通的烟酒店无法比拟的。例如，中午的便当，饭和菜会合在一起，而晚上的便当，饭和菜是单独装的，是考虑到顾客可以拿回家和爱人分享。7-Eleven，将服务做到极致，如在发现日本人的便餐文化后，在店内销售饭团等鲜食，发起食品配送服务。配置ATM机，提供代收水电煤费用、充值各种交通卡、快递、干洗、照片冲洗等50多项便民服务。

作为质量领先者的定位。7-Eleven以食品、日常生活必需品为主，卖高鲜度、高品质、高附加值的商品。在食品安全事故频频发生的今天，它让顾客倍加放心。到了保质期就会全部丢掉每天过期的东西，从来都不含糊各种机器的清洗，各种事情都有硬指标，绝不会忽悠顾客。

作为连锁便利店的标杆。不管在哪个城市，7-Eleven都有类似的店面选址，类似的店内布置，类似的贩售商品、一如既往的高商品品质。7-Eleven在消费者日常生活行动范围内开设店铺。如办公商圈、高校、人流集中的住宅区和交通枢纽。这大大方便了顾客日常的工作生活。中小规模店铺50～100平方米，却经营着3000多种商品。7-Eleven尽最大可能为消费者提供便利与安全感。

2. 7-Eleven 的服务文化

7-Eleven公司对顾客保持负责、认真、诚恳的态度，作为消费者、零售店与厂商之间的纽带，彻底贯彻价值创新、诚信务实、顾客满意的经营方针，提供给消费者亲切的购物环境、优质的商品、多元便利的服务与生活情报信息；7-Eleven主张协同顾客、加盟者、协力厂商、公司、全体员工及社区居民等全体利益关系，不断创新突破，实现共同成长。

3. 7-Eleven 的服务营销战略

产品：掌握每种产品的销售动向，建立假设并以真实的数据验证，从而提高订货的精准度，贯彻"单品管理"。其单品管理在业内饱受称赞。7-Eleven在零售行业也像丰田公司一样给了员工很大的自主权，根据POS（销售终端）机的数据决定采购的品类和数量，从而将库存降至最低。

品牌：7-Eleven很注意倾听顾客的声音，观察服务流程和执行效果，在冰冷的标准作业程序中，加入人心的温度，让顾客有宾至如归之感。如将比较重的物品放在进出口处，方便顾客拎取。

服务定价：作为一家不以平价为噱头的连锁便利店，它的价格比一般的超市要高一些，但其提供的贴心服务和高质量商品使价格基本在消费者可以接受的范围内。

服务促销与沟通：7-Eleven每年都开展大量促销活动。商品会随季节变换，给顾客新鲜感，销路不好的商品会尽快下架，快过期的商品做促销活动。此外，7-Eleven的价格较一般商店较高，也为其降价促销提供了空间。

物流配送与分销：7-Eleven已经实现一日三次配送制度，实现小量、多次、快速、按需物流配送。其中包括一次非凡配送，即当预计到第二天会发生天气变化时对追加商品进行配送。使7-Eleven及时向其所有网点店铺提供高鲜度、高附加值的产品，从而为消费者提供了更便利、新鲜的食品，实现了与其他便利店的经营差异化。

实体店：7-Eleven遍布世界各地，日本，中国台湾，泰国，中国上海、广州等一线城市都有多家分店。

有形展示方面：不管在哪个城市，7-Eleven都有一致性的店面布置、一致的贩售商品、一如既往的商品品质，形象一致和提供热情服务的员工。

根据郑锐洪.7-Eleven的服务营销[M].市场营销——理论、方法与案例[M].北京：机械工业出版社，2014：99-100等资料整理。

思考题

1. 7-Eleven运用了怎样的服务营销组合？
2. 中国的零售商店可以从7-Eleven得到怎样的营销启示？

即测即评

补充阅读材料

第二篇 感知价值

消费者的任何决策，往往都是以其价值感知为基础作出的。因此，剖析和理解服务业中的消费者及其行为与感知，往往可以为企业锁定价值、创造价值和交付价值奠定坚实的基础。

第三章 服务中的消费者行为

与实际商品的购买相比,消费者评价和购买服务供应商品时往往更加困难。一方面是因为服务是无形的、非标准化的;另一方面是因为服务的生产和消费是同时进行的,因此消费者在购买服务产品时的感知价值往往比购买有形商品时的感知价值波动得更为强烈。本章围绕消费者的服务感知价值这一主线,致力于服务中消费者行为的相关问题,力图理解消费者行为,为服务供应商进行市场营销决策提供借鉴。本章的主要学习目标为:

学习目标
- 了解消费者行为的影响因素
- 认识常见的消费者分类方法
- 理解服务和有形商品评价流程的区别
- 熟悉消费者服务购买流程和服务购买决策模型

第一节 消费者行为与消费者类型

消费者是市场营销活动的主要对象。现代市场营销理论认为,了解消费者的需要和欲望,对其行为进行分析,是市场营销的出发点。由于服务供应商品的特殊性以及消费者行为的多样性和多变性,使得消费者在评价和选择服务时更加困难。

一、消费者行为研究

了解消费者的需求,是企业组织生产的前提;对消费者行为进行研究,是企业进行市场营销活动的基础,也是整个营销管理学科体系的根基。不同的消费者呈现不同的消费行为,即使是同一个消费者也会因为所处的情境不同、所购买的产品等的不同,表现出不同的消费行为。因此消费者行为具有复杂性、多面性。在服务营销领域,由于服务的独特特性,消费者的行为更为复杂。消费者研究以及行为分析,是服务营销的重要内容。

(一)消费者行为

罗格·D.布莱克韦尔等人把消费者行为定义为:"人们在获取、消费以及处置产品和服务时所采取的活动。"[1] 这意味着市场营销人员一旦了解了消费者的需求以及购买动机等,他们就可以更容易地策划相应的对消费者产生影响的营销策略。其中,获取指的是导致购买或得到产品的活动;消费指消费者何时何地、在何种环境下、如何使用某种产品;

---

[1] [美]罗格·D.布莱克韦尔,保罗·W.米尼德,詹姆斯·F.恩格尔.消费者行为学[M].吴振阳,倪建明,彭红英,徐虹等译.北京:机械工业出版社,2009:3.

处置指的是消费者如何处置产品与包装。实际上，消费者行为的界定如图3-1所示。

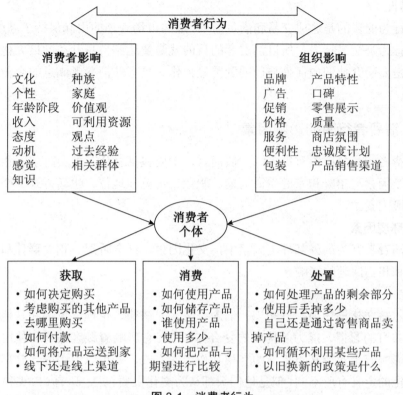

图 3-1 消费者行为

资料来源：[美]罗格·D. 布莱克韦尔，保罗·W. 米尼德，詹姆斯·F. 恩格尔. 消费者行为学[M]. 吴振阳，倪建明，彭红英，徐虹，等译. 北京：机械工业出版社，2009：4.

美国市场营销协会则把消费者行为定义为："感知、认知、行为以及环境因素的动态互动流程，是人类履行生活中交易职能的行为基础。"[①] 这个定义对消费者行为的理解主要包含三个层次：①消费者行为是动态行为——动态性；②涉及感知、认知、行为以及环境因素的互动作用——互动性；③消费者行为中包含交易行为——交易性。

1）动态性

消费者行为具有动态性，意味着个体消费者、消费者群体和整个社会随着时间的推移都在不断地改变和发展。消费者行为的归纳和概括都会受到特定时期、特定产品以及特定消费者个体或群体以及消费情境的限制。消费者行为的动态性使企业不能期望同一个市场营销策略在所有时期对全部产品、市场和企业都使用，而必须考虑到具体的情况。例如，在肯德基进入中国后，推出了适合中国人口味的鱼肉、猪肉汉堡以及鸡肉卷等。

2）互动性

要想理解消费者并且制定合适的市场营销策略，就必须要了解他们在想些什么、感觉如何和他们要做什么以及与消费者想法、感觉及行为相互影响的事项和环境。处于不同情境下的消费者有着不同的认知、感知和行为。其中，最典型的就是文化环境对消费者认知

---

① Peter D.Bennett，*Dictionary of Marketing Terms*，American Marketing Association，Chicago，1989：40.

和行为的影响。

3）交易性

消费者行为的目的是达成交易和满足需求，这与市场营销的内涵保持了高度的一致性。由于消费者行为是交易行为，所以消费者的目的就是要达到自身利益的最大化。研究消费者行为，就是要研究他们如何使自己的利益最大化。只有使消费者满意的企业，才能获得更好的效益。

（二）消费者行为的影响因素

影响消费者行为的因素有很多，一般而言，主要包括文化、社会阶层、相关群体和家庭等外部环境因素与年龄和家庭生命周期、职业、角色和地位、生活方式、个性和自我概念等内部环境因素。

1. 外部环境因素

在影响消费者行为的外部环境因素中，文化因素、社会阶层、相关群体和家庭等都具有十分广泛和相当深远的影响。

1）文化

泽斯曼尔将文化描述为："知识、信念、艺术、法律、伦理、风俗和其他由社会的大多数成员所共有的习惯、能力等构成的复合体。"[1] 它影响着顾客评价和使用产品或服务的方式，也影响着企业及其员工与顾客相互作用的方式，是可以习得的、分享的。虽然不同学者对文化的定义有所不同，但是他们大都认为文化主要包括：语言（口头和非口头的）、价值观和生活态度、习惯和风俗、物质文化、审美观、教育和社会机构等。[2] 价值观和生活态度指导着消费者的行为；习惯和风俗是某一特定文化对于适当行为方式的看法；物质文化是由文化的实物形态组成的，汽车、房子、衣服等都是物质文化的表现；审美观指鉴赏美丽和上好品味的文化观，不同文化背景下的人们有着不同的审美观；教育和社会机构是文化的传播者，也会受到文化的影响。例如，中国学生传统上习惯于上课听讲、做笔记，而在美国，学生和教师常常在课堂上像朋友一样聊天。

2）社会阶层

社会阶层是在一个社会中具有相对的同质性和持久性的群体，它们是按照等级排列的，每一阶层成员都具有类似的价值观、兴趣爱好和行为方式。社会阶层有几个特点：第一，同一社会阶层成员都具有类似的价值观，其行为要比来自两个不同社会阶层的人的行为更加相似；第二，人们以自己所处的社会阶层来判断各自在社会中占有的高低地位；第三，某人所处的社会阶层并非由一个变量决定，而是受到职业、所得、财富、教育和价值观等多种变量的制约；第四，个人能够在一生中改变自己所处的阶层——既可以向高阶层迈进，

---

[1] D.J.McCort, N.K.Malhotra, Culture and consumer behavior, *Journal of International Consumer Marketing*, 1993（2）：91.

[2] [美] 瓦拉瑞尔·A. 泽斯曼尔，玛丽·乔. 比特纳. 服务营销[M]. 张金成、白长虹译. 北京：机械工业出版社，2004：34.

也可以跌至低阶层。[①] 不同社会阶层的消费者在生活方式或购买方式上具有一定的差异，这些差异主要表现在产品的选择和使用、信息的收集和处理、媒体的选择与接触、购物方式、休闲活动等。

3）相关群体

相关群体是指那些直接或间接影响人的看法和行为的群体。相关群体对消费者行为的影响主要包括三个方面：相关群体使一个人受到新的行为和生活方式的影响；相关群体影响个人的态度和自我概念；相关群体能产生某种趋于一致的压力，这会影响个人对实际产品和品牌的选择。对受到相关群体影响较大的供应商来说，比较好的方法是接触和影响相关群体中的意见领袖。由于意见领袖对某类产品或活动有着更多的经验和信息，所以他们相对于供应商来说，对消费者更具有说服力。由此可见，当消费者对自己欲购买的产品缺乏了解和信心时，相关群体对他们的影响是不可忽视的。正因如此，有大范围影响力的社交网络越来越引领大众消费潮流。网络明星成为消费者模仿穿戴用的对象，奢侈品牌也不断寻找有影响力的形象代言人。

4）家庭

家庭是社会的基本单位。在正常情况下，人的一生大都是在家庭中度过的。家庭对个体性格和价值观的形成，对个体的消费与决策模式均产生非常重要的影响。在购买者生活中，会受到两种家庭类型的影响：一是婚前家庭，包括一个人的双亲，每个人都会从他（她）的父母那里得到有关宗教、政治、经济、个人抱负、自我价值和爱情等方面的指导，而且这种影响将会贯穿到他们以后的独立生活中。二是婚后家庭，购买者将会受到配偶和子女的影响，如配偶和子女的兴趣倾向将会促使消费者购买与以往不同的产品。如今家庭中男女在购买决策上的影响力也在悄然发生变化，女性越来越能决定家庭购买支出，这值得引起服务供应商的注意。

2. 内部环境因素

内部环境因素的影响主要是消费者个人特征产生的影响，主要包括年龄和家庭生命周期阶段、角色和地位、生活方式、个性和自我概念。

1）年龄和家庭生命周期

处于不同年龄和家庭生命周期阶段的消费者，其需求往往也存在差异。例如，婴儿对产品的需求，显然不同于成年人对产品的需求。其中，这里所说的家庭生命周期，是指家庭的成长和变迁，大致可以分为以下九个阶段：单身阶段、新婚阶段、满巢阶段一、满巢阶段二、满巢阶段三、空巢阶段一、空巢阶段二、鳏寡阶段一和鳏寡阶段二。[②] 不同的家庭生命周期阶段往往有着不同的财务状况和产品需求。相应地，其购买行为模式也有所不同，如表3-1所示。

[①] [美]菲利普·科特勒，洪瑞云，梁绍明，陈振忠. 市场营销管理（亚洲版）[M]. 梅清豪译. 北京：中国人民大学出版社，2001：173.

[②] [美]菲利普·科特勒，洪瑞云，梁绍明，陈振忠. 市场营销管理（亚洲版）[M]. 梅清豪译. 北京：中国人民大学出版社，2001：174.

表 3-1　家庭生命周期阶段及其购买行为模式

家庭生命周期阶段	购买和行为模式
单身阶段：年轻、个人生活	与父母共同生活；几乎没有经济负担；时髦娱乐导向
新婚阶段：年轻、无子女	如果经济较紧，与父母共同生活。没有财务支出，储蓄以购买自己的房子。如果经济独立，住自己的房子。对耐用品购买力高。购买：汽车、冰箱、电视机等。虽然要储蓄以付抵押款，但度假也会参加
满巢阶段一：最年幼的子女不到6岁	如果经济较紧，与父母共同生活；让父母照顾孩子。经济较松，将产生两种情况：一是妻子不工作带孩子，购买特征是小孩用品；二是请保姆照顾小孩，较少度假
满巢阶段二：最年幼的子女超过6岁	如果妻子重新工作，经济状况较好。然而，关注教育费用。较少购买耐用品
满巢阶段三：老夫妻，子女自立	随着子女参加工作和抵押款付清，经济状况较好。储蓄代替了借款耐用品购买的兴趣增加
空巢阶段一：老夫妻，身边无子女，户主在工作	大多拥有自己的住宅，经济富裕有储蓄，对旅游、家庭改善尤感兴趣，愿意资助已工作的子女
空巢阶段二：老夫妻，无子女同住，已退休者	收入锐减，赋闲在家。依靠储蓄和子女帮助生活。为了经济原因可能换小房子住。购买有助于健康、睡眠和消化的医用护理保健产品
鳏寡阶段一：尚在工作	收入较客观，但也许会出售房子与子女同住，一般与大儿子同住
鳏寡阶段二：退休	需要与其他退休群体相仿的医疗用品，收入锐减。特别需要得到关注、情感和安全保障。也许会出售房子与子女同住

资料来源：[美]菲利普·科特勒，洪瑞云，梁绍明，陈振忠. 市场营销管理（亚洲版）.2 版[M].梅清豪，译，中国人民大学出版社，2001：177.

2）角色和地位

在不同的社会关系中、在不同的场合中，一个人往往扮演着不同的角色。例如，一名妇女在企业中工作时是管理人员，在家里则是母亲和妻子，在父母面前则是孝顺的女儿，在朋友面前则是可以信赖的伙伴。相应地，人们在购买产品的时候，往往也会考虑到自己在社会中所扮演的角色。同时，消费者的角色往往又与其地位密切相关。社会地位方面的差异，也使消费者有着不同的消费行为。实际上，正是由于角色与地位对消费者行为产生着重要影响，一些奢侈品才有其固有的市场。同时，正是地位的象征作用，才赋予营销人员更多的有关产品和品牌的创新构思。

3）生活方式

生活方式是一个人按照他（她）的心理描述所表达的方式生活的模式，是一个人在世界上所表现的有关其活动、兴趣和看法的生活模式。生活方式与消费行为之间有着微妙的关系。人们追求的生活方式影响着他们的需求和欲望，及其购买决策和产品使用行为，而这些决策和行为又反过来强化或改变人们的生活方式。例如，那些追求高品位的生活方式的年轻人，会在周末闲暇时间去星巴克咖啡店消费；而那些追求经济实用的生活方式的人，会在超市里购买经济实惠的速溶咖啡。由此可见，生活方式通常为购买提供了基本的动机和指南，但它往往都是以间接和微妙的方式表现出来。

4）个性和自我概念

个性导致一个人对他所处环境的相对一致和持久不断的反应，是以心理特征为基础在文化环境中形成的。自我概念是一个人对自身存在的体验，强调了消费者的自我定位。个性和自我概念在无形之中影响着消费者的行为，如有的消费者喜欢复古，有的崇尚流行时尚。由此，营销人员应该努力塑造与目标消费者自我概念和个性相一致的产品形象。营销学中的"自我观念"体现在顾客所选择的产品或服务能够间接地表达其自身特征或个性。如选择苹果产品的消费者较为年轻、时尚、富有创意。

3. 心理因素

动机、感知、学习、信念和态度等心理因素也可以影响个人的购买决策。动机研究的是人类潜意识动机对购买行为的影响；感知研究侧重于五感接收到的信息对购买的影响。不少人会对电影院的速闪广告反感，害怕自己在不知不觉中被此类频繁打扰感官的广告洗脑；学习是指经验引起的个人行为的改变，如消费者在某商店获得过良好体验后，则其倾向于重复光顾；信念和态度是指某人对待某事的看法会影响其行为，如基督教群众习惯购买与基督教相关的周边产品，绿色消费的新概念让节能汽车风行。

二、消费者类型

对于企业而言，并不是所有的顾客都值得注意和保留。只有那些真正能够或将来能够为企业带来价值的顾客，才值得长期关注。因此，企业需要对顾客进行细分，将更多的资源放在现有或潜在的顾客方面，然后向其设计和提供适宜的产品和服务，同时放弃那些没有价值的顾客。顾客细分的标准可以多种多样，如顾客利润贡献度、综合顾客前景、顾客生活方式和个性等。下面主要围绕顾客价值和顾客感知要求介绍几种比较成熟的消费者分类方法。

（一）顾客金字塔

顾客金字塔是根据顾客所提供的利润对顾客进行分类的。根据帕累托"80/20"法则——公司80%的盈利来自最重要的20%的顾客，企业应该意识到，顾客在盈利水平上并不相同。泽斯曼尔等人[1]将这20%的顾客称为最优顾客，将其余80%的顾客称为其他顾客。其中，最优顾客是企业最有价值的顾客，而其他顾客则不具备这种特征。最优顾客不但在营利性方面与其他顾客不同，而且他们有着不同的性别、年龄和职业等特征，具有不同的偏好。最优顾客在服务质量方面往往更注重态度、可靠性和速度，而其他顾客则关注态度和速度。

泽斯曼尔等人在最优顾客和其他顾客的基础上，又提出了扩展的顾客金字塔。这是按照不同类型的顾客为企业所带来的收益大小进行分类的，即以顾客利润贡献为分类标准，由高到低将顾客分为白金层、黄金层、钢铁层和重铅层。

（1）白金层顾客描述了公司那些最具营利性的顾客，尤其是企业的那些大顾客，对价格不敏感，愿意购买和尝试新产品，对企业忠诚的顾客。

（2）黄金层顾客的盈利水平不高，他们往往希望有价格上的折扣。他们并不是企业

---

[1] Zeithaml A.Valarie, Roland T.Rust, Katherine N.Lemon. The customer pyramid: creating and serving profitable customers[J]. California Management Review, 2001, 43（3）: 122.

的忠诚顾客,即使他们有可能是企业的大顾客,但是为了降低风险,他们往往会选择多个卖主,而不仅仅是某一个企业。

(3)钢铁层顾客包括一些重要的顾客,他们对数量具有较大的需求,企业可以因此充分利用自己的能力,但是他们的消费水平、忠诚度和回报率还不值得企业特别对待。

(4)重铅层顾客是由那些浪费企业钱财的顾客组成的,他们需要企业的特殊关注,但是他们的消费水平和回报率却远远不值得企业这样做,有时候他们可能是"问题顾客"——向其他人抱怨企业的同时又占用企业资源的顾客。

企业通过收集整理顾客资料,根据顾客金字塔的分类标准,将顾客进行分类后,就可以较为容易地了解到,哪个细分顾客群体和我们合作了很长时间,并且维持此类顾客的成本较低,而且这类顾客能够带来积极的口碑宣传;哪类细分顾客群体耗费了我们的时间、精力和金钱,却无法提供我们想要的回报;哪些是很难打交道的细分顾客群体等,这些都为企业对不同顾客进行区别对待提供了指导。企业可以通过种种策略,努力使下一层的顾客跃迁为上一个层次的顾客,如实施交叉销售和促使顾客升级购买等。

(二)顾客感知要求

根据顾客感知要求分类,可将消费者分为感情型顾客、利益型顾客和可转化型顾客。由于不同的顾客具有不同的感知要求,如有的顾客并不注重产品的价格而关注购买所能带来的附加利益;有的顾客只关心价格,对附加利益并不那么看重。因此企业可以根据顾客要求的不同,进行不同的关系管理。

(1)感情型顾客追求的是企业的关怀和取悦,而对产品的价格并不关心。对于这部分顾客,企业应将精力集中在关怀和取悦上,努力赢得顾客的忠诚,与顾客建立长期稳定的顾客关系。

(2)利益型顾客对产品的价格比较敏感,为了获得低价产品,宁愿放弃高价购买时的附加值。针对这部分顾客,企业就应努力降低销售成本,把产品价格降到最低。当然并不是只做销售而不做关系营销,只不过企业的工作应按照顾客的不同分清侧重点。

(3)可转化型顾客是介于感情型顾客和利益型顾客之间的、摇摆不定的一类顾客群。对于这部分顾客,企业如果倾注更多的关系营销,让顾客体会到产品的高性价比和企业的关怀,就有可能向感情型顾客转化,成为企业稳定的忠诚者,否则就会转化为只注重一次低价交易的利益型顾客,无益于企业的长期利益。

(三)MVC、MGC 和 BZC

这种分类方法以顾客对企业的价值为标准,这里的顾客对企业的价值主要指的是顾客份额。顾客份额是指一个企业为某一个顾客所提供的产品和服务在该顾客同类产品或服务消费总支出中所占的百分比,也就是顾客对于企业价值贡献的表现。一对一营销的倡导者唐·佩珀斯(Don Peppers)和马萨·罗杰斯(Martha Rogers)认为,企业应该以顾客份额为标准来评价自己是否成功。由于一对一营销注重的是顾客的质量,是企业尽力将更多的产品或服务销售给较少的顾客,因此顾客份额更能说明顾客对企业产品和服务的关注程度。

基于此种观点，唐·佩珀斯和马萨·罗杰斯将顾客分为最有价值的顾客（most valuable customer，MVC）、最具增长性的顾客（most growable customer，MGC）和负值顾客（below zero customer，BZC）[①]。他们认为企业应当为最有价值的顾客提供最大的价值，并尽快将最具增长性的顾客转化为最有价值的顾客，而对于负值顾客应该尽快予以抛弃。因为负值顾客给企业带来的利润还不够弥补其服务成本，他们只会耗用企业原本就非常有限的资源。这种分类方法对保留对企业有价值的顾客是非常重要的，但是却不利于企业利润的增长和顾客群的扩大，因为对于企业来说，潜在顾客是不存在的。

三、了解消费者的方法与举例

如前所述，企业无论做什么事，采取什么措施，其目的都是满足消费者的某种需要，没有对市场完全了解、对顾客需求充分把握而盲目决策，只会导致企业产品策略的失败，白白耗费精力又不能够获得好的效果。因此，许多营销学专家曾经大声疾呼："最重要的是了解消费者！"因此，对顾客期望、顾客需求以及产品市场调研就应当是企业首先该做的第一步。资料卡3-1描述了了解消费者的几种不同方法。

资料卡3-1　　几种了解消费者的方法

了解消费者的目的，是将产品或服务的价值定位与顾客需求衔接起来，以使企业提供的产品服务为市场所需。下表将提供几种操作性较强的方法，企业可以根据实际情况选择运用或组合使用。

名　称	内　容	举　例	评　述
调查测试法	从目标消费者群体中抽一部分作为样本，通过问卷、访谈、座谈等形式了解他们在购买动机、功能偏好、情感特征、审美倾向以及行为习惯等方面的需求特征；也可以由样本消费者对企业预先设计的产品的"卖点""概念"等进行评价，以测试产品（服务）的价值定位能否满足消费者的需求以及满足的程度	许多商店门口设立的新款饮料柜台，让来往顾客免费品尝厂商推出的新型饮料，了解顾客的反应和评价，对这些反馈信息进行分析，进而对产品的各个方面加以改进	该方法能够较为客观地获取消费者的需求信息，是目前比较流行通用的做法，但是要注意顾客样本的采集，样本规模、样本结构、问题设计、数据分析等都需要注意，否则得出的结论就有可能发生偏差
感悟法	由少数"天才"式的营销人员，通过"换位"思维和与消费者的深入接触，体验、领悟消费者的需求特征，实现与消费者的心理融通以及准确的价值定位。用中国式的语言来形容，就是通过"将心比心"，达到"心有灵犀一点通"的境界	服装设计师往往是潮流的引领者，企业只要能够按照设计师们（尤其是大牌的设计师）的理念进行设计生产服装，便能够准确地抓住那些时尚、喜欢追求新潮的消费者	此方法适用于那些需要艺术灵感的行业，如服装设计、歌曲创作等。而且要靠行业内的"天才"人员，这些千里马是可遇而不可求的。另外，此方法是跟着感觉走，太过于随意，缺乏一定的科学性和理性思考

---

① ［美］唐·佩珀斯，马萨·罗杰斯. 一对一未来[M]. 屈陆民，译. 北京：华文出版社，2002：28.

续表

名称	内容	举例	评述
分析演绎法	运用逻辑思维进行推理，从一些假设出发，按照逻辑演绎出有关结论。这是一种严密的类似于数理推理的方法	现代社会工业的快速发展导致水资源的污染严重，随着人们对生活品质要求的不断提高，居民饮用纯净水的需求将会不断增加	应注意前提假设的正确性和推理逻辑的严密性，否则得出的结论是站不住脚的。另外，消费者的需求可能会因某个因素而产生突变，分析法此时会失效
基于数据挖掘等技术的数据库法	根据顾客在实际消费中的数据信息，分析他们的消费特点和规律，发掘并掌握消费者的消费需求与行为模式	银行的会员制信用卡机构拥有完善的消费者档案和完整的消费记录，可以从用户的刷卡记录——如总额、频次、用途、平均金额、最大（最小）金额、地点、时间、商业形态等，总结、分析出用户的动机、心理、需求倾向、行为偏好等	此方法属于"事后"和"事中"的研究，具有客观性和可信性。局限性：一是大部分行业和企业缺乏完整的消费者数据（收集的难度很大），因此，它的适用面较窄；二是消费者数据库所反映的信息，主要说明"过去"，不能完全代表"将来"
实验法	营造一个实验环境，设定一些条件，观察和了解实验对象（消费者代表）的行为及需求特征	快餐店在菜式、价格、环境、服务不变的情况下，一段时期内的同一时刻（如中午时分），重复记录、观察同一消费群（如白领、学生）的消费行为特点：他们爱吃什么菜，通常花多少钱；是商量着决策，还是个体分别决策等，从中可以发现需求规律和趋势	也属于"事后"和"事中"的研究，但有一定难度：影响消费者需求的因素太多，而且是开放动态的，不易控制。实验的对象也存在一定的不确定性。此外，操作难度较大，未必适合所有的行业及企业
"领先用户"观察法	"领先用户"指的是在消费者群体中富有激情，对新事物充满兴趣，总是站在消费潮流的前沿、喜欢标新立异的消费者。这些人的需求特征，往往代表着行业的未来需求；目前尚属前卫，将来很可能蔚然成风，成为主流。理解了他们，也就理解了需求的方向	汽车制造商新推出的汽车款型邀请一些汽车发烧友试驾，听取他们的评价和建议，进行改进。这些建议时常会集中在对汽车款型、内饰等方面的改进	此法易于操作，关键在于选准观察的对象。由于它着眼于未来，有时对于解决眼前的矛盾和问题作用不大（如如何调整现有的产品价值定位）。这种方法所需周期较长；同时对于观察研究者有较高的素质能力要求
基于网络社区的学习法	通过专家系统、共享的电子工作空间和群体支持系统等手段，获得和使用职业专长	微软公司和索尼公司的做法	针对顾客隐性需求或隐性知识特别有效，与顾客密切互动，而且持续期一般较长
结果导向的顾客倾听法	通过各种顾客调研与小组访谈等途径，利用计划、控制和决策支持系统等技术理解顾客的真实需求	科迪斯公司的实际做法	针对顾客的显性需求与显性知识特别有效，与顾客进行密切互动，但持续期可长可短
面向顾客的资源外取法	利用顾客创新工具箱等手段，促使顾客直接从事新产品设计，以便成功地进行可以满足顾客需求的新产品开发	BBA公司、LSI公司和VLSI公司的实践	与顾客的互动程度非常高，既适用于满足顾客显性需求也适用于满足顾客的隐性需求，持续期往往很长

资料来源：根据王永贵.顾客资源管理[M].北京：北京大学出版社，2005.王永贵，徐宁.顾客抱怨与服务补救[M].南京：南开大学出版社，2007.中国服务营销网（http://www.surprising.cn/n678c27.aspx）等资料整理绘制。

四、消费者对服务评价的特殊性

当企业向消费者提供其并不熟悉的产品或服务时,消费者可以通过自己使用或观察其他顾客使用产品后的反应来决定是否能对这个产品产生好感。[①] 然而消费者在使用产品或服务之前,总是要对他们进行一番评价的,但是消费者对服务的评价不同于对有形商品的评价。由于服务具有无形性、流程性以及易逝性等特性,导致了消费者对服务的评价比对有形商品的评价更加困难。消费者对产品和服务的评价可以按照产品和服务的性能来分类,包括搜寻特性、经验特性、信任特性。实际上,消费者对其评价流程是一个连续的流程,并没有十分明确的界限。

(一)搜寻特性

搜寻特性是指消费者能在购买产品之前决定的性质。搜寻特性包括颜色、款式、价格、尺寸、感觉、硬度和气味。像汽车、家电、衣服等就具有很高的搜寻特性,因为它们的性质大体上是在购买之前决定和评价的,因此对于这类产品来说,消费者对其评价较为容易。具有这类性质的产品一般是有形的商品,所以,对于消费者来说,对有形商品的购买较对服务供应商品的购买更容易树立起信心。

(二)经验特性

经验特性即消费者只有在购买后或消费时才能感觉到的性质。经验特性包括味道、耐磨损性等。例如去餐馆吃饭,只有在品尝该餐馆食物的过程中,才能感受到这个餐馆的食物的味道是否适合自己的口味;理过头发之后才能知道理发师技术和服务水平高低;听过老师讲课后才能了解教师授课能力如何。因为他们的性能只有在购买之后或正在消费之时才能知道或评价。经验性能高的服务和商品较难以评价,因为这些性能在购买和消费之前评价是不可能的。

(三)信任特性

信任特性是消费者在购买和消费之后也不可能评价的性质。一些具有高信任特性的例子,如法律服务和医疗诊断,没有几个消费者所具备的法律知识和医疗知识足以评价这些服务是否是必要的或是否正确地被执行,甚至在他们咨询了律师和拿到了药方之后也不知道这些是否能满足自己的需求。因此,信任性能高的商品和服务是最难评价的。

消费者对有形产品到无形产品的评价有一个从易到难的变化过程,如图 3-2 所示。

相对于有形商品来说,经验和信任性能在服务供应商品中占主要地位,搜寻特性主要体现在有形商品中,所以消费者评价服务的流程与评价实际商品的流程也有所不同。基于此,为了使营销工作有效地进行,服务供应商可能要改变他们的营销组合策略来满足不同的消费者行为和评价流程。

[①] McFadden Daniel L, Train Kenneth E. Consumers' evaluation of new products Learning from self and others[J]. *The Journal of Political Economy*, 1996, 104 (4): 683.

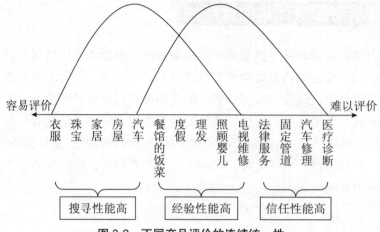

图 3-2　不同产品评价的连续统一性

资料来源：根据韦福祥、穆琳、曹花蕊.服务营销 [M].北京：人民邮电出版社，2014.

第二节　服务购买流程与决策模型

在服务营销决策中，除了深入了解影响消费者行为的关键因素和科学的消费者分类之外，还必须熟悉和把握消费者的服务购买流程与服务购买决策模型。

一、消费者的服务购买流程

根据消费者行为学的研究，消费者的购买流程要经历三个阶段，对服务的购买也不例外，主要包括购买前的抉择、消费流程中的用户反应和购买后的满意度评价。但是服务的购买流程具有特殊性，由于服务一般是经验特性和信任特性高的商品，这就意味着对服务的购买流程不会像商品购买流程一样简单，上述三个阶段未必会依次发生。

（一）购买前阶段

购买前阶段是指消费者在获得服务之前发生的所有行为。同购买实体商品一样，消费者首先感知到自己对某种商品或服务产生了需求，或者需要通过某种商品或服务解决某种问题，问题产生之后，消费者便会寻求某种途径去解决问题。在选择的时候，消费者的抉择一般要经历以下四个阶段。①

（1）刺激。刺激是引发消费者考虑购买的行为，分为内部刺激和外部刺激。内部刺激多由人的生理、心理因素所驱动，如饥饿、干渴到了一定强度就会刺激人们消费餐饮服务。外部刺激如广告、社会启示和实物启示。刺激在实物商品购买时的作用会更大。因为

---

① [美]道格拉斯·霍夫曼，约翰·彼得森.服务营销精要：概念、策略和案例 [M].胡介埙，译.大连：东北财经大学出版社，2004：64.

一般服务供应商都是独立的商人,既没有经验也没有资金做广告。如很多提供剪发的理发店,理发店的服务供应商很少或几乎没有在电视上做广告的,仅仅有一些较大的连锁理发店,才会在一些时尚和流行杂志上做广告,而这些广告的覆盖率又不是很高。所以相对于商品来说,服务的外部刺激物一般比较少。

(2)问题确认。消费者在受到购买刺激后,就会进入问题确认阶段,检查自己是否确实存在对产品的需要。如果消费者既无短缺,也无需要,那么决策流程就会停止了。在这一阶段上,购买实体产品和购买服务产品是一样的。消费者无论是购买什么产品,都是发现自己短缺或需求该种商品或服务。

(3)信息搜寻。一般来说,消费者可以从四个渠道获得信息:第一,个人来源,如家庭、朋友、邻居和熟人;第二,商业来源,如广告、销售人员、经销商网站、包装和展览;第三,公共来源,如大众传媒,消费者评审组织和网络搜索;第四,经验来源,如对产品的操作、检查和使用[①]。对于实体商品来说,信息来源比较多,因为实体商品本来就是搜寻特性高的商品。然后,对于服务产品来说,信息就不那么容易收集了。由于服务供应商品一般是经验特性和信任特性高的商品,消费者不去亲身体验,只通过相关群体的影响,一般很难明确服务提供的水平是否能够满足自己的需求。同时由于在购买服务产品之前,消费者很难明确其特性,而选择其替代品的难度相对于实体商品来说更大,消费者会感觉冒了更大的风险。所以对于服务企业来说,口碑宣传更为重要一些。

(4)方案评价。一旦收集到了来自内部和外部的信息,消费者就会得出几个可供选择的方案,消费者可能仅仅根据直观的想法来选择方案,也可能采用更为复杂的系统评价方法确定决策方案。对于一些习惯性的服务购买行为,消费者一般会根据直观的想法来选择方案。而对于一些专业性的服务购买行为,如医疗、法律等,消费者一般会采用更为复杂的评价方法来确定方案。

(二)消费阶段

与实体商品的消费不同,服务产品的消费和生产是同时进行的。顾客的商品消费是独立的,基本不受营销人员和其他顾客的直接影响。而顾客在进行服务消费时,与服务供应商和其他顾客之间是一个互动的流程,并且顾客会根据互动流程中得到的经历或体验来对服务质量进行评价。由于服务是一种体验,所以在服务的消费阶段,消费者和服务员工的感情和心情对服务质量的感知影响很大。如消费者本身处于一种轻松愉悦的状态,同时又看到服务设施和服务环境整洁,员工服务态度亲和,那么消费者在进入服务机构时首先就会对该服务场所产生良好的感情,他会处于一种轻松、愉快的氛围中,就会对该次服务体验产生积极的态度。而如果消费者的心情沮丧,该服务机构的服务设施和服务环境很差,同时服务供应商面无表情,即使该服务场所所提供的技术结果较好,顾客也会对该次服务体验产生偏见。所以服务营销人员要注意到顾客和服务员工的心情和感情,并且应该尽力使这些人的心情和感情向积极的方向发展。

---

① [美]菲利普·科特勒,加里·阿姆斯特朗.市场营销原理[M].楼尊,译.北京:中国人民大学出版社,2010:143.

另外，由于服务是无形的和非标准化的，消费者在服务产品的消费时会产生较大的风险感知。这就要求服务供应商尽量通过标准化服务环境和服务设施、服务人员行为等方法或控制服务前的服务承诺的方法来减少顾客的风险感知，提高顾客的满意度。服务承诺是服务供应商许诺提供给消费者的服务标准。服务承诺的形式有两种：明示的服务承诺和暗示的服务承诺。明示的服务承诺是服务供应商通过广告等媒介发表的有关服务的正式声明；暗示的服务承诺是服务供应商通过一些因素如商店和饭店的外观传达的服务质量的信号。一般来说，如果顾客实际感受的服务质量低于服务供应商传达的服务承诺，则顾客不会满意；如果顾客实际感受的服务质量高于服务承诺，则顾客往往会非常满意，因此，很多学者建议服务供应商不要作出无法兑现的承诺，以防止顾客产生较高的服务期望。

（三）购买后的满意度评价

在这个阶段中，顾客往往从多个方面反思自己的购买行为是否正确，进而产生满意或者不满意的心理状态。顾客对服务的满意度不仅依赖于服务生产系统——接待人员、周围环境、其他顾客和内部组织系统，也依赖于服务生产与消费流程中这些因素的同步协调。[1]

由于消费者购买服务需要承担比商品消费更大的风险，因此，顾客的期望极大地影响了顾客的购后评价。彼得森和霍夫曼提出可以运用否定期望模型来评价顾客的满意度。[2]否定期望模型的基本原理认为消费者评价服务好坏的方法是通过把他们已经享受过的服务与其期望值进行比较。如果已经享受的服务质量与其预期的相同或者更好些，那么消费者就会满意，否则就不满意。另外由于对服务的风险感知大，以及服务的替代品相对于实体商品的替代品较少，转换供应商的成本较高，所以消费者更容易对服务品牌产生忠诚。所以，否定期望模型给服务供应商提供了有针对性地提高顾客满意度和忠诚度的可能：了解顾客的服务期望和服务感知，由此采取相应措施提高顾客满意度。

二、消费者的服务购买决策模型

由于购买服务相较于购买产品所承担的风险更大，且服务的消费是一个互动的流程，消费者的决策流程相对于实体商品来说更为复杂。实际上，消费者行为学研究为市场营销人员提供了许多种消费者决策模型，这里主要介绍两种：一是基于风险承担的观点模型，这个模型侧重于消费者购买前的选择流程；二是控制模型，这个模型侧重于了解消费者的满意度。

（一）基于风险承担的观点模型

基于风险承担的观点，就是用风险认知的概念来解释消费者的购买行为。所谓风险承担，是指消费者在购买服务的流程中较之购买商品具有更大的风险性。因此，消费者的任

---

[1] ［美］道格拉斯·霍夫曼、约翰·彼得森. 服务营销精要：概念、策略和案例[M]. 胡介埙，译. 大连：东北财经大学出版社，2004：73.

[2] ［美］约翰·彼得森、道格拉斯·霍夫曼. 管理服务营销[M]. 邓小敏，王志刚，叶陈毅，译. 北京：中信出版社，2004：23.

何行动都可能造成自己所不希望或不愉快的后果，而这种后果则由消费者自己承担。[1] 消费者作为风险承担者，要面临四个方面的风险。[2]

（1）履行风险，是指消费者购买的服务项目将不能按照服务供应商承诺的标准得到履行的风险。

（2）财务风险，是假定消费者所购买的服务如果出现问题或者未能履行时，可能存在的财务费用。

（3）身体风险，指如果出现了服务事故而给顾客带来的生理和心理上的伤害。

（4）社会风险，是指购买一项特殊的服务，或许对个人的社会名誉是一种损害。一般而言，购买服务的风险往往要大于购买商品的风险，这主要是因为服务的不可感知性、不可分离性和服务质量标准的难以统一等特性所造成的。消费者在购买服务时，会主动规避风险或减少风险，忠诚于满意的服务品牌或商号，考察服务企业的美誉度和信誉度等。基于风险承担的观点一方面客观地正视了消费者购买服务的风险性的事实；另一方面也明确地为消费者规避、减少、降低风险提供了依据。

（二）控制模型

服务流程是一系列的互动流程，包括人与人之间的互动以及人与环境之间的互动。通过这些互动流程，消费者获得了需求的满足，并表现出满意或不满意的感知。迈克尔和彼得森认为顾客对于感知的控制决定了服务互动流程的质量。[3] 控制模型就是基于这种假设，认为现代社会中人们不仅是为满足基本的生理需求，而要以追求对周围环境的控制作为自身行为的驱动力的一种心理状态[4]。控制模型的基本前提是，在服务体验流程中，消费者感觉到的控制地位越高，他们对服务的满意度也就越高。然而在实际中，任何人都不可能对服务流程有完全的控制，包括顾客、服务人员和服务企业。在服务接触流程中，这三个方面都会在某些方面有所冲突，而所有的服务接触都可以被看作这三个方面当事人企图克服冲突的一个妥协。[5] 这三个方面的冲突，如图3-3所示。

图 3-3　服务接触中的行为控制感

资料来源：John E.G.Bateson. Perceived Control and the Service Encounter, in: John A.Czepiel, Michael R, Solomon, Carol F.Surprenant, eds, *The Service Encounter*, Lexingtong, MA, Heath, 1985：72.

---

[1] 叶万春. 服务营销学 [M]. 北京：高等教育出版社，2001：52.

[2] T.Levitt. Production-line approach to service, Harvard Business Review, 1972, 50（5）：42.

[3] Michael K. Hui, John E.G.Bateson. Perceived control and the effects of crowding and consumer choice on the service experience, Journal of Consumer Research, 1991, 18：174.

[4] 叶万春. 服务营销学 [M]. 北京：高等教育出版社，2007：53.

[5] [美] 约翰·彼得森，道格拉斯·霍夫曼. 管理服务营销 [M]. 邓小敏，王志刚，叶陈毅，译. 北京：中信出版社，2004：35.

在顾客、服务人员和企业当中，任何一方有太多的权利都可能出现消极的结果。如果服务企业有太多的权利，意味着它可以制定过多的规则和程序，这些规则和程序从效率的角度看也许是企业运作所需要的，但是对于服务人员，这些规则和程序限制了他们为顾客服务的权限，甚至导致了他们的反感和厌恶；对于顾客来说，企业的规则和程序是使他们感到烦琐的根源，代表了一种形式主义的工作作风；如果顾客拥有了太多的权利，他们会表现出非常满意的态度，但相应地会使企业的工作效率下降，成本上升，服务人员的控制力减弱，他们必须依据顾客的不同要求工作；如果服务人员的权力过大，就会使他们过多地考虑到自己工作的顺利和高效，忽略了顾客的要求，导致顾客满意度下降。同时，还会带来一些其他的问题，如公司形象的分散和公司向消费者提供服务种类的混乱，为公司事务管理部门带来许多新问题。因此，理想的服务接触应该是最高限度地使三方当事人的目标协调一致，应该使顾客和服务人员的控制需求与运营效率的需求达到平衡。根据这一理论，企业在服务交易中应该为消费者提供足够的信息量，尽可能让消费者对服务具有较高的认知，使消费者在购买流程中感觉到自己拥有较多的主动权和较大的控制力，增强消费信心和提高满意度。

本章小结

对消费者和消费者行为的研究是企业进行市场营销活动的基础。对于企业来说，并不是所有的顾客都值得关注和保留。只有那些真正能给企业带来盈利或者将来有可能为企业带来盈利的顾客，能够给企业带来口碑推荐作用或带来知识的顾客，才值得长期关注。对顾客进行分类，分析顾客价值，是企业进行顾客关系管理的第一步。另外，消费者行为是复杂多样的，受到各种因素的影响，研究消费者行为的影响因素，可以更好地理解消费者行为。

无形性、异质性和流程性等特性，使服务具有高度的经验特性和信任特性，这些使得服务比有形商品更难评价。因此，服务供应商可能需要改变他们的营销组合策略来满足不同的消费行为和评价流程。

一般来说，消费者的购买流程要经历三个阶段：购买前的抉择、消费流程中的用户反应和购买后的满意度评价。消费者在购买之前，往往会借助一定的工具来确定自己的决策是否恰当，这就是消费者的购买决策模型。本章介绍了基于风险承担的观点模型和控制模型。

关键词汇

消费者行为：人们在获取、消费及处置产品与服务时所采取的活动。

顾客份额：一个企业为某一个顾客所提供的产品和服务在该顾客同类产品或服务消费总支出中所占的百分比，也就是顾客对于企业价值贡献的表现。

服务承诺：服务供应商许诺提供给消费者的服务标准。

信任特性：信任特性是消费者在购买和消费之后也不可能评价的性质。

复习思考题

1. 简述影响消费者行为的因素。
2. 举例说明消费者对服务评价的特殊性表现在哪几个方面？
3. 简述两种主要的服务购买决策模型。

本章案例

直击消费者需求的食品电商

全面触网时代已经来临，"衣""食""住""行"等各方面也在顺应潮流，逐步向电商化迈进。但与"住""行"等相对较容易电商化的领域相比，食品电商化始终是困扰各大网络销售平台的一大难题。食品难以电商化的主要原因是大部分食品的利润无法抵消物流成本，再加上冷链物流的不完善，很多食品在发货过程中难以保鲜。低利润和高成本已成为阻碍"食"电商化的最大问题。

但有目共睹的是，电商市场发展迅猛，据有关资料显示，2011 年以来，仅仅 B2C（商对客电子商务模式）电商平台就达到 5 000 亿元的交易量。休闲食品电子商务的交易量也在不断上升。2014 年交易量为 330 亿元，2016 年以 33.8% 的增长率达到 602 亿元。交易规模如此之大，市场前景如此广阔，国内诸多电子商务从业者岂可视而不见。同源康商城，这一国内首家高端食品 B2C 平台正是瞄准这一市场空白，进入国内食品电商市场。

中国现今主要的食品电商模式如下。

（1）从淘宝 C2C（个人与个人之间的电子商务）发展起来的电子商店，如淘宝网上的双金冠卖家糖糖屋已经有了自己的 B2C 平台，以代销零食为主。糖糖屋有淘宝现有的优质顾客和流量，这是其优势，但糖糖屋代销的产品类别太多，而且仅仅停留在卖货阶段，难以形成自己的品牌。

（2）依托于淘宝，发展地方特色产品的 B2C 平台。此类的商店如一报一店等，集合全国各地报社，对当地特色产品深入发现挖掘，再通过淘宝网推广各地。

（3）传统线下企业的网上商城。例如"中粮我买网"，依托中粮集团，"中粮我买网"获得了中粮集团在资本、品牌和社会知名度等方面的支持。但"中粮我买网"产品大多数是低价产品，消费频次、配送难度和成本都较高，且不断受到其他新兴食品电商平台的冲击，目前的日订单量较低。

（4）细分食品行业的品牌 B2C。同源康商城就是这样的经营模式。它们拥有自己的产品且具有独立生产优势，定位于高端消费群体，注重质量安全，形成自己的品牌。但碍于市场规模有限，短期内不能实现大规模扩张。

近年来，我国食品安全卫生问题广泛引起公众关注，不少消费者对食品问题表示担忧，对于安全、优质健康的绿色食品的要求日益强烈。在这样的市场需求背景下，同源康商城专注于绿色健康食品领域，通过电子商务，全力打造从食品供应基地、研发、加工、销售、配送一体化的健康食品供应链。同源康商城抓住了消费者的食品需求，在确保食品质量绝对安全的前提下，高度重视用户的购物体验，深受消费者和业内人士的青睐。同源康商城主动回避低端市场，专注于开发高端市场。中高端消费者是一个相对小众的市场，需要精细化经营，一方面做好配送售后等基础服务；另一方面确保商品100%安全。

此外，同源康商城牢牢抓住中高端消费人士的食品需求，商城主推的正是这一人群所需的优质进口食品。虽然进口食品的价格相对较高，但鉴于中高端消费人群对价格不是十分敏感，综合以上市场因素，同源康商城为自己找到合适的市场细分。

同源康商城积极回避对价格变化十分敏感的消费群体，并专注于健康因素对消费者购买行为有重大影响的中高端消费者群体。对中高端的消费群体而言，健康的生活方式是他们不断追求的。同源康商城紧紧抓住这诉求带来的巨大利润，把对价格不敏感的白金层顾客群体放在其主要攻坚点。

业内资深人士表示，目前国内食品电子商务市场发展前景依然很大，食品电子商务企业还大有可为。但如果食品电子商务公司想要取得成功，抓住消费者的食品需求非常重要。在中国如今的食品电商的现状和中国食品安全的背景下，抓住消费者需求才是食品电商之道，从这一点上来看，同源康商城在抓取消费者需求、创建并巩固自己的市场细分、打造盈利点上做得还算不错！

根据"抓住消费者需求乃食品电商王道". 市场营销案例集 [M]. 杭州：浙江大学出版社，2014：54 改编.

思考题

1. 同源康商城所服务的细分市场中消费者行为特点有哪些？
2. 结合饮食和电商背景，哪些消费者行为特点能够帮助企业设计合适的产品或者服务？

即测即评

补充阅读材料

第四章 顾客期望与需求管理

对于服务企业来说,研究和理解顾客的期望是非常重要的。这是因为在服务企业中,顾客的期望不仅发生在服务之前,而且也与服务流程中所感知到的真实服务有关。因此,顾客对一个服务组织的期望往往是评估服务质量的首要因素。同时,满足顾客的期望和需求对于一个组织保留住自己的顾客并获得竞争优势,也是非常重要的因素。本章的主要学习目标为:

学习目标
- 顾客期望的内涵与类型
- 顾客期望模型及管理策略
- 服务需求预测的基本方法及管理策略
- 平衡服务能力与顾客需求的基本战略和常用方法
- 排队系统的构成及管理方法

第一节 顾客期望的内涵与类型

对于服务企业来说,顾客的期望是评估服务绩效的标准和参考点。因此,服务企业应该善于了解顾客对服务的期望,并通过一定的营销手段对顾客的期望进行有效的引导和管理,要主动采取措施和行动,去设定、满足,然后超越顾客期望。所以了解顾客期望的详细知识对于服务营销人员而言非常重要。

一、顾客期望的内涵

所谓顾客期望,是指顾客在接受服务之前对于服务的一种预期,这种预期不仅包括对结果(企业提供什么样的服务)的预期,还包括对服务流程(企业如何提供服务)的预期。一般来说,顾客期望是一种"满意期望"(satisfaction expectation),即理想的、称心如意的、想要的、渴望的期望。①

对于每个服务企业来说,都希望自己提供的产品和服务能使顾客满意,并且使满意的顾客最终成为企业的忠诚顾客。然而事实上,顾客对企业的服务水平最终满意与否,还取决于顾客期望水平的高低。当顾客体验的服务质量(服务绩效)超过期望服务质量时,顾客就会满意;反之,当顾客体验的服务质量低于期望的服务质量时,顾客就会产生不满的情绪。由此可见,顾客期望是顾客评价服务企业绩效水平的前提和基础。

实际上,顾客期望是一把"双刃剑"。②它一方面是吸引顾客的动力。正是因为有了期望,

---
① 熊凯,王娟. 服务企业顾客期望管理. 当代财经 [J]. 2005(1): 62.
② 李欣,程志超. 服务业顾客期望管理初探 [J]. 北京:北京交通大学学报(社会科学版)2004(3): 44.

顾客才会选择购买服务，以便满足自己的期望；另一方面，顾客期望的存在，又给企业绩效建立了一个最低标准。如果企业达不到这个标准，顾客就会不满，甚至会选择其他的服务供应商。企业往往通过广告宣传、促销或其他沟通方式，自觉或不自觉地在服务质量、价格、时间和地点等方面对顾客作出诱人的承诺，使顾客对企业的绩效形成一定的期望，以此达到吸引顾客的目的。但是，企业很可能忽略了顾客期望的另一个方面，即企业在建立顾客期望的同时也就意味着给自己的绩效设立了最低标准，有可能增大了使顾客满意的难度。如果当企业确定的顾客期望值不切合实际，不能提供所承诺的服务，那么它的广告制作得再精心、标语打得再响亮，往往也是毫无用处的，顾客甚至会因为企业提供不了所承诺的服务而更加失望。因此，顾客期望管理的主要目的就是在两者之间寻求一个平衡：使企业建立的顾客期望，既对顾客有充分的吸引力，又能保证企业能够实现，从而满足企业的长期利益。例如，有些精明的企业制定高水平的服务标准，并让顾客及其员工都了解这些标准，他们不承诺办不到的事情，而是致力于他们在顾客中已形成的期望值，不仅如此，他们还努力去超越这些期望值，使顾客的满意变成忠诚。

二、顾客期望的类型

按照不同的标准，可以对顾客期望进行不同的分类。在这里，我们重点介绍两种广为接受的分类标准：一种是按照期望的清晰程度来划分的，它把顾客期望分成模糊期望、隐性期望和显性期望三种类型；另一种则是按照对期望的要求程度来划分的，它把顾客期望划分成合意期望和理想期望两种类型。

（一）模糊期望、隐性期望和显性期望

根据期望的清晰化程度，可将顾客期望分为三类：模糊期望、隐性期望和显性期望。[①]

1. 模糊期望

模糊期望是指顾客只期望服务供应商为其解决问题，但并不清楚解决问题的方式和途径。对于服务供应商来说，了解顾客的模糊期望是非常必要的。在有些情况下，顾客可能无法表达自己的期望。例如，顾客能够意识到自己有必要接受某种服务以改变自己的现状，但是却无法表达或不知道应该怎么去做或做什么来达到这种目的。实际上，这些模糊的期望是一种真实的期望，因为顾客确实期望服务得到某种改变，只是不知道怎么样改变。例如，顾客想要装修自己的新居，但不清楚装修市场和不同装修材料的效果，无法向服务供应商清晰表达自己的要求。因此，模糊期望对顾客的质量感知会产生重要影响，决定着他们是否对服务质量满意。

基于模糊期望的重要影响，服务供应商应当认识到模糊期望的存在，并努力使这些模糊期望显性化。只有当服务供应商确信顾客所有的模糊期望都已经被显性化并且都得到了满足时，才有理由相信自己向顾客提供了优质服务，并让顾客满意。否则，顾客就可能不

---

① Ojasola J, "Quality dynamics in professional service"，Helsinki/Helsingfors: Swedish School of Economics/CERS，Finland，1999：97.

满意，甚至感到受挫。例如，一个顾客购买了保安服务，以保护自己的人身财产安全，至于如何得到完善的服务，他并不清楚。这时，物业公司可能为该顾客提供一个看起来不错的方案，但这个顾客也许感觉该方案仍然有需要完善的地方。尽管从服务供应商的角度看，他们的方案可能是完美无缺的，但是如果服务供应商找不到顾客认为的需要改进的地方，顾客依然会处于不满意的状态。由此可见，模糊期望的存在要求服务供应商能够提供相应的指导将其显性化并予以满足，这样才能让顾客感觉更加满意。

2. 隐性期望

隐性期望是指有些服务要素对于顾客来说是理所当然的事情。无论是对于顾客，还是对于企业来说，某些服务可能都是最基本的，顾客认为这些服务是企业理所当然提供的，也是自己理应获得的，并不需要特别表达。例如，顾客购买了餐饮服务，其中餐饮的卫生与健康对于顾客来说就是一种隐性期望。顾客会想当然地认为餐饮的提供者会提供卫生与健康的食物，因为这些期望是十分明确的。但正是由于这个原因，服务供应商可能会忽视这些期望，在提供服务的流程中不去很好地满足这些期望，甚至根本就不满足。如果这些期望被满足了，顾客不会刻意地去琢磨这些问题。但是如果这些期望没有被满足或者是当顾客处于不满意的状态时，这些问题就会影响到顾客的服务质量感知。服务供应商必须注意有哪些隐性期望还没有得到满足，以便采取措施，满足顾客所有的服务预期，而不仅仅是显性的服务预期。

3. 显性期望

显性期望是指在服务开始之前就已经清晰地存在于顾客心目中的期望。这就意味着顾客明确知道自己需要什么样的服务，并能够明确地表达和想象出来。顾客之所以主动和有意识地表达出他们的服务预期，是因为他们假定这些期望可以而且能够实现。但这里需要提及的是，在这些显性期望中，可能存在一些非现实的期望。例如，顾客通常会认为，如果花了钱，那么理财顾问为其提供保证稳定收入的理财方案就是自然而然的事情。但实际上，任何人都无法完全规避风险的存在。对于服务供应商来说，帮助顾客将非现实的期望转化为现实期望，是一件非常重要的工作。如果能够做到这一点，顾客所接受的服务就会远远地超过他自己的期望。在建立关系价值的整个阶段，服务供应商对他们所作的承诺都要非常小心。承诺越模糊，顾客产生非现实期望的可能性也就越大。这种模糊的承诺是非常危险的，因为顾客有可能会被误导，认为服务供应商有能力实现那些实际上根本无法实现的诺言。在沟通的流程中，模糊的和故意含混的信息，往往是导致无法实现承诺的主要原因，也是顾客产生非现实期望的重要原因。对于服务供应商来说：①在对顾客进行承诺和沟通时，要使用明确和清晰的语言，不要让顾客产生误解，更不要让顾客提出过高或非现实的期望——模糊的承诺更容易导致顾客提出非现实期望；②针对顾客非现实期望，要明确告知顾客企业不具备满足期望的条件和能力，同时介绍整个行业或某一地区的某一服务行业的现有服务能力，进而适当降低顾客期望或消除顾客的非现实期望。[①]

---

① 张圣亮. 服务营销与管理 [M]. 北京：人民邮电出版社，2015：45.

（二）合意期望和理想期望

根据顾客对期望的要求程度，可以将顾客期望分为两类：合意期望和理想期望。[①] 合意期望与顾客认为可以接受的服务水平相关，是一种较低水平的期望，是顾客在服务互动流程中对实际服务体验的容忍底线。如果服务水平低于这一底线，就会导致顾客不满；理想期望则意味着顾客希望得到的服务水平，也是顾客认为企业能够而且应该提供的服务水平。理想期望实际上代表着一种较高的服务预期，服务的实际体验越接近于它，顾客的满意度就会越高。合意期望和理想期望之间的差距被称为"容忍区域"。容忍区域是指顾客认可的、并且愿意接受的服务水平区间。也可以理解为容忍区域是这样一个范围或窗口，在这里顾客并不特别注意服务绩效，即顾客实际体验的服务质量只要落在这个范围内，顾客就会接受这种服务产出，但是在区域外（非常低或非常高），该项服务就以积极或消极的方式引起了顾客的注意。如图 4-1 所示。

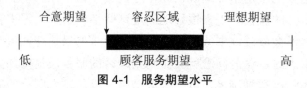

图 4-1　服务期望水平

资料来源：A.Parasuraman，Leonard L.Berry，Valarie A.Zeitbaml. Understanding customer expectations of service, *Sloan Management Review*，1993（3）：42.

总之，如前所述，理解顾客期望的内涵与类型虽然至关重要，但成功的服务营销还必须理解顾客期望的水平并深入剖析影响顾客期望的关键因素。诸如此类的问题将在本章第二节中加以详细阐述。

第二节　顾客期望管理

要进行顾客期望管理，首先要明确顾客期望管理能给企业带来的好处有哪些，即为什么要进行顾客期望管理。在深入理解了顾客期望管理的动因之后，还需要对顾客期望的关键影响因素和顾客期望的概念模型进行分析，然后才能在此基础上实施相应的服务营销策略，以便对顾客期望进行管理。

一、顾客期望管理的动因

在当今的顾客中心时代，企业的绩效往往与顾客对服务的感知、顾客的满意程度和顾客忠诚水平密切相关。而顾客在每次服务消费之前，往往都会对服务内容、服务绩效水平、甚至服务流程形成一种预期。综合来看，企业对顾客期望进行管理的动因主要表现在以下

[①] V.A.Zeithaml，L.L.Berry，A.Parasuraman. The nature and determinants of customer expectations of service, *Journal of Academy of Marketing Science*，1993，21（1）：1-12.

五个方面。

（一）有效管理顾客期望能够提高顾客总感知服务质量

顾客对服务质量的感知流程是非常复杂的，顾客实际接受的服务体验并不能决定顾客总感知服务质量的好坏。实际上，顾客总感知服务质量水平，并不是取决于技术质量和功能质量这两个因素，而是取决于顾客所预期的质量和所体验的质量之间的差距。

（二）有效管理顾客期望能够提高顾客满意度

顾客满意与顾客期望之间存在密切的联系，顾客满意与否取决于实际体验与期望之间的比较。实际上，顾客在接触服务之前，对服务就已经形成了一种期望。如果顾客所感知到的实际服务符合自己所期望的服务，那么顾客就会感到满意；如果顾客感知到的服务高于期望的服务，那么顾客就很可能会感到欣喜；而如果顾客感知到的服务不如期望的服务，那么顾客就很可能会不满意，也可以说顾客满意度同顾客期望呈负相关。[1]因此，企业想要向顾客提供满意的服务，就必须了解顾客期望是在一个什么样的水平上，并通过一系列服务措施，提高顾客的实际感知，尽量使顾客所感知到的服务质量大于顾客的期望，从而使其对企业提供的服务感到满意。

（三）有效管理顾客期望能够提升企业形象

顾客期望是顾客对企业服务的一种心理预期和希望，也代表顾客对企业的一种认同。太高的顾客期望，会使企业难以达到顾客的"预期水平"，最终破坏企业在顾客心目中的地位。太低的顾客期望，说明顾客对企业提供的服务水平和能力失去信心，企业在顾客心目中的形象也会大打折扣。因此，企业能否对顾客期望进行有效的管理也关系到企业形象的问题。

（四）有效管理顾客期望能够促使顾客进行正向的口碑传播

口碑传播是人们对服务供应商的信息进行交流，并且意识到不会为此得到任何货币性收益的一种活动。在很多情况下，口碑传播成为潜在顾客作出购买服务产品决策的主要信息来源，对感知风险较大的服务来说，口碑传播尤其重要，因为向亲戚朋友询问建议会减少部分感知风险。如果顾客所体验到的服务与期望的服务一致或超越期望，顾客就会满意甚至惊喜，此时顾客进行正向口碑传播的倾向性也就越大。

（五）有效管理顾客期望对企业回报有积极影响

在通常情况下，供应商希望从顾客那里获得的内容主要包括以下四个方面：①顾客在获得服务后及时支付货款；②未来的重复购买行为；③顾客对服务失败的感受以便使企业有机会对服务失败进行补救；④顾客头脑中的知识以便使企业进行服务流程的创新和改造。不难理解，如果企业提供的服务令顾客满意，即达到或超出了顾客的期望，那么顾客对上

---

[1] 唐晓芬. 顾客满意度测评 [M]. 上海：上海科技出版社，2001：61-62.

述几个方面的反应很可能就是积极的。相应地，企业就可以从中获得更高的回报水平；反之，如果顾客感到不满，即低于顾客的期望，那么企业可以从顾客那里获得的积极回报（经济回报与社会回报）就会减少，甚至面临失去顾客的风险。因此，对顾客期望进行管理，可以在很大程度上为企业从顾客那里获得各种回报提供保证。

二、影响顾客期望的关键因素

在服务营销中，顾客自身的因素、环境因素和服务机构的市场沟通活动以及员工的表现、顾客的口碑等，都会对顾客心目中期望的服务产生一定的影响。服务营销管理者需要研究和把握这些影响因素，以对不同的因素采取不同的措施，实现对顾客期望的有效管理。总的来说，影响顾客期望的因素主要包括以下四个方面。

（一）消费者自身的服务体验

顾客对商品或服务的消费经验，往往会影响顾客对服务质量的期望和满意度。当顾客亲身体验过企业所提供的服务，对某个企业有了充分的了解之后，可以形成对该企业较为稳定的服务期望。而服务期望一旦建立，顾客就会逐步地将其视为一种"必须"。同时顾客对某一个服务行业或服务机构所提供的服务的经验越多，并且对服务比较满意的时候，就会认为企业会在未来可以提供同样水平的服务，并认为这是一种"必须"。

有研究表明，顾客满意度，即顾客对上次服务的满意程度，也会对顾客期望产生重要影响。如果服务体验是令人满意的，顾客期望就会在未来保持较高的水平。然而，如果服务体验是令人不满的，那么顾客的服务期望就会降低，也可能会选择别的服务供应商并且传递对企业不利的口碑。

（二）服务企业的口碑

口碑传播对于难以评价的服务在购买和直接体验之前，是非常重要的。由于服务具有无形性和异质性以及流程性，使得口碑传播对于服务产品来说更为重要。普通消费者获取产品信息的来源主要有两种：一种直接从生产企业获得信息，如企业提供物的广告和销售活动等；另一种来源于间接渠道。其中，其他人的口头宣传就是至关重要的来源。例如，顾客在经历某项服务消费后，如果觉得满意，就会向周围的朋友、同事对企业进行正面的传播；如果觉得不满，就会向其进行负面的口头传播。口碑好的服务企业及其所提供的服务，容易在顾客心目中形成较高的预期。

简而言之，积极的口碑不仅对企业形象产生正面影响，而且也会促使顾客产生积极的期望；反之，消极的口碑会对企业形象产生负面的影响，而且也会促使顾客产生消极的期望。

（三）服务企业明示的承诺[①]

服务企业通过广告、宣传、人员推销等市场沟通方式向顾客公开提出的承诺，直接影

[①] 李雪松.刍议服务营销中的顾客期望管理[J].现代财经，2006（4）：75.

响顾客心目中理想的服务期望的形成。由于缺乏有形的产品，顾客依据多种形式的有效信息对服务进行评价。服务越是不明确，顾客就越依赖企业作出的明示承诺。例如，某银行在布告中承诺："办理活期储蓄2分钟，定期储蓄3分钟，外汇储蓄5分钟；每超过1分钟赔偿顾客1元，扣发出纳员奖金10元。"这里的2分钟、3分钟、5分钟，就可以成为一些顾客心目中理想的服务期望，同时也可能成为一些顾客对储蓄业务服务时间的预期，并进而成为顾客心目中合格服务的期望水平。在市场竞争的条件下，一家银行的承诺还可能"迫使"其他同类银行也如此仿效，因为顾客可能以这家银行承诺的服务标准来要求同类的其他银行。由此可见，明确的服务承诺是完全由服务供应商控制的影响顾客期望的因素。

（四）服务企业暗示的承诺

服务企业暗示的承诺，包括服务产品的价格，服务场所的设施、环境等有形依据，这些都会影响顾客心目中理想的或合格的服务期望的形成。例如，管理人员可以从两个方面来认识价格对期望的影响：从顾客的角度来说，顾客为服务支付的价格越高，对服务的期望就会越大；而从企业的角度来说，价格也会直接影响到顾客的服务期望，高价位在顾客来看就是高品质和高保证，低价位往往就会使顾客认为是会基本及格，但质量不一定可靠。另外，在服务营销流程中，营销环境设计、面积、色彩、气氛及噪声等因素一般会深深作用于顾客的潜意识，并且间接左右顾客对服务的感受和评价。显然宽敞、整洁、安静的营业环境，先进的设备和有条不紊的工作氛围会使顾客对企业的服务产生一种信任感。例如，一个餐馆内色彩暗淡、卫生较差，势必会使顾客对其服务产品产生一种"低劣"的感觉。因此，这些暗示的服务承诺对于顾客期望产生的影响是不可忽视的。

上述影响顾客期望的各因素中，明示的服务承诺和暗示的服务承诺是企业可以直接控制的因素，口碑传播和消费者过去的服务体验是企业可以间接控制的因素（通过企业的品质保证来产生影响）。从企业这些直接或间接可控的因素对顾客期望的影响力来看，顾客首先要相信自己的亲身体验，这是顾客最真实、最可靠的期望来源。如果顾客面对的是没有亲身体验的服务，这时周围的口碑传播，企业所作的广告等明示的服务承诺以及有形展示等暗示承诺就会成为他们期望的重要来源。对于口碑传播和企业进行市场沟通的明示承诺相比，顾客更容易根据亲朋好友的口碑相传来建立自己的期望值，而不是企业的自我宣传或广告。但是，需要注意的是，顾客的亲身体验是有限的，口碑传播只能局限在一定的受众范围。所以，对于多数顾客来说，企业进行市场营销活动等明示承诺，仍然是他们选择服务、建立期望的主要来源和渠道。

三、顾客期望管理模型

在对顾客期望进行管理的流程中，企业可以依据不同的分类标准，对顾客期望进行不同的划分。如前所述，其中一种划分包括模糊期望、隐性期望和显性期望，另一种划分包括合意期望和理想期望。依据这两种划分方法，相应的在服务营销理论与实践中，有着不同的顾客期望模型。理解这些模型，将有助于管理人员更好地理解顾客期望，从而来创造、改造和交付顾客所期望的服务。

（一）顾客期望的动态模型

从顾客期望本身的演变来看，顾客期望实际上经历着一种有意识或无意识的动态演变流程。图 4-2 揭示了顾客期望的动态变化流程。

首先，图中的实线是一种有意识的演变。在这个模型中，有意识的演变往往涉及以下三个主要方面：模糊期望向显性期望演变、隐性期望向显性期望演变、非现实期望向现实期望演变。

（1）模糊期望向显性期望演变。随着顾客服务体验的增多，顾客对企业提供的服务产出、服务水平、服务能力和服务价值等变得更加了解，由此，顾客对企业所提供的服务的一些模糊性认识也就逐渐变得清晰而明显，模糊期望不断朝着显性期望转化，即顾客越来越清楚自己要得到什么样的服务，并能够明确地表达出来。

（2）隐性期望向显性期望的演变。例如，一位顾客已经习惯了特定的服务水平，并在下次接受服务的时候不向供应商表达自己的服务预期，即这种服务水平已经成为了顾客的隐性期望。但是，如果服务供应商对自己所提供的服务作出某些改变，如由一位新员工接替了原有员工的工作，并以与原有员工不同的工作方式来为顾客服务，而原有的服务恰恰是顾客所习惯的，那么顾客就会产生挫折感或不满意的心理。这时，隐性期望就转化成显性期望。

（3）非现实期望向现实期望演变。顾客往往因为个人过去的经验或口碑传播而产生了非现实的期望。随着顾客与企业之间关系的深入发展，顾客逐渐认识到了自己的现实需要，并在接受服务的流程中逐渐剔除从前的非现实的期望。当然，如果顾客的非现实期望是由于企业作了过高的承诺，且在提供服务时不能达到承诺的水平，那么，顾客很可能会转向另一家有能力满足自己期望的企业。

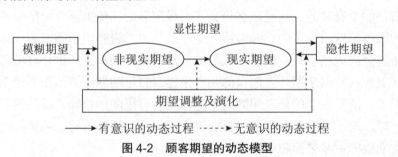

图 4-2　顾客期望的动态模型

资料来源：Ojasalo, J.. Quality Dynamics in Professional Service. Helsinki/Helsingfors: Swedish School of Economics/CERS Finland, 1999: 97.

其次，图中的虚线箭头（从显性期望到隐性期望）是一种无意识的演变。在企业与顾客的互动流程中，随着双方互动次数和互动经验的增多，双方会逐步建立一种良好的长期关系，顾客对企业更为信任，而企业对顾客也更为关怀。实际上，随着双方关系的逐渐改善，许多顾客认为企业必须达到的要求和条件也随着企业承诺的履行而变成企业理所当然要从事的工作。此时，顾客会调整自己以前的显性期望，而逐步把它变成是对企业的一种隐性期望。如前所述一位顾客已经习惯了特定水平的服务，那么顾客下次再接受同样的服务时，可能并不向服务供应商表达自己的服务期望，如果顾客适应了特定的服务水平，该顾客在以后消费时都会默认之前的水平，很有可能不会再重复向服务供应商表达自己的服务期望，而将其视为理所当然和不言而喻的事情，是企业一定能够提供的服务。这样，显性期望就已经开始向隐性期望转化了。

（二）顾客期望的概念模型

在早期西方的服务质量管理研究中，人们常常把期望理解为"消费者认为厂商'应该'提供、而不是'将会'提供的服务。"但是，这种使用"应该"提供什么样的服务来构建服务质量评价体系的方法后来受到了广泛的批评，认为这一表述会误导消费者产生过度的期望。[①] 为此，后来又把描述消费者期望的字眼由"应该"改为"将会"，把"期望"的服务区分为可以接受的服务和理想的服务两大类，也就是我们所说的合意期望和理想期望，并引入了"容忍区域"的概念。

容忍区的存在，表明了顾客可以接受的服务质量在一定程度上具有多样性或差异性。即顾客期望可以在容忍区域内部发生动态的变化。有研究表明，理想期望是相对较稳定的，但合意期望水平会根据消费环境和需要上下浮动。合意期望的变动，随顾客可预测的期望水平而变化。可见，顾客期望并不是一个单一的水平，而是由最高（理想期望）和最低（合意期望）两个边界所构成水平区间（容忍区域），在这个区域内，顾客期望的变化，并不会带来顾客满意度的显著变化，如图 4-3 所示。

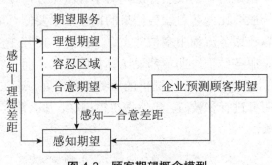

图 4-3 顾客期望概念模型

资料来源：V.A.Zeithaml, L.L.Berry, A.Parasuraman. The nature and determinants of customer expectations of service, *Journal of Academy of Marketing Science*, 1993, 21（1）：1-12.

尽管如此，企业仍然需要注意顾客容忍区域的变化，因为不同顾客的容忍区域是不同的，即使对同一顾客，容忍区域也可以扩展或缩窄。导致顾客容忍区域不同的因素主要有以下三个方面。

1. 不同的服务维度导致不同的容忍区域

顾客的容忍区域因不同的服务特性或维度的不同而不同，因素越重要，容忍区域就可能越窄。例如，如果顾客正在使用的设备出现了故障，那么顾客对快速维修服务的期望就

---

① 刘向阳. 西方服务质量理论的发展分析及其启示 [J]. 科技进步与对策. 2003（8）：176-178.

会变得更高。这种情况，时间因素是一个很重要的因素，顾客的容忍区域是很窄的。如果提供维修的企业不能快速赶到维修现场并进行迅速的维修，顾客就会对这家服务企业产生不满。图4-4显示了最重要和最不重要因素的容忍区域之间的可能差别。

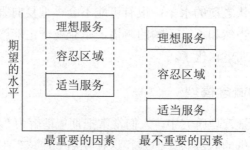

图4-4 不同服务维度的容忍区域

资料来源：Leonard L.Berry，A.Parasuraman，and Valaria A.Zeithaml. Understanding Customer Expectations of Service，*Sloan Management Review*，1991（3）：42.

2. 不同的顾客具有不同的容忍区域

一些顾客的容忍区域较窄，使得服务供应商提供服务的范围也较窄，而有一些顾客允许有较宽松的服务。例如繁忙的顾客有可能时间紧迫，因此一般想少等一些时间，并且对可接受的等候时间长度有一个紧迫的范围。[①] 而对于一些没有工作的家庭主妇来说，她们会在自动取款机前排长长的队等候，因为她们对于时间要求并不是很紧迫。

3. 初次服务和补救服务使容忍区域不同

图4-5显示了初次服务的容忍区域和补救服务容忍区域的不同。从图中可以看出，同服务的输出结果相比，不论是对于初次服务还是对于补救服务，顾客对服务流程的容忍区一般要更大一些，而且一般会比顾客对服务结果的期望水平要低。可见，企业若想达到超出顾客期望的目标，可以在服务流程中多做些文章。另外，顾客在接受初次服务的时候，不论是对于服务流程还是服务结果，期望都要比补救服务低，而且容忍区域也大于补救服务的容忍区域。所以，假如供应商第一次提供的服务不是很好，还在顾客容忍区域范围内，但是如果供应商对这项服务进行补救时，仍然做得很糟糕，那么顾客就会产生不满的情绪，甚至从企业的顾客中流失。

图4-5 首次服务与补救服务顾客期望的不同

资料来源：Leonard L.Berry，A.Parasuraman，and Valaria A.Zeithaml. Understanding Customer Expectations of Service，*Sloan Management Review*，1991（3）：45.

---

① [美] 瓦拉瑞尔·A. 泽斯曼尔，玛丽·乔. 比特纳. 服务营销[M]. 张金成，白长虹，译. 北京：机械工业出版社，2001：52-54.

四、顾客期望的管理策略

在服务营销过程中,营销人员可以基于如上所述的动态模型和概念模型,坚持以下七种管理策略,以便赢得更高的顾客满意度和顾客忠诚。

(一)作出能够兑现的有效承诺

在这个信息大爆炸的时代,企业必须通过积极的广告宣传和服务承诺来树立良好的企业形象,以提升顾客的期望,刺激顾客的消费欲望。但是,从营销实践来看,将顾客期望控制在一个相对较低的有效水平,企业营销活动的余地会更大,因为顾客的期望是一把"双刃剑"。因此,企业的市场沟通要基于实际的服务交付能力,把握好"与自己的服务能力相符"这一原则,宣传承诺不能过早、过度、模糊、夸大,否则这些外部沟通中不切合实际的承诺,会对顾客产生很大的负面影响,甚至会毁掉企业的外部营销努力。

(二)关注公平

企业只有为顾客提供公平的服务,才能赢得顾客的信任和忠诚。总的来说,服务公平主要包括结果公平性、程序公平性和交往公平性三个核心要素。[①] 其中结果公平性是顾客对服务结果公平程度的一种主观判断,公正、平等、服务和需要是其中的主要内容。但是应该注意的是,顾客在购买服务的时候,不仅关注结果的公平性,而且关注获得这一结果的流程和方式的公平性,同时由于在购买和消费服务的流程中,顾客不免要与服务提供人员和其他相关顾客接触,因此顾客要求诚实、礼仪等交往的公平性也成为消费者关注的问题。总之,服务公平性对顾客感知服务质量,消费价值,以及满意程度都有显著的影响,服务企业应该注意向消费者提供公平的服务。

(三)促使期望显性化

在有些情况下,顾客无法清晰地表达自己的期望,但这些期望仍然会对顾客的质量感知产生重要的影响,并直接决定顾客是否满意。实际上,这些模糊期望就是顾客的真实期望。如果服务供应商忽视了顾客的这种期望,顾客就会感觉到所接受的服务有所欠缺,就会感到不满,所导致的直接后果就是感知服务质量的急剧下降。因此,对于服务供应商而言,运用适当的市场营销工具和沟通技巧,发现顾客的模糊期望和隐性期望,并促使期望显性化,是有效实施顾客期望管理的前提和基础。

(四)对期望进行差别化管理

不同的顾客具有不同的期望和要求,但是企业不可能满足所有顾客的全部期望,这就需要企业进行顾客细分和市场定位,以便识别并差异性地对待这些期望。为此,首先,企业应该确保满足顾客最基本的合意期望。在此基础上,努力实现顾客的理想期望。其次,

---

[①] 温碧燕,汪纯孝.服务公平性、顾客服务评估和行为意向的关系研究[J].中山大学学报(社会科学版),2002,42(2):109-116.

尽量将顾客的模糊期望清晰化，以便有针对性地满足顾客的需求。同时，也应该使顾客清楚地知道自己的期望是否得到了满足。最后，建立顾客的现实期望，避免因企业不实和过度的宣传、承诺而造成非现实的期望。对于那些因自身需求过高而产生非现实期望的顾客，企业没有能力满足他们，可以谢绝和他们进行交易，以免他们对自己产生不满并散布不利企业的言论。

（五）对不利的顾客期望及时加以修正

企业的服务人员难免会犯错误，服务系统难免会出现故障，顾客的行为难免会带来麻烦，与顾客的沟通难免会出现失败，顾客也可能会随意更换自己所喜欢的服务内容。所有这些都会影响企业设计的服务流程，导致顾客无法得到期望的服务。事实上，服务失误在实践中是在所难免的。对服务供应商来说，关键是如何采取有效措施，对服务失误进行补救，及时修正不利的顾客期望。在服务出现失误时，基于顾客导向的服务补救措施，关注顾客价值，注重补救效率，着眼于与顾客建立长期的关系等，往往能够有效地修正不利的顾客期望。

（六）努力超越顾客期望

超越顾客期望，会给服务企业带来积极的效果，如积极的口碑、顾客忠诚等，并能够使企业的市场份额和服务绩效上升。然而，由于顾客期望是一把"双刃剑"，经常超越顾客期望的结果，是带来顾客对服务预期的不断上升，最终导致企业无法达到顾客期望而陷入灾难。因此，作为服务供应商，如何把握好度，既使顾客感到满意，又不至于使顾客期望过高，是企业管理者面临的一个挑战性问题。

（七）保证提供服务的可靠性

通过期望模型，可以看出，提供可靠性的服务对企业来说是必要的。一般来说，可靠性主要包括两个方面的含义：一是保证服务水平稳定在适当的程度上；二是第一次就提供满意服务的重要性。第一，确保服务品质的稳定性。对于初次消费的顾客来说，他们的期望受到周围人的口碑传播等影响，如果顾客实际体验到的与口碑传播的不一致或者相去甚远，即服务供应商提供的服务品质不稳定，那么顾客就很容易对这个企业形成过高或过低的期望，同时向他人作出好的或坏的口碑传播。而对于有消费经历的顾客来说，其期望的形成往往与他们以往的服务体验相关，而服务体验的流程就是对服务质量进行检验的流程。他们会以上一次服务质量的体验或其他服务供应商的同类服务体验为基础来形成期望，并借以评价这次的服务质量体验是否满意。如果企业无法保证服务品质的稳定性，顾客就会因为这次服务感知不如上次好而感到失望，或因为比上次好而形成更高的期望，这些都是不利于企业管理的。因此，企业必须确保服务质量的稳定即所提供的服务质量前后一致或稳步提高。第二，第一次就提供满意的服务。正如模型中所提到的，第一次就提供满意的服务，会较容易地提高顾客的满意度。而如果顾客未能获得企业所承诺的服务水平，那么他们对未来服务的期望就会更高，容忍区也会相应地变得更狭小。甚至，一旦出现服务失败的时候，顾客对未来服务的容忍区会变得更小，而且对服务流程和服务结果的期望也变得更高，这样，企业就很难满足顾客的期望了。因此，服务供应商应当树立"第一次把事情做好"的价值理念，尽量减少服务失败，减少服务补救发生的次数。这样，企业就容易在顾客心中树立起可靠的形象，也有利于企业对顾客期望进行管理，提升顾客感知的服务质量水平。

第三节 顾客需求管理

服务企业与制造企业不同，由于其所提供的服务具有易逝性以及流程性而使得服务缺乏库存能力，因此，服务企业不能在需求淡季建立库存以备后来需求增加时使用，这就使得服务企业相对于制造企业来说需求的波动更大一些。因此，对于服务企业来说，特别需要对顾客需求管理给予足够的战略关注。

一、服务需求的类型与特征

为了有效地管理需求，服务营销人员首先必须深入理解服务需求的类型与基本特征，下面就此分别加以较为详尽的阐述。

（一）服务需求的类型

一般而言，服务组织的需求主要包括两大类：一类是顾客对于服务的需求，包括对服务输出结果的需求和对服务流程的需求，这是一种前向的服务需求，也可以称之为独立需求；另一类则是服务企业为了向顾客提供服务而引发的资源需求。例如，一个餐馆在获得客人的点菜单之后，就可以知道需要为这位顾客准备多少菜品。因此，这类由对其他产品或服务的需求所导致的对某种产品或服务（如原材料的购买等）的需求，称之为非独立需求。诸如此类的内部需求是没有必要去专门预测的，只需要简单地加以估计即可。而对于餐馆每天大概会来多少客人，这种需求则属于独立需求，因为这种需求是无法从其他需求中派生出来的。因此，企业应该通过多种办法去对独立需求施加影响并进行控制，但同时也不能忽视非独立需求，这是因为无论是通过企业外购，还是自己生产，这些需求都必须得到满足。一般来讲，我们所使用的服务需求的概念，也主要是指独立需求的范畴。

（二）服务需求的特征

要管理服务需求，还必须要深入理解服务需求的基本特征。与有形产品的需求相比，服务需求往往具有易逝性和周期性，它们构成了服务需求的基本特征。

1. 服务需求的易逝性

与有形产品不同，服务具有易逝性。绝大多数服务都无法在消费之前进行生产和储备，服务只存在于其产出的那个时点。如果在那个时点，服务没有进行，那么服务的价值也就随之流失。例如，许多医生对未能按事先约定时间前来就医的病人仍要收费，其原因就在于服务的价值只存在于当病人前来就医的这一段时间。因此，如果服务企业的生产能力没有在一定时间内得到充分的利用，那么这部分生产能力就会随着时间一同流失。服务需求的易逝性，也使得服务需求管理不能像有形商品那样通过存储和运输的方法来解决供需的不平衡问题。

2. 服务需求的周期性

服务需求的周期性是指需求的有规律变化，这种变化是由服务内容的性质和顾客的行为特征所引起的。服务需求的周期性经常令服务需求在非常大的幅度内发生波动。例如，餐馆在中午的时候客人非常多；与平常时候相比，旅游景点在节假日接待的顾客数量要超出很多；铁路运输在春运期间人潮涌动的现象尤为壮观；等等。因此，相对于制造企业来说，服务企业需求的波动性和服务的易逝性对服务需求与供应平衡管理提出了更高的要求。

二、管理服务需求的流程及战略

有效的服务需求管理，往往要求服务营销人员在深入理解服务需求基本特征的基础上，遵循科学的需求管理流程并准确地预测顾客需求，进而实施有效的平衡企业能力与顾客需求的战略。

（一）需求管理流程

有效预测顾客需求是需求管理的第一步。企业管理者通常利用预测来作出周期性决策，如生产能力计划、设备布局、雇员招聘与培训等。在具体的服务流程中，会对预测的需求水平和实际水平进行比较。如果预测的需求基本准确，企业所要作的就是有效利用资源来为顾客提供服务。而如果预测的需求与实际的相差甚远，也无非就是这样两种情况：一是供过于求；二是供不应求。无论是发生了哪一种情况，企业都需要通过一定的措施来平衡需求与能力之间的缺口。因此，接下来的任务就是企业制定应对供需不平衡的有效战略，如改变服务产出能力以便适应顾客的需求、影响顾客的需求以便适应服务产出能力并对能力和需求进行平衡等。图 4-6 向读者展示了需求管理的具体流程。

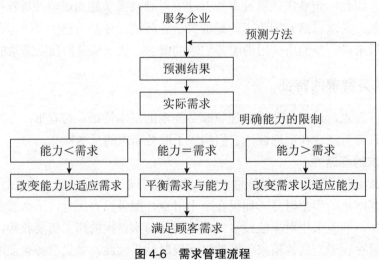

图 4-6　需求管理流程

（二）服务需求预测

根据如上所述的需求管理流程，对需求进行预测是服务企业决策的首要因素。预测是企业制订长期计划的基础，并且为编制预算和控制成本提供了依据。不过应该明确的是，由于经营环境中存在着太多的不可预测的因素，所以绝对理想的预测是不存在的。因此，对预测进行反复评估并学会利用预测结果，往往比寻求理想的预测方法重要得多。基于此，服务企业很有必要了解究竟是哪些因素影响了服务需求的波动。

1. 服务需求波动的原因

一般认为，顾客需求波动可能源于可预测的周期性需求波动，也可能源于不可测的随机因素。由于可预测的周期性需求波动具有可预计性和常规性的特点，因此，这种类型的波动成为服务需求管理的重点。而由随机因素引发的需求波动，事先并无报警信号出现，因此，这种波动相对于可预测的需求波动来说是难以控制的。

1）可预测的周期性需求波动

由于可预测的需求波动具有可预计性和常规性的特点，服务企业可以通过记录和描绘相关时间段的需求水平，对需求水平曲线进行观察，看是否存在可以预计的每日循环、每周循环、每月循环或每年循环。例如，通过绘制顾客往来情况表，电影院发现，顾客对其服务高峰出现在傍晚的几个小时；滑雪景点发现，顾客对其服务需求的高峰是从 11 月底至来年 3 月中旬。对于这种需求的变化模式，企业是不难识别和了解的。通过对消费者行为研究，可以发现服务需求在不同时间内所呈现出的差异，而且在很多情况下，服务需求的周期是易于调节的。例如，餐厅和 KTV 通过价格折扣会在某种程度上把顾客的需求从高峰时段转移到其他时间段等。同样，滴滴公司也通过为顾客发放非高峰时段用车优惠券和在高峰时段加收服务费将顾客从高峰时段疏散。

2）由随机引发的需求波动

由于这种波动事先并没有报警信号出现，所以往往难以进行控制。如恶劣的天气会阻止球迷观看足球比赛。不过，有时通过分析可以得出这样的结论：在某个细分市场上，可预测的需求周期被一个更大范围的、看似随机的模式所掩盖，而细分市场上的这种需求实际上是可以调节的。例如，汽车租赁服务可以分为两大细分市场：公务用车市场和家庭用车市场。两个细分市场在租车时间和租车原因方面，存在较大的差异。公务用车的需求特征与出差人员对旅馆和航班的需求类似，而家庭用车的需求周期，则可能受到工作时间安排或社会习惯等因素的影响。由于服务组织面对的每个细分市场都有其特有的消费特征和深层次的形成原因，这种本来可以预测的需求周期被不可预测的假象所掩盖。在这种情况下，汽车租赁公司应用图标把两个细分市场作为一个整体加以描绘，这样就能清晰地显示需求波动曲线，准确地揭示汽车租赁需求的高峰和低谷。

2. 顾客需求预测的一般方法

顾客需求预测的方法有很多，常用的预测方法主要有定性预测法和定量预测法两大类。其中，定性预测法也成为直观判断法，是市场预测中经常使用的方法。

1）定性预测方法

所谓定性预测即非数量预测，它是以经验分析、逻辑判断和主观推理等对事物的发展趋势和未来状态进行分析、假设、判断、推理、估价和评价。常用的定性预测有倾听顾客、一般预测、德尔菲法等。定性预测主要依靠预测人员所掌握的信息、经验和综合判断能力，来预测市场的未来状况和发展趋势。这类预测方法简单易行，特别适用于那些难以获取全面资料进行统计分析的问题。因此，定性预测方法在市场预测中得到了广泛的应用。

（1）倾听顾客。与有形产品不同，服务的预测要抓住顾客的感知。因此在预测流程中，企业必须多倾听顾客的心声，以"我就是顾客"的心情来设想顾客的感知与体验。销售报表和市场调研只能从数字上看出流行产品和服务，但却可能是以往流行的，而未必是今年顾客想要的。而且，如果市场上有令顾客感觉更好的产品或服务推出，原来的畅销品可能马上就成为滞销品。倾听顾客这种预测方法，主要用于服务产品的研究、了解顾客对现有服务的评价、了解特定顾客有何种服务偏好等。在倾听顾客的流程中，常用的数据收集方法主要有问卷调查和访谈两种。

（2）销售人员合成法。这种方法主要是基于逐步累加来自底层的预测，其假设前提为处于最底层的那些离顾客最近、最了解产品和服务最终用途的销售人员，往往对顾客的需求十分了解。尽管这个假设并不总是正确的，但在很多情况下都不失为一个有效的假设，在服务企业中尤其如此，销售人员是与顾客接触最密切的人，而且由于服务的生产和消费的同时性，使得销售人员对顾客最为了解。这种预测方法首先要求处于低层的那些销售人员作出预测，然后通过对低一级的预测结果加以汇总，然后送达到上一级——通常是地区性的分支机构。该机构将来自下属单位的预测加以综合考虑和调整，再将这些数据信息传至更高一级，并依次上传，直至达到最高的管理层，从而生成市场对该种产品或产品线的需求预测。这种方法的优点在于：销售人员距离顾客较近，因此处于一种比较有利的位置上，可以更好地理解顾客的采购计划。但不幸的是：如果这种预测是用来制定销售限额（期望销售人员达成的销售指标）的话，很自然的会被低估。另外，销售人员为了取悦销售经理，也有可能会过于乐观地作出预估。

因此，很少有企业不作调整地直接利用销售人员的估计。这是因为：如上所述，在现实生活中，销售人员往往是有偏见的观察者。他们可能是天生的悲观主义者或乐观主义者，他们也可能由于最近的销售受挫或成功而从一个极端走向另一个极端。此外，他们经常不太了解经济发展趋势和企业的营销计划；他们也可能瞒报需求，以达到使企业制定较低的销售定额的目的，并以此来缓解自己的压力；他们也可能没有时间去作审慎的估计。所以，为了促进基层销售人员作出较好的估计，企业需要向这些基层人员提供一些帮助或鼓励，如向基层销售人员提供一份他过去为企业所做的预测与实际销售对照的记录，或者是一份企业在商业前景上的设想等。

（3）德尔菲法。这种方法又称专家意见法，即企业借助专家来进行需求预测。这里所说的专家包括经销商、分销商、供应商、市场营销顾问和贸易协会等。通过召集专家，组成专门小组和提出特定的预测。在此流程中，专家可以彼此交换观点，然后作出小组估计，或者可以要求专家分别提出自己的估计，然后由一位分析家把这些估计汇总起来，或者由专家提出各自的估计和设想，由企业进行审查和修改，并继之以更深化的估计。专家意见法的具体步骤如下：①选择参与的专家。专家组应该包括不同知识背景的人士。②通过某些调查方法，如座谈会或是电子邮件，从各个参与预测的专家那里获得预测信息。③汇总调查结果，提炼预测结果和条件，再次形成新的问题。④再次汇总，重复第三步，并将最终结果分发给所有专家，听取反馈意见。

2）定量预测方法

所谓定量预测，即数量预测，它是在充分占有大量、准确、完备而系统的数据资料的基础上，根据研究对象的特点，结合实际经验和客观条件，选择或建立量化的数学模型，通过分析和计算推断出在未来可能出现的状态和结果。例如，苹果公司该系统使用了一套运算法则，能够依照技术支持的难度为前来报修的顾客估算等待时间，并适时地通过短信提醒等候中的顾客当前已有技术人员准备就绪。定量预测方法种类非常多，模型各有所长，下面就以时间序列法和移动平均法为例加以简单的描述。

（1）时间序列法。时间序列就是把各种经济变量的历史数据按照时间先后顺序排列起来的数列。通过对经济变量的时间序列加以分析，可以发现一个时间序列的原始数据是在多种不同变动因素的综合作用下形成的。通常，可以把作用于时间序列的各种因素划分为四类：长期变动（倾向性变动）因素、季节（周期）变动因素、循环变动因素和不规则变动（随机变动）因素。一个时间序列中是以上积累因素单独、叠加或组合作用的结果。在这些因素的作用下，时间序列的原始数据产生相应的变动趋势。其中，长期变动——时间序列在随着时间的推移发生变化时表现出来的一种倾向性，按照某种规则稳步地增长、下降或停留在某一水平上；季节变动——按照一定的周期规则发生变化，又称商业循环、季节波动等；循环变动——周期不固定的波动变化；不规则变动——这种变动是由许多不可控制的随机性因素综合作用而引起的，又称为随机变化。

就实质而言，这种方法就是通过对时间序列本身及其影响因素的分析，找出变化规律，并建立数学模型进行预测，其主要的优点是需要的数据量较小。

（2）移动平均法。这种方法要预测的时间范围相当短时，随机性成分是主要的。移动平均法不是仅利用单个数值，而是通过对几个历史值求平均，从而使随机性对各个预测值的影响降至最低的一种方法。这种方法是减少随机性影响的最简单的方法之一，对 n 个最近期观测值用 $1/n$ 加权。其基本原理是，取一组观察值，计算平均数，再用这个平均数作为下期的预测值。它具有以下几个特点：首先，在进行预测之前，必须拥有一定数量的历史数据；其次，包含在移动平均数的观察值越多，预测的平滑效果就越显著。但是，如果当被预测的变量的基本模式发生变化时，移动平均法不能迅速地适应这种变化。这种方法的最大优点是成本比较低，不需另外设计复杂的预测方法和程序，另外这种方法考虑新的数据点比较容易，但缺点是需要存储的数据量较大。

在实践中，企业可以把定性预测与多种定量预测结合运用，综合各种方法的优点，使之互为补充、相互验证。实际上，任何一种预测方法都有其一定的适用条件和范围，没有一种方法是万能的。多种方法综合运用，往往可以找出相关因素相互影响的规律性，对各种不同预测结果进行对比分析，找出并消除不确定性因素。而且，通过综合分析与评价，往往也有利于提高预测结果的可靠性和准确性。

（3）经济计量法。从本质上看，这种方法可能是大型的多元线性回归方程。在20世纪70年代的时候，经济计量方法特别流行，以数据资源有限公司（Data Resources, Inc.，该公司后来被麦格劳—希尔公司收购了）为代表的企业专门销售这类预测模型，其顾客就是那些希望可以更准确地预测行业需求预测的公司。时至今日，由于企业都努力降低成本，所以这类模型已经不再那么流行了。另外，与有关这些模型的广告中所宣传的预测能力相比，模型的实际预测能力要打不少折扣。发生在20世纪70年代的一则重大的预测失败案例：在阿拉伯石油禁运期间，这类模型所预测的美国经济所遭受的损失，比美国经济实际的损失要小。

对顾客需求进行定量化的预测在当今移动互联网、智能设备普及的大数据时代是一大趋势。互联网企业通过手机软件（APP）收集顾客的行为数据，并将其转化为"用户画像"，进而较为准确地预测顾客对于服务的需求水平。

（三）平衡企业能力与顾客需求的战略

根据需求管理流程，可以看出，在对服务需求作出预测并与实际需求状况对比之后，企业就应该研究企业的能力和需求波动之间的关系，以便更好地制定匹配能力与需求的战略。一般来说，企业平衡服务供给能力和顾客需求的战略有两个方向：一是改变需求以适应现有的供给能力，这意味着需求曲线的起伏变化将被平滑化，以便与现有的服务能力相匹配；二是改变服务能力以适应需求的波动，这意味着改变服务能力曲线，以应对需求不足或需求过剩的情况。

1. 改变需求以适应供给能力

在这一战略下，企业应当试图使一部分顾客尽量避开需求超过服务能力的时间，而使这些顾客在需求较低的时候接受服务。例如，对于一些旅游景点的宾馆来说，平时入住率比较低，而在节假日，床位往往供不应求。此时，宾馆应当采取一些措施，如打折等方式，鼓励游客避开节假日出游。这种方法对一些顾客是可行的，但是对其他一些顾客就不可行。例如对于一些老年人，他们可以改变旅游的时间；而对于那些只有节假日才有机会出游的人来说，即使宾馆在平时都打折，他们也不可以改变出游时间。因此对于服务企业来说，改变顾客的需求以适应服务能力并不是一件很容易的事情。下面介绍几种可以用来改变或提高需求，以适应企业服务能力的方法，如图4-7所示。

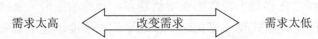

| 需求太高 | ←改变需求→ | 需求太低 |

- 使用标记通告繁忙的日期与实践
- 在非高峰时期，刺激顾客需求
- 首先关注忠诚顾客或"常客"
- 广告需求高峰使用期及非高峰使用期的好处
- 服务价格是全价，不打折

- 在当前细分市场使用销售人员和广告以增加业务
- 调整服务供给以吸引新的细分市场
- 打折或提供价格优惠
- 改变运营时间
- 把服务送达给顾客

图4-7 改变需求适应能力的战略

资料来源：[美] 瓦拉瑞尔·A. 泽斯曼尔、玛丽·乔. 比纳特. 服务营销[M]. 张金成，白长虹，译. 北京：机械工业出版社，2004：363.

1）通过改变服务供给影响需求

改变服务供给的方法是根据一年中的每个季节、一周中的每一天和一天中的不同时刻来改变服务的供给，即在不同时间提供不同的服务项目。例如，在滑雪胜地，可以在夏季提供开发和培训服务、休闲避暑服务，因为此时滑雪是不可能的；会计事务所在纳税高峰期提供申报纳税，而其他时候则提供审计与咨询工作；高端餐厅在中午、晚上用餐之外还提供下午茶和晚茶的服务。通过调整服务提供，就可以使服务资源得到充分的利用。

2）通过加强与顾客沟通影响需求

另外一种改变需求的方法是与顾客进行沟通，使顾客了解需求高峰。这样就能使一些对服务时间要求不高的顾客可以选择其他时间接受服务，以避开服务高峰期的等待和拥挤。有些企业将布告或通知作为一种提醒，使顾客能够及时了解服务需求的高峰期。对银行服务所进行的研究表明，那些获得预先警告的顾客，即使在不得不等待的情况下，也往往比那些没有获得预先警告的顾客表现出更高的满意度。①

3）通过改变服务交付的时间和地点影响需求

有些企业通过改变服务交付的时间来更好地适应顾客的需求。例如，过去美国银行仅仅在工作日的上午10点到下午3点营业。很明显，这段时间很少有人愿意到银行处理个人财务。现在，美国银行在工作日开得更早，并一直营业到下午6点，而且在星期六照常营业，从而更好地适应了顾客的需求模式。

4）价格差异

在需求低谷时间里，企业使用的常规方法就是"打折"，该战略依赖于供给与需求的基本经济规律。例如，很多休闲娱乐场所在需求高峰时期没有价格折扣，而在其他时间段则分别提供不同程度的价格折扣，以此来调节不同时间段的顾客需求。

2. 改变服务能力以适应顾客需求

平衡服务能力与顾客需求的第二种战略方法是改变供给能力，以达到供给与需求的匹配。服务营销领域的权威学者泽斯曼尔等在论著中对这种战略进行了概括性的描述，如图4-8所示。

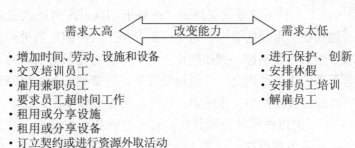

图4-8 改变能力适应需求的战略

资料来源：[美] 瓦拉瑞尔·A. 泽斯曼尔、玛丽·乔. 比纳特. 服务营销[M]. 张金成，白长虹，译. 北京：机械工业出版社，2004：364.

---

① E.C.Clemmer，B.Schneider. Toward understanding and controlling customer dissatisfaction with waiting during peak demand times，in: M.J.Bitner，L.A.Crosby ed.，*Designing A Winning Service Strategy*，American Marketing Association，Chicago，1989：87-91.

在需求高峰时期，企业将尽可能扩大其生产能力，而在需求低谷时期，企业要尽可能地压缩生产能力以便不浪费组织的资源。

1）一般战略

泽斯曼尔等人在著作中提出了改变4种基本服务资源（时间、劳动力、设备和设施）的一般战略，这些一般战略表现为以下几个方面。

（1）扩大现有能力。企业可以暂时性地扩大服务资源的现有能力以便适应顾客的需求。在这种情况下，没有追加新的资源，只是人力、设施和设备的工作时间更长、强度更大。

（2）延长服务时间。企业可以暂时延长服务时间来满足顾客需求。例如，一些购物商场可以在节假日期间延长营业时间。

（3）增加劳动力。在需求高峰期，许多企业往往要求服务员工延长工作时间、增大工作强度。例如，银行、酒店、餐厅的前台工作人员在需求高峰时要比需求低谷时向更多的顾客提供服务。

（4）增加设施或设备。例如，在需求增加的时候，电影院、教室、会议室可以增加桌子、椅子或其他顾客所需要的设备来满足需求。同时，企业也可以使计算机、维护设备在最大能力范围内短期增加负荷以满足顾客需求。应该注意的是在使用这些战略时，企业需要认清资源的特性以及使用中潜在的低服务质量。这些战略往往只应该持续相对较短的时间，以保证设备和设施的维护以及使超负荷的员工恢复旺盛的精力。因此，对于企业来说，应该尽量使能力与需求保持一致。

2）创造性战略

此外，管理人员有时还把使能力与需求保持一致的战略称为"追逐需求"战略。通过创造性地改变服务资源，企业可以追踪需求曲线，使服务能力与顾客需求模式相匹配。相关方法主要包括以下几种。[①]

（1）雇用临时工。企业的人力资源应该与需求相适应。例如，超市在新年期间雇用更多的收银员；旅游部门在旅游高峰季节雇用更多的临时工；餐厅经常让员工在需求高峰期来工作（如午餐时开始工作，然后离开几个小时，到晚餐需求高峰时再来上班）。

（2）交叉培训员工。员工通过交叉培训（跨职能培训），可以在需要的时候接受别的工作岗位，从而提高整个系统的效率，避免一部分员工很清闲，而另一部分员工超负荷工作，以此提高服务能力的灵活性。例如超市中的结算能力是服务能力的"瓶颈"，结算排长队也常是顾客不满的重要原因之一，通过交叉培训使货架管理员也能从事收款或货物包装工作，这就可以减轻收款员的工作压力，同时加快服务效率。

（3）与其他组织联盟以便实现资源共享。对一些服务企业而言，在需求高峰期可以租用其他组织的人员、设备和设施，或者是将过剩的需求转移给联盟者。例如，快递服务在假日运输的高峰时期租用卡车，而不是购买卡车(购买卡车在需求低谷期没有任何意义)。

（4）改造或移动服务设施和设备。有时，服务企业还可以通过调整、移动或创造性地改造现存能力以适应需求的波动。例如，波音777客机就很灵活，其座位可以在几小时内被重新调整为一、二、三等，以满足不同细分顾客的需求。

---

① C. Lovelock. *Getting the Most out of Your Productive Capacity*，McGraw-Hill，Boston，1994.

三、排队问题与顾客需求管理

对于大多数服务组织来说，在某些时刻，排队问题是存在的现实问题。例如，饭店高峰时客人需要排号等待、顾客通过电话询问信息需要等待、银行办理业务需要排队等待等。同时排队问题被广泛地应用于各种不同的延误时间，如顾客赶时间开会却需要在机场等待延误的飞机等。然而，在今天快节奏的社会里，大多数人无法忍耐等待。他们需要的是快捷的、无须等待的、高效的服务。因此，在顾客需求管理流程中，排队问题是很重要的一个方面。下面通过招商银行采用排队机进行排队管理的例子，来阐述有关排队问题的一些基本问题，并通过对消费者排队等候的心理进行分析，提出一些解决排队问题的管理方法，从而协助服务人员更好地满足顾客的需求。

（一）排队管理的内涵

任何一个服务系统中，只要目前的服务需求超过了现有的服务能力，排队问题就会产生。排队是等待一个或多个服务台提供服务的一列顾客。需要注意的是，排队并不一定是一个服务台前面的一列有形的个体，排队的形式可能是散布于大学校园内自动取款机前的学生，或者是被接线员告知"请等候"的打电话者。

排队管理是指控制和管理服务等待的时间，其包含两个主要内容：一是针对预期的顾客人数和到达时间，配备必要的服务设施，确保必要的服务接待能力，尽量缩短顾客等待的时间。二是应该努力满足顾客等待的心理需求和期望，如果采取的措施得当，顾客就不会觉得等待的时间很久。实际上，在服务的创造与交付流程中，排队系统是一种比较常见的组织形式，这主要是由于企业的顾客数量经常处于变动之中。因此，企业要经常性地调整服务能力，以便高质量地、快捷地满足顾客期望。只有合理安排系统的服务能力，才能使服务能力和顾客需求实现最佳平衡，从而提高顾客的满意程度。

（二）排队系统

一个排队系统主要由三个部分组成：顾客源和顾客到达的方式、排队系统、顾客离开系统的方式。[①] 下面就招商银行在银行业领域率先引入排队机的例子依次讨论这几个方面的问题。

1. 顾客源和顾客到达的方式

主要包括顾客总体、到达的规模以及顾客的耐心程度。

1）顾客总体

按照顾客的来源可以将到达服务系统的顾客分为有限总体和无限总体两大类。其中，有限总体是指要求服务的顾客数是有限的，在通常情况下是排成一队的。当顾客总体中的某一位离开了当前位置，就少了一位顾客，同时也减少了下一次要求服务的概率。与此相反，当有服务需求的顾客回到顾客总体之后，总体人数对服务需求的概率也随之增加了。

---

① 宋卫斌，苏秦. 虚拟顾客服务系统排队模型 [J]. 管理科学学报 .2001，4（3）：52-57.

相对而言，无限总体是指对于服务系统来说顾客数量足够大，由顾客人数的增减而引发的对服务需求的概率变化不明显。对于招商银行来说，他们面临的顾客总体一般是有限总体，即要求服务的顾客数是有限的。在没有引入叫号机以前，经常可以看到在柜台前排成一队或两队的等待办理业务的顾客，对于银行来说，他们的需求高峰期和低谷期是可以明显区别开来的，所以其顾客总体是有限的。

2）到达的规模

到达的规模可以分为单个到达和成批到达。其中，单个到达是指每次只到达1个单位的顾客（1个单位是企业提供服务的最小数量），成批到达则是指一次到达一定数量单位的顾客。例如，如果一个顾客去招商银行办理储蓄业务，那么这个顾客就是单个到达。如果5个顾客一起去办理业务，那么就是成批到达。一般来说，银行的顾客到达规模是单个的。

3）顾客的耐心程度

耐心的顾客是一直等待，直到接受服务为止的顾客。即使顾客有抱怨、不满或者不耐烦的举动，但是只要其一直在等待，就都可以归为耐心的顾客。对于不耐烦的顾客而言，大体上可以分为两类：第一类顾客在到达后，先观察服务机构和队长，然后再决定是否离开；第二类顾客在到达后，通过观察，然后进入队列中，经过一段时间之后才决定是否离开。①

2. 排队系统

排队系统主要包括队列和服务台两部分。研究排队系统的目的，是通过了解系统运行的状况，对系统进行调整和控制，使系统处于最优运行状态。描述一个排队系统运行状况的主要数量指标有以下几个方面。

1）队长和排队长

队长是指系统中的顾客数（排队等待的顾客数与正在接受服务的顾客数之和）。排队长是指系统中正在排队等待服务的顾客数。队长和排队长一般都是随机的，企业可以通过确定它们的分布状况或平均数等对其进行分析。

2）等待时间和逗留时间

从顾客到达时刻起到开始接受服务为止这段时间，称为等待时间。从顾客到达时刻起到接受服务完成为止这段时间，称为逗留时间。这两个变量也是随机的，企业要进行排队管理，至少应该知道顾客的平均等待时间和平均逗留时间。有研究表明，在业务繁忙时，银行中的顾客等待时间平均达到40分钟，最长的达3个小时。

3）忙期和闲期

忙期是指从顾客到达空闲的服务机构起，到服务机构再次成为空闲时为止的这段时间，即服务机构连续忙碌的时间，它与服务人员的服务强度有关系。与忙期相对的是闲期，即服务机构连续保持空闲的状态。在排队系统中，忙期和闲期总是交替出现的。

4）服务台

如果我们把企业与顾客接触的环节定义为一个服务台，那么服务中排队的类型一般包

---

① [美]理查德·B. 蔡斯，尼古拉斯·J. 阿奎拉诺，F·罗伯特·雅各布斯. 生产与运作管理：制造与服务 [M]. 宋国防，等译. 北京：机械工业出版社，2002：169.

括三种：①单服务台，即只有一个点可以供顾客选择等候服务，顾客只能按照顺序一个接一个等候。这种排队在顾客数量多的时候混乱程度最高，现在这种排队类型已经不多见。②多服务台，即有两个或者两个以上的服务点可以供顾客选择。顾客可以选择在任意一个点等候排队。相对于单服务台来说，多个服务点可以减轻一个服务点的负担，增加顾客按个人喜好选择服务点的灵活性。③专门服务点，即专门为某些特殊的顾客开辟的服务点。专门服务点可以保证某些特殊顾客的特殊权益，可以使一部分顾客分离出来，并且减少顾客的等待服务时间。招商银行设置了多个服务台同时办理业务，并且有针对VIP顾客的专门的服务点。

5）服务规则

这是指服务台从队列中选取顾客进行服务的顺序，一般可以分为损失制、等待制和混合制三大类。①损失制代表着这样的情形：如果顾客到达排队系统时，所有服务台都已被占用，那么他们就自动离开系统永不再来；②等待制则代表了下列情形：当顾客来到排队系统时，所有服务台都不空，顾客加入排队行列等待服务；③混合制则是等待制与损失制相结合的一种服务规则，一般是指允许排队，但又不允许队列无限长下去。

3.顾客离开系统的方式

顾客接受服务以后，离开的情况可能有两种：①顾客回到顾客源，马上成为一名新顾客并再次提出服务要求。例如一位在理发店剪头发的顾客，可能在不久的将来再次光临这家理发店要求剪发。②顾客重新要求服务的可能性极少。例如一台刚经过彻底检查和修理的机器，在一段时间内不会要求重新进行维修。

（三）顾客排队等候心理分析

顾客在排队等候的时候，他们真正等待的时间远没有他们认为等了多久或者他们感觉等待是否公平更重要。对等待时间的感知，可以和实际的等待时间相差很大。但当人们被问到自己为得到服务等了多久时，得到的回答是实际的一倍或者两倍都是正常的。在服务营销中，营销管理人员应特别重视如下所述的、与排队心理学管理有关的几条规则。

1.感知比现实更重要[①]

有研究发现，与实际等待了多久相比，消费者总的评价更多地与他们认为自己等了多久相关。因此，如果一项服务要求它的顾客等待，那么最好使其等待的时间成为一段愉快的经历，使等待变得令人愉快并满足人们的某种需求。招商银行利用大量资源进行营业厅环境改造，提高装修水平，配备饮料，设置报纸、杂志，安装壁挂电视等，使消费者在等候办理业务的同时体验愉快的经历，这样会使消费者感知的时间大大缩短。

2.空闲的时间感觉比忙碌的时间更长

在顾客没有获得服务时，他们容易厌倦，比他们有事情可做时更加注意时间。因此，如果服务企业能够在顾客等待期间采取适当的服务措施，特别是，如果这一措施本身能够提供利益，或者在一定程度上与服务相关的话，还能够提高顾客的感知，并且使组织获得

---

① Katz, K., B.Larson and R.Larson. Prescription for the Waiting-in-Line Blues: Entertain, Enlighten, and Engage, *Sloan Management Review*, 1991, 32（2）: 44-53.

利益。消费者可以在等候办理业务的时候享受电视、报纸、杂志带来的丰富的精神资源，这些事情都有助于分散消费者一直关注时间的注意力。同时这些措施还能够让消费者感知到高质量的服务，有助于提高招商银行的整体形象。[①]

3. 不确定的或者无解释的等待感觉往往比确定的等待更长

当顾客不知道要等待多长时间的时候，就会变得非常焦虑。对航空业的研究表明，如果等待的不确定性增加，顾客会感到非常生气，而且他们的愤怒会导致更高程度的不满。[②] 在这种情况下，服务组织要积极地与顾客进行沟通。研究也表明，为顾客提供关于期望的等待时间长度或者在队列中相关位置的信息，将使顾客获得较为积极的感受。[③] 例如，从前在银行等候排队办理业务，顾客会不知道要等多久而感到沮丧。但是如果招商银行的顾客可以清晰地看到窗口上方的提示牌上写着"您前面有×××人在等待"时，他们会因为消除了不确定性而感到些许安慰。

4. 不公平的等待时间感觉可能会更长

如果顾客都能够按照先来后到的顺序享受服务，就不会存在这方面的问题。但是如果顺序被打乱，出现了"加塞儿"的情况，就会导致顾客的不满，而且这种不满会使顾客觉得等候时间变长。根据先来先服务的规则组织排队系统，是最理想的处理不公平问题的方法。但是，在某些情况下，在决定谁将先获得服务时，也会存在其他的一些规则。招商银行引入叫号机解决了不公平的问题。用机器替人排队，每个人手中有自己的号码，业务员办理完一位会叫下一位进行办理，整个流程井然有序，不会出现"乱加塞儿"的现象，顾客会产生较强的公平感知，这些对提高服务质量都有很大的帮助。

5. 服务前的等待感觉往往比服务中的等待更长

如果等待的时间被那些与服务相关的活动所占用，顾客可能会感觉服务已经开始。这个时候，虽然顾客实际上仍然在等候，但是等候的不满就会减弱了。这种活动一方面可以使顾客觉得等待时间缩短；另一方面也可以使顾客在服务开始时获得更好的准备，从而使服务供应商获益。其实当顾客进入招商银行，领取了小票之后，就会觉得服务已经开始了，这样消费者所感知到的等待时间会相对短些。

6. 单独等待的时间往往比群体等待的时间感觉更长

一个人等待的时候，往往容易产生焦虑感。如果在团体中等候，那么由于团体内的其他成员可以分散其注意力，与单独等待相比，顾客往往愿意等候的时间会更长些。因此，团体等待比单独等待更舒服。在团体等待的情况下，坐在长椅上等待办理业务的顾客，不用再担心安全问题，会彼此之间谈话，那么整个等待体验就可以变得有乐趣，顾客感知的等候时间就会相对短一些。

---

① S.Taylor. The effects of filled waiting time and service provider control over the delay on evaluations of service. *Journal of the Academy of Marketing Science*，1995，23（1）：38-48.

② Shirley Taylor. Waiting for service：The relationship between delays and evaluations of service. *Journal of Marketing*. 1994（58）：56-59.

③ Michael K.Hui and David K.Tse. What to Tell Consumers in Waits of Different Lengths：An Integrative Model of Service Evaluation. *Journal of Marketing*，1996（60）：81-90.

资料卡 4-1　　　招商银行引入叫号机进行排队管理

银行里"排长龙",常常是消费者抱怨最多的问题之一,而无序排队往往也是导致顾客流失的一个主要原因。根据一份调查研究结果,如果消费者站立窗口前排队等候办理业务超过 10 分钟,那么他们很可能会表现出急躁的情绪;如果超过 20 分钟,他们会表现出厌烦的情绪;如果等待超过 40 分钟,他们常常因恼火而离去,而在此过程中如果出现"加塞儿"现象,情况还将变得更糟。此外,银行的顾客也越来越注重个人隐私,而"一米线"的服务已经满足不了顾客的需求,更不用说一些"低素质"顾客可能会超越"一米线"了。显然,这种问题已经严重影响了银行的服务质量。

面对这种排队长的问题,招商银行率先在国内推出了叫号机,这种系统使用"取号—等待—通告—服务"机制,针对银行服务问题建立了智能化的排队管理系统,对接受服务的顾客进行有效管理,并能够对相关数据进行查询、统计和分析,从而大大地提高了服务质量,提高了银行的管理水平。现在,当顾客走进招商银行的营业大厅时,会看见这样的告示牌:"请取号,按号等候服务"。旁边则矗立着一台发号主机,顾客可以从发号主机的出票口取出一张纸票,上面写着:"您的号码是×××,您前面有×××人在等待。请稍候,您的号码将被呼叫并在窗口上显示。"这样,每个营业窗口只站着一位顾客,窗口上方悬着一个显示屏,显示着营业员正在办理的顾客号码,一位营业员办理完毕,按一下手边叫号器的"下一位"按钮,电子屏幕上显示着红色对应数字号码,接着扩音音箱里会传出清扬悦耳的呼叫:"×××号顾客请到×××窗口办理业务。"用机器替人排队,彻底改变了站立式等候,秩序也变得井井有条。同时,由于柜台前始终是"一对一"服务,顾客的隐私和安全也有了保障。

除此之外,招行还投入了大量资源进行营业厅环境改造,为顾客提供优良的环境,营造舒适的氛围,如提高装修水平,设置服务标识,配备饮料,设置报纸、杂志,安装壁挂电视。现在,当你走进招商银行,你会看见顾客休闲地坐在椅子上,享受着书报杂志、牛奶茶水咖啡,看着电视等着办理业务,而且由于柜员再也见不到簇拥的脑袋,工作更加从容有效,这也改变了传统银行冷冰冰的面孔和服务模式。难怪时隔多年,一位招商银行的老顾客仍然由衷感叹:"当我第一次在银行喝到了牛奶咖啡时,真是有上帝的感觉!"

资料来源:根据"银行排队机在金融管理业中的应用",自技术论坛系统应用,2008 年 5 月 4 日访问等资料编写。

(四)服务企业的排队管理措施

对于企业而言,为了有效地进行排队管理,服务营销管理人员可以综合考虑物理的、心理的和情感的等多方面的因素,进而制订并实施相应的管理措施。

1. 提高企业的运营能力以便减少顾客排队等待的实际时间

排队等待的时间长短是顾客评价排队等待满意与否的重要标准之一,因此减少顾客排队等待时间是企业必须要考虑的问题。提高运营能力可以有以下几种方式:一是增加服务人员。当顾客长期面临着排队等待问题,企业就应该考虑适当地增加服务人员以提高企业的服务能力。二是延长服务时间。在许多服务组织中,在需求高峰期,雇员被要求工作更长的时间,这样可以把顾客购买服务产品的时间分散开,以达到减少顾客排队等待的目的。三是增加设备。增加设备包括增加已有设备的数量和引进新式设备以提高运营能力。四是优化运营流程。分析服务产品生产和销售的整个运营流程,找出其中无效率的部分进行改善或删除。五是确定合适的排队结构。当排队不可避免时,企业要确定出合适的排队结构以保证运行的高效性。排队结构有多列排队、单列排队、分编号排队等。每种结构都有各自的优点,企业要根据具体情况加以选择。[1] 著名餐饮品牌海底捞会提前准备一些常规食材,不需要等顾客下单后再准备,并加大这些易准备的食材套餐的优惠折扣。海底捞并从员工方面出发,实行短时上菜考核,顾客进门点餐后,提供一个沙漏或时钟,将时间设定好作为最后一道菜最迟上菜的时间,并对员工采用完成奖励、不完成扣分的方式,服务效率直接和员工奖金挂钩。

2. 减少顾客的焦虑感以便使等待的流程变得活泼有趣

能够使顾客愿意排队等待的原因无非有两个:一是等待的后果令顾客觉得等待是值得的;二是顾客觉得等待也是一种乐趣。因此,服务组织可以采用以下方法:①在顾客等待的流程中尽量分散他们的注意力。例如,企业可以通过播放音乐、录像或其他一些娱乐形式使顾客暂时淡忘其在等待。②提供透明化的服务窗口,绝对不能让顾客看到有些服务人员并没有从事工作。同时企业还要注意服务人员的休息室要在顾客看不见的地方,不要被顾客误以为工作人员工作不认真而产生焦虑感。③对服务人员进行培训,使他们的服务态度更为友好。例如,问候一下顾客或提供其他一些特殊的关照,可以在很大程度上消除或减弱长时间等待的负面影响。④及时告诉顾客他们所期望了解的信息。当顾客等待时间比正常情况下更长的时候,这一点就显得十分重要。因此,企业应该告诉顾客为什么等待时间比平时要长以及企业准备如何解决这种情况等。海底捞会为排队的顾客提供一些味道好、有一点饱腹感的小零食之类,顾客在吃的过程中会比较放松,烦躁的情绪会有所缓解。海底捞还会联动美甲、个人K歌、虚拟游戏体验商,在等待的时候顾客便可以优惠甚至免费享受这些服务。

3. 管理顾客的期望以便使顾客对排队等待有正确的预期

现实中,很多企业为了招揽更多的顾客,故意给顾客一个很短的排队等待的时间承诺,使顾客形成过高的期望。如果顾客实际排队等待的时间超过了企业承诺的最长时间,就会造成顾客不满意。所以企业在向顾客承诺排队时间时要根据自己的实际能力,做实事求是的承诺。

4. 区分不同的顾客以便提高整体服务效果

服务组织为了提高服务的整体效果,有时需要对顾客按照某些属性进行划分,对不同属性的顾客区别服务,允许一些顾客等待的时间比其他时间短。一般而言,企业采取先来后到的原则对顾客提供服务,但在有的情况下,区分不同的顾客却是最好的选择。这一点在银行业中十分突出,高级的顾客经常在 VIP 室接受专门的服务。

---

[1] 任素娟. 服务业中排队等待问题的解决方案 [J]. 黑龙江对外经贸. 2006(139): 112.

（五）现代信息技术在解决排队问题上的应用

许多公司与单位为了更好地解决排队问题，通过互联网大数据分析、物联网等技术，推出了许多在线排队的应用程序，并与第三方支付平台合作，提升服务效率。例如中国工商银行自主研发了可视化排队管理系统和物联网监控平台，实时监控 550 余家网点顾客排队和业务办理情况，通过该系统，该行可以分析到店客流峰谷变化，快速处置网点排长队情况。同时，在网点显著位置公示业务高峰提示和周边网点地图，引导顾客错峰办理业务。针对网点高峰时期，通过设置快速窗口、后台人员支援一线、弹性排班上岗、柜员错峰用餐等方法，力求做好到店顾客的快进快出。在深圳市医疗系统的实践中，在线排队系统平均每人节省 46.3 分钟，累计为深圳市民节省 1.1 万小时。

本章小结

本章主要阐述了对顾客期望和顾客需求的管理。在顾客期望管理方面，从顾客期望的概念及类型开始阐述，并提出了影响顾客期望的因素，进而根据顾客期望的分类标准提出了相应的期望模型，包括期望的概念模型和动态模型。最终提出了若干管理顾客期望的方法。在顾客需求管理方面，首先从服务需求的类型和特征开始，接着提出了顾客需求管理的流程和方法，并制定了一组平衡能力与需求的战略。最后介绍了排队问题的一些基本概念，并为服务组织提出了若干可行的管理建议。

关键词汇

顾客期望： 是指顾客在接受服务之前对于服务的一种预期，这种预期不仅包括对结果（企业提供什么样的服务）的预期，还包括对服务流程（企业如何提供服务）的预期。

合意期望： 与顾客认为可以接受的服务水平相关，是一种较低水平的期望。

理想期望： 顾客希望得到的服务水平，也是顾客认为企业能够而且应该提供的服务水平。

容忍区域： 是指顾客认可的，并且愿意接受的服务水平区间。

模糊期望： 指顾客期望服务供应商为其解决某类问题，但并不清楚怎样解决。

显性期望： 在服务流程开始之前就已经清晰地存在于顾客心中的期望，它们又可分为现实期望和非现实期望两大类。

隐性期望： 指有些服务要素对于顾客来说是理所当然的事情，顾客没有必要考虑这些问题，而是将其视为不可缺少的东西。

排队管理： 是指控制和管理服务等待的时间。

排队系统： 一个排队系统由三个主要部分组成，分别是：顾客源和顾客到达的方式、排队系统、顾客离开系统的方式。

复习思考题

1. 简述模糊期望、显性期望和隐性期望的异同。
2. 简要分析影响顾客期望的因素。
3. 顾客的容忍区域是会有改变的，简述在哪些情况下容忍区域是不同的。
4. 结合自己最近的一次服务消费经历，讨论哪些影响期望的因素在你的决策中最为重要，并说明原因，同时结合该次服务消费经历，为该组织提供期望管理策略。

本章案例

丽嘉酒店——顾客至上

丽嘉酒店是以杰出服务而闻名世界的豪华连锁酒店，该酒店数年获得五星钻石奖等酒店业的最高奖项。丽嘉酒店以为客人提供衷心的关怀和舒适的款待为最高使命，竭力为顾客提供深入人心的个人服务和先进完备的服务设施，打造温馨、舒适、高雅的环境，甚至不言而喻地满足顾客内心的愿望和需求。

丽嘉酒店的使命并非纸上谈兵，丽嘉酒店向顾客传递了它所承诺的价值。在对入住顾客的调查中，高达95%的顾客认为他们确实体验到了使命所描述的服务。事实上，在丽嘉酒店中，使顾客获得预期中的服务体验已经是其最基础的要求，丽嘉酒店希望实现的是做到对顾客细致、周到的关怀和服务。

这种定制化、高质量的服务也使丽嘉酒店成为挑选商务会议会址决策者的最爱。这家豪华酒店一直占据《商务旅行新闻》杂志美国顶级连锁酒店调查的首位。丽嘉酒店贴心的服务可以为商务人士扫除会议后的疲惫。

自1983年成立以来，丽嘉酒店已经获得酒店行业授予的所有重要的奖项。另外，作为酒店企业，丽嘉两次获得过美国马尔科姆·鲍德里奇国家质量奖，是酒店行业内唯一摘得该奖项的企业。一份最近发行的《消费者报告》将丽嘉酒店在各方面的表现都排在豪华酒店的首位，包括价值、服务、维护和问题解决。丽嘉酒店的顾客再入住率超过90%。同时，尽管房价高昂，但该连锁酒店的入住率高达70%，几乎比行业平均入住率高9个百分点。

在酒店一线服务的员工在丽嘉酒店中被企业格外重视。在酒店服务文化和宗旨的引导下，他们要和顾客建立良好的关系，要在顾客心中形成长期而非短期的良好印象；要敏锐地发现到顾客明示的愿望和需求并且迅速作出回应，对顾客暗示的需求或顾客自身尚未明确察觉的需求也应当如此；要能够为顾客提供独特细致入微的个人服务；不断寻找新机会抓住新契机来提高丽嘉酒店的服务水准；重视自己的工作，注重仪态、举止；保护客人、同事和公司隐私与信息；不断自我学习和成长等。丽嘉酒店的员工被称作"以绅士淑女的态度为绅士淑女服务"，营造了良好服务氛围，使顾客拥有良好感受。

值得注意的是，员工都被教导尽一切可能避免失去顾客。员工们都知道，不管是谁接到顾客抱怨都必须负责，直到这个抱怨被解决（丽嘉酒店服务价值第六条）。他们被教导一切手头事务都要让位给顾客——无论正在做什么,也无论来自什么部门。丽嘉酒店的员工被授权当场解决问题。每一位员工都可以无须请示上级,支配2 000美元以内的费用以解决顾客的抱怨与需求。为了察觉到顾客的种种需求,能够直接或间接与顾客接触的员工被要求随时随地关注顾客的特点、爱好、需求,并记录下来,交给经理或者直接投递到"喜好收集箱"里。丽嘉拥有自己的顾客识别数据库,凡是曾在丽嘉酒店入住过的顾客,他们的信息都会存储在酒店的顾客管理系统中,如果顾客再次光临丽嘉酒店,这些信息会马上调出来并反馈到与顾客接触的员工处。

结果,几乎每一个经常去丽嘉酒店的人都有一个关于他们所经历的、"让你难以置信"的体验。员工非比寻常的行为几乎比比皆是。例如,丽嘉费城酒店的一位行政助理曾经在无意中听到一个顾客的抱怨,因为忘记带一双正式的鞋,而不得不穿登山鞋去参加会议。第二天早上,这位行政助理就递给这位男士一双尺码和颜色都很合适的商务男鞋,解决了顾客的迫切需要。这种贴心细致的服务在其他酒店是难以想象的。

当谈到创造与顾客的亲密关系时,丽嘉酒店设置了一个黄金标准。丽嘉酒店的执行官说:"这些都是个性化的。""这是提供独特的、个性的、难忘的体验,每一个员工都在自己的环境中做他们能做的事以使这些体验发生。"

丽嘉酒店的工作人员不仅做到了满足顾客的现实需要,更是做到了满足顾客的潜在需要。从顾客的角度出发是最基本的要求,而对于顾客没有考虑到的因素,也要加以思考。服务人员给丽嘉酒店的顾客留下该企业的优良印象,也是丽嘉酒店成功的关键要素。

资料来源:根据[美]菲利普·科特勒."丽嘉酒店:创造顾客亲密性".市场营销原理(第13版)[M].北京:中国人民大学出版社,2010:500-502改编。

思考题
1. 丽嘉酒店是怎样使其入住的顾客达到理想期望的?
2. 丽嘉酒店的员工是怎样处理应对顾客的隐性期望的?

即测即评

补充阅读材料

第五章 服务的顾客感知

对于服务，顾客是如何进行感知、如何评判自己享受了优质的服务以及是否对服务满意，这就是本章的主题。消费者对服务的感知是建立在服务接触（Service Encounter）过程上的，对于纯粹提供服务的供应商而言，顾客对服务评价的主要标准是服务质量，而服务接触和服务质量是影响服顾客满意的重要因素。本章的学习目标主要为：

学习目标
- 服务接触的种类以及顾客感知的来源有哪些
- 服务质量的概念模型
- 服务质量的维度与测量
- 服务质量差距模型的内容
- 了解顾客满意和顾客价值与服务质量的关系

第一节 服务接触中的顾客感知

从20世纪80年代开始，服务供应商和顾客之间发生的服务接触就成为服务管理中的重要环节。因为服务供应商与顾客之间发生的服务接触，是企业向顾客展示服务的时机，也是顾客评估服务质量的重要途径。因此，对服务接触进行研究具有重要的意义。

一、服务接触的界定

最初有学者认为，所谓服务接触，就是"在服务情境中，服务供应商和服务接受者之间的面对面互动。"这种对服务接触的界定，实际上是把服务接触局限于顾客和员工之间的人际接触。后来为了提升服务的质量与效率，有一些学者认为服务接触的对象不应局限于顾客和服务供应商间的互动，还应包括企业向顾客提供服务流程中能对顾客感知产生影响的其他因素，包括非人为因素，如顾客与设施设备的互动影响。基于以上的观点，可以将服务接触分为三类：面对面接触、电话接触、远程接触。当然，顾客有可能经历其中任何一类顾客接触，也可能经历上述三类接触的某种组合。[1]

（一）面对面接触

有一些服务是顾客必须亲自参与的，这时面对面接触会发生在服务流程的大部分环节。由于面对面接触给顾客带来的感觉更为强烈，因此，在面对面接触中，决定服务质量和理解服务质量问题是最为复杂的。在决定服务质量的时候，语言的行为和非语言的行为都很重要，如实际的员工服装和其他服务标志等。另外，互动作用流程中顾客所表现出的一些

---

[1] G. L. Shostack. Planning the service encounter. in: J.A.Czepiel, M.R.Solomon, C.F.Surprenant, ed., *The service Encounter*, Lexington Books, Lexington, MA: 1985: 247.

行为在为自身创造高质量的服务中也扮演着重要的角色。

（二）电话接触

如今，差不多所有的公司都要采用顾客服务、常规调查以及下订单等形式的电话接触。相对于面对面接触来说，顾客判断服务质量不那么容易。于是，接电话的语气、雇员的知识、处理问题的速度和效率成为在这些接触中判断质量的重要标准。

（三）远程接触

有时候，技术带来的便利使得接触并不直接发生在人与人之间，如移动互联网的广泛应用，使顾客更多地与手机等移动互联设备相互接触。虽然没有直接的人与人之间的接触，但是对于企业来说，这类接触也是增强顾客对企业服务质量的认同、树立良好公司形象的机会。在远程接触中，有形服务以及技术流程和系统的质量成为判断整体质量的主要标准。

二、服务接触中顾客感知的来源

在服务接触中，顾客会产生愉快或者不愉快的感知。为了确定顾客满意或者不满意的来源，比纳特等人采用了关键事件技术来识别服务接触中顾客感知的来源。其中，关键事件技术包含了一系列特定的程序来收集对人类行为的观察，并将它们分类以反映某种特殊的问题。[1] 比纳特等人的研究选择了那些能够给顾客留下深刻印象并有特别感受的事件。这样的事件必须满足下列要求：服务人员和顾客都参与进来；从顾客的角度看是满意或者不满意；一些不连续的情节；能引发参与者想象的足够的细节。按照这些标准，顾客被问及如下问题：①作为顾客，请您回想最满意（最不满意）的一个接触情境。②这个情境是什么时候发生的？③什么是引发这一情况的特殊情境？④服务人员说了或做了什么？⑤什么使您对这次接触满意或者不满意？

通过对这些关键事件的总结和分析，比纳特等人概括出了在可回忆的服务接触中顾客满意或者不满意的四个来源：服务补救、适应能力、自发性和应对性。下面就分别对这四个来源进行一一阐述，同时，表 5-1 中也给出了实际的例子。

（一）服务补救——服务人员对服务失误的反应

服务失败发生后，服务人员必须对顾客的抱怨或者失望作出快速反应。服务人员反映的内容和形式是引起顾客满意或者不满意的关键。服务人员的服务补救能力和态度也极大地影响了顾客满意或者不满意。

（二）适应能力——服务人员对顾客需要和要求的反应

当顾客对服务接触有特殊要求时，服务人员的反应决定了顾客满意或者不满意。这时，

---

[1] Mary Jo Bitner，Bernard H.Booms，Mary Stanfield Tetreault. The service encounter: diagnosing favorable and unfavorable incidents，*Journal of Marketing*，1990（54）：73.

顾客依据服务人员和服务系统的灵活性判断服务接触的质量。如果许多在顾客看来是很正常的个人需求或要求,而服务人员或服务系统无法满足,那么顾客的不满意程度最大;相反,如果在顾客看来是个人的特殊需要和要求,服务人员和服务系统能够及时调整,满足其需求,这时候顾客得到的满足度是很高的。在这个流程中,对服务人员和服务系统的灵活性有很高的要求。例如世界著名的豪华型酒店连锁品牌丽思卡尔顿(Ritz Carlton Hotels)要求其员工必须对其客人的合理要求积极响应,尽可能在最快的时间内予以满足,并要将客人诸如对润肤乳之类的细微特殊偏好记录在公司数据库中以便下次为其进行服务。

(三)自发性——服务人员主动提供的服务行为

即使不存在系统故障或者顾客的特殊需求,有时候顾客也会对一次服务接触产生特别满意或者不满意的印象。满意意味着特别的惊喜,如特殊关照以及没有要求就会有好的待遇等,不满意一般是由消极的或者不受欢迎的服务人员行为引起的,如态度粗鲁、歧视或者忽视顾客等。例如东京帝国饭店特意会让门童准备一些零钱,让其在客人乘坐出租车抵达酒店时为客人垫付车费,以防客人因忘记兑换日元或不方便找零钱而造成尴尬。这种主动带给客人惊喜的行为极大地增加了客人对东京帝国饭店服务的满意程度。

(四)应对性——员工对问题顾客的反应

有时候,由于顾客自身的原因也会引起他们的不满意。这类顾客根本就不打算合作,也就是说,不愿意和服务供应者、其他顾客、行业规则甚至法律合作。这时候,也许员工做什么都不会令他们满意,这时候对顾客的理解和关怀是使他们回心转意的契机。例如,面对有"自恋"情节的顾客通常都具有很强的创造意愿,对感知控制程度低的服务过程比较敏感,他们的自尊会由于服务人员的不配合而受到较大的伤害,进而使他们对服务过程给予极端的评价。服务人员应该为自恋顾客的创造行为提供尽可能多的支持。[①]

表 5-1　不同服务接触给顾客带来的感知

服务感知来源	不同类型	事件	
		满意	不满意
服务补救	对难以提供的服务的反应	他们忘记了我的房间预约,但是以同样的价位给了我一套 VIP 房间	我们在饭店预约了房间,到了以后却发现没有房间——没有人解释、没有人道歉、也没有人帮我们另找一家饭店
	对延迟服务的反应	虽然我没有为等了一个半小时而抱怨,女服务员还是不停地向我道歉,并告诉我单据正在处理	机场人员不断地给我错误信息;1 个小时的延迟变成了 6 个小时的等待
	对核心服务失误的反应	我的牛肉面凉透了,女服务员向我道歉,并为我的晚餐免单	我的手提箱被磕得到处是坑,当我为损坏的手提箱提出抗议时,那个员工居然暗示我是我说谎,并损坏了手提箱

---

① 银成钺,毕楠.自恋顾客的服务创造:感知控制及他人评价对自恋顾客服务评价的影响[J].外国经济与管理,2014(12):30.

续表

服务感知来源	不同类型	事件 满意	事件 不满意
适应能力	对顾客特殊要求的反应	孩子哭闹时,乘务人员安慰我,并帮我照顾不适应航空旅行的孩子	我的小儿子独自坐飞机旅行,到了奥尔巴尼,她们居然让他一人转乘飞机
	对顾客爱好的反应	外面下着雪,我的车抛锚了。找了10家旅馆都客满,最后一名服务员理解我的处境,租给我一张床,并把它安放在小会客室内	大热天里,女服务员居然不让我从靠窗的位置换到其他的位置
	对顾客错误的反应	我在飞机上丢了我的眼镜,乘务人员找到了并把眼镜送到我的旅馆,没要一分钱	因为堵车,我们错过了航班,服务人员拒绝为我们更换另一班航班
	对可能打扰别人行为的反应	经理密切关注酒吧里令人不愉快的人,同时又确保不打扰到我们	旅馆的服务员并没有处理那些在凌晨3点还在大厅里开派对的一群吵闹的家伙
自发性	关注顾客	服务员真的很照顾我	前台服务员的表现就好像我们在打扰她,她正在看电视,把更多的注意力放在电视上,而不是酒店的客人身上
	员工的真诚的例外行为	我们总是带着我们的泰迪熊一起旅行。但我们回到旅馆房间时,看见服务员把熊放在一把舒适的椅子上,它正举手致敬呢	我需要一点时间来决定需要哪些菜。服务小姐说:"如果你看的是菜单而不是地图,你就会知道你想要什么菜了。"
	文明规则中的员工行为	一名餐馆的服务生追上我们,返还了我男朋友掉在桌子上的50美元	那家高级餐厅的服务生对我们非常没有礼貌,仅仅因为我们是参加正式舞会的高中生
	完全评估	整个经历非常令人满意……每一个情节都非常完美	这次飞行就像是在做噩梦:一小时的路程耽误了三个半小时,空调坏了,飞行员和乘务人员争吵(好像因为乘务人员罢工)。着陆比较困难,而且一降落,飞行员和乘务人员就先不见了
	不利情况下的成效	柜台人员显然很劳累,但是他依然做的井井有条	那个餐馆服务生因为被老板批评,对我们的要求竟然置之不理
应对性	问题顾客	一个酒鬼在飞机上大声叫嚷,这令其他乘客很生气。这时,空中小姐问该顾客飞机降落后是否要开车,并给他送来了咖啡。他喝了咖啡后变得安静和友好了	在三口之家正在等候点菜时,父亲开始打孩子。另一位顾客向经理投诉,然后经理以友好和同情的方式要求这三口之家离开。父亲在离去时打碎了桌子上的所有餐具

资料来源:Mary Jo Bitner,Bernard H.Booms,Mary Stanfield Tetreault. The service encounter: diagnosing favorable and unfavorable incidents,*Journal of Marketing*,1990(54):77. 有改动。

显然,每一次服务接触,都会给顾客带来某种程度的感知和体验,尤其是那些关键事件。而且,顾客对关键事件的回忆是如此清晰,以至于顾客甚至会忽略了服务本身的特性。同时,顾客根据每一次接触的感知建立起来的企业形象,往往关键事件会记忆十分深刻。因此,对于企业来说,每一次服务接触都是增强服务质量和满意感知的大好机会。

第二节 服务质量管理与顾客感知

随着竞争的加剧和实体产品同质化现象的增强,许多服务企业和零售企业都开始寻找一种可以使自己与众不同的方法。越来越多的企业开始认识到,单凭技术因素是难以创造持久的竞争优势的。因此国内外众多企业都把取得竞争优势的希望寄托在所提供的服务上。如 IBM(国际商业机器公司)提出"IBM 就是服务",联想声称"把服务写进每个人的 DNA"等。未来的竞争必将是服务的竞争,而服务竞争取胜的关键是服务质量。但是,需要注意的是,服务产品与实体产品不同,服务质量是一个主观范畴,是消费者通过对服务的感知而决定的,因此,对服务而言,质量的实质意味着消费者如何看待它。

一、服务质量的内涵

由于服务具有无形性、异质性和流程性等特性,国内外学者对服务质量概念的研究大都从顾客对质量的理解和感受这一角度进行。

根据认知心理学的基本理论,芬兰的格罗鲁斯(Gronroos)教授在 1983 年开创性地提出了顾客感知服务质量(Customer Perceived Service Quality)概念,并明确了其构成要素。他认为服务质量从本质上而言是一种感知,是一个存在于消费者头脑中的主观范畴,它取决于顾客对服务的期望(期望服务)同其实际认知到的服务质量水平(体验的服务质量)二者的对比,即"服务质量在于感知服务与期望服务的差距",[①] 其最终的评价者是顾客而不是企业。如图 5-1 所示。

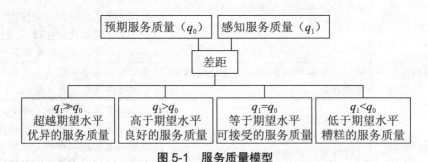

图 5-1 服务质量模型

为了进一步对服务质量进行测量,格罗鲁斯于 1984 年还界定了顾客感知服务质量的基本构成要素,即技术质量和功能质量。其中,技术质量是指最终的服务输出;功能质量则反映顾客在接受服务流程中的感知,如图 5-2 所示。在格罗鲁斯之后的研究中,有学者认为,服务质量除了上述两个维度之外,还应该包括环境质量,即顾客是在怎样的有形环境中接受服务的。由此可以看出,与实体产品的消费不同,服务消费是基于流程的消费,

---

[①] Christian Gronroos. A service quality model and its marketing implications. *European Journal of Marketing*, 1982, 18(4): 37.

消费者不仅关心产出的技术质量，而且也十分关心功能质量。不过，在不同情境下，二者的相对重要性可能是不同的。一般而言，对于顾客参与程度不高，或者顾客对服务接触流程控制度不大的服务经历来说，功能质量成为消费者感知服务总体质量的关键因素。例如，有的顾客可能缺少某些专业知识和足够的经验（如接受医疗服务和法律咨询等服务），顾客对服务的技术质量很难作出客观准确的评价。不过，有时候，顾客对于各个服务供应商所提供的服务产出结果的感知差异可能不大（如自动取款机）。

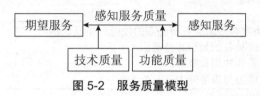

图 5-2　服务质量模型

资料来源：Christian Gronroos. A service quality model and its marketing implications，*European Journal of Marketing*，1982，18（4）：37.

基于此，我们可以从两个方面来理解服务质量的概念：①顾客对服务质量的感知取决于顾客预期和实际服务流程之间的比较；②顾客购买服务，不仅需要服务产出的最终结果，也需要在接受服务流程中的感受和体验，质量评估不单是建立在服务结果之上，还包括服务提供"流程"的评估。[①]

二、服务质量的维度与测评

相对于实体产品的质量来说，服务质量是一个很难界定的概念。因为在购买有形产品的时候，有许多标准可以帮助顾客对产品的质量进行评价。而在许多情况下，当顾客考虑购买一项服务的时候，往往可能只通过购物环境、供应商的设施情况、设备和工作人员的服装等可见因素帮助他作出购买决策。服务质量之所以难以评估，是由于服务具有无形性、易逝性、流程性等特性。那么，服务是否也同产品一样具有某些衡量标准供顾客进行评估？

（一）服务质量的维度

有研究表明，顾客认为质量不是一个一维的概念，也就是说顾客对质量的评价包括对多个要素的感知。1985年，潘拉索拉曼（Parasuraman）、泽斯曼尔（Zeithaml）和贝利（Berry）（简称PZB）首先提出了衡量顾客期望的标准，如表5-2所示。这些因素可以看作理解顾客期望的关键维度，它们概括出顾客期望的基本内容。如果企业在某一方面的绩效达到或者超过了该维度顾客的期望水平，那么企业的服务至少在这个方面是可以令顾客满意的。

---

① 张宁俊. 服务管理：基于质量和能力的竞争研究 [M]. 北京：经济管理出版社，2006.

表 5-2　PZB 衡量顾客期望的标准

1. 可靠性——意味着绩效与可靠性的一致 （1）公司首次为顾客提供服务应当及时、准确； （2）公司要遵守承诺，典型的例子包括：准确结账，准确记录公司和顾客的相关数据，在预定的时间内提供服务
2. 响应性——员工为顾客提供服务的意愿，包括如下服务： （1）即时办理顾客要求的邮寄服务； （2）迅速回复顾客打来的电话； （3）及时服务
3. 能力——员工应当具有为顾客提供服务所必需的技能，主要包括： （1）与顾客接触的员工所应具备的知识和技能； （2）运营支持人员所应具备的知识和技能； （3）组织所应具有的研究能力与服务能力
4. 可接近性——易于联系和方便联系。 （1）顾客可以通过电话很方便地了解到服务的相关信息（如电话不会打不通，也不会让顾客独自等待）； （2）为了获得服务而等待的时间不长； （3）营业的时间使顾客感到便利； （4）服务设置安置地点便利
5. 有礼貌——主要包括： （1）客气、尊重、周到和友善（如前台接待人员、电话接线员等）； （2）能为顾客的利益着想； （3）员工外表干净、整洁，着装得体
6. 有效沟通——能够倾听顾客，并且使用顾客懂得的语言进行交流，这可能意味着公司需要考虑来自不同地区的顾客对语言服务的要求 （1）介绍服务本身的内容； （2）介绍获得服务所需的支出； （3）介绍服务与费用的性价比； （4）向顾客确认能够解决的问题
7. 可信性——货真价实、信任和诚实。企业要将顾客价值最大化作为根本目标，与可信度有关的项目包括： （1）公司名称； （2）公司信誉； （3）与顾客接触的员工的个人特征； （4）在与顾客互动关系中推销的困难程度
8. 安全性——安全、没有风险和迟疑，包括： （1）身体上的安全性； （2）财务上的安全性； （3）顾客隐私
9. 了解/理解顾客——努力去理解顾客的需求，包括： （1）了解顾客的特殊需求； （2）提供个性化的关心； （3）识别忠诚顾客
10. 有形性——服务的实物特征，包括： （1）实物设施； （2）员工形象； （3）提供服务时所使用的工具和设备； （4）服务的实物表征（如卡片或银行凭条）； （5）服务设施中的其他物品

资料来源：A. Parasuraman，Valarie A. Zeithaml，Leonard L. Berry. A conceptual model of service quality and its implications for future research. *Journal of Marketing*，1985（49）：47. 有修正。

在随后的研究中，他们又将上述这十项因素提炼成五个维度[①]。

1. **可靠性**

可靠性是指企业准确、可靠地执行所承诺服务的能力。从顾客的角度看，可靠性是最重要的服务特性，是服务质量特性中的核心和关键内容。可靠的服务是顾客所希望的，它意味着服务以相同的方式、无差错地准时完成。提供不可靠的服务，不仅会给企业带来经济上的损失，而且很可能会失去很多潜在顾客。许多以优质服务著称的企业都是通过"可靠"的服务来建立自己的形象和声誉的。例如，对于顾客来说，飞机能够按时抵达或者离开预定地点就是顾客对航空公司核心服务可靠性的一个评价标准。

2. **响应性**

响应性是企业愿意主动帮助顾客，及时为顾客提供必要的服务。该维度强调在处理顾客要求、询问、投诉、问题时的专注和快捷。为了达到快速反应的要求，企业必须站在顾客的角度而不是企业的角度来审视服务的传递和处理顾客要求的流程。例如，航空公司的售票是否迅速及时、行李运送系统是否快捷等成为顾客对其响应性的一个评价标准。

3. **安全性**

安全性被定义为雇员的知识和谦恭态度，及其能使顾客信任的能力。当顾客感知的服务包含高风险或其没有能力评价服务的产出时，如医疗、法律、证券交易等，该维度就变得特别重要。信任和信心能通过使顾客和公司联系在一起的人员得到体现，如保险代理人、律师和顾问等。因此，公司要尽量在关键的一线人员与个人顾客之间建立信任与忠诚。服务人员要及时掌握优良的服务技能，拥有较高的知识水平，以增强消费者对他们的信任和安全感。例如，当顾客与一位在法律咨询领域享有盛名的专家进行咨询的时候，他会认为自己找对了公司，从而获得信心和安全感。

4. **移情性**

移情性是指企业给予顾客的关心和个性化的服务。移情性的本质是通过个性化的服务使每个用户感到自己是唯一的和特殊的，感到企业对他们的理解和关注。例如，一些服务公司人员通常知道每个顾客的姓名，并且与用户建立了表示了解用户需要和偏好的关系。

5. **有形性**

有形性是指服务产品的"有形部分"，如各种设施、设备以及服务人员的形象等。由于服务具有无形性，所以顾客并不能直接感知到服务结果，而往往通过一些有形设施对即将接受的服务质量进行感知。例如，餐馆的墙壁及桌椅整洁别致、员工统一着装并且微笑着向顾客服务等有形展示，为顾客提供了高质量的服务感知。

（二）服务质量的测评

在服务质量五维度模型的基础上，Berry、Parasuraman 和 Zeithaml 于 1988 年又提出了用于服务质量测量的 SERVQUAL 模型。该模型得到了许多营销专家的认可并在企业界得到了广泛的应用，是目前一种公认的、用于评估各类服务质量的典型模型。

---

① A. Parasuraman, Leonard L. Berry, Valarie A. Zeithaml. Understanding customer expectations of service, *Sloan Management Review*, 1991, 32 (3): 41.

SERVQUAL 模型是按照严格的心理学测量程序开发出来的，具有很高的可靠性和有效性。PZB 选取了银行、长途电话公司、期货交易所、家电维修部和信用卡发行公司五个服务行业进行实证研究。SERVQUAL 模型主要利用 1 张问卷，总共包括 22 个问项，这 22 个问项是围绕服务质量的五个基本内容（有形性、可靠性、响应性、安全性和移情性）而展开的，如表 5-3 所示。在进行问卷调查时，需要对每一位被调查者进行两次测量：第一次测量顾客在接受服务之前期望自己获得的服务质量，即期望质量；第二次测量顾客接受服务之后实际感知的质量，这是一种体验质量。将这两个部分结果进行比较，对上述五个维度中的每一问项都得出一个差距分数。

表 5-3 SERVQUAL 模型中的测量问项

维 度	测 量 问 项
可靠性	当公司承诺了在某个时间内做到某事，事实上正是如此
	当顾客遇到问题时公司经理帮助顾客解决问题
	公司应该自始至终提供良好的服务
	公司应在承诺的时间内提供服务
	公司应该告知顾客开始提供服务的时间
响应性	顾客期望公司员工提供迅速及时的服务
	公司的员工应当总是乐于帮助顾客
	员工无论多忙都应当及时回应顾客的要求
	传达提供服务的时间信息
安全性	公司员工的行为举止应当是值得信赖的
	公司应当是顾客可以信赖的
	公司员工应当始终热情对待顾客
	公司员工应该具有足够的专业知识回答顾客的问题
移情性	公司应该对顾客给予个别的关照
	公司的员工应该对每个顾客给予个别的关注
	公司应当了解顾客的需要
	公司的营业时间应该使顾客感到方便
	公司应当了解员工的需要
有形性	公司应该有现代化的设备
	公司的设备外观应该吸引人
	公司员工应该穿着得体、整洁干净
	与所提供服务相关的资料应当齐全

资料来源：根据 A.Parasuraman, Valarie A.Zeithaml, Leonard L.Berry. SERVQUAL: a multiple-item scale for measuring consumer perceptions of service quality, *Journal of Retailing*, 1988, 64（1）：36 编译。

与其他模型相比，SERVQUAL 模型是独一无二的，它明确了决定服务质量的多项因素。所以，自 SERVQUAL 模型诞生以来，它已经先后在零售、饮食、银行、保险、图书馆、宾馆、医院、高等教育机构等行业得到了广泛应用。可以说，PZB 为学术界和企业界明确服务质量问题形成的具体原因和评价方法找到了一种有益的工具。不过，从理论上讲，服务质量的感知是一个复杂多变的过程，在实践中也存在着一些其他的测评方法。例如，有人强调可以从流程和人员这两大角度来综合地衡量服务质量,如表 5-4 所示。

表 5-4 衡量服务质量的十四个标准

流程角度		个人角度	
标准	含义	标准	含义
时限	服务的提供有无时间标准? 既迅速又优质的服务	仪表	服务人员给顾客的外在感觉是否良好? 顾客愉悦的视觉感受
流程	服务的提供是否顺畅? 流程间的整合	态度	服务人员的身体语言或语调是否让人感觉舒适? 积极的态度传递善意的信息
适应性	系统是否具有灵活性? 可根据顾客需求进行灵活调整	关注	能否认同顾客的个性? 满足顾客独特的需求和需要
预见性	能否预测顾客需求? 走在顾客的前面以创造和引导需求	得体	与顾客打交道的方式是否适合? 说合适的话、做合适的事
信息沟通	能否充分、准确、及时沟通? 高效的信息流通保障系统正常工作	指导	能否给顾客提供帮助? 服务人员需具备足够的知识
顾客反馈	了解顾客的想法吗? 通过反馈反思自己	销售技巧	产品或服务能否很好地卖出? 培养服务人员的销售技巧
组织和监管	如何组织进行服务,如何监督管理? 建立清晰高效的组织	有礼貌地解决问题	解决问题的方式顾客满意吗? 分清是非、适宜处理

资料来源:根据 [美] William B. Martin. 优质顾客服务管理(修订版) [M]. 万君宝,陈永华,王晖,译. 上海:上海财经大学出版社,2000,26-30 编制。

三、服务质量的分析与管理

1988 年,美国学者 Berry、Zeithaml 和 Parasuraman 推出了一种被称为"差距分析模型"的分析方法,目的是分析服务质量问题产生的原因并帮助管理者了解应当如何改进服务质量。该模型如图 5-3 所示。

1. 对差距分析模型的解释[①]

首先,差距分析模型说明了服务质量是如何形成的。模型的上半部分与顾客有关,而下半部分与服务供应商有关。期望的服务受到顾客过去的消费体验、个人需求以及口碑的影响,同时,它还受到企业营销宣传即外部沟通的影响。

其次,顾客感知到的服务,是服务供应商一系列内部决策和活动的产物。企业对关于可期望的认识决定了组织将要执行的标准,员工依据服务标准向顾客交付服务,顾客则根据服务体验来感知服务质量。另外,该图也显示了外部沟通即企业的营销宣传对顾客体验到的服务也会产生影响。

---

① 王元泉. 服务质量管理研究 [D]. 硕士学位论文,首都经贸大学,2004:7-10.

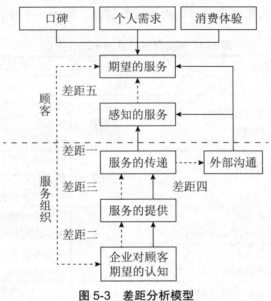

图 5-3　差距分析模型

资料来源：A.Parasuraman, Valarie A.Zeithaml, Leonard L.Berry. A conceptual model of service quality and its implications for future research, *Journal of Marketing*, 1985（49）: 41-50.

最后，该模型也展示了服务质量分析工作的程序和步骤。根据这些步骤，管理者可以发现产生服务质量问题的原因。更重要的一点是，该模型展示出在服务设计和提供的流程中，不同阶段所产生的五项质量差距。

2. 服务质量问题产生的原因

从模型中我们可以看出，从顾客产生期望到期望被满足的感知流程中存在几个传递的环节，这些环节中的差距直接影响到企业所提供的服务质量。

（1）顾客期望——企业认知之间的差距（差距一）

这一差距又叫作管理层认知差距。其含义是指管理者不能准确地感知顾客服务的预期。实质上，尽管企业的管理者会对消费者所期望的服务质量进行分析和判断，但是在很多情况下，服务企业的管理者可能并没有真正理解顾客真正的期望是什么，也没有了解影响顾客期望的主要因素，因此也就不知道应该在何种程度上满足这些期望。

（2）企业认知——提供服务之间的差距（差距二）

这一差距又被称为质量标准差距，其含义是所制定的具体质量标准与所提供的真实的服务之间的差距。一般说来，公司在分析了顾客对服务期望之后，会设计出高出这一期望的服务标准，以期获得较高的顾客满意。但是环境和条件的限制，以及服务的特殊性，使得企业即使对于顾客需求有比较准确的理解，也无法始终高水平地满足这种期望。

（3）服务提供——服务交付之间的差距（差距三）

这一差距又被称为服务交付差距，其含义是指服务生产与交付流程没有按照企业所设定的标准来进行。这是由于服务具有无形性、易逝性等特性，使得服务的提供成为一个顾客参与的、互动的、不可分离的流程。因此，即使企业很好地了解到顾客的需求，并且希望采取适当的措施去满足这种需求，也不一定就可以把优质的服务交付给顾客。服务企业的管理者应该意识到,在交付服务的流程中,企业员工对于提供高水平的服务质量至关重要。因此,有效的内部营销对于企业来说是很重要的。企业应尽量保证与顾客直接接触的员工具有高水平的交付服务的能力。

(4) 服务交付——外部沟通之间的差距(差距四)

这一差距又称为市场营销传播差距,是指市场宣传中所作出的承诺与企业实际提供的服务不一致。企业应该注意到一些外部沟通问题可能对服务质量带来的影响,避免作出不符合实际的过度的承诺,因为过高的承诺会提升顾客的期望,如果实际提供的服务并没有达到顾客的这种期望,那么顾客的满意程度就会很低。企业应该将市场营销传播计划与服务运营活动相结合,采取有效的信息沟通方式,传递适当的沟通内容。

(5) 顾客期望——顾客感知之间的差距(差距五)

这一差距又称服务质量感知差距,是指顾客体验和感觉到的服务质量与自己预期到的服务质量不一致。这个差距是影响服务质量的一个关键缺口。如果顾客的事后认知大于事前的期望,则顾客对服务企业提供的服务质量会感到满意;如果事后的认知未能达到事前的期望,则顾客对服务企业提供的服务质量将会感到不满意。最终,顾客期望与感知服务之间的差距决定了顾客感知到的服务质量水平。

3. 服务质量问题的解决方法

通过差距分析模型,企业应该认识到,尽量地缩小差距,就有可能提高服务质量。因此,对这些差距进行管理,为服务企业进行质量管理提供了路径。以下是应对这些差距的方法。

(1) 顾客期望——企业认知之间的差距(差距一)

有学者认为,服务企业的管理不善,大多不是因为管理方法不科学或管理层没有能力,而是管理者缺乏对服务竞争的深刻认识。因此,企业应一方面寻求改善管理的方法,同时更应注意要从根本上树立服务竞争意识。另外,企业在进行服务质量管理之前,应该开展市场调研活动,因为只有这样,才能充分了解顾客的需求和期望。同时企业还必须提高内部信息的管理质量,因为造成差距的原因还可能是那些与顾客接触的一线员工无法向管理层传递准确的市场需求信息。

(2) 企业认知——提供服务之间的差距(差距二)

即使管理者非常清楚顾客的期望是什么,他们可能也很难将这种理解变成实实在在的服务质量的实施计划。决定这个差距大小的一个重要原因是高层管理者未对服务质量真正承担起责任,没有将质量问题列为企业的首要问题。解决的策略是对企业应优先发展的问题进行重新排列,明确顾客感知服务质量对企业生存和发展的重要意义。

另外,管理者在制定规划时应当考虑到让与顾客接触的服务人员也参与进来,最理想的方法是计划制订者、企业管理者和直接与顾客接触的员工相互协商,共同制定有关的服务标准。应注意,质量标准不能制定得过于缺乏弹性,否则员工在执行标准时就会缺乏灵活性,加大风险。总的来说,管理层的高度重视与员工协调工作是减少差距二最有效的方法。

(3) 服务提供——服务交付之间的差距(差距三)

导致差距三的原因有很多,但是总结起来,可以将其分为三类:管理不力,员工对顾客需要或期望感知存在误差，缺乏技术、运营方面的支持。[①]

基于此，管理层必须时常检查企业整个的监督控制系统，避免监督控制系统与提供良好的服务质量计划和要求相抵触，使管理人员的工作方法有利于一般员工形成良好的质量行为。另外，要招聘合格的员工，阐明员工的角色，向员工提供有效完成工作所需的技术培训和人际技巧，并对他们适当地授权，同时要建立强有力的服务文化，提高内部营销水平。

（4）服务交付——外部沟通之间的差距（差距四）

与用户之间的沟通会在很大程度上影响顾客期望的形成，因此，对这一差距的管理是很有必要的。解决这一差距的方法包括：①建立服务运营与传递和外部市场沟通的计划与执行的协调机制，做到每次市场推广活动的推出必须考虑到服务的生产和传递；②要精确界定对顾客的承诺，要注意将其与服务企业生产和传递的现实能力结合起来；③修正和强化对于监督系统的运用，要对信息传播进行严密的监督，发现问题及时处理解决，防范恶劣影响扩散。

资料卡 5-1　　互联网、大数据与企业服务质量的提升

当今互联网与大数据技术的应用，帮助企业与顾客更好地解决了服务质量问题。通过新技术的利用，企业得以更好地分析和判断消费者所期望的服务质量，有效地进行市场调研活动。沃顿商学院运营与信息管理学教授桑德拉·希尔（Shawndraffill）表示："这是一个非常激动人心的时代。有大量的数据可挖掘，以深入了解顾客，了解他们的态度和他们在想什么。此外，数据挖掘在过去的十年已经取得了长足的进步，但我们还有很长的路要走……"

并且互联网技术的应用方便了顾客进行质量跟踪，企业可以将服务过程与相关信息记录并展示在互联网上，有助于客户参与进来进行监督和评价，完善了监督控制系统。例如，福特汽车（Ford）的一些特约修理商，在他们的检测、修理线上设置了探头，全程记录下对汽车进行维修、保养的过程，并通过互联网向客户播放，客户不需在现场也可进行监督，也便于服务双方事后的评价和控制。

资料来源：[美]沃顿.大数据时代如何做市场调研[N].中华合作时报.2014-7-4，B08 版

第三节　顾客满意与顾客价值

有研究表明，一个顾客如果满意，他只会告诉周围 3~5 个人；而一个顾客如果不满意，则会告诉周围 8~10 个人[②]；并且开发 1 个新顾客的成本是维持 1 个老顾客的五倍[③]。而

---

① [芬]克里斯廷·格罗鲁斯.《服务管理与营销——基于顾客关系的管理策略》.2 版[M].韩经纶，等译，北京：电子工业出版社，2002：77.

② Spreng, Harrell, and Mackoy. Service Recovery: Import on Satisfaction and Intentions[J]. *Journal of Service Management*, 1995, 9（1）:15-23.

③ Power, Christopher, Driscoll, Lisa. Smart selling[J]. *Business Week*, 1992,8（3）:46-48.

杰夫·贝佐斯，亚马逊创始人兼 CEO（首席执行官）曾说过："如果你在现实世界中让一位顾客不满，她会告诉 6 个朋友。如果你在互联网上让一个顾客不满，她会告诉 6 000 个朋友。"当今在顾客成为企业最宝贵的财富之时，顾客满意与顾客价值成为学者们关注的焦点。对服务的大量研究揭示了影响顾客对服务满意程度的两个因素：一个是服务质量，另一个是服务接触。然而，顾客并不是始终以最好的服务质量作为选择标准。[1] 就像价格与购买决策之间的关系一样，尽管价格是影响需求的一个重要因素，但是消费者却并不适合始终购买最便宜的服务。[2] 他们会购买那些他们感知到的高价值的服务。因此很有必要研究服务质量与顾客满意和顾客价值之间的关系。

一、顾客满意

Hoppe 在心理学领域对满意理论的研究首开先河，发现了满意与自尊、信任以及忠诚密切相关。满意是人的一种感知状态的水平，来源对于一件产品或服务所感知的绩效或产出与人们的期望所进行的比较。由于顾客满意是营销学中的基本概念，因此它有着多种定义形式，下面主要从服务的期望差距模型来定义服务营销中的顾客满意。

（一）顾客满意的界定

在期望差距模型中，顾客满意指的是顾客对预先的期望和消费了产品以后所实际感知的产品绩效之间差距的评价与心理反应。此概念揭示了顾客期望、实际绩效、差距是如何决定顾客满意的。这个概念中的期望指的是顾客的最低期望。Bitner 和 Hubbert 认为，在服务业中存在两种形式的满意，即接触满意和总体满意，而将总体满意定义为顾客基于对特定组织的全部服务接触和经历的总体满意或不满意，接触满意是总体满意的构成要素之一。[3] 他们的研究表明，服务质量、总体满意和接触满意三者是各自独立、彼此不同的因素，但三者之间又存在密切的相关性。

（二）顾客满意和服务质量

正如前面对顾客满意的定义中所讲，顾客满意来源于顾客感知服务与期望服务之间的比较，当实际感知的服务超过其接受服务前的预期时，顾客就是满意的。实际上，根本就没有什么"好"的服务，只有顾客满意的服务；顾客对服务的评价也没有什么"符合不符合质量"的问题，只有满意不满意的问题。因此，顾客满意与服务质量之间存在紧密的关系。

---

[1] E.Bakakus，G.W.Boller. An empirical assessment of the SERVQUAL scale[J].*Journal of Business Research*，1992（24）：253-268.
[2] S.Onkvist，J.J.Shaw. The measurement of service value：some methodological issues and models，in：C. Supremant，ed.，Add Value to Your Service：6th Annual Services Marketing Proceeding，American Marketing Association，Chicago，IL.
[3] Bitner，N.J.and Hubbert A.R. "Encounter Satisfaction Verus Overall Satisfaction Verus Quality" in Service Quality：New Directions in Theory and Practice [M].London：Stage，1994：72-94.

顾客满意和服务质量是两个既有本质区别，又联系紧密的概念。满意度通常与某个特定时间内的某个具体交换流程密切相关，被定义为基于产品或服务体验的一种情感反应，与不满、抱怨等情况非常相似，是一种无形的情感体验。服务质量则是从一个相对更长期的角度来对服务进行认识和描述。两者的另一个根本区别在于，它们对顾客期望的定义不同。在顾客满意度的概念中，顾客期望被定义为在交换流程中将会发生什么，是顾客的最低期望；而在服务质量的模型中，期望则被视为是顾客需要什么，被定义为是顾客认为服务供应商"应该"提供的东西。

当然，顾客满意和服务质量之间也存在着密切的关系。事实上，高水平的服务质量应当会使顾客有高的满意程度。从这个意义上说，我们可以把顾客满意程度看作对服务交付流程的"最终检验"。[1] 而服务质量的流程模型，可以帮助管理者有效地改善服务质量，并最终提升顾客的满意程度。实际上，比较合理的解释是，顾客满意有助于顾客改变自己对服务质量的感知。[2] 这是因为：①消费者对一家他从来没有接触过的企业的服务质量感知建立在消费者期望的基础之上；②随后与这家公司的接触引导消费者经历不确定的流程，并进一步修订对服务质量的感知；③与公司的接触每增加一次，都会导致进一步修订或增强服务质量的感知；④修订服务质量感知会修正消费者对此公司的购买意图。

由此可以看出，顾客不会在第一次接受某个服务企业的服务时就认为这种服务是高质量的，因为一次高质量的服务如果不能持续提供，即缺乏可靠性，那么消费者还是会产生不满意。因此，只有当消费者与公司建立了长期的联系，才会根据以往的经验来评价最终的服务质量，并产生顾客满意或顾客忠诚。因此，企业应该提供持续一致的服务质量，为顾客提供良好的环境、合理有效的工作流程以及专业化的人员服务，加强顾客对于企业的服务质量的可靠性认识。

例如在航空市场竞争日趋激烈的情况下，新加坡航空公司将不断提升对顾客的服务质量，使顾客不断增加服务满意度作为竞争的制胜战略。新加坡航空公司前总裁 Joseph Pillay 曾说过："人们不仅仅把新航和别的航空公司作对比，还会把新航和其他行业的公司从多个不同的角度进行比较。"新航通过不断对顾客期望进行预测来完善自身服务。为了防止语言障碍降低中日韩等亚洲国家乘客的服务满意度，新加坡航空公司已经从中国、日本、韩国等招聘当地空姐，专门在新加坡同中国、日本、韩国的往来航线上提供服务。并且新加坡航空公司在食品提供方面已经开始进行不小的尝试。他们为亚洲乘客提供具有民族风味的餐饮，如海南鸡饭、豆奶、中国茶等。在新加坡航空公司和中国往来航线的头等舱中还推出了"十全十美"套餐。4道风味小吃，6道烹炒热菜，装在做工精致的瓷碗碟中，不要说亚洲客人连声道好，连欧美乘客都啧啧称赞。同时，新航坚持把高档服务延伸到机舱之外。新加坡航空公司可以提供机舱以外的全程服务，从机票的预订、送达，专车的接送，照顾老弱病残人士，在飞机上提供适合口味的饭菜，直到下飞机乘客见到家人为止。

---

[1] Marla Royne Stafford, Thomas F.Stafford, Brenda P.Wells. Determinants of service quality and satisfaction in the auto casualty claims process, *The Journal of Services Marketing*, 1998, 12（6）：429.
[2] Jr.J.Joseph Cronin, Steven A.Taylor. Measuring service quality: a reexamination and extension, *Journal of Marketing*, 1992, 56: 60-63.

通过一批优秀的地勤人员的配合，新加坡航空公司便能提供完整的配套服务。[①]

简而言之，企业在每一次与顾客进行接触的时候，都能够为顾客提供令其满意的服务。只有这样，才能增加顾客的总体满意水平。

二、顾客价值

为顾客创造和提供优异的价值是企业生存发展的根本目的，也是企业获得竞争优势和持久成功的基础。在企业为顾客设计、创造、提供价值时应该从顾客导向出发，把顾客对价值的感知作为决定因素。不同顾客对服务的感知价值，也为企业提供什么样的服务质量指出了一个指导方向。

（一）顾客价值

对于顾客价值，很多学者对其进行了定义，在这里主要介绍两种：一是泽斯曼尔的顾客感知价值（customer perceived value，CPV）理论；二是格罗鲁斯的顾客价值情境理论。

1. 泽斯曼尔的顾客感知价值理论

泽斯曼尔认为，在企业为顾客设计、创造和提供价值时，应该以顾客为导向，把顾客对价值的感知作为决定因素。顾客价值是由顾客主观判定的，而不是由供应企业所决定的——实际上，顾客价值就是顾客感知价值。[②] 根据泽斯曼尔的观点，顾客感知价值就是顾客所能感知到的利益与其在获取产品或服务时所付出的成本（感知利失）进行权衡以后而对产品或服务效用的总体评价。换句话说，顾客价值是顾客的主观评价，因人而异，不同的顾客对同一产品或服务所感知到的价值并不相同。其中，顾客感知到的收益主要包括产品实体给顾客带来的利益，如作为价值收益中主要部分的产品质量、包装与颜色等外部实体特性和产品或企业的信誉、便利与形象等更高层次的抽象利益等。顾客感知利失（perceived sacrifice）既包括货币成本也包括非货币成本。其中，非货币成本指顾客为购买商品而付出的时间、精力和努力等资源。

概括而言，顾客感知价值的核心是感知利益（perceived benefit）与感知利失之间的权衡。因此，提升顾客价值可以通过增加顾客感知利益或减少顾客感知利失来实现。

2. 格罗鲁斯的顾客价值情境理论

格罗鲁斯从关系营销的角度对顾客价值进行了研究和阐述。他认为，服务的本质特征是顾客与服务供应商之间的关系，而顾客价值的创造和交付流程就是关系营销的起点和结果。他把顾客价值定义为：顾客价值是顾客在消费产品或服务时对服务、产品、信息、服务接触、服务补救和其他要素的一种自我评价流程。[③]

[①] 根据许伟刚. 区域航空市场中新加坡航空公司如何再创佳绩 [N]. 联合早报. 2005-10-13 编写。
[②] Valarie A. Zeithaml. Consumer perceptions of price, quality, and value: a means-end model and synthesis of evidence, *Journal of Marketing*, July, 1988: 13.
[③] [芬] 克里斯廷·格罗鲁斯. 服务管理与营销——基于顾客关系的管理策略 [M]. 韩经纶，等译. 北京：电子工业出版社，2002：103.

格罗鲁斯认为，在供应商所提供的"提供物"中，同时包含着核心产品和各类附加服务，而代价则包括价格和其中一方处于关系之中而发生的关系成本。因此，考察顾客价值的方法，是区分提供物的核心价值与特定关系之中额外要素的附加价值。这样，顾客感知价值可以利用如下所述的公式来表示：

顾客感知价值（CPV_1）=（情境收益 + 关系收益）/（情境付出 + 关系付出）

顾客感知价值（CPV_2）=（核心服务 + 附加服务）/（价格 + 关系成本）

顾客感知价值（CPV_3）= 核心价值 ± 附加价值

从上面的几个等式可以看出，顾客感知价值始终是顾客的主观感知。无论是情境收益、关系收益，还是情境成本、关系成本和对服务质量的感知，都不存在标准化的评价指标。也正是由于这个原因，顾客感知价值在更大程度上是由顾客对关系的认同和感知状况所决定的。

（二）顾客价值与服务质量

从泽斯曼尔对顾客价值的定义中可以看出，尽管消费者从同样的产品中获得的东西存在很大的差异（如有些顾客看中价格，有些顾客注重质量，还有一些则更关注使用的便利性等），付出的成本也不一定完全相同（如尽管产品的价格是一致的，但是不同顾客在购买流程中所花费的时间和精力是不同的），但是都可以用价值来权衡付出与所得。[1] 针对服务来说，质量被认为是"利得"的主要内容，为了获得服务而付出的成本则被认为是"利失"的基本内容，主要包括三个方面：感知货币价格、感知非货币因素和感知风险。基于这样的认知，顾客价值的定义通常表示为服务质量和利失的函数，[2] 即

$$顾客价值 = f(服务质量, 利失)$$

这个公式虽然可以帮助我们理解影响顾客价值的关键因素，但是它存在一个明显的缺点：虽然指出了服务质量和利失对顾客价值有影响，但是并没有说明服务质量和利失是如何影响顾客价值的。因此，对管理者来说，这样的一个公式并不能帮助其更好地理解顾客价值或采取合适的措施去影响顾客的购买决策。因此，多数的学者经过大量的研究和检验之后提出，可以将顾客价值表示为服务质量与利失的一个比值[3]，即顾客价值 = 服务质量 / 利失。但这种表示的科学性却值得进一步商榷。

另外，从格罗鲁斯对顾客价值的定义中可以看出，企业必须要设法让顾客感觉到自己在与企业持续的关系中所创造和所获取的价值。如果顾客认为某种关系具有足够的价值，即使产品或服务质量不是最好的，参与交换的双方仍然有可能会达成协议。但必须指出的是，这种关系是在每一次交易当中通过顾客的感知逐渐累积起来的，所以企业应该尽量每一次都提供高质量的服务和超值的价值，以便与顾客建立起良好的关系。由此可见，服务

---

[1] V.A.Zeithaml. consumer perception of price, quality and value: a means-end model and synthesis of evidence, *Journal of Marketing*, 1988, 52: 44.

[2] J.Joseph Cronin, Jr.Michael K.Brady, Richard R.Brand, Jr.Roscoe Hightower, Donald J.Shemwell. A cross-sectional test of the effect and conceptualization of service value. *The Journal of Services Marketing*, 1997, 11: 375.

[3] Drew and Bolton, 1987; Heskett et al, 1990; Zeithaml, 1988.

质量对于顾客价值有重要的影响，改善服务质量将有助于提升顾客价值。

本章小结

由于服务的特殊性，使得服务接触成为顾客感知服务质量的一个重要方式。由于顾客会根据每一次接触的感知建立起对企业形象的认识，因此对于企业来说，应该重视每一次与顾客的服务接触。

服务质量的感知也是在服务接触的流程中形成的。在服务质量这一节，介绍了三个模型：服务质量的概念模型、服务质量的测量模型、服务质量的差距模型。首先描述了服务质量的概念模型，然后通过概念模型引出对服务质量的维度及服务质量的测量，最后利用服务差距模型来找出服务质量产生的原因，然后对这些差距进行管理以改善服务质量。

好的服务质量未必会引起较高的顾客满意，因为不同的顾客对服务质量具有不同的感知，只有那些能够给顾客带来高价值的服务，才会给顾客带来满意。因此，企业必须要采取措施提升顾客价值。

关键词汇

顾客感知：顾客感知是顾客与服务系统之间互动过程中的"真实瞬间"，是影响顾客服务感知的直接来源。服务质量很大程度上取决于顾客感知，顾客感知又以服务接触能力为基础。

服务质量管理：与顾客对服务质量的预期（期望的服务质量）同其实际体验到的服务质量水平的对比密切相关。如果顾客所体验到的服务质量水平高于或等于顾客预期的服务质量水平，则顾客会获得较高的满意度，从而认为企业具有较高的服务质量，反之，则会认为企业的服务质量水平较低。

感知服务质量：感知服务质量是顾客对服务企业提供的服务实际感知的水平。

顾客满意：是指一个人通过对一个产品的可感知效果与他的期望值相比较后，所形成的愉悦或失望的感觉状态。

服务接触：服务接触是在服务情境中，服务供应商和服务接受者之间的互动，它可以通过多种方式来实现。

关键事件技术：关键事件技术包含了一些系列的特定程序来收集对人类行为的观察信息，并将它们分类以反映某种特殊的问题。

服务质量：是建立在差异理论的基础上，通过顾客对期望的服务和感知的服务相比较而形成的主观结果。

技术质量：意味着最终的服务输出，或者说消费者得到了什么样的服务。

功能质量：反映顾客在接受服务流程中的感知，定义了在服务交付流程中的质量水平。

顾客价值：消费者在感知利失与感知利得的基础上对于产品整体收益的评估。

复习思考题

1. 描述你最近的一次服务接触的经历。你如何评价这次接触？在这次接触中哪些因素决定了你满意或者不满意？
2. 描述服务质量的五个维度，并且举例说明哪个维度对你评价这项服务的影响最大。
3. 试讨论服务质量感知和顾客满意的区别。

本章案例

顺丰的服务

顺丰快递是一家年营业额586.83亿元（2017年），坐拥12万员工的巨型企业。"顺丰承运"现已成为高端可靠的标志。

在中国大陆，当你急需在短时间内邮寄重要文件的时候，顺丰必定是你的首选。顺丰是国内快递业中第一家全部货物使用货运专机长途运输的民营快递企业，截至2014年，顺丰已建有3个分拨中心、近100个中转场以及2000多个营业网点，覆盖了国内31个省近200个大中城市及900多个县级市或城镇，并在中国港澳及海外等地域组建了自己的运输网络。快捷的运输工具和完善的全国服务网点与"即刻送""京沪十小时"等服务承诺，使得顺丰迅速赢得了广大消费者的心。

作为服务型企业，与消费者及时互动是顺丰的生命力所在。顺丰在与消费者交流的交互平台上下了很大功夫，它提供了网页官网、APP（手机软件）、微信信息平台三个方案，顾客可以在此上使用其货物安全跟踪系统，采用360度全场监视系统保证作业操作的安全，配合着GPS（全球定位系统）跟踪，全程跟踪运输过程。同时消费者亦可在此平台上更方便地申请售后服务，也可以了解到顺丰集团的发展历程与企业文化。

顺丰不断创新，为顾客提供更多的产品并且不断完善服务质量。基于自身强大的物流体系，顺丰不甘只为电商服务，创建自己的电商网店——"顺丰优选"，顺丰还发展连锁便利店，并在便利店里经营快递收发业务，开拓快递与便利店结合的新模式——"嘿客"。在服务质量上：顺丰对快递的派送实行"收一派二"的标准，不分节假日一年365天都提供优质服务，同时提供多项增值服务，如提供代收货款、免费供应纸箱等。同时顺丰公司推出了快递物流、电商物流、食品药品物流、汽配物流、金融服务、保险服务等多样化个性化服务，力争为消费者提供一站式物流服务。

不同于其他竞争者，顺丰较少借助媒体进行宣传推广，消费者的口口相传就顺利实现了将其"快速可靠"这一品牌特征推广出去。重视口碑效应，很少进行广告投资，只专注于提升快递速度和质量，这样做既更好地满足顾客需求，又可以有效保障自身长远发展的利润空间。

据顺丰集团董事长王卫说，顺丰力争5年内，让消费者对集团的印象从"顺丰快送"转为"顺丰服务"，打造成为能全面解决消费者需求的"物流百货公司"业态。

资料来源：根据田红，湛军.顺丰以服务创新促价值共创[J].企业管理.2016（10）：62以及王卫."顺丰速运"转型"顺丰服务"的创新与变革[J].中关村.2014（12）：74等资料整理。

思考题

1. 顺丰是如何优化顾客的服务感知的?
2. 请结合案例进行分析:顺丰的优质服务如何体现服务质量的五个维度。

即测即评

扫描此码 即测即评

补充阅读材料

扫描此码 深度学习

第三篇 锁定价值

显然,不同的顾客可能形成不同的服务感知,而同一个顾客也有可能在存在不同服务需求时、在不同情境下形成不同的服务感知。也就是说,顾客的需求及其服务感知可能是千变万化的。任何企业都必须在制定和实施服务导向战略的基础上,通过服务市场细分和服务市场的选择来锁定独特的服务价值。

第六章 服务导向战略

在服务营销实践中,在企业内部树立起明确的服务导向、提炼出独特的价值主张,制定科学的服务营销战略规划,进而作出合理的服务营销战略选择是非常重要的。本章的学习目标主要为:

学习目标
- 服务导向的内涵与层次性
- 价值主张的内涵与层次性
- 服务营销战略及其规划
- 服务有形化
- 服务生产率
- 服务品牌

第一节 服务导向与服务价值主张

在当前的超强竞争时代,任何企业都必须树立起明确的服务导向,并进而提出独特的价值主张,然后竭尽所能地把独特的价值主张落到实处,并使之得到目标顾客的认可。

一、服务导向

企业往往面临着多种战略导向选择,如生产导向、产品导向、销售导向、市场导向、创业导向和技术导向等。在当今的服务经济时代,越来越多的企业逐渐认识到并开始实施另外一种战略导向——服务导向。

(一)服务导向的内涵

一般而言,服务导向是指企业及其员工把顾客的利益放在首位,通过优质服务来满足顾客的需要,发展企业与顾客之间的合作关系。在服务导向的企业战略(以下简称服务导向战略)实践中,往往要涉及服务供应商及其内部能力、优质资源、技术质量、价值工程、地理区域、定价、专利技术以及来自声誉和形象方面的差异化等因素。

(二)服务导向的层次性

在实践中,服务导向主要包含两层含义:一是组织层次的服务导向,即企业的服务导向;二是个体层次的服务导向,即员工个人的服务导向,如图 6-1 所示。其中,企业的服务导向是指企业内部的政策和工作原则必须以满足顾客需要为导向,这种指导原则渗透于企业的日常活动、业务和规程之中,并形成一定的服务氛围,使全体管理人员和服务人员广泛认可和接受那些支持与奖励创造和提供优质服务的行为的基本政策、规程与惯例。①
在这个层次上,有必要区分两种不同的观点:第一种观点认为服务导向能够按照内部组织的安排参数加以度量,因而涉及内部组织设计方面的一些关键特征,如组织结构、组织环境和组织文化等;第二种观点则认为服务导向可以应用到企业战略之中。与内部视角相比,企业战略的服务导向更具外向性,并构成了服务企业营销战略的重要组成部分。员工的服务导向则是指服务人员在工作环境中满足顾客需要的倾向。例如,展现出良好的服务态度,向顾客微笑、引路、开门,利用专业的知识引导顾客将其需求显性化,并作出满足其需求的购买决策建议等。员工的特定行为在很大程度上决定了顾客与服务人员之间的合作程度或彼此交往的关系,进而影响服务的流程质量和结果质量,最终影响企业的收益水平。在这一层次上,人们实际上是把服务导向当作个性加以度量,所得到的结果可能是一些个体比另外一些个体要更加具有服务导向。

类似地,也有其他学者提出了类似的观点,认为服务导向包括两个重要的维度:服务组织的服务价值和服务行为。其中,第一个维度是指服务组织中的服务价值,通过强化提供服务的质量,公司能够帮助员工认知到这种价值的相关性。为了成功地拓展服务业,经理人员必须停止将服务认为是附加的或者认为服务是价值增加的活动。第二个维度主要围绕员工行为中所体现的服务导向的程度,这种行为往往可以反映出在组织中到底体现了多少服务价值。②

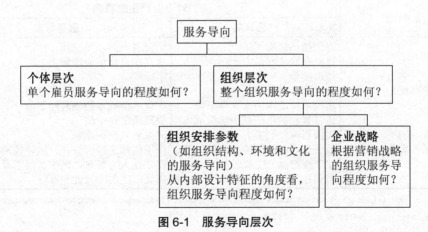

图 6-1 服务导向层次

资料来源:Christian Homburg,Wayne D.Hoyer & Martin Fassnacht.Service orientation of a retailer's busines strategy: dimensions, antecedents and performance outcomes,Journal of marketing,Oct. 2002,66(4),86-101.

除了上述两个层面的服务导向,还存在着另外一种服务导向——企业对员工的服务导向,从而产生了内部营销的概念。显然,员工的服务态度和行为是判断该企业服务质量的关键指标,所以员工的服务导向就显得尤为重要。而员工的服务导向又受到企业对员工服务导向的影响,因为员工的积极性受到企业内部经营环境的影响。因此,企业应该致力于

---
① 郭贤达,蒋炯文.战略市场营销[M].王永贵,董伊人,编译,北京:北京大学出版社,2006.
② Heiko Gebauer,Maxvon Zedtwitz. Differences in orientations between Western European and Chinese service organizations. Asia Pacific Journal of Marketing and Logistics,2007,19(4):366.

创造和维持一个支持、培育和奖励员工提供优质服务的工作环境,以积极的服务氛围去影响员工的服务行为,从而在服务运营和服务质量方面塑造企业的服务优势[1]。

(三)服务导向战略与产品导向战略的区别

服务的独特性使得他们与纯粹的产品不同。服务具有无形性、流程性,以及顾客参与性。表 6-1 归纳了产品导向战略和服务导向战略的最基本的区别,同时也解释了将制造企业的标准化概念应用到服务环境中并不合适的原因。例如,为使需求和供给相匹配,产品导向企业战略主要通过库存控制来进行管理,而服务导向企业战略则需要通过行为的改变来进行管理。同时,服务企业与制造企业管理的另一种差异在于其成本和定价管理:制造企业主要基于有形产品来进行定价,而服务企业则往往基于顾客感知价值来进行定价。

不过,尽管服务导向正变得越来越重要,但在实践中,由于缺乏服务导向战略的具体指导,大多数服务企业由于缺乏服务导向的战略模式,仍然采用制造企业的战略[2]。多数服务企业仍在尝试采用波特的通用竞争战略——总成本领先战略、差异化战略和聚焦战略。例如,麦当劳利用总成本领先战略使食品行业发生了革命性的变化,以 Nordstrom 为代表的其他服务组织则通过使其顾客服务别具一格而成功地实施了差异化战略,以 Shouldice 医院为代表的服务组织实施的则是聚焦战略。显然,上述这些例子都是传统的产品导向战略的应用[3]。

表 6-1 产品导向与服务导向的战略比较

战略概念	对企业产生的影响	
	产品导向	服务导向
标准化	提供统一标准	消费者不同,无法统一标准
成本和定价	建立在物质产品之上	建立在对价值的理解上
生产率	可以度量	不能度量
需求和供给匹配	通过库存的管理	主要通过行为的变化来管理
规模经济	实现单位成本的永久性下降	实现单位成本的临时性下降
经验曲线	通过累积的生产减少单位成本	提高质量和价值
增长/规模/份额	直接影响获利能力	间接影响公司形象
退出新产品/服务的风险	由于采用市场测验,风险较低	由于依赖于顾客信任,风险较高
进入壁垒	建立在产品/技术之上	建立在人力资本、顾客基础以及网络之上
变革的实行	需要相对较少的人员	需要广泛的一致性和奉献

资料来源:Beth G.Chung, A service market segmentation approach to strategic humance resource management, Journal of Quality Management, 2001, 6(2), 117-138.

(四)服务导向战略的关键构成要素

可以通过三个方面来界定服务导向战略:提供服务的数量、服务的消费者数量(宽

---

[1] 王永贵. 服务营销[M]. 北京:北京师范大学出版社,2007:17.

[2] Beth G.Chung. A service market segmentation approach to strategic humance resource management. Journal of Quality Management, 2001,6(2):117-138.

[3] Christian Homburg, Wayne D. Hoyer & Martin Fassnacht.Service orientation of a retailer's busines strategy: dimensions, antecedents and performance outcomes. Journal of marketing,Oct. 2002, 66(4):86-101.

度)、企业重视服务的程度[①]。

首先,提供服务的数量。非服务导向的企业往往只提供很少或不提供服务。越是倾向于服务导向的企业,越是重视服务数量的增加。反过来说,提供服务越多的企业,其服务导向性也就越高。

其次,服务的消费者数量,即服务企业必须决定应该把这些服务提供给谁,其中主要是接受服务的消费者数量,也称为宽度。一般而言,只向有限数量的顾客提供服务,往往反映的是对特定目标顾客群体的特殊对待,是不能将其称为全面的服务导向战略的。比较而言,只有把服务提供给大多数顾客,才能认为该企业实施的是服务导向战略。

最后,企业重视服务的程度。服务导向企业能够向大部分顾客提供多种服务,但同时特别强调这些服务的提供对服务导向性所起的作用。企业对服务的强调程度,可以理解为该企业积极地向顾客提供服务的程度。换句话说,一些服务企业可能强调服务,而其他企业可能只在顾客具有明确要求时才提供相应的服务。例如,在零售领域,强调对顾客的积极服务,树立起强烈的顾客导向性,往往是企业树立良好形象,加深顾客对服务质量的感知,进而增加企业利润的关键因素。

不过,需要注意的是:上述三个方面都是服务导向战略决策的关键因素,但没有任何一个方面可以单独地体现服务导向的丰富内涵。只有把这三个方面整合起来,才能共同代表企业的服务导向战略。当然,除了上述三个方面以外,服务导向战略往往还与特定的经营环境和一些关键的组织变量有关,如环境、竞争对手、市场和顾客行为、组织特征和组织资源等。根据权变理论,可以识别出三种可能影响服务导向战略选择的因素,它们分别是外部环境(可能提高或阻碍组织的服务导向)、企业内部特征(包括组织的特征和资源)和目标顾客的特征,如图 6-2 所示。

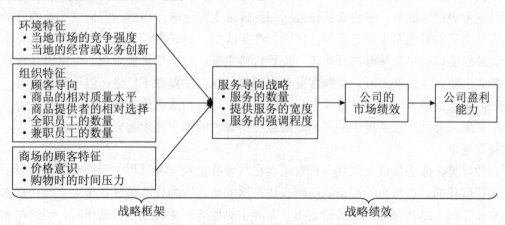

图 6-2 服务导向战略的关键影响因素

资料来源:根据 Christian Homburg, Wayne D. Hoyer & Martin Fassnacht. Service orientation of a retailer's busines strategy: dimensions, antecedents and performance outcomes. *Journal of Marketing*, Oct. 2002, 66 (4): 90 绘制, 有改动。

---

① Christian Homburg, Wayne D. Hoyer & Martin Fassnacht. Service orientation of a retailer's busines strategy: dimensions, antecedents and performance outcomes. Journal of Marketing, Oct. 2002, 66 (4): 90.

二、服务价值主张

在日益激烈的市场上,在产品与服务呈现出趋同性的今天,分析顾客价值、锁定顾客价值并据以提炼出独特的服务价值主张,至关重要。

(一)服务价值主张的内涵

服务企业应该精心地提炼独特的价值主张。在这种独特的价值主张中,企业应该明确哪些特征和利益的独特组合是计划向经过同样认真提炼的目标市场提供的。由这种特性和利益组合起来而提供的价值主张,主要包括一些质量、价格、服务、传递、设计、功能和保证等的综合体。例如,消费者购买香水,往往会考虑香水的香味、颜色、包装、价格以及与品牌的关系程度等,因此如何组合这些要素进而形成一家香水品牌独特的价值主张是企业管理者需要思考的问题。在提炼组成价值主张的变量过程中,可能会有意或无意的同时把客观和主观的情感维度纳入考虑当中。即使是一块面包的选择和购买,往往也会涉及一些客观维度(如新鲜程度、口味和价格等)和主观情感维度(如与品牌的关系和对品牌的理解)。

在企业所提炼的价值主张中,往往表现出注重于价格的一面。既然顾客在购买产品和服务中体现出客观的和主观的情感维度等特征,那么为什么有许多营销人员退而求其次,并将价格作为自己与竞争对手的产品或服务相区分的唯一辨别手段?为什么"选择我——我是最便宜的"这一价值主张在许多行业中都如此普遍呢?如果究其原因,主要原因可能是消费者通常更容易受到"价格主张"的干扰(而不是内涵更为丰富的价值主张)。对此,需要承担责任的就是零售商,但分销商和制造商也难辞其咎。零售商在顾客营销的最前端,排除其他考虑的情况下,零售商往往会回归到价格主张上来。当然,它们这么做的目的,主要还是为了与其他对手展开竞争。然而,在实践中,只是在较少的产品和服务购买中,消费者最终会以价格为基础进行决策。推行价格主张,而不是价值主张,可以说是营销思维的彻底失败。从短期来看,对顾客荷包份额的争夺,主要在于价格;但从长期来看,获得成功的关键或根本,还在于对顾客心理的争夺。只有当准确地理解顾客的购买行为及其潜在的需求,并使自己所提供的产品或服务与消费者的需求匹配起来,才能赢得顾客,并最终赢得竞争。

由此可见,服务价值主张是一种对顾客在与服务企业交易过程中所获得的富有吸引力的、值得信赖的、有特色的利益的清晰表述。这就是顾客为什么跳过竞争对手而选择本企业的真实原因。尽管强势的服务价值主张有助于对顾客产生激励和鼓励作用,但它却超越了功能诉求和情感诉求本身。

(二)服务价值主张的层次

服务价值主张把焦点从产品导向的信息转向顾客导向的信息,即企业所提供利益的表述。从这个意义上来说,构建价值主张在顾客中心时代里将变得越来越重要。特别是对于服务咨询类的企业而言,更是如此。可以说,能够准确地描述企业所提供的服务,往往是促进企业成长的有效方式之一。所以,企业需要使其独特的产品与服务信息凸显出来,具体的实现方式就是提炼和传播独特的服务价值主张。因此,可以通过现有以及未来的顾客服务价值主张来明确企业所带来的价值,并利用企业能够传递的价值证据来宣传企业的价值主张,进而最终促进企业的成长。通常,服务价值主张由三个层次组成:价值描述、验证点和传播描述[①]。

1. 价值描述

价值描述是关于企业目标顾客需要和企业意图提供何种关键利益的一种清晰表达。这种描述是对"本企业是做什么的?","本企业能够提供何种服务?","这种服务能够满足你(顾客)的什么需求?"这一系列问题的清晰而简洁的回答。

2. 验证点

实际上,提供清晰而简洁的价值描述往往是"钩子上的诱饵"。价值描述还必须能够激发对"什么是企业能够提供的"这一期望的深入探索,即作为价值描述本身,并不足以赢得"未来顾客的心",企业还必须提供充分的证据来支持这种描述,并力争把这种描述落到实处。而这类证据就是这里所强调的验证点,它本质上是一些要点,能够验证和支持企业的价值主张。既然如此,这类要点就必须以事实为基础,并可能包括以下一些类型的资料:专业性的证书或认证;多年的经验;顾客挽留率;目标市场上满意顾客的数量;管理总资产的数量;战略关系;特殊领域的专长;企业的资源或持有许可证等。总之,验证点是企业能力的一种表达。

3. 传播描述

企业必须展现自己的能力,现有的顾客才能够对企业实践形成充分的理解,并进而把企业推荐给朋友、顾客和同事。在服务价值主张中,一般包括三个或四个关于如何给顾客带来价值的传播描述。这里所说的传播描述与验证点的不同之处在于:前者开始强调和突出本企业的服务交付,并为企业未来的顾客关系设定期望。

上述三个要素相辅相成,共同决定了企业的价值主张。传播描述与价值描述以及验证点密切地结合起来,应当能够准确地反映出顾客、员工、服务企业三者合作的体验。提炼独特的服务价值主张,往往能够有效地表达企业所提供的有形利益与无形利益,从而进一步促进服务营销的效率。显然,在以顾客为中心的市场上,这是一种非常重要的战略技能。

(三)服务价值主张的作用

在实践中,服务价值主张就像一个指南针,可以为员工与顾客的关系和明确企业内部关注的焦点提供指引,也可以为服务营销相关决策提供指导。为了使企业获得成功,服务价值主张还必须是独特的、具有防御性的,必须与组织目前的形象和服务交付流程相一致。服务价值主张并不是容易记住的标志,也不是广告活动的具体体现。相反,服务价值主张往往体现了组织长期发展的本质,囊括了组织长期发展的内涵。因此,服务价值

---

① Paul Carrington. Value propositions: making your message stick, Money Management. March 2007,21(11):15.

主张往往可以给企业带来长期发展的战略优势，但同时它也是企业独特的本质内涵的具体体现。

服务价值主张之所以重要，是因为它可以帮助企业识别自己的优势，并向目标顾客宣传，同时也可以向竞争对手传达相关信息。更重要的是：它能使得企业识别出构建优势品牌的差异所在。消费者越是能够强烈地识别出产品或服务的差异点以及企业的价值主张，企业就越有可能获得更多的收益。而服务员工越是能够深入地理解这种差异性，他们也就会在承诺的服务交付或品牌构建中更加卖力。例如，在高度竞争的金融市场上，金融服务机构必须努力突出自己的差异性，而且清晰地理解"如何把价值主张传递给目标市场将有助于加速企业的成长，并进而为企业的成功奠定坚实的基础"。此外，明确地清晰"我是谁"，往往可以帮助企业面向未来的发展合理地进行服务规划，并有助于把识别出的潜在优势转化为现实优势。

（四）服务价值主张的类型

常见的服务价值主张主要包括三种类型：运营卓越型、产品领先型和顾客亲密型。在服务价值主张的背后，主要思想是从上述三种类型中选择一种价值主张，并为此向顾客提供与众不同的价值。而对于另外两种未被选中的价值主张，则不需要给予过多的关注，只需要在某种初级的水平上展开竞争，最终成功地树立起某种"形象"，帮助企业挽留顾客，并进而帮助企业树立起为新进入者和目标顾客所知晓的声誉[①]。其中，这里所说的"形象"，主要指顾客是如何看待某一企业的。为了在某一市场上占据主导地位，必须使该市场上的目标顾客把本企业看作某个主要领域的领先者。在表6-2中，概括出了可供企业选择的三种价值主张、三种形象及其在各方面的典型表现。

表6-2 可供企业选择的三种典型形象

形　　象	形象驱动	运营卓越型	产品领先型	顾客亲密型
"最佳交易者"	价格	首要关注：很低	门槛水平的高端	门槛水平的高端
"最好的服务"	独特的属性	门槛水平的低端	首要关注：很高	达到门槛水平
"最好的朋友"	关系水平	门槛水平的低端	达到门槛水平	首要关注：很高

资料来源：Cam Scholey. Targeted marketing with value propositons, leadership is all in the image. CMA Management，Oct 2002，76（7）：14.

（1）树立的第一种形象是"最佳交易者"，其驱动因素是价格。这里的价格，不仅指标签价格，而且还指一些不可见的价格，如等待时间和返还政策。在实践中，那些集中于运营卓越型价值主张的企业，往往把价格作为"最佳交易者"形象的首要驱动因素。当然，产品领先型和顾客亲密型企业也需要对价格给予相对较高的关注的水平。例如，沃尔玛就是一家追寻这种价值主张的典型企业，它追求低价格，但它对于顾客的关注和产品的关注也保持在相对较高的水平上。例如，法国的一家旅店——Formule1就是实施运营卓越型价值主张的典范。"以一个无与伦比的价格实现一个聪明的概念"，这是一条来自其网站的

---

① Cam Scholey. Targeted marketing with value propositions, leadership is all in the image. CMA management, Oct.2002, 76（7）：14.

短语，它描述了 Formule1 在欧洲旅馆市场获得巨大市场份额的根基。它提供每晚低于 30 加拿大元的价格，这使人们不禁会质疑旅馆到底如何挣钱。事实上，该公司主要依靠两个关键因素：规模和绝对的成本领先。由于采用了小而便宜的房间、安装了允许顾客自己进行出入检验的系统，Formule1 在欧洲市场是成本领先（因而也是价格领先）的代表。尽管收取如此低的价格，但该连锁旅馆还是赢得了巨大的市场份额，同时拥有超过一般水平的入住率，这使该公司所实现的资产回报率足以让其他出够了风头的连锁旅馆感到惭愧。说到便利性，登录它的网站，就可以清晰地看到在其任何一家连锁旅馆里、在任何时间可以获得哪些服务，而在线预订房间也仅仅是点击几次鼠标而已。可以说，从低价格到服务体验，Formule1 都以各种方式展示其卓越的运营效率。

（2）树立的第二种形象是"最好的服务"。有志于在这方面展开竞争的企业，往往实施服务产品领先的价值主张，并且在服务中把独特的属性和特征作为主要的形象驱动因素。最好的企业可以找到这样一个细分市场，而且顾客往往愿意接受处于门槛水平高端的价格水平，但对运营卓越和顾客亲密程度的要求则相对较低。例如，魁北克冰旅馆（Ice Hotel）就是实施产品领先型价值主张的代表。实际上，旅店未必只是睡觉的地方，它也可以是一种体验。以"冰"（包括饮料瓶）为主要特色的 Ice Hotel，就是这方面的典型例子。该旅馆非常注重迎合追求特殊和无与伦比体验的消费者在饮食与服务方面的需求。例如，宾馆有冰制家具、两个艺术画廊、一个冰制的酒吧，这种"冰宫"迎合了那些寻求刺激的消费者的需要。当睡觉时间来临的时候，则有一张冰床（覆盖着厚厚的皮毛）在等待着顾客。但是，魁北克冰旅馆并不提供大多数人理所当然地认为旅馆应该提供的某些服务。例如，顾客在浴室里是找不到电话的，因为这里没有浴室，浴室是公用的，并不是私人浴室，之所以作出这样的安排，是因为根据顾客价值的调查研究结果，浴室并不是目标顾客非常重视的体验的一部分，该企业销售的是一种特殊的体验，这使得它以最真实的形式成为该领域的产品领先者。

（3）第三种形象是"最好的朋友"。在这一领域展开竞争的企业，对顾客来说是问题的解决者。它们从服务着手，可能花费更长的时间和更多的成本，但这在这一细分市场上是值得的，是能够得到目标顾客的认可的。例如，莫里斯男装公司就体现了顾客亲密型价值主张，该公司不仅仅销售服装，该公司的员工更像是形象咨询者，在合适的时候与顾客合作并询问正确的问题，甚至打电话给顾客询问一个特定的约定如何进行下去。在这种情况下，企业对于运营效率和产品领先的关注则相对较低。例如，Ritz Carlton 公司就是实施顾客亲密型价值主张的典型企业。"欢迎，我们如何才能帮助您？"当顾客浏览该公司网站的时候，顾客会被问及这样的问题，提出询问的企业是在真实地回答顾客期待的问题。该公司能够竞争制胜关键在于：能够迎合顾客的需求，并索要相应的价格。为了强化与目标顾客的亲密关系，该公司以服务员工为核心，在每个员工身上每年花费 120 个小时进行培训，而且培训的重点都放在目标顾客身上。在日常经营管理中，为了确保员工不会忘记培训的内容，公司要求每个员工在口袋里装一本旅店的商业计划，不断向员工强化"顾客的满意是最大目标"的观念。结果，该公司与顾客的关系也达到了很亲密的程度，而且公司也非常了解顾客的真正需要。例如，当服务人员看见顾客房间有一只空饮料瓶的时候，这种类型的饮料就开始受到关注了。当该顾客下一次在任何一家 Ritz Carlton 旅馆出现时，其房间中会摆上这种饮料。所以，这类旅馆并不只是提供宾馆房间，而更是提供一种令顾客舒适和满意的解决方案，关注与顾客的亲密关系，这进一步揭示出顾客亲密的真正内涵。

在如上所述的三个案例中，虽然它们都是提供"通宵住宿服务"，但它们都通过引导自己所选择的特定细分市场而成为各自领域的领先者。每家公司都选择了一个独特的价值主张，都把顾客价值提高到良好的水平上，从而吸引了众多目标顾客（以及竞争对手）的关注[①]。实际上，可以通过图 6-3 所示的雷达图对上面的现象加以归纳。图中刻度从 1（很低）到 4（很高）不等，企业需要决定或者在所有三种形象驱动因素上都做到最大（如水平 3 和水平 4 的某种组合）或者做到最小（比较理想化的结果可能是：价格是 1，而其他两个驱动因素是 2）。

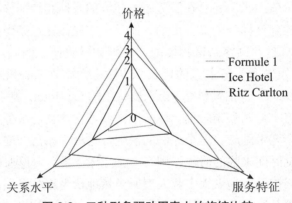

图 6-3 三种形象驱动因素上的旅馆比较

资料来源：Cam Scholey. Targeted marketing with value propositions, leadership is all in the image. CMA Management, Oct 2002, 76（7）: 14.

从图 6-3 中可以看出，较大的两个三角形概括了一些在"体验经济"领域展开竞争的企业——目标市场是那些顾客寻求使自己感觉良好的服务，或者能够在以后勾起他们美好的回忆。在上述三个案例中，Ritz Carlton 和 Ice Hotel 就是这类企业。最小的三角形展示出提供最佳交易的企业——目标市场是那些顾客将最高的价值放在价格上的细分市场，Formule1 就是在这一领域展开竞争的企业。其中，那个中等大小的三角形则代表了这样一家企业：它选择不在任何领域取得领先地位，而是选择在三个方面都维持在门槛水平上。对于这类坚持在每个形象驱动因素中都保持着适度水平的企业而言，它们并没有选择价值主张。因此，企业作出的选择是不成为市场领先者——通常产生不好不坏的绩效。中等大小的三角形通常表示公司在中等绩效上波动，无法提供真正的低价格或令人兴奋的特征，也不能很好地理解顾客的需求。因此，选择一种服务价值主张，往往可以使战略计划流程变得更加平稳，它可以指出并指引着一个组织沿着某条选择的路径走下去，即为公司的战略提供了明确的方向。

---

① Cam Scholey. Targeted marketing with value propositions, leadership is all in the image. CMA management, Oct. 2002,76（7）: 14.

第二节 服务营销战略规划

在服务营销实践中，在树立了服务导向和提炼出服务价值主张之后，还必须努力把服务价值主张落到实处。其中，服务营销战略规划就是一项特别重要的工作。

一、服务营销战略的内涵

服务营销战略是服务战略中的核心战略之一，它是指企业为了谋求长期的生存和发展，根据外部环境和内部条件的变化，对企业所作的具有长期性、全局性的服务计划与谋略，是企业在组织目标、资源及各种环境机会之间建立与保持一种可行的适应性服务的管理流程，包括服务导向、服务观念和服务开发等一系列的营销策略。

服务营销战略是提供一系列以发展顾客关系主导的服务战略，其核心内容是如何在经营中融入更多的服务，从而增加对顾客的附加价值。服务营销战略具有多样性和不易模仿性等特点，特别是对卖方市场和饱和市场而言，更是如此。一般而言，服务能力越强，市场差异化就越容易实现，也就越容易保持稳固的顾客关系。[1]例如雅芳公司将其服务营销战略定位于成为一家最了解女性需要、为全球女性提供一流的产品以及服务、并满足她们自我成就感的公司，成为一家比女人更了解女人的公司，该战略帮助其取得化妆品市场的较大份额。

二、服务营销战略规划流程

服务营销战略的规划流程是一个系统流程，主要包括业务细分、服务包的设计、竞争基础的确定、战略规划中的内部职能运作和经营流程的职能战略选择等核心内容。[2]

1. 业务细分

服务营销的战略规划流程应该从界定服务组织所从事的业务开始，提出一个较为宽泛的使命描述。然后，是一组财务导向或市场导向的目标，如投资回报率、资产回报率和市场份额等。其中，使命的描述不可避免地与有关竞争优势和竞争能力的战略决策联系在一起。在这一阶段里，企业将成功地识别出服务市场或细分市场，而且也将对竞争优势形成清晰的界定，并进一步明确特定的具体目标。

一般而言，这个阶段的战略规划流程主要解决以下三个关键问题：目标的设定、环境的分析和内部优势与劣势的分析。其中，目标的设定主要是为企业设定发展方向并提供指引；环境的分析则有助于识别出影响企业目标实现的、一些关键性的外部问题；内部优势与劣势的分析则有助于识别出公司业务目前处于什么样的位置。同时，这种分析也能有助于作出如下决策：为了提供新的竞争优势，必须进行何种资源调整。通常，企业的业务界

---

[1] 王永贵. 服务营销 [M]. 北京：北京师范大学出版社，2007.
[2] Curtis P.Mclaughlin, Roland T. Pannesi. The different operations strategy planning process for service operations. International Journal of operations & production management,1991,11（3）：63-76.

定主要立足于回答这样三个问题：
① 企业正在为哪些顾客群体提供服务？
② 企业正在满足顾客的哪些需求？
③ 企业正在利用哪些替代技术来满足顾客的需求？

显然，为了回答这些问题，就必须审视服务营销战略以及技术、设备和人员等资源的目前发展状况。

2. 服务包的设计

在服务包的设计中，需要重点回答这样的问题：如何交付服务？由谁来交付服务？在何地以何种方式交付何种服务？如 ATM 终端（自动取款机）的使用，为顾客和银行提供了很多服务功能，包括存钱、取钱、转账、资金分配、查询以及友好的电脑界面。具有在线终端的 ATM 和其他自动设备（如电话银行等），则构成了相应的替代技术。因此，从本质上而言，可以把服务包定义为顾客所认知的、交付的、使用的和体验的有形收益与无形特征的组合。考虑到服务包和服务交付系统，管理人员必须要充分考虑职能部门（如营销、运作、人力资源和财务等）的设计与协调，这些职能专家也必须要充分考虑自己通过这些职能可以为服务包的设计作出什么样的贡献。由于这些设计问题包括职能内部和职能之间的平衡，所以他们必须参与到具体的设计流程之中。

3. 竞争基础的确定

竞争基础的确定主要包括明确什么是"资格获取"和什么是"订单赢取"。其中，资格获取是使企业成功参与"市场游戏"的竞争属性，订单赢取是使顾客偏好于本企业（而不是竞争对手）的竞争属性。企业必须同时拥有资格获取能力和订单赢取能力。

为了有效地制定服务营销战略和深化对服务竞争基础的理解，有必要对服务企业和制造企业进行对比分析，表 6-3 列举了服务营销战略规划与制造企业营销战略规划的不同之处。一般而言，制造企业竞争基础的确定主要体现在以下六个关键特征上：成本、质量、交付速度和可靠性、柔性、产品设计和售后服务。制造企业的生产运作主要是整合生产资源，以便支撑公司目标和战略优势。其中，整合意味着在所讨论的各个要素中进行抉择与平衡，其中有些要素是相互排斥的，而有些要素则是相互支持的，整合的结果是所有要素都必须是一种有意识选择的结果，而且彼此之间能够协同一致。

见表 6-3，在竞争基础的确定这一阶段里，服务企业和制造企业表现出不同的特征，具体而言：成本对于服务和产品都是相似的，是支撑公司战略的价格维度。在服务企业中，服务质量增加了顾客根据服务品牌、服务内容和信息内容以及企业声誉与企业形象等所感知的无形质量这一内涵。由于服务本身难以存储，服务必须位于顾客能达到的范围之内。这样，场所和能力就成为服务交付的重要因素。同时，服务交付的速度和交付的可靠性以及某种程度上的柔性与顾客定制化水平，也是服务营销战略规划中必须重点加以考虑的要素。例如，如果用途非常广泛的话，那么就要求在很多服务场所进行交付。由于服务无法申请专利，服务能力的增长也必须十分迅速。当然，设法树立进入障碍（如获取专业化的经营许可），也是需要重点考虑的一个要素。同时，为了占领市场，企业还必须在具有较高财务要求与风险的内部扩张和具有适应与控制问题的加盟连锁之间作出战略选择。此外，服务设计人员还必须决定应该包括和强调哪种服务特征和服务范围。例如，一家电影院可能决定提供最新的好莱坞大片或经营欧洲艺术片，也可以设置爆米花售台和咖啡店，更可以考虑设置斜躺式座位或离得更近的硬座。这些都可以是电影院提供服务所具有的特征。

当然，消费者和服务供应商之间的接触是服务企业竞争战略的核心所在。消费者通常不仅仅是消费者，同时也是服务生产过程的参与者。例如，在理发、支票的兑现和教育等服务中，很难想象如果没有消费者参与这类服务最终会是如何实现的。因此，服务企业不仅要与消费者进行接触，并以各种可能的方式与他们进行互动，同时也有必要把他们作为生产能力的一部分加以对待。在此过程中，高度的接触离不开企业所雇用的、所训练的、所鼓励的优秀的员工，离不开顾客接触员工的个人能力。正是这些高技能的员工，为顾客交付优异的服务质量、展示出卓越的专家才能和企业形象。

此外，需要特别指出的是：由于竞争对手的适应或模仿，订单赢取者在某一时点上很可能转变为资格获取者。在企业实践中，自动取款机就是一个很好的例证。它曾经是订单赢取者，但现在很少有银行会考虑不应用自动取款机——因为多数银行都已经认识到：这也是获得竞争优势所必需的。相应地，银行业的个性化服务则日益成为在细分市场中的订单赢取者。

表6-3 服务营销战略规划与制造企业战略规划比较

制造业	服务业
业务定义 谁是顾客？ 我们为何种顾客功能服务？ 我们如何满足他们？	业务定义 谁是顾客？ 我们为何种顾客功能提供服务？ 我们如何满足他们？
—	服务包设计 顾客相互作用的本质是什么？ 我们如何交付服务？ 服务包设计（特征和范围）
竞争的基础 成本 质量（适应性和性能） 交付（速度和可靠性） 柔性 产品设计（特征和范围） 售后服务	竞争的基础 成本 服务质量（适应性、性能和感知质量以及服务内容、专家才能和形象等） 能力（能力大小和能力安排） 交付（速度和可靠性） 服务场所 柔性/定制化水平 服务的设计（特征与范围） 顾客接触与售后服务
—	跨职能的战略规划 前台活动（程序和规则；员工挑选、训练和监督；内部营销；顾客资源和设备设计） 后台接触 前台与后台的衔接
职能战略 运作 人力资源 研发 财务等	职能战略 后台运作 传统人力资源 研发 财务等

资料来源：根据Curtis P.Mclaughlin, Roland T.Pannesi. The different operations strategy planning process for service operations. International Journal of Operations & Production Management，1991，11（3）：63-76绘制。

4. 战略规划中的内部职能运作

在运作经理为服务营销的后台工作制定战略之前，内部职能团队必须对服务包进行细化，决定在什么地方、以何种方式"生产出"完整的消费体验，并进一步保证其中的每个细节都能够高效地得到执行，而这必然要求内部各个职能之间的密切协调——联合。这种联合又必须以在每个职能内部识别出相应的优势和劣势，并以投资于优势和克服劣势的途径为前提。其中，可能会涉及服务交付的具体流程，包括为服务交付者提供的详细操作手册等。由于消费者与服务供应商接触点的服务质量只有通过受到持续训练、激励和监督的员工来确保，这就意味着企业要重视员工的挑选、员工的培训、员工的激励和员工的监督。有研究指出，在专业化的服务质量中也存在着3P，即有形设备和程序、人的行为和欢乐以及专业化的判断。同时，在服务组织中，组织氛围的营造往往比制造业中更为重要，企业经营成功的关键在于支持服务价值观的组织文化和组织结构（扁平化的组织结构）以及能够体现预期服务形象的服务设施的设计与维护。例如，美国文化产业巨头迪士尼公司将"给游客以欢乐"的经营理念落实到每一员工的具体工作中，对员工进行评估和奖励，凡员工工作表现欠佳者，将重新培训，或将受到纪律处罚。为了明确岗位职责，迪士尼乐园中的每一工作岗位都有详尽的书面职务说明。工作要求明白无误、细致具体、环环紧扣、有规有循，同时强调纪律、认真和努力工作。每隔一个周期，严格进行工作考评。[①]

顾客或服务供应商在后台操作设施中的相对位置和方便程度也非常重要。而且，制造业中产品设计和技术选择流程的内部职能协调问题，在服务企业的前台和后台衔接的地方也依然存在。在产品设计流程中，研发、工程、营销和运作职能必须密切协作，以便实现前台与后台的有机整合，共同生产出顾客所期望的体验，从而通过受过训练和激励的服务人员，高效地把服务体验销售给顾客。此外，从战略的层次来看，企业往往倾向于销售自己在短期内能够生产的东西，并且生产长期内能够销售的东西。当涉及经营规划时，职能经理必须对服务流程的前台阶段作出联合规划。

5. 经营流程的职能战略选择

服务营销战略包括一系列不断变化的重要决策，表6-4列出了其中的一些决策种类。其中，服务生产流程主要包括两个阶段：前台和后台。服务运作的后台工作与制造企业类似，企业可以把这一流程当作一项计划进行成批处理。不过，后台工作在技术的选择流程中具有更高的灵活性，因为它并非是直接的消费体验的一部分。例如，律师事务所的顾客只会见到自己的律师，而对于调查是否有其他合作者和办事员或助手来共同完成并不在乎。比较而言，前台的战略选择则明显地不同于制造业，主要包括能力管理，服务设备必须符合特定的规模，以便在最大承受情况下提供可靠的服务质量。而且，在服务包的设计方面，企业也必须对为前台选择合适的流程技术给予足够的重视。不过，垂直一体化对于前台工作来说并不是主要问题，但水平的协作却应该受到重视。在实践中，许多消费者和专业组织都是多地点经营的，这就更需要进行协作。许多专业性的服务咨询就是一种重要的协调任务。在通常情况下，在每个服务地点上都使其形象和服务包的表现方面保持一致性，也

[①] 武铮铮．"从迪斯尼乐园看我国服务业的市场定位"，中国证券期货，2010（9）：114．

是非常重要的。这样,无论在哪里,顾客的期望都能够得到满足。

表 6-4　职能性战略选择

制造业	服务业	
	前台	后台
能力	—	能力大小
	能力日程安排	能力日程安排
设备设计	—	设备设计
设备位置	—	设备定位
流程技术	—	流程技术
垂直一体化	—	垂直一体化
	水平协作	水平协作
自动售货	自动售货	货品补给
新产品	执行投放	方案开发
人力资源	人力资源	人力资源政策
	内部营销	—
	顾客资源	业务支持与服务
质量一致性	质量一致性	质量一致性
	感知	客观标准
制度	制度	制度
职能协调	职能整合	职能协调

资料来源:作者整理。

在前台经营中,质量控制战略决策与制造业差别很大。对于前台和后台而言,质量标准的一致性都是必要的重要特征。但对于前者而言,独特性就是需要对顾客所感知的顾客和提供者交换中的无形性进行监督。在实践中,这种无形性使简单的界定质量标准变得十分困难,同时也使得测量服务的真实质量异常困难。一般而言,前台的质量控制往往是建立在三个基础之上的:直接观察、消费者满意度调查和程序文件。调查者可以直接观察互动情况,可以通过调查消费者来测量服务流程以及顾客对服务结果的感知,或者服务供应商可以对收集的信息和制定的决策保持记录。例如,电话公司监控使用者的反应,汽车修理厂在例行维护后的一个星期拨打电话回访,内科医生的病历表让同行进行评价等,都是前台质量控制的具体应用。

由此可见,服务中的很多制度都必须与前台运作相适应,并集中在人力资源的应用、顾客的时间安排、顾客满意度、标准程序上和产出上的一致性以及成本控制等。其中,最重要的制度是合理安排顾客时间(预订制度)或工作的资源。对此,管理人员必须要在战略和职能层次上给予重视。在战略层次上,如果没有广泛的职能整合,如人力资源管理和运作管理等,往往无法从根本上解决这些问题。比较而言,后台工作系统则更像制造系统那样运作。不过,在顾客需求的实时性方面的设计往往要比制造企业更为敏感。

总之,服务营销战略规划流程的若干阶段必须是一个联合的流程,各个职能之间以及各个阶段之间,应该是协调一致的、相互依赖和相互强化的。

第三节　服务营销战略选择

服务企业通过制定并实施服务营销战略，可以为顾客提供独特的服务体验。服务营销战略的选择，不可避免地要受到服务特点的影响。如前所述，服务的主要特性是无形性、异质性、流程性和易逝性，其中无形性是最主要的特点，是其他几个特性的基础。

一、源自服务特性的营销问题

服务的不同特性给服务营销人员带来了一系列的特殊问题，从而需要制定特殊的解决营销问题的战略。表6-5总结了源自服务特性的营销问题及相关的文献。例如，无形性导致了服务的难以存储、难以运用专利来加以保护、难以演示或价格的不易确定性等；流程性决定了消费者参与生产流程的必然性、其他消费者也可能会参与到生产流程当中以及集权化的大规模服务生产是比较困难的等。鉴于诸如此类的营销问题，下面就重点对服务有形化战略、基于顾客导向的服务生产率提升战略、基于顾客导向的服务品牌战略等服务企业特别需要重视的服务营销战略加以阐述。

表6-5　独特的服务特性和产生的营销问题

服务特性	营销问题	相关文献
无形性	（1）服务难以储存 （2）不能用专利来保护服务 （3）不能演示或传达服务 （4）价格不容易确定	Bateson（1977），Berry（1980），Langeard etal.（1981），Sasser（1976） Eiglier and Langeard（1975，1976），Judd（1968） Rathmell（1974） Dearden（1978），Lovelock（1TO1），TTiomas（1978）
流程性	（1）消费者参与生产流程 （2）其他消费者也参与生产流程 （3）集权化的大规模服务生产困难	Booms and Nyquist（1981） Bateson（1977），George（1977），Gronroos（1978） Sasser et al.（1978），Upah（1980）
异质性	标准化和质量控制难以达到	Berry（1980），Booms and Bitner（1981）
易逝性	服务不能保存	Bateson（1977），Sasser（1976）

资料来源：Valarie A.Zeithaml，A.Parasuraman & Leonard L.Berry.Problems and strategies in services marketing. Journal of marketing，1985，49（2）：33-46.

二、服务有形化战略

在服务营销中，服务的有形化对成功起着关键的作用。但是，问题在于对什么进行有形化：是应该将有形化的焦点放在实际的服务组合上，还是应该发展一种定位战略将公司形象具体化。答案取决于每个公司的具体环境。需要指出的是，在通常情况下，将公司的形象有形化比服务内容的有形化将更加容易实现。与产品营销人员不同，由于服务本身无形的特点，服务营销人员在选择营销战略中余地并不大。所以，有必要对有形化的流程作出准确的评价，并对这个流程的改进提出建议。具体来说，服务有形化战略流程如下①。

（一）营销形象定位

为了维持竞争优势，服务企业需要与行业中竞争对手明确地区分开来。同时，努力在消费者的脑海中树立一种独特的形象。否则，对现有服务质量水平的任何变化也只能对顾客关于质量和价值的理解产生有限的影响。

当前市场情况下，各服务供应商各种雷同的诉求。在这种激烈的竞争环境下，为了保持竞争优势，服务企业必须将其在顾客心目中的形象加以有形化或具体化。例如，麦当劳采取通过推行金色拱门标志来代表企业和其对质量的一贯专注，从而推行其形象有形化战略。一家名为"谨慎保险公司"推出"马达加斯加岩石"作为其形象标志来反映其稳固性，从而使顾客在购买其保险的时候，能够强烈地认同其谨慎性。

（二）服务内容的有形化

另一种说服顾客选择本公司的方法是改进公司的服务质量，并在消费者心目中确立改进质量的形象，直到顾客意识到这种改进。这里需要注意客观质量和主观感知质量之间的不同。客观质量描述产品实际的技术优越性，或者是在一些事先确定的理想标准上可测量和可证实的优越性。主观感知质量指关于产品优越性的消费者判断。如前所述，管理人员常常利用 SERVQUAL 模型来测量服务质量：首先运用五个维度的数值来度量特定公司的各种服务特征，然后要求顾客记录下在这些特征上的表现。当感知质量低于期望，则意味着较差的服务质量，反之，则说明是较好的服务质量。

下面就以一家银行作为案例来说明如何进行服务内容的有形化，主要从以下几个方面来考虑：①地点。银行确保其物质环境能显示出快捷和高效的服务内涵。营业厅内外部具有显著的线条，办公桌的布局和交易流程也精心安排，顾客等候线不能太长，让等待的顾客能有充分的座位，背景音乐也强化了高效服务的思想。有形的服务环境对顾客和员工的行为都有显著的影响。在服务组织中，物质环境的影响尤其重要，它能决定服务组织的成功或失败。当有形环境设计能提高顾客和员工互动质量时，需要考虑周围的环境，如光线和温度、家具和设备的空间布置以及表达服务理念的恰当标志的应用。②人员。银行员工保持忙碌的状态，穿着得体的衣服。如不允许他们穿蓝色牛仔或其他能对服务和员工产生负面影响的衣服。③设备。银行的设备，如电脑、复印机、传真机和桌子要显得现代化。④沟通媒介。银行的信笺和其他的沟通媒介要具有效率。小册子要有清晰的线条，而不能显得乱，照片要精挑细选，借贷条款要整洁打印出来。⑤标志。银行要为其服务挑选吸引人的名字和标志。⑥价格。银行各种类型服务的价格表通常要保持简洁。⑦服务。银行要为大学生和年长市民开发创新的服务套餐。⑧电子界面。银行为顾客提供新的电话账目查询服务，另外使顾客能够通过24小时电话服务查询其账目平衡表和交易细节。⑨中介服务。银行开发了新的投资服务，便于顾客能在股票、证券和债券方面没有疑问甚至是以折扣的

---

① Allan C.Reddy, Bruce D.Buskirk and Ajit Kaicher. Tangibilizing the intangibles: some strategies for service marketing. Journal of services marketing, 1993, 7（3）: 13-17.

价格进行投资。⑩分销。银行在整个服务区推行自动取款机来为顾客提供服务。

因此，银行将其服务组合打包以吸引和保留顾客。在这个流程中，也将银行形象通过有吸引力的标志、氛围和人员在沟通技巧的培训等加以具体化。

（三）识别期望的服务质量

在实施有形化战略之前，企业应当识别顾客对服务质量的预期。通常情况下，在理想的服务水平和提供高质量服务的成本之间存在一种权衡。例如，在医院，给病人提供示范性的治疗将会非常昂贵，有时候甚至因为缺少设备和技术熟练的员工而变得不可能实现。提供最低限度的或低于最低限度的服务会产生不利的印象，从而损害企业获得成功的机会。

提供优质服务的关键是对顾客期望的理解和反应，服务供应商需要鉴别目标顾客对于服务质量的预期。服务质量比产品质量更难以定义和度量，如理发的质量比吹风机的质量更难衡量。但是，在服务供应商设计高效的服务之前，必须知道消费者对服务质量和预期所作出的判断。可以采用一些措施来达到目的，如可以采用服务营销审计的方式来发现企业在顾客期望服务质量上所具有的优势和劣势。当顾客期望被充分满足，顾客才会满意，服务供应商必须根据具体的服务来鉴别目标顾客的期望。例如，银行顾客的期望可能是不超过5分钟的等待以及礼貌的、知识性的和准确的告知。

（四）一致的服务质量

在有形化的基础上，还需要确保服务质量的一致性。否则，经过长期努力获得的印象会很容易消灭。例如，麦当劳快餐和汉庭酒店是一致性方面的典型例子，在形象构建方面对其帮助也很大。

在消费者的心目中树立积极的形象很重要，但如何长久地维持这种印象对企业的成功更为关键。提供一致性的质量也可以使企业提供的服务与竞争对手提供的服务区分开来，而满足和超过目标顾客的服务质量期望是关键所在。期望主要由经验性的学习、服务企业的广告以及其他沟通方式获得。顾客在接受服务后会基于期望进一步选择服务供应商，并将其感知的服务和期望的服务比较。如果感知的服务低于期望的服务，顾客将对提供者失去兴趣，如果感知的服务满足或超过期望的服务，他们将倾向于重新选择该提供者，并形成对品牌的忠诚度。

三、基于顾客导向的服务生产率提升战略

传统观念中的生产率被看作一种封闭体系的性质，生产率被定义为一种生产流程的产出与投入的比值。如果按此定义对服务生产率进行定义，会出现决策方向的失误。因为按此定义来提高服务生产率，可能会导致以降低服务资源的投入为代价，从而有可能导致顾客感知的服务质量的下降，使顾客的满意度下降，企业失去顾客的风险加大，不利于服务品牌和顾客忠诚度的构建。只有在顾客感知服务质量的基础上讨论服务生产率才能避免这

一问题。因此，服务生产率也必须是基于顾客导向的[①]。服务生产率也成为顾客服务导向战略的一个重要部分，其是作为服务战略的结果导向。

（一）服务生产率的概念

生产率通常是以劳动者在单位时间内生产的产品数量来计算，或者用生产单位产品所耗费的劳动时间来计算。生产率的高低是由社会生产力的发展水平决定的。决定生产要素的因素主要有：劳动者的熟练程度、科学技术的发展水平及其在生产中的应用状况、劳动力和生产资料相结合的方式、经营管理的水平及其自然条件等。生产率归根结底是效率问题，可区分为内部效率和外部效率。其中，内部效率主要是与企业的运营方式、劳动力和资本的生产率有关，可以用单位产品成本来衡量，如酒店服务员打扫一间客房所耗费的劳动时间或提供一道菜肴所耗费的劳动时间等。外部效率则是指顾客对企业效率的一种感知。例如，顾客在登记入住时感知的前台服务人员办事效率，即前台服务人员的服务生产率。

内部效率和外部效率的联系在服务业和制造业中具有不同的意义。具体说来：在制造业中，内部效率和外部效率的区分意义不大，因为顾客能感知到的只是外在的有形产品。但在服务企业中，顾客需要亲身参与到服务的生产流程中来，而不仅仅是消费服务生产流程所产生的结果。所以，企业的外部效率在服务企业中具有更重要的意义，直接决定了消费者对企业的感知。另外，在制造业中，生产管理决策只会对内部效率产生影响。但在服务企业，生产管理决策更主要的是对企业外部效率的影响，只注重内部效率会对服务经营方式和激励机制产生负面影响。例如，酒店的管理层可能会因为员工为公司节约了成本而受到奖励，但实际中，这种成本的节约却可能是以牺牲顾客服务质量为代价。顾客需要的不是成本的节约，而是更好的饮食和服务。

（二）影响服务生产率的因素

由于服务企业生产率和制造企业生产率关注的重点不一样，制造企业通常关注在不影响产量的情况下如何提高生产效率并降低成本，减少产出。而服务企业则更多关注如何提高外部效率，提高消费者的感知质量。所以，在生产流程中，影响制造企业生产率的因素和服务企业生产率的因素并不相同。

（1）制造业的生产率一般在封闭系统中产生，而许多服务业的生产率在受外部因素影响的开放系统中形成。

（2）制造业中的质量通常是一种常数，而服务业中的服务质量却很难以常数来界定。

（3）制造业的生产率一般与消费者无直接关系，而服务业的生产率往往要依赖于消费者的知识、经验及消费习惯等，顾客通常在服务生产率产生流程中有重要的参与影响作用。

（4）制造业的生产率评价指标中数量和质量往往都用既定的标准来度量，而服务生产率的数量和质量主要受服务供应商、顾客的不同表现及他们之间沟通状况的影响，很难

[①] 王永贵. 服务营销 [M]. 北京：北京师范大学出版社，2007：229.

确定既定的要求标准[①]。

(三)服务生产率模型

由于服务业的产出具有非同质性、非实物性、无形性和非储存性等特性,导致对服务业产出统计的困难。服务产出是一个流程,生产、分配和消费同步进行,消费者往往参与生产流程,其在生产流程中的投入质量也会影响到生产率。由于服务的非储存性,还需要注意如何有效地将生产能力与顾客需求相匹配:过多的供给和需求都不是高效率的。生产率通常以劳动者在单位时间内生产的产品数量来计算,或者用生产单位产品所耗费的劳动时间来计算,这适用于制造业。在服务行业中,由于生产是开放的系统流程,以及顾客在这个流程中的参与,使得服务生产率有着不同于一般生产率的特性,不能用"投入产出比"简单计算[②]。

在服务营销中,由于消费者参与到服务的生产流程,所以服务投入中也包括两个部分:顾客的投入和服务供应商的投入。服务组织在充分利用自身资源进行投入的同时,也在教育和指引顾客提供相应的投入并取得一定的产出。通过投入,感知到的服务质量越高,外部效率也就越高,服务生产率也就越高。所以,提高服务生产率要同时从内部和外部两个方面入手。在图6-4中,管理外部效率和顾客感知服务质量都属于收益效率管理的范畴。模型中的第三个要素是管理需求或能力效率——这是因为服务具有"无形性",服务供应商不能通过存储的方式平衡需求和供应的关系。这样,服务生产率概念可以描述为

$$服务生产率 = f(内部效率、外部效率、能力利用率)$$
$$或\quad 服务生产率 = f(成本效率、收益效率、能力效率)$$

在服务流程中,服务供应商的投入(包括人员、技术、系统、信息、时间的运用等)直接会影响前两个流程,并且间接地影响第三个流程(用虚线箭头表示)。比较而言,顾客投入(顾客自我参与和相关顾客参与)则直接影响第二个和第三个流程,并间接影响第一个流程,如为后台服务流程提供相关信息。不过,在服务生产率的提升中,顾客与企业(及其员工)的互动始终都是至关重要的。同时,在产出数量和产出质量中,企业必须时刻对企业形象给予足够的战略关注。

从图6-4中可以看出,服务产出包括两个方面:产出数量与产出质量。其中,产出质量又包含流程质量和结果质量。产出数量则取决于需求的大小,如果需求刚好与供给相匹配,那么能力效率将达到最优状态;如果需求大于供给,能力效率也能得到充分利用,但却有可能导致产出质量的下降,特别是流程质量。例如,在旅游旺季,由于顾客太多,就有可能导致饭店员工不足,从而使得服务质量相对下降;如果需求小于供给,能力效率就不能得到充分利用。例如,在旅游淡季,顾客入住率相对较低,饭店的设备设施不能得到充分利用而形成资源的浪费。因此,当供求出现不平衡时,饭店应该采取相应措施,以尽量将不利影响最小化,从而使能力效率得到充分的利用。

---

① 王辉.服务生产率在我国商业银行中的应用研究.天津财贸管理干部学院学报,2007(3):11.
② 李霞,陈雪琼.运用时间分析模型探讨酒店服务生产率的提升———以酒店中式铺床项目为例.北京第二外国语学院学报(旅游版),2007(7):57.

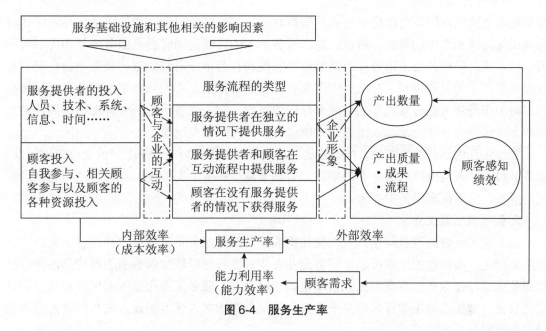

图 6-4　服务生产率

资料来源：根据 Ojasalo, K.. *Conceptualizing Productivity in Service*. Helsinki/ Helsing-fors：Hanken Swedish School of Economics，Finland/ CERS，1999：71 和王永贵．服务营销 [M]，北京：北京师范大学出版社，2007：233 等资料绘制。

顾客在充分感知流程质量与结果质量的基础上，会结合对企业形象的认知，形成对企业的感知服务质量。从模型中可以看到，顾客感知服务质量越高，服务企业的外部效率也就越高，从而产生更高的服务生产率。因此，服务企业管理者应该将服务质量的提升作为一个战略目标，对服务流程的各个方面进行标准化规范，并引导一线员工根据顾客不同需求提供人性化服务，鼓励服务流程的创新，这样才能真正培养出服务企业的核心竞争力，促进服务质量的不断提高[①]。所以，内部效率、外部效率和能力效率是影响服务企业整体服务生产率的一个方面，只有三者之间的合理调配，才能真正从本质上提高服务企业的市场竞争力，促进服务生产率的发展。

（四）提高服务生产率

服务业的特性使得服务企业提高生产率非常困难，但这并没有影响人们探索提高服务生产率的原则和方法的努力。研究生产率的最终目的是提高服务企业的生产率，提高生产率和改善服务质量是可以同时实现的。例如，现代质量管理方法可以在提高生产率的同时使顾客满意。提高服务生产率的所有步骤都基于对良好的顾客感知服务质量的全面理解[②]。

1. 通过内部营销提高员工素质

服务生产率的高低在很大程度上取决于员工素质的高低，而高素质的员工应具备良好的服务技能、服务态度与行为举止。如果服务员工的服务技能低，服务流程所产出的技

---

① 罗明，黄文波．饭店服务生产率模型建构及管理．北京第二外国语学院学报（旅游版），2007（1）：22．
② 王永贵．服务营销 [M]．北京，北京师范大学出版社，2007：230．

质量也随之降低，顾客可能付出更长的等待时间，被迫接受忍耐底线的服务，导致顾客对功能质量的感知水平的降低。所以，提高服务员工的技能是同时提高服务质量和内部效率的一种方式。同样，员工粗鲁和冷漠的服务态度和行为举止对感知服务质量中的功能质量方面有着严重的负面影响，对服务生产率有极大的反作用。而内部营销的观念正是强调在内部员工市场注入服务意识和创造顾客导向的思想，它主张将用于企业外部市场的营销思想和方法运用到企业内部，以便更有效地解决某些内部管理问题。

通过实施内部营销的方法，对服务员工进行有关服务内容、服务生产或交付流程标准、服务补救程序及沟通技巧等方面的培训，有助于减少服务中的失误，对顾客的问题作出快速的解答，从而提高服务生产率。

2. 使服务运营工业化

关于服务运营的改善问题，人们往往拘泥于从改善服务员工的技术和态度上去解决。实际情况是，高科技的运用可以让服务企业在服务流程中以较少的资源生产较高的顾客感知服务质量，使服务生产变得工业系统化。一般说来，服务工业化意味着引进新技术和自动化装置。如采用网上预订客房系统，饭店就可以在顾客入住方面投入更少的资源但却获得更高的服务质量。

但是，如果对所有情况中所有的细分环节都提供工业化服务，将会出现问题，如果用内部指标衡量生产率，生产率可能提高了，但服务质量却可能下降了，对企业短期或长期的经营结果会产生负面影响。例如，饭店经营需要创造一种体现人性关怀的环境，这种环境也是饭店产品特色的一部分。许多顾客乐于与人交流，而不愿意使用机械化的高科技系统。

因此，作为提高内部效率的一种方式，工业化要求对内部和外部的影响作极其细致的分析以避免得不偿失，在适当的环节运用高科技进行工业化的同时仍然要考虑到人性化服务的一方面。

3. 引导顾客的互动参与

服务业的一个重要特征是生产与消费具有同时性，顾客通常要参与到服务的生产流程中来。消费者参与服务生产流程意味着他们做了原先由服务人员所做的部分工作，而服务供应商采取积极的营销策略发挥顾客在服务生产流程的配合作用，增强顾客与服务供应商（企业）的互动性，可以改进服务效率。

当今服务企业提供的各种服务需要顾客参与的分量越来越重，这就决定了企业对顾客的行为及其背后的种种原因要进行更充分的了解。因此，必须发掘更多的方法，以掌握顾客，通过利用服务传送产生的利益，来引导以及说服顾客改变其行为。如果顾客无法看到利益的话，其感知的服务质量就会下降。这要求一线服务人员提高与顾客沟通的技能，服务人员需要利用说服性的信息，以购买服务的种种利益来引起顾客的偏好和兴趣，以使之最后投入服务的消费。

此外，要帮助顾客提高参与和配合的技能，如向顾客提供足够的参与知识，如服务的收费、时间、规定和程序等，相关设施的使用规则、方法和要领等。这样一来，就会提高顾客对服务的满意度，提高服务功能质量，并且由于顾客自己操作节省了服务人员的时间，可以提高整个服务的生产率。

4. 优化各部门的服务流程

各部门服务流程的有效设计是提高服务整体服务生产率的基础。企业应根据自身建设和设施等基本情况以及各个部门的服务特色，设计涵盖所有服务环节的、合理的、具体的服务流程，这样才能够有效地指导服务人员的服务生产。例如，Xpitax 公司，是一家为会计行业提供外包服务的"领头羊"，致力于开发最新的提高生产率的工具，并提高其服务质量以帮助注册会计师公司更好地利用内部资源，其在业务繁忙期集中于增加高附加值的工作。Xpitax 最近增加了在年末为其原始的税务外包服务提供会计记账和税务再评定的服务，Xpitax 在与顾客合作和顾客反馈的基础上继续提高与完善其各旗舰店的税务外包服务，每年末，Xpitax 都要进行一项深度的顾客调查以帮助度量服务的质量。Xpitax 开发出一些新的生产率手段，并通过改进流程来提高服务生产率。首先，新的分页能力给查询者提供了通过书签或文件页码进行查询的选择，而不论这种文件的浏览顺序如何排列。其次，每页上用颜色编码的记号和检验栏，为查询者和注册会计师公司之间的联系都创造了更高的效率，并且有助于为工作树立责任。其他生产率工具包括自动化控制的报告，其将文件中的页码与书签中的页码比较，以确保企业浏览的所有页码能被外包团队所考虑。最后，Xpitax 的自动化接合手段为企业每个接合的部分提供了紧密的连接，使得使用者能够很容易地在 PDF（可携文件格式）文件中建立连接，从而能快速地到达相关的目标，而不论其在文件中哪个地方出现，也可以快速回到起始点，这些手段都被用来优化桌面查询流程[①]。

5. 提升服务人员的服务规范程度

服务人员的服务规范是提高服务生产率的关键。服务人员的服务规范涉及很多方面：服务流程是否规范，服务动作是否规范，服务时间是否合理等。在这个环节中，值得注意的是加强时间管理，即采集服务人员服务项目的各个程序的工作时间，运用服务时间效率模型对每个程序时间进行数据分析，根据方差的离散程度找出可以提升服务生产率的有效环节，对这些环节进行系统的分析、优化，然后推广。例如，迪士尼公司要求迪士尼乐园内所有迎接顾客的公园职员（"舞台成员"）每天都穿着洁净的戏服，通过地下阶梯（"地下舞台"）进入自己的活动地点。他们从不离开自己表演的主题。对于服务人员，迪士尼乐园制定了严格的个人着装标准，对其头发长度、首饰、化妆和其他个人修饰因素都有严格的规定，且被严格地执行。迪士尼的大量着装整洁、神采奕奕、训练有素的"舞台成员"对于创造这个梦幻王国至关重要。

6. 建立顾客导向的内部价值观

服务企业的内部价值体系应以顾客为核心，以规范的服务行为为标准。内部价值观的发展一方面是提高服务生产率的一种方式；另一方面可以使员工意识到合理使用资源的重要性。同时员工必须理解他们的行为与内部效率和外部效率之间的相互作用。海尔公司将自身的企业经营理念定义于"真诚到永远"；而 IBM 公司定义在"IBM 就是服务"；格兰仕定义在"服务，令顾客感动"；小天鹅则坚持"全心全意小天鹅"。一

---

① Mark Albrecht. Delivering service/enhancing productivity tools. Accounting Technology, 2007, Supplement, 23: 14.

个企业独有的文化氛围能对员工的价值观起到一种潜移默化的作用,这就要求企业具有积极进取的文化氛围,具有以顾客为核心的内部价值观,从而给员工带来强烈的团队意识、高度的敬业精神。服务团队的凝聚性,是企业获得较高的服务生产率、提高竞争力的有力保障[1]。

7. 管理供需间的平衡

有形产品可以存储,但服务却不能。在需求过旺时,企业资源充分利用,这时企业的能力效率很高。但在需求小于供给时,企业因资源闲置而导致能力效率低下。因此,管理供需之间的平衡可以同时保证质量稳定和提高生产率。可以使用兼职员工,但这样可能会影响服务质量。例如,零售商雇用没有经过充分训练的兼职员工替代专业的销售代表,无论是在服务高峰期还是在服务低谷期,都有损于服务质量。让供给和需求平衡的另一种方法是管理顾客流量,包括在低谷期提供优惠的价格和用传统的营销手段来改变顾客的消费习惯。另外,降低服务水平(数量或质量)、引入新服务(用智能卡替代公车票)及提供服务的替代品(用新的数据传递设备取代电缆和邮件服务)等方法也可以提高服务生产率。总之,服务生产率比传统制造业生产率更为复杂。服务组织要想提高运作效率就必须对服务生产率加以全面的理解,并在此基础上采用恰当的手段来提高服务生产率,服务组织对生产率的理解和运用上还有很长的路要走。

8. 提高组织资源周转速度

经营流程中资源的周转速度越快,经营流程中的生产率就会越高,虽然顾客因素中的生产率保持不变,但通过运营速度的加快所促使的资源的利用效率和使用率的提高,即运营内部效率的提高,完全可以使整体效率进一步地提高。然而,运营效率的提高又非常可能使顾客体验下降,即降低顾客对服务感知的满意度。例如,在超市的结算链中,超市在不增加结算通道的基础上,通过加快其员工结算速度来提高运营内部效率。自然员工会处于更为紧张的运营流程中,这就会导致员工在结算流程中对顾客的体贴和关心程度下降,顾客也就会因此而产生抱怨:他们几乎没有时间与顾客交流。正是由于这种下降的顾客体验使得顾客感知的服务质量下降,致使在顾客时间成本减少的情况下仍然会使服务的顾客生产率下降,在许多情况下还发现,顾客感知服务质量价值还加入了一些无效的时间价值。在餐饮行业,服务组织应保持两道菜之间有几分钟的间隔时间,而这也正是顾客所期望的,因为这不但可以给予顾客以消化的时间,而且还可以创造一个交流和社会交往的空间,一旦这种运营流程的效率被过于提高,就会降低顾客的服务质量感知,导致顾客的满意度下降[2]。

四、基于顾客导向的服务品牌战略

品牌是影响顾客购买决策的重要因素,也是企业拥有的一项战略性资源。品牌建设作

---

[1] 李霞,陈雪琼. 运用时间分析模型探讨酒店服务生产率的提升——以酒店中式铺床项目为例. 北京第二外国语学院学报(旅游版),2007(7):57.
[2] 王海涛. 论服务生产率的构成及其管理. 科技与管理,2005(6):51.

为企业营销的核心已经引起理论界和管理实践界的广泛关注。对于服务业而言，服务品牌具有特殊的意义。由于服务具有无形性，消费者只能通过有形化形象来感知服务质量，品牌便成为消费者感知无形服务的有形形式之一，成为服务质量的象征，是顾客选择服务的重要标准，更成为区别于竞争对手的竞争优势来源。以顾客为导向的服务营销战略有助于提高服务生产率，作为一种结果，服务品牌塑造作为服务营销的重要环节对服务生产率的提高也具有重要的影响，最终对形成顾客忠诚度都具有积极的意义。

（一）服务品牌的内涵

目前对于服务品牌的研究虽然已经引起了学术界和企业界的广泛关注，但实际研究尚处于起步阶段，国内外对这一领域进行专门研究的成果数量较少。

关于服务品牌的定义，更多学者是基于对服务品牌和产品品牌的比较进行研究，还没有形成普遍认可的定义。无论是对于制造业还是服务业而言，品牌的应用和基本功能都是一样的，如品牌是消费者的感知，是理性与感性要素的结合体。它不仅要满足顾客需求，更要与顾客建立一种情感联系等，但由于服务的特殊性等，服务品牌与产品品牌仍然存在着一些重要差异，如服务品牌与产品品牌在相对重要程度和具体执行实施方面的差异等（服务品牌的执行实施更加困难，但服务品牌却更加重要）。西方学者认为，产品品牌与服务品牌之间的差异主要表现在品牌要素、品牌沟通、消费者品牌感知及其一致性以及品牌管理等方面[1]，如表 6-6 所示。

表 6-6　产品品牌与服务品牌之间的差异

比较内容	产品品牌	服务品牌
品牌要素	产品核心功能、价格、包装、用途和使用者形象等	无形服务、服务环境、员工形象、品牌名称、价格、情感与体验等
品牌沟通	广告、促销等基本营销活动	基本营销活动、员工形象和服务环境等有形展示以及顾客互动流程
消费者品牌感知及其一致性	产品具体的功能和情感、象征价值；产品质量控制以保证品牌感知的一致性	服务体验流程和服务感知结果；服务流程控制以尽可能确保品牌感知的一致性；员工和顾客都影响品牌感知的一致性
品牌管理	品牌经理	企业品牌管理
品牌的重要程度	一般重要	非常重要

资料来源：根据程鸣，吴作民.西方服务品牌研究评介.外国经济与管理，2006（5）：54 等资料绘制。

综合而言，服务品牌是指在经济活动中，通过企业的服务流程来满足消费者的心理需求，是以提供"服务"而不是产品为主要特征的品牌，如商业服务品牌（"沃尔玛""麦德龙"等）、餐饮服务品牌（"麦当劳""肯德基"等）、航空服务品牌、金融服务品牌和旅游服务品牌等。它是一种通过提供创意服务流程提升顾客满意度的劳务行为标记，是一个优质服务的规范，是企业的服务宗旨、服务理念、经营战略、营销策略及企业精神的

---

[1] 程鸣，吴作民.西方服务品牌研究评介.外国经济与管理，2006（5）：54.

综合反映,是经营文化的具体体现①。

(二)服务品牌的构成

具体到服务品牌的构成,请参阅图6-5所示的服务品牌化模型。该模型主要提示和服务品牌是由多个元素构成的,而且它们之间存在着密切的关联。其中,主要元素包括:企业展示的品牌、品牌认知、品牌意义、顾客体验、外部品牌沟通以及品牌权益。其中,品牌权益是最终的结果变量,它受其他五个要素的直接或间接影响②。

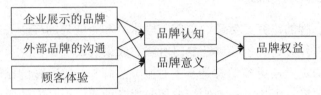

图6-5　服务品牌化模型

资料来源:王永贵. 服务营销 [M]. 北京:北京师范大学出版社,2007:279.

如图6-5所示,服务品牌权益是由品牌认知和品牌意义两部分组成的。其中,品牌认知是指顾客经过提示后,他们对于企业或品牌名称能否有所记忆和认识。而品牌意义是指顾客对品牌占主导地位的感知,是当提及一个品牌时首先进入顾客意识的反应。其中,品牌意义对品牌权益的影响作用比品牌认知要大一些。因此,对于培育服务品牌权益,提升品牌意义比提高品牌认知更重要。不过,现有的相关研究对此又进行了补充,强调品牌联想、品牌满意和感知质量等要素在驱动品牌权益中的重要作用。③同时,如图6-5所示,企业展示的品牌和外部品牌沟通都会影响消费者的品牌认知。企业展示的品牌主要包括广告、服务场景、员工形象、企业名称及标识等,而外部品牌沟通则受企业无法控制的因素(如口碑、公共关系等)的影响。相对于外部品牌沟通,企业展示的品牌更有利于提高品牌认知。另外,顾客体验对品牌意义产生重要的影响作用,而品牌意义是服务品牌权益的重要组成部分。因此,顾客体验是服务品牌权益的主要驱动因素。当然,企业展示的品牌与外部品牌沟通也在一定程度上影响品牌意义④。

(三)影响服务平台的因素

服务品牌会像产品质量和顾客关系一样被看成显著的竞争优势。以金融服务行业为例,当金融服务行业的营销人员试图改善营销和服务绩效以及顾客关系的时候,他们将面临哪些挑战?服务品牌建设可能是营销人员可以采用的一种重要的途径。

一项针对金融服务行业的调查结果显示,界定品牌和有效地将其所代表的含义传达给内部和外部受众,即使对一些大型组织而言都是一个挑战。不过,仍然存在着一系列可以

---

① 潘铁彦. 基于顾客价值的服务品牌接触点管理研究 [J]. 南京:南京理工大学硕士学位论文,2004:4.
② 王永贵. 服务营销 [M]. 北京,北京师范大学出版社,2007:279.
③ Yonggui Wang, Jay Kandampully, Hing-Po Lo and Guicheng Shi. Corporate reputation and brand equity: a Chinese study. Corporate Reputation Review, 2006, 9(3): 179-197.
④ 程鸣,吴作民. 西方服务品牌研究评介. 外国经济与管理,2006(5):54.

界定和可度量的因素推动着各行业的服务品牌选择。其中，这些因素包括品牌承诺、顾客体验、品牌的视觉传递以及管理层对于品牌的理解。根据该项研究成果，营销经理认为存在着十项对持续改进营销和品牌效率最为主要的因素。如图 6-6 所示，紧随利益相关者之间的内部沟通之后的，就是营销经理寻求对顾客和竞争环境的深入理解，集中关注顾客所需、顾客所想和顾客所感。通过这些，营销人员可以获得对需求和交易障碍的准确理解，从而能够促使顾客更为接近服务组织①，或使服务组织更为接近目标顾客。在实践中，服务营销人员往往会在辨别、教育、激励、获得和挽留顾客方面面临着压力，其中遇到的最大压力多为度量品牌的价值。

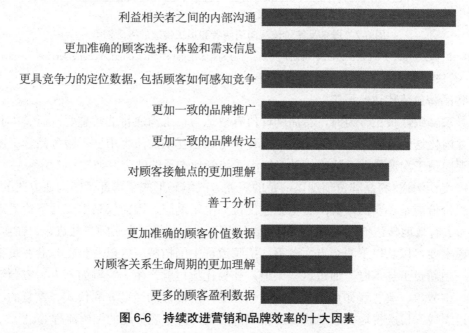

图 6-6　持续改进营销和品牌效率的十大因素

资料来源：Michael Hinshaw. A survey of key success factors in financial services marketinig and brand management. Journal of financial service marketing，2005，10（1）：42.

（四）服务品牌价值的传递

如果把公司品牌战略应用到服务行业，如通信、航空、金融服务和休闲旅游等，那么服务品牌和公司品牌两个术语基本上是等同的。服务品牌的客观价值和感知价值高度依赖于传递品牌承诺的员工。所以，在服务品牌的构建流程中，应该更多地关注顾客接受的价值观和个体员工在执行各自角色的流程中所具有的价值观。不过，一直以来，管理者往往都把焦点集中在前者，但后者可能更为重要——因为员工集体所有的价值观是整个组织文化的核心，而且后者还可以对前者产生十分重要的影响。也就是说，组织文化和员工的价值观会影响顾客理解的构成服务品牌的价值体系。服务品牌价值观向消费者和员工传递的概念模型如图 6-7 所示。服务品牌的传递必须与顾客和员工的价值观匹配，具体体现为以

---

① Michael Hinshaw. A survey of key success factors in financial services marketinig and brand management. Journal of financial service marketing,2005,10（1）：42.

下两个方面[①]。

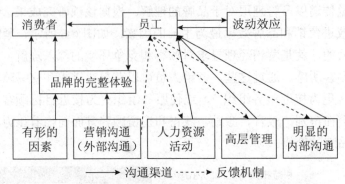

图6-7 服务品牌价值观向消费者和员工传递的概念模型

资料来源：Leslie De Chernatony, Susan Cottam and Susan Segal Horn. Communicating services brands' values internally and externally. The Service Industries Journal, 2006, 26（8）: 819.

1. 将品牌价值传达给员工

当寻求一致性员工行为时，将品牌价值有效地与员工沟通将非常重要，但员工必须首先接受并内化这些价值观，从而在组织内和在与顾客互动的流程中展示服务品牌。服务品牌价值观向员工沟通最根本的方式是组织沟通和管理沟通的结合，如图6-7所示。

（1）组织沟通。将品牌价值观以清楚的表述方式编码形成了内部营销沟通方式的基础，尽管品牌价值观是真实的，其沟通也不能仅仅局限于编码，因为仅列出或写下价值观是不够的。为了有效地传达价值观，不仅需要告知员工，而且员工也必须参与进来。在实践中，组织沟通主要可以从以下两个方面着手：招聘流程中的招聘广告以及员工与潜在员工之间的接触。当新员工加入时，通过这些渠道，社会化流程就产生了。例如，人力资源流程、导师制、讲故事、典礼（如员工奖励等计划性的、阶段性的活动）和仪式（重复的、标准的，如组织成立日庆祝这类活动）以及品牌价值观向价值观描述的编码流程等。

其中，首先是员工招聘流程。其促进了价值观向潜在员工的最原始的沟通，可以通过招聘广告和相关的资料，如小册子。一些自我选择也会产生，因为只有那些接受企业价值观的人才能真正完成整个招聘流程，以品牌为中心的人力资源管理需要确保那些个性特征和品牌特征高度匹配的求职者能被挑选与招聘，只有那些与组织价值观一致的员工通常感觉更容易接受它。但企业可能试图向求职者过分强调期望的价值观，甚至可能错误地从竞争对手那里吸引尽可能多的求职者，而不是让求职者在准确的文化信息基础上进行自我选择。尽管招聘流程会鼓励雇用那些与品牌价值观一致的员工，但新员工仍然可能具有不一致的价值观。因此，有可能存在破坏性阶段，促使个体与其以前的价值观相分离，具体可能包括颠倒新员工的经验，使其偏离对自己以及对公司和工作的一些既有假设，如通过一些密集的培训课程就可以做到这一点。实际上，个体员工一旦录用之后，其接受品牌价值观的流程就是一个社会化的过程。其中，这里所说的社会化，就是指学习规则的流程，是一个被教育"什么是重要的"流程。具体可以通过一系列组织沟通流程来实现。社会化是

[①] Leslie De Chernatony, Susan Cottam and Susan Segal Horn. Communicating services brands' values internally and externally. The Service Industries Journal, 2006, 26（8）: 819.

推动内部化的一种主要方式，企业可以利用很多人力资源管理流程来进一步推动社会化流程，如绩效管理制度、晋升和报酬标准以及解雇政策等。在这一方面，一个典型的例子就是 Bell Atlantic 公司，在与 NYNEX 合并之后，该公司重新设计了报酬结构以建立新文化的关键价值观。在这个案例中，为了确保绩效得到足够的重视，甚至改变了报酬结构中的核心内容。

一旦来到了应聘的位置上，新员工将会从老员工那里获得关于品牌价值观的一些知识，这些可能是在不经意间发生的，或者是通过更加正式的导师制方式。当然，其成功的程度还要依赖于诸如导师的指导技能以及导师对品牌价值观的理解等因素。此外，组织中传授故事，也有助于把价值观传授给员工。例如，Washington Mutual 在将其价值观传授给员工的时候，就注意到运用与品牌价值观相关联的故事和公开出版的例子（如公司时事通讯等）来提高效率。

总之，这些人为手段对传递和强化品牌价值观作出了很大的贡献。不过，尽管这些人为手段与品牌价值观相关，但对于员工来说，要从这些人为手段中推断出价值观来却并非易事。为此，管理者在选择积极地利用这些人为手段来将价值观传达给员工的时候，应该充分认识到有意识地在组织中运用这些手段的重要性，但同时要尽可能地避免负面的手段或消除不利影响。当然，员工也可以通过吸引消费者注意力的广告来获得关于品牌价值观的信息。在社会化的最后阶段，就是品牌价值观被个体完全接受。

（2）管理沟通。以广告、销售促进、直接营销和个人销售等形式进行的管理沟通，在向员工传递服务品牌价值观的流程中也起到了重要的作用。例如，以 CEO（首席执行官）的可见行为和 CEO 角色职能为形式的管理沟通，在向员工传递价值观中就具有十分重要的影响。因此，高层管理人员的行为不应该与品牌价值观相悖。同时，在一些关键性场合，如在改变或修正品牌价值观的时候，可以考虑由高层管理者来领导某些"一次性事件"，如路演，让员工集中在一起聆听关于公司品牌的报告，这样也可以将价值观传达给员工。不过，在传递价值观的流程中，只采用单一事件的方法往往是不切实际的。

2. 服务品牌价值观向消费者的传达

与前面类似，服务品牌价值观可以通过营销沟通和组织沟通的方式传达给消费者，如图 6-7 所示。

（1）营销沟通。营销沟通包括一系列工具，如广告、直接营销、销售促进、个人销售和服务期间与组织员工的接触等。品牌价值观的传递构成了所有组织营销沟通的重要组成部分。现在，越来越多的主体都在关注整合营销沟通的应用。其中，整合营销沟通是指通过每一种工具实现的信息传递应该保持一致，是使受众能感受到一致印象的流程。整合营销沟通利用品牌和公司可利用的各种资源作为潜在的信息传递渠道，因此它尤其适用于服务品牌的管理——因为每个消费者接触点都应该是加强品牌价值观的重要机会。

对于服务品牌而言，与消费者沟通的主要渠道是服务体验。整合营销沟通在服务情况下尤其有效。例如，在沟通无形性方面（如价值观念），整合营销沟通的协同效应能够增加所提供服务的有形性。用整合营销沟通来向消费者描述关于服务品牌价值观的一致性信息，往往能够强化顾客对这些价值观的理解。在向消费者传递价值观的营销沟通过程中，最为关键的因素是消费者和员工之间的互动。也就是说，在服务期间，消费者与员工的互动是传达价值观点的重要途径。如果向员工传达品牌价值观念获得了成功，并且如果整个组织的员工都将其内化并在服务过程中真正使品牌价值观展示出来的话，那么也会得到顾客的关注。但是，员工并不是消费者获得价值观沟通的唯一渠道，其他渠道可能包括公司名称、沟通战略，以及其他的外部营销活动与口碑等。同时，在把品牌价值观向消费者沟通的过程中，除了营销活动之外，通过"接触因素"的品牌沟通也是一个重要的可选渠道，它可以帮助消费者获得关于价值观的信息。其中，这里所说的"接触因素"主要包括：消费者面对的员工和提供服务的有形环境等因素。此外，企业也要对因特网给公司品牌一致性带来的机会和威胁给予足够的重视。互联网环境的特殊性，往往使围绕服务品牌的营销沟通变得更为复杂。例如，消费者获得关于品牌价值观念的信息有可能并不是组织所能计划的，其中最重要的一个例子就是消费者对品牌的负面评论。而如今信息时代中，许多服务企业尤其重视消费者的"口碑营销"，经常通过"好评返利"，"社交平台上'分享有奖'"等方式鼓励消费者多在公众平台发表积极的评价。

（2）组织沟通。品牌价值面向消费者的组织沟通，主要包括那些来自组织内部的沟通，如公共事务、人力资源管理、环境沟通和投资者关系等。在组织沟通过程中，管理人员需要特别关注公司外部和内部利益相关者界限的模糊性（在某种程度上存在着日益模糊的倾向）。而且，在许多情况下，利益相关者可能在一定程度上承担了员工、消费者或财务利益相关者等多重角色，这进一步强化了整合营销沟通的重要性，要求企业的营销和组织沟通必须保持高度的一致性，以便防止多种角色的利益相关者获得的有关品牌价值观的信息之间存在冲突。

（五）基于情感体验的服务品牌建设

由于服务的无形性，消费者对服务的感知更多的是基于自己的情感体验反应。其中，体验指顾客花费时间和金钱享受公司提供的一系列值得自己回味的事件的流程。服务和体验之间的主要区别在于顾客和供应方之间的情感联系，一旦这种联系建立，顾客更有可能感受到更高层次购买后的满意感，并且不断地重复购买同一个品牌，即形成了基于这种情感体验的品牌忠诚度。因此，可以说，情感体验在顾客形成对服务品牌的选择、忠诚度和满意度的过程中发挥着强有力的作用。例如，由于服务生产与消费的同时性，服务交付本身就涉及顾客的参与，而且不少服务本身也倾向于以各种方式改变顾客（如引导顾客使用银行的自动柜员机）。同时，无论服务供应商是否尝试管理顾客的情感体验，服务的亲密属性却似乎使服务体验更加个性化，从而不可避免地会导致情感体验的产生。因此，建设服务品牌，也必须以消费者的情感体验作为着眼点。迄今为止，已经有不少研究证明：顾客不仅仅是购买服务，而且他们是在购买以所售服务为载体的某些情感体验。对于顾客来说，服务品牌的情感体验与服务本身可能是同等重要的（如果不是更重要的话）。然而，在实践中，大多数服务企业目前尚没能向顾客提供美好的情感体验。有一项研究显示：只有不到25%的顾客认为服务组织真正提供了美好的顾客体验。

服务营销人员需要通过创造和管理顾客的情感性品牌体验来建设强势的服务品牌。其中，情感性品牌体验指使得顾客在感知和感情两个层次上有所收获，培养顾客对于服务品牌深刻的、持久的超过物质满足的情感联系，它包括创造一种实现情感传递的全面体验，以便使顾客形成对品牌的特殊纽带和独特信任感。在实践中，提供情感上的品牌体验，往往需要一种整体的组织协调努力，从而使顾客不仅感到满意，而且对于消费体验也会感觉良好。创造并管理有效的情感性品牌体验，还可以帮助企业实现服务品牌的差异化、销售额的增加、顾客的忠诚和塑造强有力的服务品牌。MINI Cooper、Apple Inc 和 Harley-Davidson 等品牌，均通过感情的品牌化活动提升了顾客的忠诚和顾客的投入。此外，当顾客在无形服务上花费更多货币的时候，他们往往也需要谨慎考虑对服务品牌的情感联系。由于越来越多的服务变得商品化，顾客对服务品牌的情感体验也有利于创造出品牌的差异化。因此，服务营销人员需要在服务发生之前、之中和之后三个阶段深入地去理解如何创造和管理顾客体验。通过发挥顾客情感体验的杠杆作用，往往可以使服务营销人员建立起强大的服务品牌。基于情感体验的服务品牌建设可以从情感与顾客行为模型入手[1]。

1. 情感与顾客行为模型

一般而言，情感的产生往往是五阶段准因果链的综合作用结果，这五个阶段分别是认知效果、情感共鸣、行为表达或展示、效果驱动的顾客行动以及选择流程。换句话说，从企业的角度看，可以把上述五个阶段表述为：①认识目标顾客的价值系统或其关注的重点；②对目标顾客进行情感刺激；③促使目标顾客对情感刺激产生积极的评价；④帮助目标顾客形成积极的信念或印象以及希望或期待；⑤积极的情感反应并促使顾客采取行动。实际上，对于顾客而言，情感的最重要职能是在进行决策的时候为不充分的原因提供某种支持，即情感是在同等决策条件下一种重要的权衡因素。情感体验的产生，往往与产品的特性和产品展示情境等因素有关，即围绕着产品的物质属性和服务环境引发顾客的积极反应。例如，在多个品牌的选择流程中，环境、品牌包装、对于特定品牌的过去体验以及营销沟通的首要印象所引发的情感，将会导致顾客更加注重某一种服务。

2. 建立情感和行为之间的联系

对于服务营销人员而言，深入了解各种情感容易诱发的行为类型以及顾客基于这些行为倾向所采取的行动，是十分必要的。具体而言，就是在情感和行为的关系当中，需要了解顾客特定行为背后的态度、主观准则及行为意图，并力争使营销信息与期望的顾客行为相匹配。例如，刺激正面情感的广告，可能并不能转化成为对宣传品牌的购买行为。要想转化为购买行为，可能还要使广告产生一种特别的情感——让消费者有一种非其莫属的感觉，当然这是与能力以及对行为的控制性情感分不开的，如"我有钱"或"我知道在哪里能买到我想要的东西"等。

---

[1] Sharon Morrison, Frederick G.Crane. Building the service brand by creating and managing an emotional brand experience. Brand Management, 2007, 14（5）：411.

情感的功能主要是帮助顾客按照如下标准进行决策。在逻辑和信息缺失的时候，消费者更是常常基于如下标准作出选择决策。

（1）技术标准。产品主要是为此目的而设计的；

（2）经济性标准。价格支付与努力的延伸相对于利益的比较；

（3）合法性标准。由其他人的需求所引导的选择；

（4）整体性标准。在自己周围的社会接受性、地位、可见性、时尚和标准；

（5）适应性标准。风险最小化期望，降低对不确定性或后悔的担忧；

（6）内在性标准。产品看起来、感觉起来、品尝起来、闻起来、听起来如何。

不过，目前对顾客情感的关注多集中于品牌化产品，而不是服务。但实际上，情感对服务选择的影响往往远大于其对产品选择的影响，这也主要是源于服务的特殊性。例如，服务是无形的，消费者不能"拾起"服务，也不能在消费之前进行评价，服务的消费还依赖于服务人员的表现。同时，消费者参与了服务体验，对于互动流程也投入更多，情感上往往也比产品购买更显著地受到服务供应商的影响。实际上，鉴于服务的特殊性，情感有可能在前述三个标准中发挥更大的作用。例如，服务供应商的技术能力可能不为人知；消费者根据适应性标准在评价服务的过程中可能会遇到困难，即在服务消费的过程中可能比产品消费面临着更高的风险；在服务消费的过程中，对于内在标准的评价可能会比较困难。结果，消费者将会在更大程度上依赖于来自服务品牌特征、服务供应商和服务提供环境的一些情感线索来作出判断。由此可见，由于技术的、适应性的以及内在的标准而带来的信息不充分性，无疑进一步增强了情感在顾客购买决策中所发挥的作用。这在内科医生、心理专家、牙医和律师等高信任、高风险的专业服务中更为普遍。

不过，这里需要再次强调的是，服务的特殊性也引发了来自消费者的不同反应。有关消费者对服务品牌质量理解的研究表明，消费者对服务品牌的评价主要依赖两个维度：技术质量和功能质量。其中，技术质量是与技术标准类似的，是服务供应商和服务环境的基本功能——服务供应商做什么；功能质量涉及服务供应商的态度、行为以及与他人的互动等——服务供应商是如何做的，它往往是适应性标准和内在标准的综合体。为了获得更高的顾客满意度和忠诚度，服务供应商必须在功能质量上表现得更好，而且功能质量也是消费者最有可能感受到高风险的评价维度。按照技术维度标准，消费者可以利用认证和声誉来作出判断；对于适应性和内在标准的评价，消费者的可获信息则相对较少，而这种信息的缺乏，可能会在错误决策的过程中引发不确定性的情感和内在风险。总之，消费者明显地倾向于建立在饱含情感体验基础上的服务，而不是建立在技术质量评价基础上的服务。当逻辑失效时，情感会在很大程度上起到补偿作用，这意味着情感在决定行为的过程中可能会起到更强的作用。

3. 对基于情感体验的服务品牌进行有效管理

提高顾客对于服务品牌的积极性，关键在于将服务产品转化为体验产品，并促使顾客形成对服务情境、服务流程和服务品牌的情感纽带。为此，服务营销人员有必要深入理解如何为顾客创造一种积极的情感体验。从战略的视角来看，企业需要在顾客真正参与到服务品牌的提供之前、之中和之后的三个阶段均加强对服务品牌体验的管理①。

（1）在购买之前管理情感性品牌体验。

企业必须强化管理和引导，力争使顾客在接受服务之前就形成积极的情感——舒适的和自我满意的情感。对大多数服务品牌而言，这意味着服务营销沟通、店面和声誉等必须能够把消费者和服务供应商联系起来，而不仅仅是与正在提供的服务联系起来。为了达到这一目标，一些成功企业的做法有：在服务卡片上提供服务员的照片、打出能够表达企业竞争力和对服务供应商信赖的广告和标语、同潜在顾客积极的个人交往（或许通过社区服务组织）等。不过，无论企业选择哪些做法，都应该力争确保：在购买体验前的任何事情，都应能够按照服务品牌的要求引发积极的情感反应。当然，有些类型的服务品牌也可能从不同渠道获益。例如，新服务或者服务创新可能需要在营销沟通过程中提供关于服务品牌的基本教育。尽管这类一般性的沟通可能无法促使顾客与特定的服务供应商建立情感联系，但沟通中所包括的有关特定品牌的特殊信息却有可能把目标顾客吸引过来。在这种情况下，服务供应商必须提供证据，以便表明顾客将会得到个性化的关注，进而满足顾客左脑（功能价值）和右脑（情感价值）的期待。

此外，顾客细分在情感性品牌体验的流程中特别重要，因为不同的细分市场对服务品牌具有不同的情感诉求，依赖刺激顾客购买行为的营销沟通应该与服务品牌情感要求保持一致。有关顾客细分的内容将会在下一章重点加以阐述。

（2）在购买阶段管理情感性品牌体验。

当服务环境设计是沟通服务品牌主题的重要组成部分时，服务供应商自身将成为顾客基本情感反应的根源。在服务提供过程中，为了产生积极的情感反应，称职是对服务供应商基本要求。同时，服务供应商还必须保持足够的礼貌水平、相互理解程度、对顾客额外的关注和可信性等。这就意味着服务企业在设计服务品牌体验时必须考虑以下两项核心因素：环境必须是友好的；所有员工都必须接受过系统的培训，并以各种可以帮助引发积极情感反应的方式来对待顾客。此外，由于服务产品生产与消费的同步性，顾客也是服务质量的重要影响者，这就需要服务企业在服务品牌形成过程中尽可能把顾客包括进来，至少使顾客产生一种积极参与者的感觉。以这种方式与顾客互动来增加他们对服务情境掌控的感觉，将会促使顾客产生更为积极的情感体验，从而赢得更高的满意程度，这对于那些高信任服务的提供与消费具有更重要的意义。在实践中，这种情感体验可能来自一些细微的事情（如献血者选择哪个手臂来抽血）。而且，为了消除忧虑的情绪，服务供应商还可以通过一些方法使消费者在一定程度上感受到积极参与服务提供流程的舒服体验。同时，服务设计者的创造性设计对顾客产生积极情感的影响也不容忽视。

例如，西贝莜面村（以下简称"西贝"）是当前我国西北菜系餐厅中规模最大的连锁品牌，以其令人印象深刻的优质服务著称。在顾客点餐之后、用餐之前，西贝会为顾客提供一个 25 分钟时长的沙漏，并承诺规定时间内所有菜品一定上齐。用餐过程中餐厅的服务人员服务极为细致周到，充满人文关怀。西贝的连锁店均已实现用餐智能化，顾客到店

---

① Sharon Morrison, Frederick G.Crane. Building the service brand by creating and managing an emotional brand experience. Brand Management, May 2007, 14（5）：411.

前,通过手机软件或者微信可以实现提前点菜;顾客到店后,扫描桌上的二维码直接下单到厨房;顾客用餐结束,使用"秒付"功能不用离桌就可实现买单;"秒付"和会员系统打通,顾客使用"秒付"功能,自动为餐厅增加1位新会员。

(3)在购买之后管理情感性品牌体验。

在购买之后,消费者的消费体验并不会就此结束。服务供应商可以通过扩展对服务品牌积极的情感依附来努力强化消费者对服务品牌的忠诚,具体的实现方式多种多样。例如,服务供应商可以在服务提供结束之后附带送上一张感谢的便条、为回头客提供一些折扣或者实施一些能够提高顾客忠诚度的其他策略。其中,有研究表明:感谢便条在高接触、高频率和个体服务中尤其有效,如法律服务和个人护理;对于高价值的服务,服务供应商可以向顾客提供一些礼物。另外,对特殊日子的关注也是一种与顾客保持情感联系的有效方式。例如,在顾客的生日时提供优惠或是送上祝福,这样能够拉近顾客与品牌的情感关系,使得品牌更具"人情味"。

本章小结

如今,服务市场竞争激烈,企业想获得独特的竞争优势,就需要树立起明确的服务导向,并进而提出独特的价值主张,然后竭尽所能地把独特的价值主张落到实处,并使之得到目标顾客的认可。

本章界定了服务导向与服务价值主张的内涵,并剖析了其层次性。同时,本章还介绍了服务营销战略的规划流程,主要包括业务细分、服务包的设计、竞争基础的确定、战略规划中的内部职能运作和经营流程的职能战略选择等。此外,本章还在回顾源于服务特性的营销问题的基础上,重点论述了服务有形化战略、基于顾客导向的服务生产率提升战略和基于顾客导向的服务品牌战略等服务企业特别需要重视的服务营销战略。

关键词汇

服务导向战略:企业及其员工把顾客的利益放在首位,通过优质服务来满足顾客的需要,发展企业与顾客之间的合作关系。

服务价值主张:一种对顾客在与服务企业交易过程中所获得的富有吸引力的、值得信赖的、有特色的利益的清晰表述,是顾客为什么跳过竞争对手而选择本企业的真实原因。

服务营销战略:服务战略中的核心战略之一,它是指企业为了谋求长期的生存和发展,根据外部环境和内部条件的变化,对企业所作的具有长期性、全局性的服务计划与谋略,是企业在组织目标、资源及各种环境机会之间建立与保持一种可行的适应性服务的管理流程,包括服务导向、服务观念和服务开发等一系列的营销策略。

复习思考题

1. 举例说明服务导向的内涵及其对服务营销成败的影响。
2. 请结合自己所熟知的一家服务企业,概括其服务价值主张并探讨是否需要作出改进,如何改进。
3. 服务生产率与制造业中传统的生产率概念有何异同?如何在实践中提升服务生产率?
4. 试比较产品营销与服务营销中的品牌,并论述如何构建服务品牌。

本章案例

华住的营销之道

在2017年华住酒店集团"遇见未来"华住世界大会上,华住公布了一张漂亮的成绩单:酒店业务RevPAR(revenue peravailable room,平均客房收益)连续10年领先同业,市值已成为中国酒店集团第一。在过去的12年发展中,华住每年的收入增长率达到了33%,增幅超过了多数全球酒店业巨头,如万豪集团、希尔顿集团。对于传统的酒店业,能实现如此骄人的业绩成长和发展,与华住与时俱进、以提供高质量服务为导向的营销战略有着密切的关系。

从线上到线下,全面"触网"

首先,华住酒店集团通过"华住会"APP每年能够以1亿接待人次作为基础,抓取用户大数据,精准分类,将用户行为习惯数据综合分析,构建出用户画像,进而精准地为顾客推荐服务,同时,也可以灵活地定制会员服务,进而提升顾客黏性。其次,华住通过对酒店物业的智能化改造推出了一系列服务,如"光速入住""0秒退房""发票一键打印"等,极大地提升了用户体验。

多元获客并展开跨界营销

针对新一代消费者群体,华住集团举办了多样化的营销活动。例如,华住与上海铁路局合作,开辟了一班高铁品牌专列。作为第一个开辟高铁品牌专列的酒店类品牌,"品牌专列首发+车上活动+车内广告"的形式向目标顾客群体带来了别开生面的感官体验,巧妙地为目标顾客提供了"下了高铁去哪住?"这一问题的解决思路。面对高校学生,华住积极举办各种线下活动,如华住曾举办多米诺骨牌高校挑战赛,吸引了多个学校的多支团队来参与。通过高校挑战赛,不但大学生的生活得以丰富,华住酒店集团这一品牌也深深印刻在参与到活动中的学生的心中。同时,华住也积极地试水"跨界营销",运用粉丝经济来提升品牌知名度。例如,华住与"中国好声音"合作,将华住酒店集团作为节目的指定主题酒店,通过融合好声音元素对旗下全季酒店进行改造,将酒店的各个区域装饰、配色向好声音的节目现场靠拢,笼络了无数节目粉丝的"芳心"。

建立战略联盟,构建低、中、高端顾客全覆盖

自2014年起,华住酒店集团与雅高酒店集团形成长期战略联盟,以全球超过7500万的共同忠诚会员为目标。战略联盟建立后，华住酒店集团的产品涵盖高端市场的禧玥、美爵和漫心，中端市场的诺富特、美居、全季、星程，以及经济型市场的宜必思尚品、宜必思、汉庭、怡莱和海友，满足从高端到平价、从商务差旅到休闲度假的个性化需求。

资料来源：根据 http://www.sohu.com/a/165151428_696307，2018 年 5 月 23 日，"想住就住！'华住会'解锁酒店类品牌营销新模式"及"华住立志成为世界级酒店集团：要将汉庭打造成'国民酒店'"，https://www.thepaper.cn/newsDetail_forward_1906843，2018 年 5 月 23 日，等资料改编。

思考题

1. 华住集团发展中主要运用了什么样的服务营销策略组合？
2. 请总结华住集团制定营销战略及营销策略组合中存在的特点及其可借鉴之处。

即测即评

补充阅读材料

第七章　服务市场细分与定位

如前所述，不同顾客或顾客群体可能存在着不同的需求与偏好。因此，企业必须在服务营销战略的基础上，对服务市场进行细分，以便从中选择理想的目标市场或目标顾客群体。本章的学习目标主要为：

学习目标
- 服务市场细分的概念
- 服务市场细分的步骤
- 服务细分市场的选择
- 服务市场的定位

第一节　服务市场细分与选择

市场由大量差异性的消费者组成，消费者的需要和欲望、购买力、购买态度和购买行为都有所不同。服务企业应该意识到，它不可能让所有的消费者都满意，所以有必要将整个市场进行细分，再根据自身的实力与条件去满足特定细分市场的需求。

一、服务市场细分的概念

市场细分是一个将异质市场划分为若干个同质市场的过程，服务市场细分就是通过一个或数个变量，将整体市场分为特定的细分服务市场，便于服务企业提供不同的服务和营销组合，以便更有效地满足各个细分市场的顾客需求，从而塑造优势的服务品牌并提高顾客的忠诚度。

为了有效地进行市场细分，以企业的优势集中于某个细分市场，服务企业需要识别最有吸引力的利基市场，通过有效地为它们服务从而产生巨大的利润。例如，神州专车偏向商务接待用车需求，而人民优步和滴滴出行则将重点放到普通人的日常用车上。部分专业性服务企业，如广告公司、法律咨询和会计事务所等可以实施完全市场细分，将每一个顾客视为一个单独的市场。但对多数传统服务企业，完全细分由于成本过高而显得不现实，大部分顾客也无力购买完全定制化的服务。对于餐饮业、旅馆业这类传统的竞争性服务行业，市场细分的重要性更是不言而喻。即使对某些垄断行业，随着消费者需求的多样化，以及新竞争者的加入，垄断组织也逐渐意识到需要进行市场细分。例如，腾讯按照使用场景和用户年龄等将用户细分为两个不同的子市场，并分别为之提供了腾讯QQ和微信两类服务，相较而言，腾讯QQ面对的是更为年轻的用户。

二、服务市场细分的原理与步骤

随着服务市场上新竞争对手的不断涌入和服务产品项目的增多,企业之间竞争也日益加剧,市场细分在过去 30 年里已经在服务营销中得到了广泛的应用,以便使企业可以把资金投向能够给其带来经济效益的领域、避免盲目投资造成的资源浪费和构建起基于服务产品的差异化竞争优势。但科学的市场细分应该遵循一定的程序,并努力确保服务细分市场的可度量性、可接近和可进入性、可盈利性。

1. 服务市场细分原理

对市场的全面理解,在制定合理的服务战略中起到重要的作用。市场是由一群具有共同需求的潜在顾客构成的。为了有效地进行针对性的服务营销,营销人员必须要充分理解市场和市场细分,准确地把握总体市场和识别总体市场中的细分市场。其中,总体市场是一个广阔的、异质性的、具有共同需求的潜在顾客群体(图 7-1),可以将其划分成更小的、更为同质化的细分市场,其市场需求或利益诉求将更加集中(图 7-2)[①]。通过上述的服务市场细分,企业可以把关注焦点从总体市场转向特定的细分市场,或者通过为其服务产品寻求新的细分市场来拓宽其市场基础。例如,美图公司在进军手机行业时,将目标消费群体聚焦于追求美观、喜欢自拍的年轻女性,进而成为自拍手机的代名词,销量大涨。

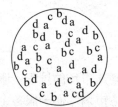

图 7-1　总体市场图示　　图 7-2　细分市场图示

资料来源:Baldwin W.Marchack. Market segmentation and service:A strategy for success. The Journal of Prosthetic Dentistry,March 1995,73(3),pp.311-315.

举例来说,女性杂志的总体市场由所有女性杂志的潜在购买者组成。为了促进营销战略,该市场可以被划分成迎合特殊利益群体的更小细分市场,如年轻女性、职业女性、关注健康的女性和关注时尚的女性。

2. 服务市场细分的步骤

一般而言,服务市场细分往往会遵循图 7-3 所示的流程,从服务市场的界定开始,然后在市场调研的基础上明确细分变量,接下来是在顾客服务要素识别的基础上选择最合适的细分变量,最后是基于数据分析进行细分。

---

① Baldwin W.Marchack. Market segmentation and service:A strategy for success. The Journal of Prosthetic Dentistry,March 1995,73(3):311-315.

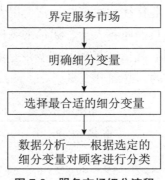

图 7-3 服务市场细分流程

（1）界定服务市场。

服务市场的界定就是确定企业推广其服务产品所要寻找的顾客群体。在确定顾客群体时，企业必须明确自身的优势和劣势，并对可能拥有的资源进行审核。然后，在以下几个方面作出选择，包括服务产品线的宽度、顾客类型、地理范围及企业所要涉入的价值链的环节。成功的市场细分意味着企业在明确的细分市场上满足现有顾客和潜在顾客的需求，这就要求企业必须了解顾客的态度、偏好及其所追求的利益。

（2）明确细分变量。

在确定了相关市场之后，企业必须甄别细分市场的各种标准或依据。实际上，无论是产品市场还是服务市场的细分，从实践来看，其所依据的细分变量是类似的，正如女性杂志例子中所说的情况一样。一般而言，可供企业选择的服务市场细分变量通常包括地理因素、心理因素、人口和社会经济因素、行为变量、用途等：①按地理因素细分。这是根据消费者工作和居住的地理位置进行市场细分的方法。由于地理环境、自然气候、文化传统、风俗习惯和经济发展水平等因素的影响，同一地区人们的消费需求具有一定的相似性，而不同地区的人们又形成不同的消费习惯与偏好。因此，地理因素得以成为市场细分的依据。由于这种方法比较简单明了，更为许多服务企业所偏爱，如银行根据城乡进行市场细分。②按心理因素进行细分。影响消费者购买行为的心理因素，如生活态度、生活方式、个性和消费习惯等都可以作为市场细分的依据，尤其是当运用人口和社会经济因素难以清楚地划分出细分市场时，结合考虑顾客的心理因素如生活方式的特征等将会变得有效。许多服务企业已越来越倾向于采用心理因素进行市场细分，如饭店根据消费者的饮食习惯和偏好进行市场细分。同时，应注意：心理细分在强化品牌识别和与品牌建立情感联系方面，可能非常有用，但不一定能映射到行为和销售。③按人口和社会经济因素细分。这里的人口因素包括年龄、性别、家庭人数、生命周期等，而社会经济因素则是指收入、教育、社会阶层和宗教种族等，如候机室会根据消费者的收入情况，提供不同级别的服务。④按行为变量进行细分。根据购买者对产品的了解程度、态度、使用情况及反应等将他们划分成不同的群体，称为行为细分。许多人认为，行为变量能更直接地反映消费者的需求差异，因而成为市场细分的最佳起点。这些变量可能包括：购买时机、追求利益、使用者状况、使用数量、品牌忠诚程度、购买的准备阶段等。⑤按用途细分。用途细分就是根据顾客对产品的使用方式及其程度进行细分。据此顾客大体上可以被划分成经常使用者、一般使用者、偶尔使用者和无使用者。服务企业往往关注那些经常使用者,因为他们比偶尔使用者的使用次数要多得多,如经常乘坐飞机的商务人士、偶尔乘飞机远途旅行的游客、节假日短途飞行的乘客等。其中,地理变量、人口变量和心理变量是经常使用的三类变量,表7-1 具体描述了在这三类变量中所包括的一些细分变量。

表7-1 市场细分变量

市 场 细 分
人口变量
年龄:12岁以下、12～19岁、20～34岁、35～49岁、50～64岁、65岁以上
性别:男性、女性
家庭生命周期:单身、结婚无孩子、结婚有孩子、空巢家庭
收入:……
职位:管理者、专家、办公室人员、技术工人、家庭主妇、公益事业者
种族:……
地理变量
城市类型:都市、郊区、乡村
环境:温暖、寒冷
人口:……
心理变量
个性:有成就欲的、善于分析的、和蔼可亲的、合群的
购买者偏好:价格驱动、价值驱动、质量驱动
动机:利益寻求、如口味、外表、舒适度、健康等
社会阶层:上层、中层、底层

资料来源:Baldwin W.Marchack. Market segmentation and service: A strategy for success. The Journal of Prosthetic Dentistry, March 1995, 73(3): 311-315.

不过,需要强调指出的是:虽然市场细分变量主要体现为以上几类,但在实践中,由于消费者的购买行为往往不是取决于某一个细分变量,所以有效的细分通常依赖多个细分变量的组合。例如,在美国假牙修复市场,从人口变量来看,婴儿潮一代在1946—1964年出生,从这一变量来看,到2000年时,假牙修复服务的潜在顾客细分市场占据美国成年人口数量的38%,但仅仅根据这一个细分变量是不够的,还需要综合考虑其他变量。例如,牙医们希望通过收入、职位、家庭生命周期、社会阶层、购买者偏好、动机及利益寻求等来进一步界定细分市场。

(3)选择最合适的细分变量。

事实上,企业在选择细分市场的变量时不能生硬地照搬这些方法,而必须结合具体情况有所创造,以建立起差异化竞争优势。其中,最重要的工作就是建立最佳的细分变量。这项工作主要包括两个方面,一是先把各种潜在的、有用的变量都列出来;二是顾客服务要素的识别,即找出购买者在选择和评价供应商的过程中所重视、所运用的顾客服务要素,这可以通过早期的文献或经典案例所提供的要素来获得[①]。由于每个行业都有其不同的要

[①] Arun Sharma, Douglas M.Lambert. Segmentation of Markets Based on Customer Service. International Journal of Physical Distribution & Logistics Management, 1994, 24(4): 50-58.

求,所以对一系列购买者采用深度访谈的方法来探索并验证这些服务要素,增加本行业中的特殊要素是其中的重要工作。一旦获悉了重要的顾客服务要素,还要对潜在购买者进行深入的调查,以便确定这些要素在选择和评价供应商过程中的相对重要性及可能影响其重要程度的情境因素,这可以在市场调查的基础上,通过对相关数据的因子分析技术来实现。然后,再根据所得到的相对重要性评价,从中选择出那些被认为是重要的变量。与此同时,还要对那些重要的变量再作进一步的详细划分。在某些情况下,这种划分可能比较直接和显而易见,如年龄、性别和地理位置等,而对于那些心理因素则要作较为深入的市场调查,以了解它们的特征和需求类型。例如,考虑到不同的期望因素对顾客满意度的影响不同,如有的顾客更加在意价格,而有的顾客则更在意服务的快速,有的企业甚至会把期望因素纳入到市场细分标准中来。

（4）数据分析——根据选定的细分变量对顾客进行分类。

在选定了最佳的市场细分变量之后,剩下的工作就是根据不同顾客对这个或这些细分变量的重要性的不同认识（或不同取值）来进行分类了,从而生成了不同的细分市场,这往往可以通过聚类分析技术来实现。与产品市场细分类似,在所识别出的细分市场中,同一细分市场内部体现出相似或相同属性,在不同细分市场之间往往表现出显著差异。

三、服务细分市场的选择

企业根据细分变量,在识别细分市场基础上,需要具体选择某个特定的细分市场作为投资方向。但企业在评估各种不同的细分市场并最终作出市场选择的时候,需要考虑三个方面的因素:细分市场的规模、细分市场的结构吸引力及企业的目标和资源。[1]

1. 细分市场的规模

企业应当选择有适当规模和增长特征的市场。在这个流程中需要收集整理各类细分市场的相关数据,包括销售量、增长率和预期利润等。通常企业都想把销售量大、增长率和利润额高的细分市场作为目标市场,但是这并不意味着,对于所有的企业,销量最大和增长最快的细分市场都是最佳的选择。一些小企业缺乏必要的资源和技术来满足这些较大细分市场的需求,这些企业选择较小的细分市场可能对发展更有利。

2. 细分市场的结构吸引力

细分市场具备理想的规模和增长率不一定意味着丰厚的利润回报。企业必须对细分市场的结构进行细致的分析。例如,一个细分市场中可能已经有了多个强大的竞争者；实际或潜在的替代产品的快速发展会直接影响到细分市场的利润回报；如果细分市场中供应商的议价能力很强,能够控制价格,或者能够降低产品和服务的质量或是改变数量,那么这些都会使得细分市场的吸引程度降低。

---

[1] 王永贵. 服务营销 [M]. 北京：北京师范大学出版社，2007：243.

3. 企业目标和资源

即使某个细分市场具有合适的规模和增长速度，也具备结构性吸引力，企业仍将受到本身资源的限制。如果某一细分市场适合企业的目标，那么还必须看该企业是否具有占领该市场所必需的技能和资源。如果企业缺乏赢得细分市场所必需的资源，就无法进入这个细分市场。

四、服务市场细分应用举例

在服务市场细分的实践中，企业必须首先决定自己的目标市场在哪里，目标市场的顾客期望是什么，他们与其他细分市场相比存在哪些差异，然后再想方设法更好地服务于所选定的细分市场，以便满足该细分市场上顾客的期望。如上所述，可供企业选择的服务市场细分变量有许多。

下面就以基于服务质量的市场细分为例，稍加阐述。由于服务的特殊性（无形性、流程性、异质性和易逝性），一直以来，服务质量的测量往往比产品质量更加困难。不过，现有的多数研究已经表明：一种广为接受的服务质量测量方法是从 10 个维度或 5 个维度如（第五章所述）加以测量，如有形性、信任、反应能力、可靠性、沟通、安全性、胜任能力、礼貌、理解能力和便利性等，其普遍适用性已经在很多行业中得到了验证，其中包括零售银行、信用卡、证券经纪、产品维修和维护、电话修理、保险及宾馆等。在具体的细分实践中，企业可以依据这些服务质量测量维度，再加入价格因素进行综合考虑来进行市场细分。表 7-2 提供了旅馆行业中典型的带有相应价格指数的市场细分例子。

表 7-2 旅馆行业中典型的市场细分例子

旅馆服务市场细分的例子	信 任	反应性	保 证	共 鸣	礼 貌	= 价格
廉价旅馆（如 Motel 6）	+	−	−	−	−	
商务旅馆（如 Marriott Courtyard）	+	+	0	−/0	−	
家庭/扩大空间的套房旅馆	+	0	0	0/+	0/+	不同价格
豪华旅馆（如 Ritz Carlton）	+	+	+	+	+	
只提供床铺和早餐的旅馆	+	0	0	+	+	

注释：任何组织可以在五个因素上选择低（−）、平均（0）或高（+）。价格推动价值预期，成功的企业将会根据其提供的服务的水平来进行定价。

资料来源：Beth G.Chung. A service market segmentation approach to strategic humance resource management. Journal of quality management，2001，6（2）：117-138.

顾客往往对不同类型的服务有着不同的期望组合，即使是在相同的服务行业中，也是如此。所以，服务企业需要理解在不同细分市场中顾客期望的细微差别，表 7-2 所示的 5 个期望维度就有助于对期望进行细分。如果把这 5 个维度或者说是期望标准结合在一起，就可以在服务行业中区分出大量不同的潜在细分市场。实际上，表 7-2 已经显示了这 5 个维度是如何与价格结合起来对服务市场进行细分的。任何一家服务企业都可以决定在某一个或所有这些维度上达到较低水平的、平均水平的、还是优异水平的服务。其中，负号表示最低的绩效，0 表示平均或适度的绩效，而正号则表示优异的绩效。例如，聚焦于廉价居住细分市场的旅馆，可以在信任维度上把目标定位在取得优异绩效，但却不会在其他 4 个维度上花费过多的资源以控制成本。在表 7-2 中，所有的细分市场都强调需要在信任方面高度重视——这是因为信任维度对所有细分市场上的顾客而言都很重要，在等级排序中列为最重要的维度。不同企业可能从事相同业务（如住宿），但不同的企业却可能面临着不同的细分市场，它们会采用不同的特征组合以适应不同的顾客期望组合。以商务旅馆为例，如果能充分满足细分市场的期望，这种旅馆就会生存和发展。这种市场细分寻求信任上的优异表现——提供一致的、可以信赖的服务，并在反应性方面表现优异，因为商务旅行者往往都信奉"时间就是金钱"。同时，这类企业还需要适度水平的保证性，而缺乏个性化的共鸣却是可以接受的。另外，礼貌维度或宾至如归的体验是最次要的因素，这是因为大部分旅行者并不想花费太多的时间进行寒暄。最后，体现在价格维度上就是这种服务组合的收费处于中等水平。其实，价格维度只反映消费者的心理预期，价格的高低并不会影响企业的成功与否。如果价格与期望值是相等的，并且所提供的服务水平与细分市场所提供的期望也是一致的，那么这类企业可能与豪华旅馆一样获得成功，关键就在于企业是否提供特定细分市场上所期望的服务类型和服务水平[1]。不少企业的服务营销实践证明，上述框架适用于所有的服务行业，而并不局限于宾馆、饭店或航空业，而且还可以包括保险公司、银行、会计公司等服务业。不过，在把上述逻辑应用到不同行业的时候，可能需要考虑一些额外的问题：①对一些行业而言，特定的服务质量维度对不同的细分市场而言，可能不成为区分的因素，因为每个细分市场都重视这个维度，如上面所说的信任。例如，在航空服务中，没有哪个顾客细分市场希望乘坐信任维度最低的航班，大多数顾客都希望服务人员能够充分胜任并能够给人安全感和信任，这样可以将潜在风险最小化。②不同行业可能要求这些项目和因素作出修正，以便反映其独特的行业背景。不同服务行业应该增加一些在本行业中尤其重要或独特的维度或项目。所以，在相同的行业内部（如旅馆），不同的企业倾向于不同的细分市场（如豪华旅馆和只提供床铺和早餐的旅馆）。通过发现特定的顾客期望并管理这些期望、恰当的定价以及基于期望交付服务，企业往往都可以获得合理的利润。[2]

另外，科学的市场细分，不仅是很好地满足细分市场的前提，而且还可以为企业的成长或扩张提供依据。如果企业决定扩张的话，比较理想的增长点应该处于与现有的细分市场焦点相容的领域。例如，美国民航市场中的西南航空公司决定扩大其经营规模的时候，它对扩张控制得就很好。该公司经过深入研究，最终决定扩张到更多目的地，而且所选择的目的地都是更小的短途城市之间。这样，该公司就能够将焦点保持在低成本/价值的短途飞行这一细分市场上。与此形成对照的是人民捷运公司。该公司是一个只顾扩张而忽视主要细分市场的航空公司。人民捷运公司一开始很成功，因为它牢牢地把握住廉价的旅行者。但随着企业的扩张，该公司就开始定位于商务旅行者。显然，这是个需求差异很大的

---

[1] Beth G.Chung. A service market segmentation approach to strategic humance resource management. Journal of quality management, 2001, (6) 2: 117-138.
[2] 同上。

细分市场。这样,与原先廉价的战略思路便产生了冲突,进而模糊了公司的战略焦点。最终,该公司净损失3亿美元,最后卖给了田纳西航空公司。

五、服务市场细分的原则

企业可根据单一因素,亦可以根据多个因素对市场进行细分。选用的细分的标准越多,相应的子市场也就越多,每一子市场的容量相应就越小。相反,选用的细分标准越少,子市场就越少,每一子市场的容量则相对较大。因此,需要寻找合适的细分标准,以平衡子市场规模和数量之间的关系,实现利润最大化。对市场进行有效细分应遵循以下基本原则[1]。

(一)可衡量性

可衡量性指细分的市场是可以识别和衡量的,亦即细分出来的市场不仅范围明确,而且对其容量大小也能大致作出判断。

(二)可操作性

可操作性指细分出来的市场应是企业在现有资源条件下能够操作的,亦即企业通过努力能够使产品进入并对顾客施加影响的市场。一方面,有关产品的信息能够通过一定媒体顺利传递给该市场的大多数消费者;另一方面,企业在一定时期内有可能将产品通过一定的分销渠道运送到该市场。否则,该细分市场的价值就不大。

(三)有效性

有效性即可营利性,指细分出来的市场,其容量或规模要大到足以使企业营利。进行市场细分时,企业必须考虑细分市场上顾客的数量,以及他们的购买能力和购买产品的频率。如果细分市场的规模过小,市场容量太小,细分工作烦琐,成本耗费大,获利小,就不值得去细分。

(四)差异性

差异性指各细分市场的消费者对同一市场营销组合方案会作出差异性反应,或者说对营销组合方案的变动,不同细分市场会有不同的反应。一方面,如果不同细分市场顾客对产品需求差异不大,行为上的同质性远大于其异质性,此时,企业就不必力对市场进行细分。另一方面,对于细分出来的市场,企业应当分别制订出独立的营销方案。如果无法制订出这样的方案,或其中某几个细分市场对是否采用不同的营销方案不会有大的差异性反应,便不必进行市场细分。

---

[1] 王永贵.服务营销[M].北京:北京师范大学出版社,2007:240.

第二节　服务市场定位的内涵与原则

如前所述,服务价值主张是服务营销取得成功的关键所在。然而,在服务实践中,如何根据所提炼的价值主张形成独特的市场定位并把价值主张落在实处,是每一家从事服务营销实践的企业都必须考虑的核心问题之一。

一、服务市场定位的内涵

最成功的服务企业应该能够把自己同其他企业区分开来,同其竞争者相比,它们在特定的市场中获得了一个独特的位置,通过改变它们各自所处行业的典型特征来发展它们的竞争优势,从而使自己显得与众不同[1]。

所谓服务市场定位是指服务企业根据市场竞争状况和自身资源条件,建立和发展差异化竞争优势,以使自己的服务在顾客心目中形成区别并优越于竞争对手服务的独特形象。当企业选择了某个特定的目标市场并遇到竞争对手时,首先要作服务定位分析。例如,企业需要了解在这一细分市场上顾客心目中所期望的最好服务是什么,竞争对手所能够提供服务的程度,以及本企业提供的服务是否与顾客需求相吻合,如果顾客的期望尚未或很少满足,那么服务企业应该采取怎样的措施使自己的服务达到顾客期望的水平等[2]。

服务定位试图帮助消费者从众多的竞争对手中辨别服务产品、公司或者个人。这样,他们可以将自身与最能满足其需求的服务匹配起来。服务定位可以通过对市场空间的仔细研究和判断市场机会所在而最终形成。对初始受众而言,目标营销是服务不可缺少的一部分,它主要传递质量、服务、价值等。其中,初始受众主要由以前的、现在的和将来的顾客组成。次级受众是一个网络或潜在的参照源,由其他顾客组成。对于次级受众而言,服务市场定位主要包括两个部分内容:①发现利基。有很多相关的例子显示,这些服务成功地发现了利基市场,并取得成功。②确立领先地位。定位战略需要在选择的利基市场中确立领先地位。领先地位和专门的知识可以通过多种方式确立,最常见的是通过向适当的受众开展研究、发表文章、教育和举办讲座等。定位战略要求企业能够抓住机会向各种团体宣传,从而使其专业的知识得以广泛传播。例如,对很多假牙修复服务而言,强势的患者资源就是专业性的介绍网络,使更多的受众受到教育,把更多的潜在顾客转化为现实的顾客[3]。

二、服务市场定位与产品市场定位的区别

当企业或服务供应商在市场上为自己及其所提供的服务确立并保持一种独特的位置

---

[1] 梁彦明. 服务营销管理 [M]. 广州:暨南大学出版社,2004:119.
[2] 郭国庆 等. 服务营销管理 [M]. 北京:中国人民大学出版社,2004:89.
[3] Arun Sharma,Douglas M.Lambert. Segmentation of Markets Based on Customer Service. International Journal of Physical Distribution &Logistics Management,1994,24(4):50-58.

时，则可以称其为成功的定位。在竞争日益激烈的服务行业，有效的市场定位是营销工作中最为关键的任务之一。

对于营销人员而言，定位实质上就是沟通问题，其目的就是要利用顾客对于现有事实的感知，使自己的既有产品或服务在顾客心目中找到独特的位置。一般而言，定位超越了广告和促销，它可能受到价格、分销以及产品自身的影响，这是任何定位战略都必须围绕的核心所在。除了促销、定价以及分销之外，服务产品本身在定位中也是十分关键的、可以进行管理的因素。具体说来，在服务设计阶段，就应该明确了即将服务的特定市场，如VIP休息室与VIP通道就是针对高消费群体而开发的。但有的时候，也可能是先把特定的服务设计出来，然后再进行市场定位。另外，既有的服务设计也可能要发生变化或作出调整，以便改变其市场定位。例如，在快餐行业，曾经是简单的汉堡包店现在也提供中餐、甜品，甚至经营娱乐项目。

但是，服务是无形的，而不是有形的产品，这就意味着服务的市场定位有别于有形的产品的市场定位。其中的一个重要表现就是：服务流程实际上也是一种服务产品。例如，航空实际上就是指航空运输；电影的实质就是娱乐服务；旅馆实际上就是指租用住处。由此可见，不少名词的使用在一定程度上使服务的基本属性变得模糊了。服务是一种流程，而不是简单的对象。作为流程，服务具有许多独特的特性：服务具有无形性、易逝性、流程性，正是这些特性决定了传统营销在服务流程设计、服务流程修正或服务流程控制中失去了用武之地[1]。

三、服务市场定位的原则

根据美国学者 Shostack 提出的销售整体观和产品与服务的整体组合思想，在企业所提供的产品中是以有形成分为主，还是以无形成分为主，将会决定市场定位的重点。服务市场定位的具体原则表现为：如果供应物是以有形产品为主的，那么就应强调抽象的联想；如果是以无形服务为主的，那么就应该强调有形证据；如果有形产品和无形服务同等重要，那么就既应强调抽象的联想，也应强调有形的证据，如表7-3所示。

表7-3　Shostack 的服务市场定位原则

销售整体	定位原则	实例
有形成分为主	强调无形形象	男士西服强调优雅的气质
有形成分和无形成分并重	兼顾无形形象和有形证据	咖啡厅同时强调高尚的享受和可口的咖啡
无形成分为主	强调有形证据	航空公司强调宽大的座椅

资料来源：梁彦明. 服务营销管理 [M]. 广州：暨南大学出版社，2004：91.

在高度的有形产品与高度的无形服务之间，存在着一系列连续变化的中间状态，纯粹的产品是高度有形的，纯粹的服务是高度无形的。在高度有形的产品中，也可以加入无形

---

[1] Shostack, G. Lynn. Service Positioning Through Structural Change. Journal of Marketing, Jan 1987, 51 (1): 34-43.

的要素，以便增加顾客的感知价值，促进销售。例如，男士西服往往强调气质和档次这些无形的因素，使其超越西服本身作为衣服的某些功能，从而成为一种身份和品位的象征。所以，即使是高度有形的产品往往也需要注意无形的服务定位。作为无形的服务而言，纯粹凭消费者个人的感知，消费者往往也难做出准确而客观的评价。所以，主要是凭借服务组织的各种有形证据来塑造服务的总体印象，再通过独特的服务流程，帮助顾客了解服务产品和服务组织。因此，企业在服务市场定位中应该强调各种有形证据，强化本企业的市场形象，促使消费者将本企业的服务与竞争对手的服务区分开来。一般而言，可供选择的有形证据包括店址、建筑风格、辅助产品和助销产品、服务环境、价格、服务人员、顾客、服务设备、装饰布置及可视的服务流程等。

需要注意的是：在服务市场定位中，如果仅仅强调抽象的联想，往往会使无形的服务变得更加难以把握和感知。实际上，某些高档酒店的一些做法，如在广告中强调"绅士品位""浪漫体验""顶级服务"等抽象利益，而不是向顾客介绍无形服务中的具体情况，也不提供任何有形证据，必然会使抽象的服务变得更加难以感知，降低其广告的宣传效果。因此，企业应该在其服务中增加有形的成分，想方设法增加顾客感知的价值。例如，广州花园酒店在广告中充分表现其宽敞而富丽堂皇的大堂，暗示该酒店将会提供顶级的服务；英国航空公司在平面广告中突出其商务客舱宽大的座椅，可以给长途旅客提供一次舒适的旅程；美国纽约哈雷旅馆在广告中则充分利用有形证据，显示该旅馆客房中的活动衣架、大镜子、大咖啡杯等，从而充分体现并增强了该旅馆提供优质服务的市场形象。对于那些有形成分和无形成分同样重要的服务，在市场定位中则应该同时强调抽象的联想和有形证据。麦当劳餐厅将"欢乐的享受"这一抽象感受和"营养丰富""价格实惠""环境整洁"等客观属性结合起来，并通过服务环境、服务员的服饰和微笑及金色拱门标志等有形证据，成功地创造了独特的快餐服务形象[①]。

第三节　服务市场定位的层次与步骤

在明确了服务市场定位的内涵及其基本原则之后，接下来的任务就是深入理解服务市场定位的层次和服务市场定位的一般步骤，以便对企业的服务市场定位实践提供有效的指导。

一、服务市场定位的层次

服务市场定位是一个系统的过程。关于服务市场定位的层次，大部分人都认为主要包括以下四个层次：服务行业定位、服务企业定位、业务部门定位和服务产品定位。图 7-4 给出了一家银行的三层次定位：服务企业定位、业务部门定位和服务产品定位。一般而言，服务企业定位通常不关注细分市场，服务业务部门则由众多服务项目组成，可以细分出更多的目标细分市场，即服务产品定位。

---
① 梁彦明.服务营销管理[M].广州：暨南大学出版社，2004：91.

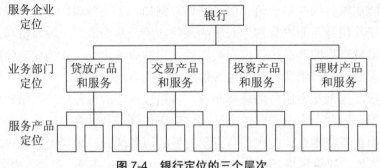

图 7-4　银行定位的三个层次

资料来源：根据 A. 佩恩. 服务营销精要 [M]. 郑薇，译. 北京：中信出版社，2003：101 等资料绘制。

（一）服务行业定位

任何企业的经营活动都必须在某个具体的行业中展开，从而不可避免地受到该行业的影响。实际上，按照以波特为代表的竞争战略理论，一家企业的盈利能力与该企业所在行业的盈利水平和市场结构是密切相关的。所以，服务企业必须首先考虑其所处的行业在整个服务行业中的地位，这决定了企业所在行业的未来发展潜力，进而直接影响该企业未来的行业发展前景。图 7-5 给出了部分服务行业的相对位置。

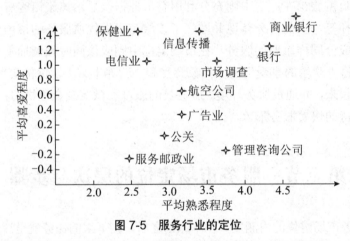

图 7-5　服务行业的定位

资料来源：郭国庆. 服务营销管理 [M]. 北京：中国人民大学出版社，2004：96.

（二）服务企业定位

从本质上而言，服务企业的定位往往与它的服务产品定位是一致的，但两者处于不同的层次。服务企业应该首先为它们的服务产品进行定位，即服务于什么样的消费者需求，然后才能在公众心目中树立起良好的企业形象，形成自己固定的消费者群体。换句话说，服务企业定位往往高于服务产品定位，是在服务产品定位基础之上形成的，属于一种更高的境界，它对服务产品定位起着指导和强化作用。例如，消费者一想到联邦快递，立刻就会想到它所提供的高效邮递服务。所以，一旦服务企业定位获得成功，一旦树立了良好的社会形象，那么企业的服务产品定位也会得到强化，并为企业带来长期效益。一般而言，服务企业可以根据其内部环境与外部环境确定以下几种企业定位[①]。

1. 服务市场领导者

即在行业中居于领导地位。企业既成为市场竞争的领导者，也是其他竞争对手挑战、效仿或回避的对象，需力争通过扩大总需求、稳定市场份额等手段保持市场地位。如零售业中的沃尔玛、快餐业中的麦当劳、娱乐业中的迪士尼等。

2. 服务市场追随者

即在市场上居于次要地位的企业，其不能立刻成为行业领导者但却有挑战领导者地位的潜力。如零售业中的家乐福和麦德龙等，快餐行业中的肯德基。根据其追随领导者的程度可以分为紧密跟随者、距离跟随者和选择性跟随者三种定位。紧密跟随者往往在很大程度上效仿市场领导者的市场细分定位和组合营销手段，但同时避免与领导者产生直接冲突。距离跟随者往往在产品方面跟随市场领导者，如设计研发、价格定位等方面。选择性跟随者通常采取效仿与创新相结合的方式占取市场地位，采取择优效仿战略的跟随者有可能成为市场挑战者。

3. 服务市场挑战者

即在同行业中虽然居于次要地位，但已具备发起与领导者的竞争并迅速后来居上的实力。如咖啡业中的瑞幸咖啡，快餐业中的真功夫等。

4. 服务市场补缺者

即那些在服务市场中某些细分市场从事专业化经营，避免与重要企业发生正面冲突，仅为服务市场提供某些有效的专业化服务，成为市场补缺者或市场利基者。这种定位一般适用于那些实力较弱的中小企业。例如，依靠祖传手艺提供服务的小企业、小店铺，如首饰定制商、木艺服务等。

一般来说，市场跟随者阶段，更多的是需要用销量带动品牌，市场领导者阶段则更多的是需要用品牌带动销量，而市场挑战者阶段品牌和销量的关系则不这么明了，在这个阶段，对于市场挑战者而言，注重销量而忽视品牌是放弃机会，而一味追求品牌而不顾销量则是舍本逐末。

（三）业务部门定位

业务部门定位是指对本企业提供的一定范围或一系列的相关服务进行定位，是在服务企业内部各个业务部门中的细分。不过，在每个业务部门内部，各项服务定位必须是一致的。例如，迪士尼乐园中的中国香港迪士尼和日本东京迪士尼，就可以看作整个迪士尼乐园中的两个不同的业务部门。

（四）服务产品定位

服务产品定位是将企业所提供的具体服务产品在顾客心目中找到理想的独特位置。当顾客产生相关需求时，首先想到的就是这家企业所提供的服务，能够产生一种先入为主的效果。例如，当顾客感到饥饿想吃快餐时，首先想到的是麦当劳；当顾客想要放松而准备

[①] 郭国庆 等. 服务营销管理 [M]. 北京：中国人民大学出版社，2004：96.

去游乐园时,首先想到的就是迪士尼。服务定位的目的,就是让一些有形的服务和无形的服务在顾客心目中留下深刻的印象。

二、服务市场定位的步骤

服务市场定位主要包括确定定位层次、关键属性的识别、明确各属性在服务定位图中的位置、评估定位的选择和执行定位这五个主要步骤。

(一)确定定位层次

基于上述服务市场定位层次的划分,服务市场定位的第一步就是确定在哪个层次上进行定位。例如,1955年,迪士尼公司最初在其产品层次上引入迪士尼乐园,其顾客定位是所有渴望快乐、追求快乐的人。迪士尼的创始人沃尔特把"销售快乐"的对象首先定位于孩子,成年人也希望能回归到无忧无虑的童年,"孩子气的天真"是所有年龄段的人沟通的联结点。因此迪士尼创业时把产品定位在"销售欢乐"上,把娱乐当作一种产业来经营。

(二)关键属性的识别

服务企业需要能够十分准确地解释服务制度设计的效果以及顾客和服务供应商在创造和交付服务中所扮演的角色。事实上,有不少理论研究人员或企业经理人员都尝试开发出有效的服务定位模型或划分方案,但至今仍没有得到真正令人满意的结果,大多数模型都没有明确定位模型中坐标(代表着相应的关键属性)之间的影响方向。表7-4总结出现有的一些划分方案和定位模型中坐标轴的信息。从表7-4中不难看出,其中各模型的共性是都包括这样两个关键属性:①顾客和员工参与;②服务制度设计。不过,不同的学者往往使用不同的标准来衡量这两种属性,结果使得两者之间的比较变得十分困难。因此,有必要利用实证分析来判定哪个属性最适合充当服务定位矩阵的坐标轴。

表7-4 现有服务定位模型中的坐标轴

作　者	顾客/员工参与维度	服务制度设计维度
Schmenner (1986, 1990)	顾客接触和定制化程度	流程的劳动密集程度
Silverstro et al. (1992)	由典型的服务单位每天处理的顾客数量	设备/人员、合同时间、定制化、员工自主权、增加值、产品/流程的焦点
Tinnila and Vepsalainen (1995)	服务类型(大规模交易、标准合同、定制化交付、偶然性关系)	服务渠道类型(市场网络、服务员工、代理联盟、内部层级)
Kellogg and Nie (1985)	服务流程结构(顾客影响程度)	服务程序包结构(定制化或顾客自主权的程度)

注:对于每个坐标,往往使用不同的标准或标准的组合。因此,在这两个总体维度上(顾客/员工参与和服务制度设计)进行比较,并非总能获得理想的定位效果。

资料来源:根据David A.Collier, Susan M.Meyer. A service positioning matrix. International Journal of Operations & Production Management, 1998, 18(12): 1223-1244 等资料绘制。

（三）明确各属性在服务定位图中的位置

在市场定位过程中，包括识别出最重要的属性和根据这些属性为各种服务在服务定位图上找到适当的位置。在识别出多个关键属性之后，就可以从中选择出两种关键属性并将其作为服务定位图的两个坐标轴，它们往往可以解释大部分顾客偏好。典型的做法是把企业所提供的各种服务以及竞争对手的服务都描绘在服务定位图上，以便相对较为直观地识别出竞争对手在所选属性方面所处的位置，如图 7-6 所示[①]。在实践中，可以把服务定位图应用在每一个细分市场上，每个细分市场上的顾客都可以感受到不同的服务和利益，而不同的服务定位图则反映出各项服务所处的不同位置。

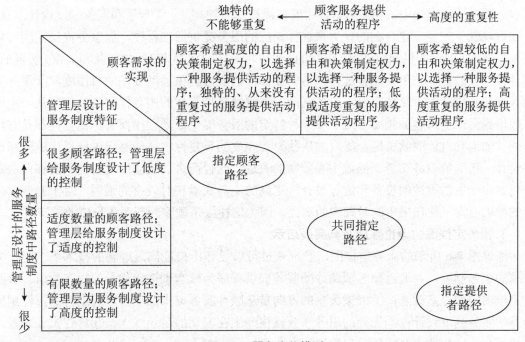

图 7-6 服务定位模型

资料来源：David A.Collier，Susan M.Meyer，A service positioning matrix. International Journal Of Operations & Production Management，1998，18（12）：1223-1244.

1. 服务定位图的纵轴含义

在图 7-6 中，纵轴是管理层所设计的服务制度中路径的数量，横轴是顾客服务提供活动的程序。其中，纵轴包括以下两种含义（每种含义对应着一种标准）：①在服务交付过程中，顾客在遵循服务制度中所面临的独特路径的数量。路径就是经由服务制度的独特程序，可以用来满足特定的顾客需求。大量独特的、预先确定的路径意味着：顾客可以在服务交付制度中选择不同的路径，从而拥有形成独特服务体验的自由。当顾客只能获得少量的特定路径来消费服务时，顾客在服务交付制度中选择路径时只拥有很小的自由度。管理层必须设计出一种服务制度和完善相应的基础设施，以便允许顾客能够在一种或多种路径

---

① David A.Collier,Susan M.Meyer. A service positioning matrix. International Journal of Operations & Production Management,1998,18（12）：1223-1244.

中做出选择。②服务交付制度中管理层的控制程度。这里所说的"服务(交付)制度"包括工作设计、流程设计以及设施设计(上述因素相互补充的地方)、服务蓝图、服务交付流程中的技术和服务创新、顾客和服务供应商互动及员工的培训等。服务交付制度中的控制,往往与管理层根据设施、工作、流程设计和服务蓝图等所制定的一系列决策有关。在服务交付制度中,低度的管理控制往往会产生更大的顾客自由度,而高度的管理控制则会减少顾客的自由度。

2. 服务定位图的横轴含义

横轴所表示的服务提供活动程序则包括所有程序阶段和完成服务交易和满足顾客需求所必须的相关服务活动,也包括以下两层含义(每层含义对应着一种标准):①顾客在选择服务提供活动程序中的自主权、自由度和决策权力的高低。管理层和服务制度设计本身,往往可以赋予顾客一定自主的权力来选择相应的服务提供活动程序,而服务提供活动可以是依托技术(如计算机和电话等)进行的,也可以是主要依靠人工(如医院和宾馆)实现的。这种自主权的焦点在于:顾客选择独特的或标准的服务提供活动程序的自由度。②服务提供(互动)程序的重复性程度。服务活动的重复性是指具体的服务提供活动程序从一个顾客应用到另一个顾客的频率。对于每一种特定的服务提供活动程序而言,重复性都是有价值的(如银行自助取款机现金提取的次数)。高度的重复性往往能够促进标准化流程和设备设计、精细的服务渠道、低成本和效率的改进。比较而言,低度的重复性则能够促进定制化、实现更加柔性的设备和流程设计、更高的交易成本和对效率的强调。对于服务定位图的横轴而言,往往采用的是顾客的观点,因为这往往是顾客判断服务价值的关键所在。

3. 服务定位图的理论基础及其实践启示

通过图 7-6 所示的服务定位图,管理人员可以设计出最能满足顾客的技术需求与行为需求的服务制度,并通过顾客所偏好的服务提供程序为顾客创造出优异的顾客价值。该服务定位图的理论基础是:①因果关系的方向是从顾客服务提供活动程序所期待的属性到所推荐的服务制度设计;②优异的服务绩效往往产生在模型的对角线上;③从逻辑上来看,上述两个坐标轴彼此之间是独立的。

在图 7-6 中,当沿着对角线向下移动时,随着服务制度性质的变化,在服务制度中可供顾客选择的路径数量逐渐减少,顾客可能扮演的角色开始减弱,而服务供应商的角色或服务制度本身则变得越来越重要。同时,服务提供活动程序的属性则从顾客完全的自由度(图 7-6 的左上角)变成只拥有较小的顾客自由度(图 7-6 的右下角)。从总体上来看,服务定位图中对角线连续体代表着三种典型的状态,它们可以描述市场上绝大多数的服务类型。其中,①指定顾客路径的服务,是指提供给顾客广泛的自由度,以便从众多服务交付制度的可能路径中进行相对自由的选择;②共同指定路径的服务,则只向顾客提供适度的路径选择;③指定提供者路径的服务,则对顾客进行约束,以便使顾客遵循服务交付制度中少数路径。

如图 7-6 所示,如果一家企业希望凭借指定提供者路径的服务(具有较高的重复性和低度的顾客自主权)来参与市场竞争的话,那么它应该采用一种具有较少路径的服务制度让顾客来遵循(图 7-6 的右下角)。同样,如果一家企业希望在服务提供活动程序中增加顾客的自由度，并以此作为获得竞争优势的方式，那么它就应该采用带有很多不限数量的独特路径以供顾客选择的服务制度（图7-6的左上角）。

为了便于读者理解，下面就通过几个案例来加以详细说明，如图7-7所示。[①] 图7-7概括出各类服务在服务制度中管理者设计路径的数量以及服务提供活动程序中顾客自由度的高低。例如，麦当劳公司和ATM在服务制度设计中具有很少的路径，同时在设计其服务活动程序中也只给予顾客很小的自由度。比较而言，黄石国家公园的参观游览和百万富翁的房地产规划则在服务制度中有大量的路径，同时在服务活动程序给予顾客更多的自主权和灵活度。

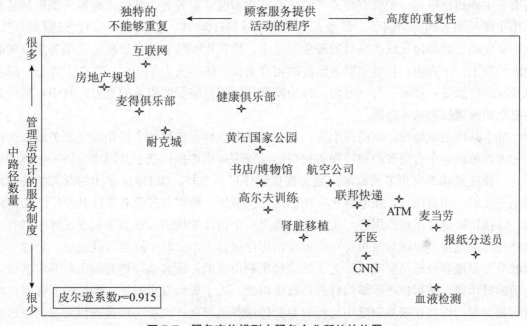

图 7-7　服务定位模型中服务企业所处的位置

资料来源：根据 David A.Collier, Susan M.Meyer. A service positioning matrix. International Journal of Operations & Production Management，1998，18（12）：1223-1244 等资料绘制。

实际上，图7-7列出了服务定位模型中各类服务企业所处的相对位置。其中，①指定顾客路径的服务。对于这类服务而言，耐克城是典型的代表，耐克公司有很多家这样的店铺，其辉煌的产量使无数消费者从中受益，人们喜欢来这里购物。在耐克城里，自由、娱乐、颜色、想象力、高科技鞋的性能信息、视频和音乐等，都变成商品和服务特征的一个组成部分，它们与核心产品——鞋子捆绑在一起，构成了相对完善的服务体验。在这里，服务提供活动程序可以为顾客提供较大的自主权。当顾客希望从销售代理那里获得自助式服务，并将购买鞋子与音乐、娱乐和想象力捆绑在一起时，他们可以按照自己的节奏，规划自己的路径，分配在每个阶段的时间。也就是说，顾客可以选择在店里花费3分钟或3个小时，而这完全取决于顾客在那个时候的需求状况。3分钟的服务体验可能包括相对简单的服务

[①] David A.Collier, Susan M.Meyer. A service positioning matrix. International Journal of Operations & Production Management，1998，18（12）：1223-1244.

提供活动程序。例如，看一下某种特殊的鞋子是否还有存货。如果没有，则立刻离开。比较而言，3个小时的服务体验则可能包括听音乐、穿上五种不同的鞋子打篮球、看录像和同店员交谈等。耐克城所提供的创新性服务制度设计，使顾客可以自行为自己设计独特的服务体验和服务活动程序。这种自主设计服务活动程序是服务时代与信息时代市场竞争的一种典型表现。店面的服务蓝图、程序、员工工作设计及店面布局等，都为顾客提供了为自己设计独特的服务活动程序的机会与可能。②共同指定路径的服务。在服务定位图的中间位置，服务活动重复性程度是适度的，适度数量的顾客路径也主导了相应的服务流程。另一个典型特征就是由顾客和服务供应商共同决定服务提供活动程序。这类共同指定路径的服务主要包括咨询、投资有价证券清单及法律和医疗服务等。其中，高尔夫课程就是共同指定路径服务的一个例子。管理人员对从1号洞打到18号洞的支配性程序进行界定，但在事先确定的如何玩这些项目的服务制度中，顾客也面临着很多选择。在服务定位图的中间位置上，一方面，从遵循服务制度的角度来说，顾客失去了一些（高尔夫课程）或大多数（医疗服务）控制；另一方面，作为发现共同指定路径的服务的地方，其中包括一系列复杂的管理层和顾客选择。

处于共同指定路径区域的左上方，往往意味着顾客在法律和个性化医疗服务或个性化高尔夫训练服务中有更多的独特服务提供活动程序可供选择；处于共同指定路径区域的右下方，往往意味着有更多的标准化服务提供程序可供选择，如H&R集团的联邦纳税申请书电子文档。相对而言，在服务定位图的这个区域里，顾客和提供者往往共享广泛的决策权。③指定提供者路径的服务。报纸分送员是一个极端的例子，在服务制度设计中只有一种路径可供选择，报纸分送员是一个固定的程序机器人。此时，顾客只能通过一种建立在报纸分发制度和分送员制度设计之上的途径来获得报纸：顾客必须拥有硬币，并将其投入合适的投币口，然后拉把手将门打开，取出报纸。关于如何取出报纸，顾客没有任何自由度与自主权，而且在服务制度中也没有专业的服务供应商在现场为顾客提供指导。在这类服务中，服务提供活动程序介于人和最为简单的机器之间，并且是高度重复性的。从某种意义上说，麦当劳快餐店也是一个具有很少路径可供顾客选择的服务制度的例子。麦当劳的设施、流程、布局、工作、制服、装修、通信和设备设计等都广为人知。而且，为了确保结果质量和过程质量的一致性，每个店面都使用标准化的视察报告来进行例行监督。总之，在这种情况下，主要是管理层通过服务交付制度牢牢地控制着顾客路径。

（四）评估定位的选择

里斯和特劳特建议了三种较为宽泛的定位选择[①]，包含避强定位、迎头定位和重新定位，具体如下。

1. 避强定位

通常指企业通过合理的定位避免与实力最强的竞争对手的正面冲突。例如，安飞士（Avis）发明了经典的定位，其创意是："安飞士在租车行业只算是行业第二。为什么选我们？我们更努力！"安飞士合理定位自己的位置，同时也提出了可信的定位主题（我

---

① A. 佩恩. 服务营销精要 [M]. 郑薇译. 北京：中信出版社，2003：107.

们更努力），获得了人们对弱者本能的同情。第二的位置反而成了它们的财富。

2. 迎头定位

这是一种以强对强的定位方法，通过识别市场中尚未被竞争对手占据的空缺来实现。例如，联合泽西银行是新泽西州的一家小银行，它通过把自己定位为"一个快速行动的银行"，与像花旗银行和大通·曼哈顿一类大银行进行竞争，攻击他们在安排贷款和顾客打交道时较慢的弱点。

3. 重新定位

通常指企业修正目前的做法，寻求更加合理的定位。IBM 公司是企业重新定位比较经典的例子，自 2000 年起 IBM 将自己的业务从售卖电脑硬件向提供一体化的信息技术解决方案的服务业务进行转型，并提出了"智慧地球"等面向物联网、智慧互联网的概念，经过近些年的发展，IBM 已经成功转型成为一家以提供解决方案、技术咨询为主的服务型企业。

（五）执行定位

在实践中，有关一家企业或一项服务定位是否有效，关键还是看是否能够把设计的理想定位贯彻到所有与顾客相关的所有联系当中。这就意味着一家企业必须确立战略定位方向，并依据战略方向组织和实施自己的服务营销组合，从而更好地为目标顾客提供服务。定位战略的最大失败，往往在于目标顾客不能有效地获得并保存对特定服务感知的回忆，不能够提供优于竞争对手所提供服务的顾客体验。也就是说，成功的定位战略应该能够使本企业所提供的服务与竞争对手所提供的服务明显地区分开来。旨在实现服务营销战略的服务营销组合设计，必须以与目标市场相关的关键属性为基础，使其中的每一个要素都可以为所计划的定位提供支持。具体而言，服务营销组合的各个部分对企业定位的支持作用主要表现在以下几个方面[①]。

1. 服务产品

服务产品本身就为服务市场定位提供了重要机会。在美国，有一家名叫西尔维亚·奇的小说旅馆，总共 20 间客房，每个房间的设计都以世界上的一位著名作家为主题。房间中的摆设可使旅客联想到这位作家作品中精辟的句子或剧情，为旅客带来充满遐想与文学气息的体验。通过服务产品，这家旅馆将自己定位为"小而精"的主题旅馆。

2. 价格

零售商和旅店非常清楚价格在定位中的作用。价格和价格所带来的服务质量的改变，有助于企业进行重新定位。例如，通过价格的调整，某企业集团成功地将其旗下的各个酒店品牌重新定位到各种不同的价格和不同的质量水平上。

3. 渠道

有些企业的定位是更加接近顾客。这时，服务的可获性和坐落位置就显得至关重要了。例如，一些银行的早期成功，主要是依靠新技术的使用——广泛安置 ATM 机，以及延长银行的营业时间。

[①] A. 佩恩. 服务营销精要 [M]. 郑薇，译. 北京：中信出版社，2003：112.

4. 促销

促销和定位联系紧密,包括传播定位的广告和促销方案。一些促销主题或"鲜明特征",往往有助于强化理想的定位。例如,IBM 公司声称:"每时每刻为每个顾客快速可靠地服务。"

5. 人员

人员是服务市场定位的基础。企业为了"我们更努力!"的定位,可能不得不保证每个员工确实更努力地在为顾客提供服务,或者为正在为顾客提供服务的人员提供帮助。海底捞作为高品质服务的典范,在餐饮企业,尤其是火锅门类中脱颖而出,获得了优秀的市场业绩和顾客口碑,这样的成绩与其员工亲切周到的服务、发自内心的微笑、恰到好处的帮助有着密切关系。

6. 流程

流程对定位也是十分重要的。如果在银行或者超市出现大量排队的现象,或 ATM 网络中断了其功能,都会严重影响企业的定位以及顾客的服务感知。同时,流程对于重新定位也是必须的。流程结构的改变,有助于将重新定位落在实处,这包括更改服务的复杂性和多样性等。

7. 顾客服务

顾客服务会对顾客的感知产生重要影响。因此,它是创造不易模仿的竞争优势的重要来源,是服务企业定位中创造差异化的重要方法。例如,恒生银行定位为"充满人情味的、亚洲服务态度最佳的银行",走感性路线赢得顾客欢心。

三、服务市场定位的变革

如果企业或服务供应商在市场为自己及其所提供的服务确立并保持一种理想的特殊位置,则可以称其为成功的定位。可以说,在竞争日益激烈的行业里,有效的定位是服务营销获得成功最为关键的因素之一。但是,现有的服务定位很可能会随着市场和企业的发展变化而过时,所以需要不断地进行变革。在日益动荡的超强竞争环境里,更是如此。一般而言,服务市场定位变革的具体步骤如下[①]。

1. 界定服务流程的复杂性和差异性

在实践中,往往有两种方法可以描述服务流程。其中,一种方法是描绘构成流程的步骤和顺序,即流程的复杂性;另一种方法是描绘这些步骤或程序的实施范围或差异性,即流程的差异性。相应地,一方面,企业可以通过分析实施流程所需步骤的数量、复杂性和差异性来界定服务的复杂性和差异性。例如,会计往往比簿记更加复杂,因为会计是更加精细的流程,包括更多的步骤和更多的功能。另一方面,高度差异的服务是那些流程中每种操作都具有独特性的服务,而低差异性的服务往往是高度标准化的服务。实际上,任何服务都可以根据复杂性和差异性来进行分析。例如,外科医生所提供的服务是高度复杂的,同时也是高度差异的服务。在这类服务的交付过程中,一方面,医生通过获取新的数据,

---

① Shostack, G. Lynn. Service positioning through structural change. Journal of Marketing, 1987, 51 (1): 34-43.

权衡可行性,并得出结论和采取治疗行动,以便不断地改变和交付治疗方案,而且针对每个病例都可能会采用不同的治疗方案;另一方面,从顾客的视角来看,所有的服务流程又应该是令人满意的。不过,某个流程也可以具有高度复杂性和较低的差异性,例如,旅馆服务就是个复杂的流程,但旅馆可以通过各个服务程序(从整理房间到结账)的执行规则和归档等方式将这些流程加以标准化。类似地,服务也可以是低复杂性、高差异性。例如,画家只是绘画,教师只是传授知识,这些服务并不包含无序的、机械的程序,但却都是独特的服务。

2. 绘制服务蓝图

尽管从理论上讲可以把服务流程分解成不同的步骤和程序,但服务本身却是一个相互依赖的、相互依存的互动系统,而不是一些不相关的片段和要素。一种把服务制度形象化的有效途径,就是人们常说的"蓝图"技术——服务蓝图,它可以形象地明确在特定服务中包括的所有步骤和差异点。

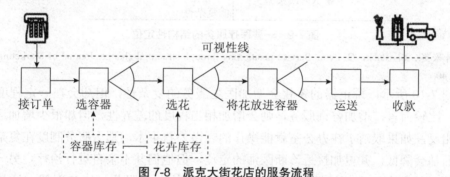

图 7-8 派克大街花店的服务流程

资料来源:Shostack, G. Lynn. Service positioning through structural change. Journal of Marketing, 1987, 51(1):34-43.

图 7-8 以服务蓝图的形式展示了花卉提供商所提供的服务。其中,扇形借用了决策理论,连接圆的扇形用来说明可能发生的一系列潜在事件,连接于方形的扇形表示一系列可能被采取的潜在行动。一般而言,花卉提供商提供的是低复杂性、高差异性的服务。尽管服务流程中所包括的步骤很少,但扇形却显示出个体在服务交付拥有广阔的判断与决策范围。有关服务蓝图的详细介绍,请参见本书后面的章节。

3. 营销战略和结构的变化

在服务行业里,存在许多具有不同复杂性与差异性以及它们是如何影响市场定位的例子。其中,理发就是这样一个简单的例子。自 20 世纪 70 年代起,很多理发服务供应商都开始重新进行定位,它们从女性美容院那里借鉴一些步骤并加入到流程当中,如染色和烫发等,进而重新界定了其目标,将"理发"转变为"发型设计"意味着更加复杂、差异性更大的服务。可以说,发型设计暗示着消费者愿意为更精细的流程而支付更高价格的、新的细分市场,并进而帮助理发服务供应商在服务市场中创造出新的利基市场。在零售业里,也存在不少在服务制度增加复杂性的例子。例如,在超市中,增加了特产食品店,增加了银行功能、药店服务、花店服务、书报杂志服务等项目。图 7-9 显示了一些医疗服务供应商所采用的结构性定位。从现有的位置出发,通过增加或删除某些服务功能而在坐标中向某个方向移动,以便构建新的组合。通过改变这些功能方面的复杂性和差异性,整个服务制度的复杂性和差异性也会随之发生变化，从而改变了企业在市场上的相对定位。

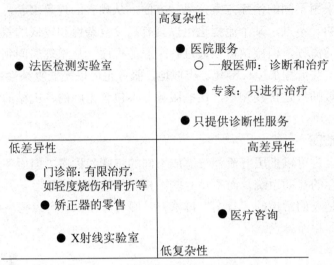

图 7-9　一些医疗服务的结构性定位

资料来源：Shostack，G. Lynn. Service positioning through structural change. Journal of Marketing，1987，51（1）：40.

如图 7-10 所示，矫正器的零售会增加医生服务的复杂性，但却会在一定程度上降低差异性。比较而言，增加咨询服务，则会增加相当程度的差异性，但却很少增加运作的复杂性。相反，如果取消了在办公室就能操作的轻微外科手术，那么服务制度在复杂性和差异性方面都会降低，并更加接近诊断医师的定位，但他们并不亲自进行治疗。另一个极端的定位则是把复杂性和差异性都降低到只提供一些简单的服务，如 X 射线，这是以一种完全标准化的方式提供的服务。

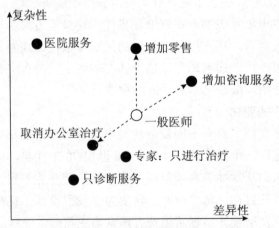

图 7-10　服务定位的变化

资料来源：Shostack，G. Lynn. Service positioning through structural change. Journal of Marketing，1987，51（1）：41.

4. 变革的措施

尽管服务流程是无形的，但通过一些方式实施变革却往往是可行的。对此，一般存在两种途径：人（服务供应商和顾客）和辅助商品。任何复杂性和差异性的变动，或任何新流程的引进，都必须在对潜在影响形成清晰理解的基础上才能加以推进。

①服务员工和顾客的角色。在服务系统中的人，在流程的设计、变革和运作质量方面，无论是对服务供应商还是顾客（消费者）而言，对人的行为的管理和控制都是至关重要的一项因素。对于服务员工的管理与控制，应当取决于服务制度的结构。对于低接触的、标准化的服务而言，可以通过机械的方式加以控制，如规则和制度。比较而言，对于高接触的、差异性较大的服务而言，员工的自我管理和同行评价往往更加有效。但是，无论对于何种服务而言，员工的参与和对员工的内部营销，都是保证成功的服务交付的重要因素。从流程效率的角度来看，应该使顾客的参与保持在最低水平上，这样往往可以提高服务流程的效率。但是，正如我们所发现的，流程的设计也为企业在市场上获得成功提供了多种途径，最大化顾客参与的服务设计（如自助服务的加油站）有时也可以为企业带来更高的顾客满意和盈利水平。②辅助商品的角色。在结构规划中，辅助商品也是至关重要的。例如，教育服务可以通过"教师"在传统的课堂环境中授课来加以推动，但也可以通过一些辅助商品，如网课、参考书和练习册来加以推动。对于新的或不同的教育服务设计者而言，任何一种选择都会产生不同的服务结构，而这些服务结构可能在复杂性和差异性方面存在很大差异，而且在成本变化和市场定位上也可能会有所差异。有时，可以把辅助商品看作人员操作的替代品，以便减少差异性。在实践中，计算机就是以这种方式把服务标准化的典型例子。但是，简化并不是新技术应用的唯一结果，企业也可以利用技术增加复杂性和差异性。当自动取款机第一次投入使用的时候，只能提供简单的现金调配和存取服务。但现在，新技术却使资金转账和投资服务等成为新的服务内容，增加了服务的复杂性。或许将来，新技术甚至可以使目前只能由人工实现的定制化服务由机器来完成。

本章小结

在当前的顾客中心时代，顾客需求的差异性成为一种不可阻挡的发展趋势，从而进一步突出了服务市场细分与定位的重要性。

本章界定了服务市场细分的内涵，并介绍服务市场细分的步骤和选择以及服务细分市场的选择。同时，本章还阐述了服务市场定位的内涵与原则，并详细地探讨了服务市场定位的层次和主要步骤。其中，主要包括确定定位层次、关键属性的识别、明确各属性在服务定位图中的位置、评估定位的选择和执行定位这五个关键步骤。此外，本章还对服务市场定位的变革进行了阐述。

关键词汇

服务市场细分：服务市场细分是指通过一个或数个变量，将整体市场分为特定的细分服务市场，便于服务企业提供不同的服务和营销组合，以便更有效地满足各个细分市场的顾客需求，从而塑造优势的服务品牌和提高顾客的忠诚度。

服务市场定位：服务市场定位指服务企业根据市场竞争状况和自身资源条件，建立和发展差异化竞争优势，以使自己的服务在顾客心目中形成区别并优越于竞争对手服务的独特形象。

复习思考题

1. 举例说明服务市场细分及其细分步骤。
2. 请结合自己所熟知的一家服务企业，概括其服务市场定位并探讨是否需要做出变革，如何重新进行定位。
3. 概述服务市场定位的步骤并论述服务市场定位图的作用。

本章案例

小米何以收获众多发烧友？——市场细分的力量

2010年4月6日，北京小米科技有限公司正式成立，小米公司自创立起就以飞快的增长速度震惊业界。其辉煌的业绩可通过销售数据窥见一二：2012年售出719万部手机，2013年售出1 870万部，2014年售出6 112万部，2015年售出手机超过7 000万部，2017年继续增长到9 240万部。

在智能手机已经发展越发成熟、市场领先者已崭露头角的情况下，小米能够扭转局势，获得越来越多的用户，所依托的最主要原因之一是精准的市场细分。小米为了将自己的市场与其他竞争对手的市场划分开来，采取产品差异化、服务差异化、定价差异化和形象差异化策略。这些差异化策略成功建立了其在智能手机领域的细分市场。

在产品差异化方面，小米关注到了不同性别、不同年龄用户在手机性能、外观设计上的需求，并最终决定将人口基数较大的年轻人群体作为目标群体，据此在产品设计上采用大胆的用色，外观设计也采用更加符合年轻人喜好的圆角外框；在服务差异化上，小米打造"低价机高端服务"的服务品牌，不仅提供送货上门服务，还提供多款可以使用小米账号登录使用的功能软件，帮助用户将重要信息储存在云端，极大地方便了用户的使用。这也满足了年轻人群体对于性价比的追求，使其可以花更低的价格收获令人满意的服务。在定价差异化上，首先小米与苹果、三星等一系列在当时走高端机系列的产品区分开来，选择了薄利多销的模式。其次小米在各地区投放产品时，也采取了差异化定价的策略，根据地区的特点、人们的收入水平等因素综合考虑，在一定范围内进行差异定价；形象差异化指小米一直以来，在手机外观形象设计方面的创新追求，如小米发布的红色外壳手机，大胆的红色设计符合了追求与众不同的年轻人的心理需求，其打破了高端机在外观设计上的固化，具有冒险精神地推出了更多具有活力、有小米特色的手机产品。

可以看到在以上四个方面精准的市场细分帮助小米有效和其他手机产品区分开，吸引到特定的目标群体，并通过有效的定价策略、产品设计等方面使其成为自己忠实的顾客。

除此之外，小米所采用的饥饿营销也是基于细分市场的特点而萌生的，年轻人群体对于新鲜事物更加关注，更加好奇，同时其攀比心理相比其他人群也更加突出。饥饿营销可以很好地引发年轻人关注与讨论，形成自发性宣传的结果，从而进一步扩大小米的影响力。

资料来源：根据百度百科"北京小米科技有限责任公司"与"IT之家"，https://www.ithome.com/html/it/346145.htm，2018年5月24日等整理。

思考题
1. 小米产品之外的服务定位是什么？
2. 案例中涉及市场定位中的哪些内容，它们会对企业产生什么样的影响？
3. 请列举其他行业中有哪些通过精准市场细分而取得成功的例子。

即测即评

补充阅读材料

第四篇 创造与交付价值

当今的竞争，集中体现在针对顾客的竞争，归根结底还是基于价值的竞争，是企业创造价值与交付价值的竞争。因此，企业的服务营销活动必须在提炼出明确价值主张和独特价值定位的基础上，以顾客偏好的方式交付优于竞争对手的服务。

第八章 服务产品管理

服务产品是需要管理的,是需要设计和开发的,这是因为只有好的服务设想是不够的,服务开发、设计和描述的欠缺往往会影响服务流程的实施和服务结果。在本章中,我们首先介绍服务产品和服务设计的内涵,并基于此着重介绍服务设计的流程以及服务设计应用的一个方法,质量功能展开。另外,本章的一个重点是介绍对服务品牌的管理,对服务品牌的管理要比对实体产品的管理更加复杂。本章的学习目标主要为:

学习目标
- 理解服务产品的内涵
- 服务的开发与设计及其实施步骤
- 质量功能展开
- 服务品牌化模型

第一节 服务产品与服务设计

服务是一种交易活动,或者说服务的目的就是交易,离开交易,就不能称其为服务或服务产品。而有形产品却可以脱离交易这个环节,它可以是自给自足的。基于此,我们来定义服务产品的内涵和服务产品的特性。

一、服务产品的内涵

服务产品(简称服务),是生产者通过由人力、物力和环境所组成的结构系统来销售和实际生产及交付的,能被消费者购买和实际接收及消费的"功能和作用"。它是一种功能和作用,是无形的,只要消费者接受了这种"功能和作用",那么服务便成为一种产品。用经济学的视角来谈服务产品,有两种解释:其一,是指第三产业中的服务劳动,它与非物质生产劳动大致相同,但有交叉;其二,是指服务产品,即以非实物形态存在的劳动成果,主要包括第三产业部门中一切不表现为实物形态的劳动成果(由于经济流程的复杂性,现实第一、二产业部门中也混杂着少量服务产品)。如果在劳动意义上使用服务概念,就称为"服务劳动",若在产品意义上使用它,就称为"服务产品"。无论是服务产品还是服务劳动,服务这种区别于有形产品的特殊商品,都有它自己的特性。

二、服务产品的特性

如前所述,服务产品相对于有形产品来说,具有以下四个方面的特性:无形性、生产与消费的不可分性(流程性)、异质性及易逝性。其中,①服务的无形性是指服务在被购买之前是看不见、尝不到、摸不着、听不见,而且也闻不出来的。由于服务是一种绩效或行动,而不是实物,所以人们不能像感受有形产品一样来看到或触摸服务。例如,人们在做美容化妆之前是看不见"成效"的,客运公司的乘客除了一张车票(机票、船票)和安全到达目的地的承诺之外,几乎没有任何东西;咨询公司在服务之前为顾客提供的,仅仅只是一种期望。服务的无形性表明:服务相对于有形产品来说,更需要进行设计和开发。现实中经常会发生这样一些现象:节假日到超市购物可能是人满为患,到了就餐时间餐厅里却没有座位。由于无形性,服务无法储存,于是就很难对服务的这种超饱和需求波动进行有效管理。而这种需求的出现,对企业往往是有害的,因为顾客可能不得不被迫转换到其他商家。因此,仅仅提供优质的服务还是不够的,还需要对好的服务进行设计,以满足顾客的需求。②生产和消费的不可分性是指服务不能与服务供应商分离(服务是先被销售,然后同时被生产和消费),不论这些提供者是人还是机器。如果服务人员提供了服务,那么这些服务人员便是服务的一部分。由于顾客在服务生产时可能也在现场,所以提供者和顾客之间以及顾客与顾客之间的相互作用就成为服务交付的一大特色,提供者和顾客都会影响到服务的结果。因此,与有形产品的研发不同,服务除了需要开发出来之外,还需要进行进一步的规划和设计。一项设计得好的服务,能够保证服务现场的井井有条,保证高质量的服务能够顺利地交付给目标顾客。③服务的可变性是指服务的质量取决于服务的人员以及时间、地点和方式。不同的服务人员因对同一服务的理解、态度、服务技能的差异,会导致不同的服务结果;同一个服务人员在不同时间和场合因为情绪和想法的波动,也会影响服务的质量和效率;某一服务人员的服务还会因为其他服务人员或其他顾客的影响而产生不同的效果。由于服务因时间、组织和个人的不同而具有可变性,因此确保一致的服务质量是一个重要的问题。这就需要对服务进行设计,尽量地控制一些外在的因素,保持服务提供的一致性和稳定性。④服务的易逝性是指服务不能储存以供今后销售或使用。一位律师没有使用的时间,是无法回收和以后使用的;对出租汽车司机来说,空驶时间是没有任何利润而言的;饭店在消费者人数突然增加时,无法立即满足他们的需要,因为没有后备的"库存"。这种特性表明:确保服务产品供应和需求在时间上的一致性是相当重要的。当需求稳定时,服务的易逝性是不成为问题的,但当需求变动时,服务供应商往往就会碰到问题。因此,为充分利用生产能力而进行需求预测并制订出富有创造性的计划,就成为重要的、富有挑战性的决策问题,它需要预先对服务进行设计和制定相应的管理策略,以防止出现差错。

综合以上对服务特性的描述,可以确定一点:服务是需要设计的。没有经过设计的服务,只能是盲目的、粗放的,是无法准确地预测和理解为什么会出现服务需求的下降,而且也是无法去有效地管理超饱和的服务需求的。高品质的服务需要设计,需要精心规划的服务设计来尽量避免服务中的失误。

三、新服务的设计与开发

有研究表明,在把经过很好设计的服务推向市场时,往往会比那些没有经过很好设计的服务更容易获得成功和获得更大的成功。[①] 一般来说，有关新服务的开发与设计，可以借鉴较为成熟的新产品开发框架来进行。但是，由于服务和产品毕竟是不同的，因此适用于新产品开发的框架在应用到新服务开发上时往往需要做出调整[②]，而且，对于不同类型的服务而言，其设计与开发也往往存在差异。

（一）新服务的种类

在服务的开发流程中，根据服务创新程度的不同，可以将新服务分为以下几类：①重大变革：是指为尚未定义的市场提供新的服务。例如，伴随移动互联网和智能手机的发展而兴起的移动支付，以微信和支付宝为代表的移动支付终端正在逐渐占领我们日常生活中遇见的各种支付场景。②创新业务：包括为现有市场的同类需求提供新的服务方式，而这种需求现在已经有某种服务来予以满足。例如，网约车的推出，与传统的出租车形成竞争。③为现有市场提供新服务：意味着向企业现在所拥有的顾客提供某些组织原来所不能提供的服务。例如，滴滴出行从最早的出租车叫车服务发展到快车、专车、代驾和租车服务全覆盖。④延伸服务：指扩大现有的服务产品线，如类似百度外卖、饿了么和大众点评在提供外卖服务的基础上，还增加了零食、日常百货和"跑腿"送件等服务。⑤改善服务：是服务变革中最普遍的一种形式，通过改变已有服务的形式或内容来扩大服务的内容，如延长提供服务的时间等形式。

（二）新服务开发的步骤及其特殊性

通常，一项新服务的推出，是建立在对顾客期望、市场需求和竞争环境进行综合评定的基础之上的，而不能以企业内部的主观看法为基础。因此，新服务的开发必须具备这样四个基本特征：客观而非主观；精确而非模棱两可；必须以事实为导向；必须具有可操作性。[③]

1. 新服务开发的步骤

实际上，无论是新产品的开发，还是新服务的开发，都要以顾客为导向，把理解和满足顾客需求置于第一位。[④] 而新产品开发和新服务开发最重要的一个差别，也正在于顾客的参与程度。基于此，下面就将介绍一种以顾客为导向的新服务开发方法。这种方法能够帮助我们识别出新服务开发的基本步骤，并且将这些步骤与顾客参与结合起来。这种以顾客导向为基础的服务开发方法揭示出服务开发的九个关键步骤，并分为早期、中期和后期这三个阶段，如图 8-1 所示。在整个开发流程中，我们设置了三个"检测点"，用以测评

[①] Cooper, Robert G., S. J. Edgett, and R. G. Cooper. Product development for the service sector: lessons from market leaders. Perseus Books, 1999.
[②] Stevens E.and Dimitriadis S.. Managing the new service development process: towards a systemic model. European Journal of Marketing, 2005：175.
[③] G.L. Shostack. Service design in the operating environment. in：W. R. George, C. Marshall, ed., Developing New Service, Chicago：American Marketing Association, 1984：27-43.
[④] R.Deshpande, J.U.Farley, F.E.Webster. Corporate culture, customer orientation and innovativeness in Japanese firms: a quadra analysis. *Journal of Marketing*, 1993, 57: 23.

监控服务开发流程的质量。处于开发流程中的新项目，在任何一个检测点上，只要达不到设定的评价标准，企业都应该放弃开发。

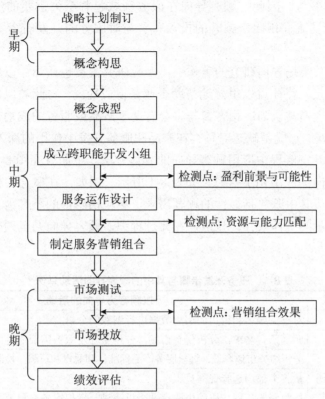

图 8-1　新服务开发流程

需要指出的是，与一般的产品设计流程不同，跨职能开发小组是这一流程中非常重要的组成部分。除了跨职能开发小组的合作之外，企业的管理人员还需要在概念构思和概念成型方面投入更多的注意力。这是因为：在服务行业的很多领域，如金融业，企业所提供的服务更多的是基于一种方案或者概念，而不是有形的实物产品。因此，一个企业构思的概念越多，那么它开发出成功服务项目的可能性也就越大。正是因为新概念对于服务开发特别重要，所以企业必须高度重视概念成型阶段的成果。在这一阶段中，要审慎地剔除掉那些不成熟的构思，保留那些具有很大潜力的构思。市场测试是上述开发方法中倒数第三个步骤。在传统的观点中，这一阶段是最无足轻重的。[1] 对于有形产品而言，这种情况可能存在，因为时间、成本和实施的风险都会限制市场测试手段的具体应用。[2] 但在服务开发领域，这一环节的成本相应要小很多。同时，市场测试也是服务产品投放市场前最重要的一个检验环节。

---

[1]　V. Barezak. New product strategy, structure, process and performance in the telecommunication industry. *Journal of Product Innovation Management*，1995，12：224-234；S.Mohammed，C.Easingwood. Why European financial institutions do not test market new consumer products？*International Journal of Bank Marketing*，1993，11（3）：23-27.

[2]　M.C.Crawford，A.Di Benedetto. *New Product Management*，6th ed.McGraw-Hill，Boston，MA，1999.

2. 新产品开发的特殊性

如前所述,由于服务是消费和生产同时进行的,而且服务是易变的,所以服务的交付往往离不开顾客的参与。因此,顾客导向在服务领域起着至关重要的作用,这也就意味着与有形产品的开发流程相比,顾客的投入和参与对服务的开发有着更为重要的决定性影响。

实际上,在有关市场导向研究的著作中,多数研究人员也认为:以顾客为导向的开发模式具有很大的优点,往往可以很好地帮助企业获得成功。[①] 与此类似,以往有关新产品或服务开发的论著也通常认为:顾客参与将会有助于产品或服务的成功。但是,这些研究普遍存在着一个不足,那就是缺乏对顾客在产品和服务开发中作用的深入理解。也就是说,并没有提供在服务开发流程中应用顾客导向的具体方法。下面就在图8-1的基础上对服务开发流程中顾客导向的应用稍加探讨,如表8-1所示。例如,在概念的构思阶段,往往需要明确顾客的需求,其中既包括显性的顾客需求,更包括隐性的顾客需求,并深入地探索新开发服务需要满足的具体条件。显然,在此过程中,顾客导向乃至顾客的参与是不可避免的。

表8-1 服务开发步骤与其中的顾客导向活动举例

服务开发的步骤	以顾客为导向的活动
1. 战略计划的制订	对有关顾客和销售的历史数据进行细致的分析
2. 概念构思	明确顾客需求,分析现有市场,分析新开发服务需要满足的基本条件
3. 概念成型	分析细分市场容量,提出服务产品标准、利益点和贡献,检测盈利前景与可能性
4. 成立跨职能开发小组	从各个部门选择优秀员工
5. 服务运作设计	描绘服务蓝图,剔除失败点并予以改进,模拟服务交付流程
6. 制定服务营销组合	制定符合新开发服务特征的营销要素组合
7. 市场测试	小范围模拟市场投放,倾听顾客的评论,并对相关细节进行进一步的改进
8. 市场投放	收集顾客对于服务的具体反馈,包括满意和不足的反馈,进一步明确需要进行改进的内容
9. 绩效评估	服务产品的整体绩效评估,包括潜在顾客的口碑

四、服务的再设计

在许多企业,不少管理人员都更倾向于通过创新服务来代替过时或者存在缺陷的服务。当然,对现有的服务进行再设计,也是另外一种可行的服务开发方法。服务再设计的方法一般包括以下五种类型:自助服务、直接服务、提前式服务、综合服务和实体服务。

(一)自助服务

这种服务再设计的方法,是将顾客转变为服务供应商,而不再是被动接受者。在这种

[①] B.J.Jaworski, A.K.Kohli. Market orientation: antecedents and consequences. *Journal of Marketing*,1993,57: 53-70; B.A.Lukas, O.C.Ferrell. The effect of market orientation on product innovation. *Journal of the Academy of Marketing Science*, 2000, 28(2): 239-247.

情况下，服务流程的再设计往往能够在人员控制、利用率和准时性方面为顾客提供更高的价值。自助服务的最普遍的例子，就是企业通过互联网所提供的服务，如网上营业厅，以及随着物联网技术和移动支付技术的普及，大学里随处可见的自助打印、自助咖啡机、自助取快递等服务。

（二）直接服务

直接服务意味着直接为顾客提供服务，而不是等待顾客有了需求之后再来找服务供应商。这可能意味着在顾客的家中为其提供服务。其中，远程教育就是直接为顾客提供的直接服务的例子。

（三）提前式服务

这种类型的服务再设计是指简化或者提高服务的活力，主要是前台的业务流程。例如，医院的预约手续。前台服务的高效率，能够在服务交付中大大改善顾客的体验。

（四）综合服务

这是将现有服务进行分组，或者将多种服务结合在一起的服务再设计方式。对于顾客来说，这样做的好处是：可以获得更高的价值和更大的便利性，因为这种方式可能要比独立购买每一项服务要合算得多。例如，支付宝将理财、信用卡还款、充值、缴水电煤气费等服务综合在一起，提高顾客办理业务的效率。

（五）实体服务

实体服务的再设计是指通过改变与服务相关的有形物品或者服务的物理环境来改善顾客的体验。例如，航空公司通过对于飞机内部结构进行再设计，从而为乘客提供全新的服务体验。

在实践中，无论企业采取什么样的方式来实现服务的再设计，都需要培养出新的思维方式——基于顾客参与的服务再设计，这样可以避免因固有规则和思维方式而造成的"坐失良机"。事实上，在顾客服务中仍然存在着许多尚未得到很好利用的隐性服务机会。企业可以通过开发以前没有利用或者没有意识到的服务项目，来达到和强化服务感知的目的。通过服务的再设计，企业往往能够有效地将自己与竞争对手的产品或服务区别开来，持续地增加产品的附加价值，进而增强企业的持续竞争优势。

五、质量功能展开

质量功能展开（QFD）起源于20世纪60年代，是由日本质量专家水野滋（Shigeru Mizuno）和赤尾洋二（Yoji Akao）教授等人开发的，最早曾运用于日本三菱电器公司的神户造船厂中，解决超级油轮中因为技术要求高、顾客需求多等问题所带来的、在产品设计与顾客需求之间难以匹配的种种困难。随后,丰田汽车公司及其供应商广泛地采用这种方法并不断加以完善,而后由松下电器公司把这种方法发展到巅峰。在20世纪80年代之后,QFD方法在美国制造业和服务业得到了广泛的应用,并取得了极为显著的成效。[①]

(一) QFD 的定义

目前,对QFD还没有统一的定义。Yoji Akao 将 QFD 定义为"针对满足顾客而去发展设计品质的一种方法,然后经由生产接口把顾客需求转换成设计目标与主要的品质保证";Bicknell 把 QFD 定义为"一种使用矩阵及其他量化和质化技术,以系统化方法把顾客需求结合成可以进行定义的、可以测量的产品与步骤的参数";Cohen 则认为,QFD 是一种结构化的产品计划与开发方法,它使产品开发小组能够清晰地了解顾客的需求,并能够根据对顾客需求的满足程度而对所提出的产品或服务性能进行评价。如果从字面角度来看,可以这样来理解质量功能展开:质量(Q)代表着顾客需要或期望的东西,功能(F)代表着如何满足顾客的需求,展开(D)代表着使其在整个组织机构中得到执行。

综上所述,QFD 实际上是从质量保证的角度出发,通过一定的市场调查方法获取顾客需求,并采用矩阵图解法把有关顾客需求的每一流程分解到产品开发的各个流程和各个职能部门中去,通过协调各部门的工作来保证最终产品质量,从而使所设计和所制造的产品能够真正地满足顾客的需求。简单地说,QFD 实质上就是一种顾客驱动的产品开发方法。尽管 QFD 最初是为产品规划而开发的,但它也同样适用于服务开发,能够用于服务的设计和开发之中。

(二) QFD 的应用模式

QFD 自 20 世纪 60 年代提出以来,已形成了三种广为接受的 QFD 模式,即综合 QFD 模式、ASI(美国供应商协会)四阶段模式和 GOAL/QPC(劳伦斯成长机会联盟/质量与生产力中心)矩阵模式。

1. 综合 QFD 模式

其代表人物是 Shigeru Mizuno、Yoji Akao 和 T.Ohfuji。综合 QFD 模式是由质量展开和功能展开两个部分构成的。其中,质量展开是把顾客的需求展开到设计流程中去,以便保证产品的设计、生产与顾客需求的一致性;功能展开是把不同功能部门融合到从产品设计到生产的各个阶段,促进各部门成员有效地交流和决策。同时,也可以将其看作通过一系列的关系网络,把顾客需求转化为产品的质量特征,产品的设计则通过顾客需求与质量特征之间的关系而系统地展开到产品的每个功能中去,并进一步展开到每个零部件和生产流程中去,最终实现产品的设计。[②]

---

① 陈富民,林志航. 质量功能配置(QFD)的研究及发展 [J]. 现代生产与管理技术,2001,18(4):34.
② Yoji Akao. Quality Function Deployment, Integrating Customer Requirements into Product Design[M]., Cambridge: MA, Productivity Press, 1990.

2. ASI 四阶段模式

美国供应商协会的四阶段模式，简称 ASI（四阶段）模式。ASI 模式的开创者 Sulliven 认为，作为一个总体概念，QFD 提供了这样一种方法：通过这种方法，可以在产品属性、零部件、工艺和生产的四个阶段把顾客需求转变为适当的技术要求。[①] 在此定义的基础上，Cohen 进一步揭示出 QFD 方法的本质：QFD 是一种结构化的产品计划与开发方法，该方法使产品开发小组能够清晰地了解顾客的需求，并能够对所提出的产品或服务的性能以及顾客需求的满足程度进行系统性评价。[②] 由于 ASI 模式结构清晰，能充分反映 QFD 的实质，并与产品实际开发过程结合紧密，因此已成为应用中最广泛的模式。不过，该种模式并不适合复杂的系统和产品。

3. GOAL/QPC 矩阵模式

劳伦斯成长机会联盟/质量与生产力中心矩阵模式，简称 GOAL/QPC 模式。该模式的创立者 Bob King 从系统和组织两个角度对 QFD 作了阐述。这种模式认为，QFD 是一个根据顾客的需求来设计产品和服务的系统，该系统包含了生产商或供应商的所有成员。[③] 该模式有 30 个矩阵，比较适合复杂的系统或产品，比 ASI 模式具有更大的灵活性。

（三）QFD 的核心——质量屋

QFD 流程是通过一系列图表和矩阵来表示的。这些矩阵和图表的形状就像是一系列的房屋，所以被形象地称为"质量屋"（House of Quality，HOQ）。质量屋是驱动整个 QFD 流程的核心所在。质量屋在结构上借用了建筑上的称谓，好懂易记，并形象地预示了 QFD 方法的结果是：顾客可以在质量大厦的庇护下，满意地享用他们所需要的服务，如图 8-2 所示。在质量屋的左侧（质量屋 1）所列的是顾客需求，包括主要需求、详细内容和各项目的重要性评分等；在质量屋的上部（质量屋 2 和 6）是技术需求属性项目；在质量屋的中心则是关系矩阵（质量屋 3），用以表示顾客需求和技术需求的相关程度；在质量屋的右侧（质量屋 4）则是从顾客的满意度评价；在质量屋的底部（质量屋 5、7、8）则是各项技术需求的目标值，是 QFD 活动的主要输出，将构成下一层质量屋的需求。质量屋就是利用 QFD 流程为特定的产品或服务提出一个把顾客需求与工程特点联系起来的矩阵，它为把顾客满意转化成可识别的、可测量的产品与服务设计规范提供了科学框架。

[①] Sullivan Lawrence P..Quality Function Deployment[J]. Quality Progress，1988，(6)：39-50.
[②] Cohen. Quality Function Deployment：How to Make QFD Work for You[M].Massachusetts：Addison Wesley Publishing Company，1995.
[③] Bob King. Better Designs in Half the Time：Implementing Quality Function Deployment in America[M].GOAL/QPC，Methuen MA，1989.

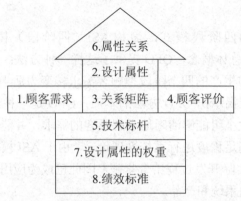

图 8-2　QFD 中的质量屋

资料来源：根据"质量功能展开（QFD）"，载中国顾问师网，www.qaiso.com 等资料整理。

（四）质量屋的构建与 QFD 流程

作为一项由顾客需求驱动、并将这种需求转化为不同阶段中各种技术要求的系统工程，QFD 为产品和服务的设计提供了一个系统的、可视的矩阵方法。它通过了解顾客需求来构建质量屋，并将顾客需求转变为生产流程的技术要求和服务设计要素。从总体上来看，QFD 方法可以分为设计、细化、确定生产或服务流程和实施四个阶段，它就像一张线路图，引导着企业顺利地完成从产品或服务设计到生产出定型产品或服务的整个开发循环。[①]

1. 服务设计阶段运行程序

实施 QFD 的第一个步骤，就是决定谁是顾客（Who）、再决定顾客需要什么（What）以及顾客的需求如何得到满足（How）。顾客的需求或期望会随着时间的推移而发生变化，而且往往很难用语言来确切地加以描述。一般而言，顾客需求往往都是以口语化的词语来表示，而非技术用语，如好用或舒服等。设计者必须把这些一般性的需求项目加以展开，转变成更为明确的项目。在了解了顾客的需求以后，再对其进行分类，并以阶层化的方式加以陈列，具体步骤主要包括目标陈述、获取顾客需求、评价顾客需求的重要程度、顾客的竞争性评估、寻求解决方案、确定目标方法和相关矩阵、技术性评估、分析实现的可能性和确定关系矩阵以及绝对数与相对数的计算。

（1）目标陈述。QFD 方法是从目标陈述开始的。一个正确的目标陈述，有助于企业定义什么是其该完成的。它通常是一种问题模式，而不是一项具体描述。通过顾客对该问题的回答再作定量分析，往往有助于确定企业的真正目标。

（2）获取顾客需求。用目标中的问题对顾客进行调查询问，尽可能获取所有的顾客需求。这需要具备倾听的艺术技巧，而且不能影响或引导顾客的回答，即真正由顾客来确定产品或服务的系列特征；在记录时一定要用顾客自己的语言，保持"原汁原味"；在询问完毕之后，要对顾客的需求进行分类、整理与合并，然后列入质量屋"顾客需求"一栏。

（3）评价顾客需求的重要程度。对顾客的各项需求进行价值评定，揭示其相对重要性。

[①] Rohit Ramaswamy. Design and management of Service Process. Addison-Wesley Publishing Company INC，1996.

这一步也是由顾客来完成的，顾客给出的重要性评价将会影响矩阵的最终结果。在实践中往往采用 1～5 级评判标准，即最重要的得分为 5，次级为 4，依次类推，最不重要的为 1。其中，标有 5 的是企业新产品或新服务必须具备的特征，是顾客的基本需求或个人提出的特殊需求。只有当这些需求得到满足之后，顾客才可能对产品或服务感到满意。

（4）顾客的竞争性评估。这一步也需要由顾客来完成，顾客根据使用产品或服务的经历，评判公司所设计的产品或服务与竞争对手在满足各种需求上的差异。而且，也是采用 1～5 级评判标准，做得最好的为 5 分，最差的为 1 分。这样，就可以帮助企业发现自己产品或服务的优势与劣势，识别出竞争对手的强项和弱项，然后寻求应对之道。

（5）寻求解决方法。解决方法指的是实现顾客需求的方法，包括步骤、设备和手段等。采用何种方法来满足顾客需求，通常是企业员工集体智慧的结果。因此，服务设计团队应该包括企业中各个职能部门的人员，主要任务就是讨论如何满足"顾客需求"栏目中的各项需求，并将满足各项需求的方法一一进行记录，列入质量屋中"解决方法"栏目内，而且越全面越好。一般而言，一种需求可能面临着多种解决方法，也可以随时补充新的方法。

（6）确定目标方法和相关矩阵。设计团队应该对每种解决方法进行量化处理，以判断它们完成的难易程度。在进行了定量评价之后，便可对解决方法进行初步过滤，进而确定进入细化阶段的目标方法。相关矩阵也就是质量屋的屋顶，则体现了各种解决方法之间的关系，指明了哪些方法需要更多的研究和努力，从而帮助设计团队进一步明确各种方法之间的关系。如果是正相关，则说明两种方法是协同作用的；若是负相关，则说明两种方法是相互矛盾的，提供了一种方法就必须剔除另一种方法。

（7）技术性评估。技术性评估可以通过两个步骤来进行。首先，由设计团队中的技术人员对解决方法进行评估，评价企业与竞争者在同一方法上的完成情况，采用的仍是 1～5 级评判标准，1 代表完成的水平很低、5 代表处于领先水平。在对每种方法进行评分之后，就会形成对现有产品的一般了解，获悉哪些需要努力超过竞争对手，哪些可以维持原有的水平。然后，技术人员需要根据行业标准和企业标准，并参照竞争对手的情况给出每种方法改进的目标值，定量地描述企业要达到的目标。

（8）分析实现的可能性。在对各种解决方法形成了更深入理解的基础上，技术人员需要对这些方法成功的可能性进行分析，即对企业实现这些方法的难易程度作出估计。实质上，它是给每一种方法分配权重，也采用 1～5 级评判标准，1 代表实现的可能性最低、5 代表实现的可能性最高。

（9）确定关系矩阵。关系矩阵是一个明确产品或服务特性与实现顾客需求方法之间关系的系统手段。由于设计团队已经听取了顾客的意见、比较了竞争对手的产品或服务、提出了满足顾客需求的方法、找出了这些方法之间的关系、并分析了每种方法成功的可能性，所以此时已经能够决定进入哪一个细分市场了。接下来，需要分析方法和需求之间的关系，以便判断这些方法能否帮助企业满足顾客的需求，即由设计团队领导负责询问团队成员某一方法与某一需求是否存在着关系，并将结果标注于关系矩阵之中。

（10）绝对数与相对数的计算。这是 QFD 设计阶段的最后一步，即通过计算明确需要细化的项目或企业应该重点采取的措施。首先，根据关系矩阵中顾客需求与解决方法之间关系的密切程度来反映每种方法的重要性,即用顾客评判的需求重要性乘以需求与方法之间的关联度,再将所得出的结果按照方法种类求和,便可得到绝对数。然后,根据绝对数对各种方法进行排列,以便确定每种方法重要程度的顺序,即将绝对数与可能性相乘,所得结果按照从大到小的顺序赋值,最大的值为1,依次类推,所得到的结果即为相对数。根据相对数,便可以获悉哪些方法应该进一步细化了。在通常情况下,名次越靠前,则越需要细化。

2. 服务细化阶段运行程序

这一阶段是将设计阶段中为满足顾客需求必须从事的工作以及提供的服务作为本阶段的输入,再运用质量屋,确定生产产品或服务的具体细节和要素。其中,这些细节和要素对于满足顾客的具体要求有着很重要的作用。例如,航空公司在服务细化阶段所面临的问题可能包括减少离港航班的不正常率、缩短顾客在值机柜台与候机楼的停留时间、减少行李运输的不正常率等。在这一阶段,航空公司要深入研究目前工作与旅客期望之间的差距,并分析可能的原因,找出主要原因并提出改进措施和方法。例如,关于航班不正常这一旅客反映强烈的问题,早已成为航空公司需要改进的重中之重。对这一问题所做的大量统计研究表明,影响航班正常的主要因素是航空公司的计划、天气、流量控制、旅客及工程机务等。除了天气原因为完全的不可控因素之外,其他因素都能通过一定的办法加以改进。因此,必须通过多方协调与合作研究才能找到解决问题的办法。

3. 服务流程确定阶段运行程序

这一阶段是将细化阶段中所确定的生产或服务细节作为本阶段的输入,然后确定出重要的生产或服务流程,以期更好地实现顾客对产品或服务的特定要求。服务企业必须从顾客的需求出发,树立起系统观念,把服务流程视为一个相互依存的系统,从系统最优的观念分析研究如何满足顾客的需求,并通过对服务质量的持续监控,及时地分析顾客需求的满足程度。

4. 服务实施阶段运行程序

这一阶段是在前三个阶段工作的基础上,进一步把已经确定的具体实施办法予以贯彻落实,以便保证企业能够生产出可以满足顾客需求的、高质量的产品或服务。总言之,这一阶段的关键,就是要找出完成目标的具体方法和措施,而不是寻找目标本身。

(五) QFD 的特点

从 QFD 的实施流程来看,在把 QFD 方法运用到服务设计上具有这样一些特点:[①] ①高品质的服务首先要从顾客中来,这是一种市场拉动(Pull)的力量。QFD 的基本思想就是"顾客需求是什么?"及"如何满足这些需求?"这就需要进行深入而细致的市场调查分析,以摸清顾客的真正需求是什么,这些需求能不能用准确的语言加以描述,这些需求的重要性如何排序,能不能有效地转化为设计属性,从而减少服务设计过程中的缺失和冗余。这是 QFD 获得成功的第 步,也是十分关键的一步。②企业内部员工的推动也是至关重要的,这是一种供给方推动(Push)的力量。由于提供服务的员工往往对服务的认识最有发言权,

---

[①] 李乾文. 服务设计与质量功能展开 [J]. 价值工程, 2004, 23 (7): 5-7.

所以在服务设计中一定要激发各个层面员工的创造热情。只有这样，才能把顾客的需求真正转化为可实施的设计属性，并通过设计人员的头脑风暴等方法提炼出新的组合概念或虚拟概念，以便很好地弥补市场调查的不足。③这些高品质的服务标准应该从设计流程的早期开始进行，越早实施越好。如果是一家新设立的服务企业，企业在筹划期就需要考虑服务流程和服务环节设计等问题；如果是一家老企业，寻求重新定位或赶超竞争对手，那么也需要在计划的早期阶段就导入服务设计技术。这样，才能减少或避免产品从设计到生产过程中的盲目性，从而有效地避免许多服务失误问题。④高品质的服务在整个生命周期内的所有活动中都要坚持较高的标准。不仅是企业的高层管理人员需要意识到服务设计的重要性，而且一般的服务人员也要意识到服务设计的战略意义；不仅在企业创建之初应用服务设计的理念，而且在日常的服务流程和服务改进等活动中也都要应用服务设计理念。由此可见，QFD 并不是一个独立的流程。

如图 8-3 所示，一次服务设计实质上就是一个连续实施的流程。从调查顾客的需求开始，作为投入，把上面的设计属性看作是一种产出，两者共同构成了一个质量屋；设计属性又可作为投入进入第二个质量屋，生成了具体的服务设计细节；具体的服务设计细节又可以作为投入进入第三个质量屋，生成了整个服务流程（流程图）；整个服务流程作为投入又可以转化为第四个质量屋中的服务质量计划。在此基础上，如果经过相关分析，发现服务设计的缺陷和不足，往往需要采用新一轮的 QFD 流程，直到真正取得较满意的结果为止。实际上，为了赢得较高的顾客满意，整个企业的生命周期流程都要坚持这样的 QFD 循环。只要持之以恒，就会取得令人满意的服务绩效。

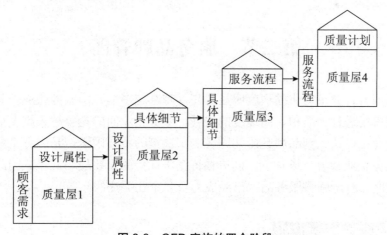

图 8-3　QFD 实施的四个阶段

（六）QFD 的优势

在服务设计中应用 QFD 方法也具有一系列的优点，主要体现在：① QFD 方法从顾客需求出发，抓住了根本，避免了做无用功，从而节约了因设计错误而浪费的资源，增强了企业质量竞争的能力；② QFD 方法由企业各部门共同实施，保证了从全局出发，有助于塑造各部门之间的团结协作精神，同时也使全体员工对企业的目标及战略改进举措有着更为清楚的认识；③QFD方法的任何标准都以满足顾客的需求为目的，鼓励员工根据顾客的需求变化提出合理的建议，灵活调整服务内容及服务方式，激发员工的积极性和创造性，从而使服务质量得到不断提高；④QFD方法缩短了企业产品或服务设计的流程，使企业在产品或服务定型之前就可以预见到可能出现的困难，并构思对策，而不是同传统流程那样，等问题出现了才动手解决；⑤QFD方法消除了设计中的矛盾因素，完善的设计流程兼顾了在设计产品或服务时经常会出现的两种相互矛盾的要求，如提高质量就必须加大成本，而减少成本则必须放弃一些质量要求等；⑥QFD方法创造了低成本高效率，使企业员工可以更好地理解顾客需求，明白自己需要做什么，从而能大大提高生产率。同时，又可以减少开支浪费，使企业成本下降。

（七）QFD与产品大数据分析的结合扩展

在信息化发展迅速的当下，将产品从生产到销售整个生态中所涉及的运营数据加入传统QFD中，有助于企业更好地满足顾客需要。传统QFD涉及四种数据，分别为产品属性、零部件、工艺和生产数据，而数据间的关系分为同类数据间相互约束与不同类数据间的相互约束。应用产品大数据分析，将销售要求类数据、运营类数据、售后使用类数据加入传统QFD中，可建立更为科学、翔实的关系网络。这种创新结合有三方面优势。首先，可以更加有效地识别关键数据，并明晰数据间的作用机理。其次，可以在数据变动时，对其进行有效、联动的动态分析，从而帮助企业识别市场的风向。最后，基于对新数据、新关系的识别，企业可以及时发现市场中新的动向。①

第二节　服务品牌管理

随着中国服务行业市场化的程度明显提高，越来越多的跨国服务企业携其"强势服务品牌"对中国市场进行大面积、高速度的侵吞，服务企业间的竞争越来越多地表现为品牌间的竞争，企业已经认识到品牌是影响顾客购买决策的重要因素，是服务企业最宝贵的无形资产，是服务企业参与市场竞争、创造独特竞争优势的重要战略武器。因此，如何制定和实施品牌战略、打造强势服务品牌已经成为众多企业关注的问题。

一、服务品牌的内涵

如前所述，服务品牌是指在经济活动中，通过企业的服务流程来满足消费者的心理需求，是以提供"服务"而不是产品为主要特征的一种特殊的品牌形式，是一种通过提供创意服务流程提升顾客满意度的劳务行为的标记。也可以说，它是一个优质服务的规范，是企业的服务宗旨、服务理念、经营战略、营销策略及企业精神的综合反映。可以说，服务

---

① 唐中君，崔骏夫，禹海波．基于扩展质量功能展开和网络图的产品大数据分析方法及其应用探讨．载自中国科技论坛，2017-12-05．

品牌是服务文化的精髓，它既可以代表一个人也可以代表一个企业或群体，既是一种服务流程，也是一种服务模式。[①]

二、如何构建服务品牌

服务品牌的构建是一项系统工程，它是企业内部各个部门团队合作的结果，更是企业开展外部营销、内部营销和互动营销的协同结果。

（一）外部营销——以顾客需求为中心

外部营销主要是指要以顾客满意为导向来创建服务品牌。消费者对服务的需求往往是多种多样的。一方面，由于消费者社会阶层、消费层次和文化背景等方面的不同，其消费需求也会存在很大的差异；另一方面，即使是同一个消费者，由于服务消费的时间、地点和心情等方面的差异，其消费需求也会有所不同。实际上，即使消费者存在着同样的服务需求，他们对同种服务内容中的各个构成要素的偏好也会存在着某种差异。因此，基于顾客需求和顾客导向的外部营销，是满足顾客的差异化需求所必需的。同时，由于对服务的良好感受是出于某种信任、荣誉和爱好等方面的要求，是出于情感的渴求和心理上的认同，所以服务品牌成功的关键就体现在要时刻以顾客为中心。具体而言，时刻关注顾客需求，构建服务品牌要求企业必须做到以下几方面。

1. 树立让顾客满意的宗旨

倡导服务新理念，不断丰富和延伸企业文化的内涵，树立诚信服务的理念。在市场竞争中，诚信是企业生存和发展的关键。只有注重诚信的企业，才会有良好的企业形象，才会得到消费者的信任。当然，注重向消费者提供优质和创新的服务也是必不可少的。毕竟，优质的服务是企业塑造强势服务品牌的基石。有了优质的服务，企业才有可能在市场中赢得一席之地。同时，如上所述，随着市场竞争的加剧，消费者对服务的需求也越来越朝着多样化、人性化和个性化的方向发展。因此，企业在向顾客提供服务的时候，必须努力做到认识顾客的需要、挖掘顾客的需求并不断满足顾客的需求，不断地主动创新服务方式和服务方法。只有这样，才能赢得顾客的信赖。

2. 努力优化服务流程

企业要根据顾客需要和市场需求设计服务流程，强化服务品牌接触点的设计与有效管理。其中，服务品牌接触点的全称为服务企业的品牌接触点（brand contact point），是指顾客体验服务企业的品牌形象或者某种可传递信息的情境与方式。这些接触点包括一些有形要素和无形要素。其中，有形要素包括服务员工、服务场景和其他有形展示、非人员沟通（宣传资料、标识和广告等）、其他人员（顾客在接受服务过程中遇到的朋友、从他人那里获得的信息与口碑等）、企业对服务的定价、企业网站、各层面利益相关者对企业的评价等。实际上，凡是带有企业信息并可能被顾客接触到的，都可归为服务品牌接触点之列。只有完善企业的服务系统和细化服务品牌接触点，不断地从细微处提高顾客满意度，

[①] L.L.Berry. Cultivating service brand equity. Journal of the Academy of Marketing Science，2000，28（1）：130.

才能最终构建起强势的服务品牌。

3. 建设具有自身特色的企业文化

服务品牌说到底也是文化品牌的延伸问题。综合来看,服务品牌离不开卓越的服务质量,而服务质量实际上是企业内外的各种资源,如人力资源和技术资源以及市场资源等共同作用的结果。其中,人力资源在服务质量的提升中扮演着十分重要的角色。无疑,诸如业绩奖励等物质刺激是必需的。但企业文化的熏陶和引导也是至关重要的。因此,强势服务品牌的构建,必须创造一种能够提供稳定的卓越服务质量的企业文化。例如,香格里拉酒店集团将"香格里拉热情好客,亲如家人"作为企业文化,致力于为客人提供独具特色的亚洲待客之道和热情服务,并对其下属54家酒店所有员工进行持续、完善的培训指导。这正是香格里拉赢得世界级酒店集团荣誉的基础。

4. 正确处理顾客抱怨并及时采取补救措施

做好顾客满意度测试,尤其是正确对待顾客的抱怨,及时地对失败的服务采取恰当的补救措施,是更好地满足顾客需求和构建服务品牌的关键所在。服务补救是服务供应商提高顾客感知服务质量的第二次机会,也是和顾客建立情感联系的有效途径。服务失误处理得当,往往有助于顾客与企业建立更加良好的信任关系,既会提高顾客对其服务品牌的忠诚度,也会避免服务失败所带来的消极影响(如负面的口碑等)。无数企业的实践均已证明,服务失败之后得到及时而有效补救的顾客,其满意度往往比那些没有遭遇服务失败的顾客的满意度还要高。而且,他们也更愿意为通过服务补救而得到的意外惊喜和良好的心理感受进行无偿的宣传。这样,通过有效的服务补救,企业就可以同顾客建立起密切的情感联系,这无形中提高了服务品牌的形象。例如,顾客反映在线上购买的商品出现破损时,若商家以高效、优质的售后服务进行补发、退款等措施,往往可使顾客的不满有效降低或转移,甚至增加对企业的认同。

(二)内部营销——关注企业内部的员工

内部营销是指将雇员当作顾客,将工作当作产品,在满足内部顾客需要的同时实现组织目标(Berry,1981)。迄今为止,已经有数位学者强调指出,有效的内部营销是成功的外部市场交易的前提,是优质服务和成功的外部营销的关键。因此企业要想保持持久的竞争优势,除了通过传统的外部营销之外,还应该同时推行内部营销,使企业员工投入工作角色中来,更好地为顾客提供优质的产品和服务。

由于服务的无形性,消费者无法在购买之前对服务作出评价。因此,对一线员工的品牌沟通和有效的员工管理就成为服务品牌构建工作的重中之重。实际上,可以毫不夸张地说,员工是服务品牌赖以成功的基础,员工不仅是服务品牌的重要组成部分,影响着消费者的服务体验流程,而且员工也是服务品牌的宣传者和代言人,他们的态度和行为直接影响着消费者对服务品牌和服务质量的感知。例如,新东方教育的个性十足的英语教师、神州专车的热情体贴的专职司机等。因此,要构建强势的服务品牌,首先需要对员工进行卓有成效的管理。具体来说,主要包括以下几个方面的工作。

1. 让员工了解服务品牌构建的特点和任务

让员工明白自己在服务流程中应该为顾客提供什么样的体验，为什么要提供这样的体验以及如何在实际工作中加以具体实施，是服务品牌构建的基础所在。同时，还要尽量让员工能够积极地增强顾客对服务质量的感知，让员工了解到不仅他们的行为是提供高质量服务的关键，而且他们的士气也会影响顾客对服务品牌的满意程度。例如，一家英国银行的研究显示：有最低员工流动和旷工情况的分行，同时也是有最高利润水平、顾客挽留率和顾客满意度的分行。

2. 有效实施品牌内在化

所谓品牌内在化，指的是向员工解释和宣传服务品牌的内涵、定位和价值，创造性地与员工就服务品牌的构建进行交流，培训员工并使他们的行为直接对强化服务品牌做出贡献，奖励并祝贺为品牌的提升做出贡献的员工。最重要的是，使员工参与到品牌培养与维持的流程中来。如果员工不信任自己企业的品牌，那么根本就不可能为品牌投入更多的感情和精力。

3. 对员工进行培训并强化内部沟通

服务品牌是对传统服务观念的一种挑战，它不仅仅是单纯的商品促销，更趋向于为顾客提供一种与所需商品相配套的服务，是一种商业文化的具体化。这就要求服务人员要全面掌握集职业道德、商品知识、销售技能、操作技术与情感交流于一体的、全新的服务方式和科学规范的服务技术。因此，要从以上诸多方面对服务员工进行培训，以便促进企业整个营销环境的改变，为企业发展创造良好的内外部环境氛围。同时，进行更为开放的内部沟通也是内部营销最重要的手段，它对于内部营销实践有着不可或缺的作用。离开了良好的内部沟通，企业就远离了实现跨职能或者跨部门相互协作的可能。通过有效沟通，往往可以使企业内部形成信息共享的氛围、良好的人际沟通环境和团结制胜的文化。因此，设计一个畅通的沟通渠道是十分必要的。在柯达公司的走廊里，每个员工随手都能取到建议表，丢入任何一个信箱，都能送到专职的"建议秘书"手中，专职秘书负责及时将建议送到有关部门审议，作出评价。

4. 重视员工的满意水平

归根结底，服务品牌的构建必须要得到顾客情感上的认可和归属，而这就意味着服务员工必须真情投入与付出。企业必须同时关注员工的招聘、培训、激励和挽留等一系列问题。而在此过程中，内部营销必须把员工满意战略作为工作重点。这要求企业：①充分进行员工授权。高度重视授权管理工作，通过授权充分发挥下属在工作中的积极性、主动性和创造性。这项工作之所以在服务品牌的提升中起着十分重要的作用，是由于服务生产与消费的同步性等服务的特殊性所决定的。如前所述，在服务品牌的构建过程中，顾客接触点的管理至关重要，而做好顾客接触管理中的一个必然要求就是一线员工必须拥有一定的权力。例如，海底捞的一线员工拥有赠送菜品、免单等多项权利，这使得员工更有"主人翁"意识，能动性更强。②创新激励机制，充分重视对员工常规工作和创新服务的激励。实际上，内部营销实践的一个重要方面是在了解员工需要后，对员工的需要进行恰当的反应。许多学者都建议通过内部营销实践产生的相关信息来满足员工需求，以便产生更高水平的激励。可以说，开发个性化的报酬系统、绩效评估方式、工作轮换实践、提供舒适的工作环境以及提供相关的培训，这些都是激励与报酬体系中十分重要的内容。因此，在内部营销实践中，管理人员必须努力识别员工的满意程度并通过上述方式改进企业的激励与报酬系统，以便提高员工的激励水平和士气。③要充分尊重员工，满足员工的需求。其中，重点是对其人格、劳动、知识、自尊和社会地位的尊重等。实践证明，对员工的尊重往往可以调动员工的服务热情，对实现企业的服务目标能起到事半功倍的效果。IBM 的开拓者小托马斯·沃森在《商业及其信念》一书中讲道："IBM 经营哲学的大部分都集中在其三个简单的信条当中，我要从我认为最重要的那一条说起，那就是，我们对每个人都要尊重。如果我们尊重员工，而且帮助他们自尊，这将会使公司的利润实现最大化。"

三、提升服务品牌的具体策略

服务是无形的，是一系列顾客参与的活动或流程，考虑到服务的独特性，服务品牌需要采取与有形产品不同的策略。概括而言，主要包括以下几个方面。①

（一）建立企业品牌主导的品牌组合

服务是无形的，顾客在购买之前往往对服务缺乏直观的感受，无法进行客观的评价。因此，企业的实力、形象和口碑等，往往就成为直接影响顾客购买决策和消费后评价的重要依据。顾客在购买服务产品时，不仅关心服务的具体内容，而且十分看重提供服务的企业，他们往往根据服务的提供者来购买服务产品。因此，在服务企业的品牌组合中，企业品牌理应成为主导品牌，成为重点建设的对象。

（二）创造强烈的组织联想

看到品牌而联想到企业，就是组织联想的一个重要表现，它是形成品牌特色或个性的关键因素。由于服务产品极易模仿，提供什么样的服务往往并不是最重要的，而真正重要的，往往是谁在提供服务和如何提供服务。企业的员工、设备和专长等要素，都是能够直接或间接影响顾客感知服务质量的重要品牌联想。基于抽象的企业价值观、员工、企业资产和技术等特色所产生的组织联想，与基于产品特色的联想不同，前者更有利于提高品牌的可信度。通过组织联想，企业还可以建立起品牌与消费者之间的某种特殊的情感。

（三）强化全方位的品牌要素

无形性对品牌要素的选择具有重要意义。由于服务决策和安排常常是在服务现场之外作出的，因此品牌回忆就成为一项十分重要的因素。作为品牌核心要素的品牌名称，应该易于记忆和发音，相应的文字和标识等刺激物也要经过人的策划；服务的"外观"，如环境设计、接待区、员工着装和附属材料等，也对形成顾客的品牌认知具有重要影响；其他

---

① 白长虹，范秀成，甘源. 基于顾客感知价值的服务企业品牌管理. 外国经济与管理，2002（2）：13-14.

品牌要素，如标识、人物和口号等，也可以全部用来辅助品牌名称，向顾客展示品牌，建立品牌认知和品牌形象。使用这些品牌要素的目的，是试图使服务和其中的关键利益更为有形、具体和真实。总之，企业在运用服务品牌要素时，应该力图使无形的服务有形化。

（四）建立合理的品牌层级结构

随着产品和业务的多样化，企业需要根据不同的市场和产品特性，推出相应的品牌。一般而言，服务企业所经营的服务项目在品种上往往会远远超过生产企业的产品种类。可以说，产品多样化往往是服务企业的一个显著特点。服务企业建立品牌层级，使之可以定位和瞄准不同的细分市场，进而突出不同服务产品的特征。

本章小结

由于服务产品的特殊性，使服务企业很难像生产企业开发产品一样通过严密的现场试验来实现服务的开发，因此寻找具有可操作性意义的新服务开发方法成为众多学者和企业研究的一个重点。

本章的内容主要包括服务产品的内涵和与服务产品开发设计相关的服务的特性，服务设计与开发的内涵和基本方法，但是由于服务不能触摸，不能被测试，不能被试验，因此服务开发面临着很多挑战。基于此，本章着重介绍了质量功能展开的服务设计与开发的方法和具体的实施步骤。越来越多的服务企业已经意识到服务品牌给企业带来的价值。本章的最后一部分，从三个方面介绍了服务品牌的相关内容，包括服务品牌的内涵，如何创建服务品牌以及提升服务品牌的具体策略。

关键词汇

服务产品（简称服务）：服务产品是指生产者通过由人力、物力和环境所组成的结构系统来销售和实际生产及交付的，能被消费者购买和实际接收及消费的"功能和作用"。它是一种功能和作用，是无形的，只要消费者接受了这种"功能和作用"，那么服务便成为一种产品。

质量功能展开：是指集成顾客要求于产品和服务设计之中的结构性方法，它是一种通过瞄准顾客满意度来开发设计质量、并把顾客需求转化为设计目标和整个生产阶段的主要质量保证点的系统方法。

服务品牌接触点：是指顾客体验服务企业的品牌形象或者某种可传递信息的情境和方式。

复习思考题

1. 在新服务开发的步骤中，三个检测点的作用是什么？

2. 什么是质量功能展开？请结合某一企业的经营实例来具体描述质量功能展开在企业中的应用。

3. 企业为什么要努力创建和维护高品质的服务品牌？对于如何创建服务品牌，还有哪些好的建议呢？

案例分析

招商银行——因需而变

2018年4月，招商银行宣布其信用卡流通户数突破5000万大关，这意味着招商银行成为国内第一家银行卡突破5000万大关流通户数的股份制商业银行。在招商银行优秀业绩的背后，关注消费者需求，积极据此进行服务产品创新是其成功的重要因素之一。

招商银行自2002年以来，持续关注社会热点、消费者心理，紧跟时代步伐。其推出的服务产品应时应景，能够吸引不同的客户群体。2004年，招行联手VISA推出了时尚美观的Mini信用卡，针对年轻人消费群体设计，一改银行卡刻板的大小、样式，更加贴近青年人、上班族等潜在客户的喜好。招行也是第一家推出VISA Mini信用卡的银行，追求潮流、愿意尝试新事物的人则更有动力成为第一批抢先体验的用户。

在2007年，招商银行结合奥运热度，与奥运合作品牌VISA、三星联合推出了奥运信用卡。在奥运会前期，以"2008和世界一家"为宣传重点，大力增强品牌与奥运的结合度，吸纳一众关注奥运、热爱奥运赛事的群体成为招商银行的信用卡用户。

除此之外，招商银行一直以来都追求品牌合作，以达成双赢的境界，招行与国航、如家、百事、万达等品牌发行了30余张联名卡，这样的品牌合作有效实现了品牌之间消费者的引流，实现共同的收益最大化。同时，这也有利于为持卡人提供具有特色的优惠活动，更加有针对性，有利于形成更加精准的营销推广。NBA信用卡、Hello Kitty卡、王者荣耀卡等具有鲜明特色的信用卡，不仅美观而且符合特定消费群体的心理需求。

在移动互联网时代，服务与科技融合是不可逆转的趋势。截至2018年5月18日，和招商信用卡绑定使用的"招行掌上生活app"已经达到了近2.7亿次的累计下载量。招行通过这款app，基于大数据分析，通过用户的交易行为勾勒出用户画像，让每个人都能将银行业务、生活服务和消费场景相融合，并且通过"周三半价日"等活动获取了一批高黏性客户，在给信用卡用户带来实惠的同时，也为合作商家提供了宣传、数据和口碑的服务，可谓一举多得。

以上种种均体现出了招商银行因需而变的营销策略，是其获得广大消费者青睐的重要原因之一。

资料来源：根据"招商银行信用卡流通户破5000万"，http://news.sina.com.cn/c/2018-04-19/doc-ifzihnep9823049.shtml，新浪网；"始于每一分钟创新坚持，招商银行信用卡年报业绩喜人"，http://www.cmmo.cn/article-210924-1.html，第一营销网，2018年5月25日等资料整理.

思考题

1. 信用卡具有哪些服务产品的特性？它与其他服务产品最大的不同在哪里？

2. 招商银行在新产品开发流程中应该注重哪些方面？

3. 案例中的产品应该如何利用质量功能展开来进行设计开发?

即测即评

扫描此码 即测即评

补充阅读材料

扫描此码 深度学习

第九章 服务定价管理

随着服务营销研究的逐步发展，越来越多的企业认识到服务定价是服务营销组合中最重要的因素之一。如果说有效的产品开发、促销与渠道建设播下了成功的种子，那么有效的定价不仅关系到种子的成长与发育，而且关系到收获。目前，尽管服务价格的制定已经日益得到服务企业的重视，但由于服务的一些特殊性质，使服务定价相对于产品定价更为棘手。了解服务定价中的特殊问题，熟悉定价方法，学习运用各种定价策略与技巧对服务企业制定出合理的价格有着重要的意义。本章的学习目标主要为：

学习目标
- 了解服务定价的特殊性
- 掌握服务定价常用的方法
- 了解各种定价策略并学习相应的定价技巧

第一节 服务定价面临的特殊性问题

通过前面章节的学习，读者已经获悉服务相对于产品具有四个关键特性：无形性、流程性、异质性和易逝性。正是这些特性，使服务定价在成本、需求和竞争等各个方面都比产品定价要更为复杂。根据泽斯曼尔（Zeithamal）对服务和产品差别的研究，可以把服务和产品的差异细分为七大类、共18个方面。[①] 下面就借鉴这一框架，进一步探讨服务定价在其中每个方面所存在的特殊问题。

一、服务定价的成本特殊性

由于服务的特殊性，服务定价在成本方面呈现出一系列不同于产品定价的特殊性，如服务的变动成本很难准确地加以估算、获悉实际价格的滞后性、成本导向定价的难度增大、规模经济与范围经济的有限性等。

（一）服务的变动成本很难准确地加以估算

变动成本是产品成本中随着产品数量变动而成比例变动的成本，包括直接材料费用、直接人工费用等。在服务企业中，由于服务的无形性、异质性等原因，准确估算服务的变动成本是很困难的。航空公司运送一位乘客的变动成本和其固定成本相比几乎接近于零，而家政服务行业一个顾客的变动成本却很显著。航空公司怎样为单一的消费者确定价格？

---

① Valarie A. Zeithamal. How consumer evaluation processes differ between goods and services. in: James H. Donnelly, William R. George, Marketing of Service, American Marketing Association, Chicago, 1981: 186-190.

是否可以在起飞前两小时内将剩余座位的票打折出售？家政服务业对需要家教服务和清洁服务的顾客该如何制定价格？变动成本的估算问题使成本的确定存在一定的困难。

（二）获悉实际价格的滞后性

许多专业服务，消费者只有在服务结束后才能知晓偿付的实际价格。例如，我们去医院看病，事先确知的只有挂号费用，最终支付的价格必须在看病结束后根据医生的各项检查，用药等费用才能确定。许多定制化的服务，不到服务结束，消费者很难确定需要支付的准确价格。服务不可分离性的特征使服务的生产、消费和购买同时进行，理发是个有助于理解的例子：顾客本打算花20元修剪头发，但发型师在服务流程中建议顾客改变下头发的颜色，尝试新的造型，顾客乐于接受发型师的建议，那么本次理发的最终价格就包括了染发、烫发等项目的价格，只有等理发流程全部结束后才能确知。此外，一些高度定制化的服务，在服务没有完全结束之前，消费者很可能也不知道应该支付的价格，最终价格可能是消费者所收到的、关于此次服务的最后一条信息。

（三）成本导向定价的难度增大

服务变动成本的难以确定及服务流程对最终价格的影响都使服务定价采取成本导向具有较大的困难。其他一些因素的存在也增加了服务定价采取成本导向的难度。首先，服务作为一种无形的产品，实物消耗成本在总成本中可能是微乎其微甚至是没有。其次，劳动力成本的估算进一步增加了评估具体服务成本的难度。尽管服务企业的资金密集度正在增加，但是提供服务的最主要资源仍然是人，而要明确提供服务的劳动力的价格是很困难的，在给服务定价时可以以每小时报酬作为定价的基础计入变动成本，但劳动力的技术、知识、经验等无形资源都是难以评估的。[①] 更毋庸说许多服务业的劳动力流动量大，寻找优秀人才也是企业经常面临的问题。最后，很多服务企业不愿意或者不能够事先评估服务产品的价格。只有了解了病人的全部情况之后医院才知道该收取的费用；律师在确定顾客所付费用之前也要先全面掌握顾客的情况。这些因素集合在一起使服务企业对成本的预计和控制难度加大，成本导向也因此很难成为定价方案之首选。

（四）规模经济与范围经济的有限性

由于服务的不可分离性及异质性，服务供应商很难像产品制造商一样重复制造流程。银行的金融理财服务为不同顾客制订不同的理财计划，发型师为每位顾客提供适合他们的造型建议。服务不仅不能被简单重复，也不可储存，淡季酒店空余的20个房间不能留到旺季提供给顾客。服务企业很难依靠规模效应带来成本优势，那些带有定制化要求的服务更要求服务供应商充分考虑顾客的特殊需求。因此大多数的服务企业都不太可能受益于范围经济和规模经济。

---

① Schlissel, Martin R. Chasin, Joseph. Pricing of service: an interdisciplinary review. The Service Industries Journal, 1991, 11 (3): 271-286.

二、服务定价的需求特殊性

类似地,服务定价在需求方面也表现出一系列有别于产品定价的特殊性,如需求更加缺乏弹性、服务的隐性捆绑行为与交叉价格弹性的作用及价格歧视的可行性等。

(一)需求更加缺乏弹性

相对于产品的需求而言,顾客对服务的需求往往更加缺乏弹性。在服务市场上,读者不难看见这样的现象:消费者越不易获得的服务,服务供应商越可以收取较高的费用;服务的可估测性越强,消费者的感知风险则越低,消费者也就越愿意支付更高的费用;服务的定制化程度越强,消费者的价格敏感性就越低。[①] 具体而言,消费者的价格敏感性,可能会随着消费者类型、服务种类、需求水平、使用情境等方面的差异而有所不同。概括来看,可以将影响消费者价格敏感性的因素归纳如下:①预期的替代品数量;②预期中服务能够提供的独特价值;③转换成本;④对替代品进行比较的难易程度;⑤价格作为质量表现的代表性;⑥服务花费占家庭收入的百分比;⑦对最终利益的追求程度;⑧分担成本的大小;⑨相同购物环境下类似服务的感知价格;⑩消费者消减库存的能力。在实践中,服务供应商可以参照上述因素来找出影响目标顾客购买决策的关键因素,进而判断消费者对自己所提供服务的价格敏感性,从而作出最优的服务定价决策。

(二)服务的隐性捆绑行为与交叉价格弹性的作用

许多读者可能都有这样的经历:如果某个游乐园的门票价格较低,即使里面的某些游乐项目是收费的,不少人也愿意再购票游玩一番。而且,有时甚至会租一辆游览车、购买一些食物、饮料和纪念品等。但相对而言,如果游乐园的门票就很昂贵,园内某些项目再收费的话往往就会让游客觉得反感,他们再购买食品和纪念品的可能性就比较小了。实际上,许多服务业都经常出现多种服务产品的情况,如组织服务业、个人服务业、专业服务业和酒店业等。对于游乐场而言,游乐项目显然是其核心服务,但许多游乐场也同时提供诸如游览车、自行车租赁、售卖食物与饮料、出售特色玩具和纪念品等额外服务。在游乐园里,消费者很可能不经意间就会把各项服务的价格捆绑在一起,诸如门票的价格和食物、饮料、纪念品的价格虽然没有明确地绑定在一起,但它们之间却会相互影响,并进而影响消费者的购买决策以及消费者的总体感知水平。像这样某种产品的价格需要在其他多种产品价格的影响下制定,而这些其他产品的价格又没有提供给消费者而且也没有采取明确的捆绑定价的现象,本书中将其称为隐性价格捆绑。消费者往往把自己的总体消费维持在一个可接受的范围之内。"进入"价格过高,通常会导致消费者总体花费的降低,进而导致企业总收入的减少。因此,服务供应商必须对自己所经营的全部产品之间的交叉价格弹性给予足够的关注,或许这可以大幅度提高企业的总收入水平。

---

① Danny R. Arnold, K. Douglas Hoffman, James McCormick. Service pricing: a differentiation premium approach. The Journal of Service Marketing, 1989, 3(3): 25-32.

（三）价格歧视的可行性

如前所述，随着消费者的类型和服务的种类不同，消费者的价格敏感性就有可能不同。对欧洲市场服务业的一项研究表明：购买服务较少的消费者的价格敏感性，要低于购买较多服务的消费者；把提供的服务视为至关重要的消费者的价格敏感性，要低于那些认为服务不太重要的消费者。[①] 诸如此类的证据都表明：价格歧视在服务行业能够得以广泛应用。其中，价格歧视是指对本质上相同的服务向不同消费者收取不同的价格。例如，演唱会根据不同的座位收取不同的票价，飞机票因购买的时间不同和座位的不同会有不同的折扣等。实际上，企业往往可以根据顾客特征、服务提供特征和使用特征等多种标准来实施价格歧视。例如，在顾客特征方面，企业可以根据个人特征（如不同身份特征或不同年龄阶段的人群会表现出不同的支付意愿和支付能力等）、顾客在关系生命周期所处的阶段（如一些服务企业运用特价来获取新的顾客并通过向现有顾客提供忠诚项目来挽留顾客等）和关系特征（如顾客价值、俱乐部的会员资格等）。例如，一些银行对于盈利性高的客户可能免收账户或转账费等。在服务提供特征方面，企业可以根据所提供服务的特征来实施价格歧视，如服务水平（这里指的是顾客感知到的价值的质量方面，企业往往可以对低质量服务收取较低的费用）和服务要素的数量（捆绑定价）等。例如，饭店经常提供包括几道菜肴的目录，如果单独购买，总价格往往高于目录上的价格；一揽子旅行也是价格捆绑的一种形式。类似地，在服务使用特征方面，企业也可以根据服务地点、服务时间和顾客使用的服务量来实施价格歧视。例如，对很多服务而言，城市的价格水平往往高于农村，而且这种价格差异在多数情况下能够为顾客所接受；在顾客那里所提供服务的价格往往不同于在服务供应商那里所提供服务的价格（如医生到病人家中诊治的价格会更高）；在冬天，雪橇的需求高于夏天。因此，雪橇出租服务提供者在冬天会制定更高的价格；黄金时段的影剧院票价往往高于下午的票价；提前订购机票往往比即将起飞时的票价要便宜。不过，实施价格歧视也必须具备某些条件，如服务供应商或者销售者有设定价格的能力；服务所面对的市场可以进行有效的细分；不同细分市场的需求价格弹性是不相同的。

三、服务定价的竞争特殊性

类似地，服务定价在竞争方面也表现出一系列有别于产品定价的特殊性，如竞争价格的难以比较性和顾客自助服务的发展等。

（一）竞争价格的难以比较性

在服务消费中，消费者更难以对比提供相同或类似服务的竞争对手之间的价格差别。消费者在超市选购饼干，比较价格并不是一件很困难的事，不同品牌的饼干前面往往摆放着相应的标价，几乎是一目了然的。然而，服务产品价格信息的获取，则相对要复杂得多。

[①] Ruth N. Bolton and Matthew B. Myers. Price-based global market segmentation for services. Journal of Marketing, 2003（7）：108-128.

由于服务是无形的，人们往往无法把所有服务都标上价格并放在一起展示，对于那些高度定制化的服务而言更是如此。在服务消费中，价格往往是建立在服务供应商对消费者情况全面了解的基础之上的。即使消费者能够得到真实的价格信息，在类似的服务供应商之间进行价格比较也仍然不是件轻松的事。以信用卡为例，随着经济的发展，信用卡成为一种重要的支付工具，许多银行都推出了信用卡业务。当消费者想比较各个银行信用卡服务的价格时，需要综合考虑很多因素，如信用卡的年费、最大信用额、还款期限、银行工作效率、服务态度等。为了获得这些信息，消费者必须亲自与各个银行信用卡业务的工作人员接触，或者打电话到各个银行咨询，这样的价格比较流程往往需要花费相当多的时间和精力。因此，读者可能经常看见一些消费者在收到某家银行的宣传单或者遇到某家银行的信用卡推广活动就申领信用卡，而当时他们对该银行的服务情况和价格可能还没有完全了解清楚。有一家金融服务公司的调查结果显示，消费者对服务收费的情况可能比企业所预期的要少，他们可能不仅不知道需要支付哪些服务费用，而且也不了解应该如何支付金融服务费用。

（二）顾客自助服务的发展

由于网络技术的飞速发展，现在消费者往往只需要点击鼠标或者通过各种手机软件APP就能了解各种商品的信息，并比较商品的价值。在这种情况下，不少企业发现：主动邀请消费者参与到企业的产品和服务价格的讨论中，可能也是比较重要的。[①] 而有些行业则走得更远，它们将企业的一部分业务交由消费者自己来完成。其中，ATM机使顾客能够自助完成存取款业务以及其他一些基本的金融业务；自动售货机使顾客能够随时自由选择和购买所需要的饮料和零食。诸如此类的自助服务，不仅为企业节约了资源、降低了成本，而且也给消费者带来了新的服务感知，使消费者感受到更多的便利、更高的效率、更多的自主性，甚至更多的控制权等。结果，在许多行业里，顾客自助服务乃至顾客参与已经成为一种不可忽视的发展优势。因此，在服务定价中，自助服务也正受到越来越多的关注。

四、服务定价的收益特殊性

类似地，服务定价在收益方面也表现出一系列有别于产品定价的特殊性，如捆绑定价的有效性、捆绑服务中难以确定单项服务的定价等。

（一）捆绑定价的有效性

捆绑定价在服务定价中是一种广泛运用的手段。拥有多种服务产品的服务组织，往往把自己所提供的一组服务绑定在一起，而有些服务组织则索性与其他组织结成战略联盟来提供困难的服务。通过捆绑，本质上为消费者提供了新的服务，以便为顾客提供相对完整的解决方案。通常来说，捆绑定价往往对消费者和服务供应商都有好处。对服务供应商来说，捆绑定价可以在出售核心服务的同时把一些单独出售时消费者可能并不需要的服务——

[①] Tim Matanovich. Pricing services vs. pricing products. Marketing Management，2003，7/8：12-13.

起销售出去。例如，购买电影票可以半价购买电影院所提供的爆米花、住酒店时可以获得折扣的旅行团报价，当然，服务供应商也可以通过提供消费者可以自主搭配的服务套餐来提高企业的定制化程度，以便吸引新顾客和挽留老顾客，提高企业的总体收入水平。对于消费者来说，捆绑定价则提供了整体的解决方案，而且往往还会伴随着价格的优惠以及购买和支付程序的简化等好处。

（二）捆绑服务中难以确定单项服务的定价

当企业把两种或更多的服务绑定在一起并以优惠的价格销售时，如何准确地确定这个捆绑组合中单项服务产品的价格就成为一个难题。不仅企业在为其单独定价时感到困难，而且消费者在比较服务产品价格时也会更加困惑。例如，旅行团所提供的旅游方案看作是一种捆绑定价，其中包括机票（火车票）、景点门票和酒店住宿等，最后提供给顾客的是一个综合价格。对于旅行社来说，是否允许顾客购买其中的单项服务，如仅购买来回机票或者酒店住宿？如果允许的话，那么又该如何为其中的某项服务定价呢？类似地，顾客在比较价格时也会感到非常复杂，不仅要试图计算出每个组成部分的成本在总成本中所占的比重，而且还要把不同方案中的组成部分进行对比。显然，这样的流程，常常令消费者感到无从下手。

五、服务定价的生产特殊性

需要指出的是，服务定价在生产方面也表现出一系列有别于产品定价的特殊性，如服务价格的多样性、产品线定价的复杂性和折扣价格购物的难以储存性等。

（一）服务价格的多样性

服务的流程性意味着服务的提供者与消费者在服务流程中会有相当多的互动。服务供应商需要根据消费者对服务的反映进行灵活的应对和调整。实际上，这种对消费者的关注同样也反映到了服务价格上。律师要收取诉讼费，咨询公司要收取咨询费，银行贷款要收取利息，金融理财服务要收取佣金。实际上，在服务业中，"价格"这个名词直接出现的机会可能并不多，它总是以各种各样的名称展现在消费者的眼前，如租金、培训费、贴息……在不同的服务行业里，往往有着不同的名称与其价格相对应。如果细心观察的话，还能找出更多的类似例子。实际上，服务业中代表价格的名词，往往更多地结合了消费者的利益。例如，消费者为中介所提供的服务支付中介费、向咨询公司支付咨询费、向医生（医院）支付诊疗费等。

（二）产品线定价的复杂性

在产品营销中，有一种广泛应用的定价方式称为产品线定价。它是指一种产品或一组类似的产品采取不同定价的营销行为。由于产品是有形的，所以消费者还是能够比较容易地收集产品价格的信息并进行比较，然后在全面评估之后作出购买决策。但在服务业里，服务是看不见、摸不着的，消费者的比较和评估流程变得十分抽象。一般而言，在电信业、医疗卫生业和金融业等服务业中经常会使用产品线定价方式。虽然这种方式给消费者提供了根据自身情况作出选择的机会，但却也会给消费者带来了不少困惑，从而给服务组织产生了一定的负面影响。例如，医院通常有普通门诊和专家门诊，而专家门诊收取的费用往往又是普通门诊的几倍，甚至几十倍，但消费者却很难事先知道专家是否能比普通医师提供更好的医疗方案，也很难获悉专家的医疗水平比普通医师高出多少。即使事后发现专家门诊给出的医疗建议和普通医师给出的是一样的，消费者也不能要求退还挂号费。不过，需要强调指出的是，医院的这种做法实际上也是考虑到服务的无形性而作出的合理选择（一种有形展示）。在现实中，许多采用产品线定价的服务企业并未给消费者提供专业意见和可靠信息，结果使消费者很难确切了解价格背后的真实服务信息，从而对消费者作出恰当的购买决策产生了一定的负面影响。

（三）折扣价格购物的难于储存性

精明的消费者常常会在换季打折时添置衣物，产品制造商和经销商也往往会利用折扣来清理库存。在产品营销中，价格往往是影响消费者购买和储存决策的重要手段。但在服务业中，由于服务是难于存储的，所以消费者就很难利用折扣价来购买和储存服务。例如，消费者无法在酒店淡季时支付房费，把房间留到旺季居住；也不能在电信优惠时间段内购买10分钟，留在非优惠时段拨打。服务的易逝性，使得消费者在需要服务的时候，一般只能按照当前的市价来进行购买。

六、服务定价中的消费者特殊性

服务定价在消费者方面也表现出一系列有别于产品定价的特殊性，如价格是消费者的有限参考信息、消费者更难确定服务的保留价格和消费者更易将服务价格作为判断服务质量的线索等。

（一）价格是消费者的有限参考信息

价格是消费者在准备购买期间可利用的、有限的参考信息之一。当消费者想要购买一只钱包时，可以在购买前确定钱包的品牌、颜色和款式等，也能够真切地感受到实物产品，然后作出购买决策。但当消费者在理发时，尽管能够从理发师的描述和某些照片中想象发型的样子，但只有到理发流程结束之后，消费者才能真正知道自己的发型和自身与发型的匹配程度。由此可见，服务的无形性使服务不像有形产品那样，消费者在购买之前往往无法通过许多信息提示来作出购买决策。在这种情况（消费者获得的服务信息较少）下，价格就成为判断质量好坏的重要依据。当消费者对某项服务几乎处于一无所知的状态时，仅有的价格信息便成为关键的判断标准，这与人们常说的"一分钱，一分货"是高度一致的。当然，企业也会通过各种营销手段向消费者提供服务信息，如品牌信誉、企业成就、服务承诺和老顾客的评价等。当消费者能够获得的信息越来越多时，价格的参考作用就会逐渐下降。随着品牌、广告和人员推销等各种手段所传递的信息越来越丰富,以致超出了消费者的处理能力的时候,消费者又会重新依赖价格来判断服务的质量。如果简单地把上面的现象用图形来表示的话,就会发现:消费者对价格的依赖程度就像一条 U 形曲线。不过,尽管消费者对价格的依赖程度会随着信息量的多少而有所变化,但是对于服务这种具有无形性和易逝性的产品来说,可供参考的信息还是要少于评估产品时可以利用的信息。因此,价格对于需要评估服务的消费者来说,是非常重要的参考信息。

(二)消费者更难确定服务的保留价格

保留价格是指消费者愿意为产品支付的最高价格。在购买产品之前,消费者心里通常都会有一个保留价格。当确切知道产品的真实价格时,便会把心里的保留价格与真实价格进行比较,然后作出购买决策。在购买有形产品的时候,消费者获得的信息一般是比较充分的,也比较容易形成确切的、合理的保留价格。但当面对服务这种无形产品、而可供参考的信息又很少时,消费者往往很难在心里给出确切的保留价格。对于初次购买服务的消费者而言,保留价格主要来自市场上的竞争价格。鉴于前面所分析的一些原因,市场上的服务价格信息往往不易获得,缺乏购买经验的消费者就很难确定保留价格。而当一些消费者对某项服务处于特别紧急和重要的需求状态时,如急救或重大事故,消费者可能会在完全不考虑成本的情况下作出购买决策。对于再次购买的消费者而言,由于已经获得了关于该项服务的具体信息,确定保留价格时就没有第一次购买那么困难了。以前的服务体验和价格信息,可以为其确定保留价格提供参考标准。这时,顾客对价格的关注程度将远高于首次购买者。

(三)消费者更易将服务价格作为判断服务质量的线索

通过上面的分析不难看出,价格在服务购买决策流程中是一项十分关键的信息,是消费者评估服务的一项重要指标。价格不仅会使消费者对服务供应商所提供服务的成本作出评估,而且也会在某种程度上向消费者交付服务质量的信息。有研究表明,在下列情况下,消费者往往更倾向于把价格看作质量的代表:①价格是消费者可以获得的、能够体现几种备选服务方案之间差别的主要信息;②备选服务方案是异质的,即各种服务方案所提供的服务之间存在着差异,消费者对各备选方案的评价和感知可能也存在着差异;③各备选服务方案之间的价格差距较大;④在某些服务风险较大的情况下,许多服务会暗含着信誉承诺,如医疗或管理咨询。当消费者面对上述这些服务情境时,价格就成为判断质量的重要线索。换言之,价格传递了质量信号。当服务供应商制定的价格过高时,消费者就会对其所提供的服务抱有较高的期望,从而给服务供应商达到顾客的期望增加了难度;如果服务供应商把价格定得过低,则可能会使顾客对其服务质量产生怀疑,从而失去顾客的信赖。

七、服务定价的法律特殊性

最后,需要强调指出的是:服务定价在法律方面也表现出一系列有别于产品定价的特殊性，这主要表现在服务业中的不合法定价行为往往更加隐秘，这主要也是由于服务的特性所导致的。具体来说，可以归结为以下几个原因：①服务的无形性使消费者无法收集到足够的信息。没有足够的信息，消费者便无法对服务交易作出恰当的评估。②某些服务的专业性很强，消费者往往很难理解。例如，医生就是一个专业性很强的职业，很少有消费者能够具备评估医生医疗水平的专业知识。因此，消费者在大多数情况下只能听从医生的嘱咐，即使其中存在一些不合法行为，消费者往往也很难发觉。③正如前面所指出的，某些服务只有在服务流程全部结束之后才能够知道其价格。④服务售出之后往往不像有形产品那样，有质量保证或保修卡等凭据。⑤由于服务的流程性导致消费者在接受服务的整个流程中随时都有可能受到服务人员的影响，服务人员如果隐瞒或误导消费者，就会使消费者对服务价格的理解产生偏差。⑥服务的异质性也使服务出现一定程度的质量波动成为一种正常的、可以接受的事实。目前，尽管国家已经制定和正在制定一些法律来保护消费者的权益，但服务中的一些不法行为有时却很难察觉到。例如，医生让消费者做一些根本不必要的检查，患者很难知道自己是否需要这样的检查。

综上所述，由于服务在许多方面都存在着不同于有形产品的显著差异，所以服务定价往往也与产品定价存在着重要差异。了解这些特性与差异，为服务企业选择合理的定价方法、使用科学的定价策略和技巧奠定了基础。

第二节 服务定价方法

尽管服务和产品在许多方面存在不同，但对于消费者来说，他们可能并不关心所购买的究竟是服务还是产品，消费者真正想购买的是由产品和服务所带给他们的利益与价值。从这个意义上说，产品和服务的定价本质上又是一样的，因为消费者关注的是企业提供的价值，而不管是以产品，还是以服务的形式表现出来。① 因此，在服务定价中也可以参考产品定价的方法，下面围绕近年来服务营销定价中常见的几种方法加以简要地介绍。

一、成本导向定价法

成本导向定价法是指企业依据其提供服务的成本决定服务的价格。成本导向定价法的基本公式是：

$$价格 = 直接成本 + 间接成本 + 边际利润$$

其中，直接成本是指与服务有关的材料和劳动力，间接成本是固定成本的一部分，边际利润是直接成本与间接成本之和的某个百分比。企业把三者相加，以便最终确定价格。在公用事业、承包业、广告业和制造业中，这是一种应用较为广泛的方法。例如，对于提供心理咨询的医师来说，他首先要计算出给顾客提供咨询需要的成本，然后加上他希望获

---

① Tim Matanovich. Pricing services vs. pricing products. Marketing Management, 2003, July/August, pp.12-13.

取的利润，就可以确定价格了；对于提供专业服务的企业来说，通常会设置一个系数，将员工每小时的薪酬与这个系数相乘（假设该公司以小时为单位收取费用），就可以得到每小时服务收取的价格。这个价格应该既可以弥补提供服务所耗费的成本，又能为服务供应商带来期望水平的利润。

成本导向定价法主要包括成本加成法、目标收益定价法、平衡分析法和边际定价法等几种定价方法。有研究表明：成本加成定价法是服务企业最常使用的一种方法。[①] 成本导向定价方法之所以能够得到企业的青睐，得益于以下几个优点：①计算简单明了；②专业服务企业对这种方法的广泛使用，使收费水平趋于一致，因此顾客对费用率比较熟悉；③生产者能够得到合理的利润，当需求量较大时，企业能够维持在适当盈利水平上。

不过，成本导向定价法在服务领域的应用，有时也会遇到一些困难和存在一定的缺陷，主要表现在：①服务业成本往往较难确定和计算。②考量成本时很难确定一项服务的"单位"，尤其对于那些不易描述和衡量的服务产品或者成本主要是劳工成本的服务产品。由于服务不能像产品一样用"件""只"或"千克"等单位来衡量，所以不少服务都是以输入单位、而不是可计量的输出单位出售的。例如，心理咨询往往是以小时为单位来计算价格的。③服务企业成本的主要因素是人，对于人所花费的时间的价值往往很难加以估算的。例如，往往很难判断一位移动 10086 客服热线的接线员每小时的工作价值有多大。④服务的真实成本和顾客的价值感知往往并不一致。一件 5000 元的大衣和一件 200 元的大衣，其干洗价格都是 20 元，因为长度差不多、花费的功夫也基本相同。但是在上面的例子中，可能忽略了这样一个事实：消费者为了更好地洗干净那件昂贵的大衣，也许愿意付出更高的价格；而对于那件 200 的大衣，消费者则可能觉得贵了。

二、竞争导向定价法

竞争导向定价法是指将竞争对手与本企业的实力对比，将竞争对手的定价作为定价的主要依据，以在竞争环境中生存和发展为目标的定价方法。它主要适用于以下两种情况：①服务标准化。服务供应商所提供的服务基本是一致的、标准化的，顾客也可以了解各个服务供应商之间的价格差异，并会对差异作出反应，如快递公司等。②寡头垄断。在某些服务行业里，可能只有少数大型服务供应商，如通信业和航空业。

竞争导向定价法主要包括根据市场均价定价、与竞争者相似定价、定价高于竞争者、定价低于竞争者及根据市场领先者价格定价等几种方法。其中，根据市场均价定价是竞争导向定价法中使用最为广泛的一种方法。当成本难以估算时，采用市场平均价格作为自己的价格，往往是一种较好的方法。通常，管理人员倾向于认为，平均价格是行业集体智力和能力的结晶，能较为公允地衡量企业提供的价值，也能给企业带来比较公平的回报。同时，这种方法也有助于使行业内各企业之间的和谐。不过，也有一些企业倾向于采用和竞争对手类似的价格（以保持竞争力），或者瞄准市场领先者的价格来进行定价，这就要求

[①] George J. Avlonitis and Kostis A. Indounas. Pricing objectives and pricing methods in the services sector. The Journal of Services Marketing，2005，19（1）47-57.

企业的管理者必须持续关注竞争者的定价,以便确保自己的价格始终保持在合适的水平上。当服务供应商能够成功地实现差别化时(相对于竞争对手的差别化),往往可以收取比市场均价更高的费用,而那些有差别、但差别是由服务水平较低而导致的服务供应商,则应该收取低于市场均价的费用,同时采取措施不断地改善服务,以便提高企业的盈利性。

类似地,在服务业中应用竞争导向定价法也存在着一些问题和缺陷:①定价多考虑竞争对手,忽略自己的成本或需求。在竞争导向的情况下,企业制定价格时关注的基本都是竞争对手的价格制定问题,而较少考虑自己的成本或者市场需求情况。②根据竞争对手尤其是市场领导者定价的企业常常假设对方的定价程序和方法是合理的,自己只需效仿就行了。而实际情况很可能不是如此,导致一些服务企业制定的价格不能与其自身情况相匹配。③小企业通常只能收取较低的费用,难以获取足够的利润,甚至无法在行业中生存下去。④服务的异质性使服务供应商之间比较服务,然后据以定价变得更加复杂。例如,工商银行、建设银行和招商银行等都提供金融理财服务,但是各自收取的费用却并不完全是相同的。对于金融理财这样高度定制化的服务,银行在确定价格时往往是比较困难的,消费者要识别、比较和记住各个银行的价格则更加耗费精力。

三、需求导向定价法

上述两种方法主要考虑的是企业提供服务的成本和竞争对手的价格,尽管这两个方面在企业定价中都很重要,但作为服务企业,更应从最简单的成本计算公式转向在定价的整个过程中都能够从顾客的观点出发,每时每刻都考虑顾客,并勇于根据顾客的需要来制定价格。[①] 需求导向定价法,即定价与消费者的价值感知相一致,定价以消费者会为所提供服务支付多少货币为导向,这是关注消费者的态度与行为,把服务质量和成本配合价格进行调整的一种定价方法。

在谈到顾客需求时,常常会使用顾客感知价值来加以度量。如前所述,消费者对感知价值有四种不同的表述,而且不同的消费者会有不同的偏好,即使同一消费者在不同情境下可能也会对价值形成不同的理解:①价值就是低价。有些顾客认为价值等同于低廉的价格,这样的消费者一般对价格非常关注。②价值是从产品或服务中得到的东西。一些顾客主要关注的是产品和服务能够为其提供的利益。③价值是用所支付的价格换来的质量。一些顾客把价值看作付出的货币和获得的服务之间的交换,这样的顾客关注性价比。④价值是付出的所有东西得到的全部回报。这一部分的顾客不仅考虑他在购买服务的流程中支付的金钱,也会考虑他付出的时间、精力等全部成本以及服务供应商能够提供的全部利益。尽管这四种价值的表述不同,但要想使消费者愿意购买,企业就必须使消费者所感知的利益大于其所感知到的成本。因此,我们可以用以下公式来表示顾客感知价值:

$$顾客感知价值 = 感知利益 - 感知成本$$

从上述公式可以看出,要使顾客感知价值最大,就必须使感知利益和感知成本的差值

[①] George J. Avlonitis and Kostis A. Indounas. Pricing objectives and pricing methods in the services sector. The Journal of Services Marketing, 2005, 19(1): 47-57.

最大。在产品定价中应用需求导向定价法时,已经学习了很多提高顾客感知利益和降低感知成本的方法,这些都可以为服务定价提供参考。但在服务定价中应用这种方法时,管理人员还必须注意以下与产品定价形成差异的几个主要方面:①计算消费者感知价值时必须考虑非货币成本和利益。服务供应商需要确定购买流程中涉及的每个非货币因素对消费者的价值的影响,如服务所花费的时间、给消费者带来的不便、消费者的搜寻成本等,如果这些非货币因素对消费者负面影响较大,企业应当在货币价格上作出一定的调整予以补偿;如果服务能够为消费者节省时间、减少不便,消费者一般会愿意支付较高的费用。②消费者对服务成本信息的了解较少。在介绍服务定价中消费者的特殊性时就已经指出,由于消费者很难确定服务的保留价格,导致货币价格在其初次购买时的作用不像在产品购买时那么显著。③对非货币成本的关注非常重要。提高顾客感知价值最简便的做法就是降低顾客的感知成本。而顾客感知到的成本不仅仅包括货币成本,他们在购买和消费服务时还付出了除货币成本之外的其他代价,如时间、精力、体力等。这些因素不仅是顾客对服务的评价因素,有时其重要程度甚至超越货币价格。如果消费者去银行转账、汇款需要排很长的队伍,面对态度恶劣的工作人员和烦琐的手续,那么即使银行收取的手续费很低他仍然会感觉自己支付的成本很高。此时,如果有一家银行及时推出网上汇款服务,使消费者能够方便快捷地在自家的网络上完成汇款流程,那么这家银行就可以收取较其他银行更高的手续费。例如,在餐饮行业,等位是十分普遍的事,许多餐厅为了降低消费者的感知成本,在消费者等候时提供零食、饮品,甚至美甲服务,这不仅使消费者的感知成本下降,提升了顾客的感知利益,甚至使其愿意为其自愿接受的服务组合支付更高的价格。

一般而言,顾客在购买和使用服务时付出的非货币成本主要包括:①时间成本。服务的流程性和不可分离性要求消费者直接参与到消费流程中,因此消费者在等候、享受服务时付出的时间都是其付出的成本。在接受某些服务时,等候的时间甚至比消费服务的时间还长,消费者需要通过预约来保证服务。②便利成本。便利成本指消费者获得服务的流程是否便利,如消费者为了使用服务需要调整自己的时间、日程,或是赶很远的路,那么花费就会增加。③心理成本。这可能是非货币成本中最痛苦的一项,消费者担心被拒绝、被轻视等。这些精神成本会使消费者反复考虑自己的决定,并广泛寻找决策支持信息,这使下一项成本更为明显。④搜寻成本。在服务定价的特殊性中我们曾经介绍过,相对于产品,服务信息的获取和对比要困难得多。消费者为了作出购买决策,需要花费的搜寻精力也要大得多。⑤身体成本。某些服务需要消费者付出身体成本,如医院询问患者是否愿意试用一种新药,是否同意做某个手术等,顾客可能遭受到身体上的伤害。⑥社会成本。消费者在选择服务供应商时,也会考虑该服务对自身形象的影响。如果公司人力资源部请来的培训公司工作能力令人失望,态度冷漠,那么人力资源部的负责人可能就会受到批评。因此,服务供应商要努力减少顾客内心潜在的社会成本。

到此,本节已经介绍了成本导向、竞争导向和需求导向三种主要的定价方法。这三种方法在实践中都各有其优势,但也存在着一定的局限性。例如,成本导向定价法没有考虑顾客的需求,没有考虑独特的服务特征和出售条件;竞争导向定价法没有在究竟比竞争者定价高还是低的问题上提供具体的指导;需求导向定价法实施比较困难;等等。针对这些情况，多步骤综合定价法应运而生。具体而言，多步骤综合定价法往往包含六个主要步骤：确定市场定位及识别竞争者，计算市场提供的附加服务的价格，计算成本加成价格，比较附加服务价格和成本加成价格，确定价格区间，在此区间内运用顾客驱动思维修正价格，如图 9-1 所示。

图 9-1　多步骤综合定价法

这一方法同时考虑了服务定价的几个重要方面，即市场竞争状况、企业内部成本和收益结构、捆绑及非捆绑的服务定价、额外服务的提供、价格标准、顾客导向的价格、需求敏感性以及顾客导向的利润最大化等因素。① 当然，这种综合的定价方法在操作时的复杂性将变得更大，但它代表着企业服务定价的一种方向，即综合考虑各种相关因素。

第三节　服务定价策略、技巧与问题

通过上面的学习，我们已经了解了服务定价相对于产品定价的特殊性以及服务定价的三种主要方法，这为我们进一步讨论服务营销实践中的定价问题奠定了基础。服务企业在经营中均遵循着一定的目标，或是追求利润最大，或是追求最优的顾客占有率，或是追求最优的市场竞争地位，服务企业应当根据经营目标，选择适当的价格策略，运用一些价格技巧，并对价格制定的总体问题给予关注，使企业定价与企业目标相一致。

一、服务定价策略

根据麦肯锡咨询公司对 2 462 家企业的一项研究结果，制定正确的价格是企业获取最大化利润的最快、最有效的方法，价格每合理地增长 1 个百分点，利润的平均增长就高达 11.1 个百分点，② 由此可见服务定价的战略意义。一般而言，企业在进行服务定价时，应当根据企业经营的目标，选择合适的定价策略，将其与非价格策略结合起来，使企业的目标能顺利达成。目前，可供企业选择的服务定价策略主要有以下几种。

---

① Wei Tung, Louis M. Capella and Peter K Tat. Service pricing: a multi-step synthetic approach. Journal of Service Marketing, 1997, 11（1）: 53-65.

② Marn, M. V. and Rosiello, R. L.. Managing price, gaining profit. Harvard Business Review, 1992, 9/10（70）: 84-94.

（一）低价策略

在产品定价中，低价策略的应用十分广泛。在日常生活中，我们也常常见到各种"价格战"。服务企业也可以以低价格作为主要的竞争手段，使用低价策略。但对于服务行业来说，使用低价策略必须满足一定的条件：首先，该服务行业的标准化程度较高，服务企业之间很难通过差异化手段向顾客提供额外价值。如小区内的数个干洗店，顾客无论将衣服送到哪个干洗店，洗净的效果基本是一致的，也许服务态度或时间上有所差别，但干洗店所提供的核心服务——洗净衣物，其标准化程度是很高的。其次，该服务需求弹性大，消费者的价格敏感性较高。如果服务的标准化程度较高，消费者认为服务企业提供的产品都是差不多的，不论选择哪家的产品都不会有什么损失，那么消费者就会寻找价格最低的服务供应商。仍然是上面干洗店的例子，如果顾客发现各个干洗店洗净衣服的效果都差不多，那么很可能就倾向于选择价格最便宜的那一家了。

在满足上述这两个条件时，低价策略往往是十分有效的。但本书在第一节就已经指出，服务与产品在某些方面存在着较大的差异，服务产品常常是缺乏需求弹性的，而且消费者在比较服务时也更容易把价格作为判断质量的标准。因此，在服务行业里使用低价策略应该特别慎重，而且往往很难形成长期竞争优势。如果企业一味追求低价的话，还可能会犯以下几类错误，并对企业造成损害：①表面价格下降，实际服务缩水。企业可能会通过将服务细分，分别定价的方式，或是降低价格但减少服务项目，降低服务质量的方式来达到看似低价的效果，而实际上价格并没有降低甚至可能性价比还更低了。消费者一旦发现企业的这种行为，不但不会被价格吸引，还会对企业留下不好的印象。②过度压缩成本，疏于提高服务质量。企业为了保持低成本而减少与提高服务质量相关的投入，如必要的人员培训，设备更新等。如果消费者对服务质量比较关注，当其发现低价意味着低质量时，价格的吸引力就下降了。此时，如果有竞争对手能够提供高质量的服务，消费者可能就会转向购买竞争对手的服务。因此，服务企业应当分析行业环境和市场状况，在适当的条件下运用低价战略，同时努力维持并不断提高服务质量，在目标市场逐步确立起高性价比的形象。

（二）高价策略

由于服务产品的特殊性，顾客有时很难确定企业提供一项服务的成本，也不清楚该服务的保留价格，常常会将价格作为判断服务质量的重要标准。因此，服务通常是缺乏价格弹性的，尤其是对于比较专业的服务来说，价格的变化不会对主要需求造成太大的影响。[1]某些服务企业由此在定价时使用高价策略，凸现企业服务，树立高价高质形象。

高价策略能够为企业带来丰厚的回报，也为企业在将来的竞争中留有余地，是非常有吸引力的价格策略，但其只有在某些行业中适用：①专业化程度高，技术性强的行业。例如咨询、特殊教育、审计、金融理财这样需要较高的专业水平、知识含量的行业，消费者

---

[1] Schlissel, Martin R.; Chasin, Joseph. Pricing of service: an interdisciplinary review. The Service Industries Journal, 1991, 11 (3): 271-286.

要获取关于服务及其替代品的信息是比较困难的，而且这些行业的服务产品对消费者来说往往比较重要，顾客愿意花高价去购买让其放心的服务。②有一定声望、知名度较高的服务企业。例如，五星级酒店、宾馆、高级健身俱乐部等，这些服务企业一般都将高收入阶层定位为自己的目标顾客，高价位不仅能够显示企业的卓越服务质量，也带给消费者在身份、地位、财富上的满足感和优越感，因此即使定价很高顾客也愿意在此消费。③具有较大优势、刚刚导入市场的新服务。当某项服务刚刚导入市场，并显示出明显的优势时，企业可以使用高价策略，在短期内获得较大的收益。例如，美发店新推出离子烫时，价格很高，但是仍然不乏追求新奇的消费者选择体验。随着这种服务导入市场的时间延长，消费者对其逐渐熟悉并且竞争对手也纷纷模仿，高价战略就难以为继了。

（三）基于顾客感知价值的定价策略

基于顾客感知价值的定价策略是服务企业定价最恰当的方法之一，因为它关注的是消费者如何看待服务的价值，并用货币量化这种价值，进而确定服务的价格。在介绍需求定价法时，我们已经介绍过顾客感知价值的含义，即消费者对感知价值的四种表述：价值就是低价；价值是从产品或服务中得到的东西；价值是用支付的价格换来的质量；价值是付出的所有东西得到的全部回报。

运用这种定价策略时，价格制定的基础是消费者认为服务所值的价值。因此，运用这种策略需要比较准确地判断市场对服务价值的感知。为此，企业可以借助以下几个步骤来完成[1]：①在考虑所有因素的前提下，让消费者用自己的方式对价值下定义；②通过确认消费者对价值的定义、所寻求的关键利益及对服务质量的预期，帮助消费者明晰其对价值的表述；③捕捉具体层次上的需求信息，将需求信息与该信息表示的关键利益相联系，使需求信息具有可操作性；④量化消费者的货币价值与非货币价值；⑤基于消费者对服务的价值感知确定服务价格。

因为消费者在喜好、认知水平、购买力、生活方式、地域等方面存在差异，所以他们对价值的感知也存在着差异。因此，确定市场对某项服务的感知价值往往是比较复杂的。不过，尽管基于顾客感知价值的定价策略操作起来比较困难，但企业还是应该努力使价格制定的所有环节都能够从顾客的需要出发，时刻站在顾客的角度对服务产品进行评价，并勇于根据顾客的价值感知来进行定价。

二、服务定价技巧

服务企业在明确了定价策略之后，还要适当运用一些定价技巧使服务产品的价格更易反映企业目标，为消费者所接受，我们以希腊两位学者对服务定价策略技巧的归纳为参考[2]，介绍以下11种定价技巧。

---

[1] 王永贵. 服务营销[M]. 北京：北京师范大学出版社，2007：347.

[2] George J. Avlonitis and Kostis A. Indounas. Pricing practices of service organizations. Journal of Service Marketing, 2006, 20（5）：346-356.

（一）单一价格

单一价格是指服务企业对不同目标市场的消费者收取一样的价格，这种定价方式操作简单，避免了要根据不同的情况收取不同的价格，节约了企业的精力和成本，被许多服务企业采用。例如，自助餐服务。

（二）差别化定价

差别化定价是指根据一系列标准区分顾客，针对不同的顾客收取不同的价格，它可以用来建立基本需求，缓和需求的波动。一般而言，常见的差别化定价的区分标准主要有以下几种：①时间差异，如电费有峰时价和谷时价；②顾客支付能力的差异，如信用卡业务，针对大学生推出的信用卡服务费用一般都低于非学生卡的服务费；③地理位置的差异，如演唱会不同位置的座位定价不同；④服务产品的品种差异，如视频网站内容订阅、云存储、与计算服务根据服务内容的不同会有不同的定价。

但是差别定价的使用也可能会让顾客延缓购买。例如，如果电话费在晚上9点以后更便宜的话，没有急事的顾客很可能就会等到这个时间以后再打。而且，顾客也可能会把定价上的一些差别理解为变相的折扣。不过，尽管差别化定价在实践中相当普遍，可以使企业通过发掘顾客使用剩余的服务资源，从而实现积极的价值效应，从而避免某些服务资源的浪费，但差别化定价（或某种价格歧视）很可能会给企业带来一些问题，这主要包括内部问题与外部问题两大类。其中，有关外部问题，最重要的是忌妒效应会影响顾客的感知和行为。某些顾客在价格歧视中获得利益，结果其他顾客会发现自己遭受了歧视。此时，很可能会导致他们的不满和忠诚度的降低。在某些行业里，如外卖手机软件、网约车手机软件、互联网金融理财服务中会对新增的顾客有大额度的补贴，或者更大程度的促销活动、折扣等，以上对潜在顾客（或新增顾客）的某些特殊优待可能被大肆宣传，但如果没有享受到这种优待的现有顾客看到这些广告后可能就会不满。例如，在很多移动运营商的网站，现有顾客必须跳过大量对新顾客的特殊优待信息，才能找到他们需要的相关信息。不过，这一问题在顾客是主要通过个人交流来获取收益的行业中很少存在，如咨询服务业、审计、法律服务等。此外，管理人员还必须注意到：服务资源的使用和顾客的支付意愿可能都不是稳定的，而是动态发展的。这种动态可能是循环发展的过程，如需求的季节性变化，也可能是持续发展的，如由于市场形势的改变或顾客生活方式的改变，由学生生活方式转为工作生活方式，由此而产生的顾客支付意愿的变化就可能是持续性的。因此，企业的价格歧视必须在充分考虑了这些动态变化时才是有效的。例如，航空公司的订票系统会随着每天需求的变化而作出调整。可以说，灵活性越大，价格系统就越能更好地对当前的变化作出有效的反应。

（三）持续低价

持续低价是指将企业成本持续保持在最低水平上，以便能向价格敏感型消费者持久地提供低价格。其中，为读者所熟知的也许就是沃尔玛的那句"天天低价"了。事实上，提供低价保证，在零售业中是十分普遍的，这是一种常见的定位方式，它向消费者传递了一种品牌信号。零售商使用市场最低价保证，往往可以使那些对零售商不了解的消费者获得信息，了解零售商在市场中的服务水平和价格水平，从而作出更好的决策。[1]

（四）尾数定价

尾数定价是指在整数价格之下制定一个带有零头的价格，如 2.99 元、398 元，以使顾客产生获得了折扣或低价的感觉，也会让顾客感到企业制定价格经过了精心的计算，而不是随便估价。

（五）折扣定价

折扣定价可用于大多数服务市场，通常有如下三种折扣形式：①数量折扣。对购买数量巨大的消费者给予折扣。例如，移动通信公司对每月有 15GB 流量消费的顾客提供包月"流量不限量"的折扣。②现金折扣。对提前付清全款的消费者给予折扣。③贸易折扣。为使代理人或分销商促销维护产品及服务而给予的折扣。在实践中，折扣定价可以用来作为一种促销手段，既可以鼓励提早付款或大量购买等，也可以促进服务的生产和消费。

（六）牺牲品定价

牺牲品定价是指对某项服务制定低价（甚至低于成本）以吸引消费者，再向其提供其他盈利性更强、价格更高的服务。例如，某些饮品店提供价格很低或免费的休闲零食，但顾客一般享用过零食之后都会再购买一些饮料。

（七）形象定价

形象定价是指服务企业制定高价以传递其专属形象，也可以叫声望定价。某些服务企业有意造成高质量、高价位的姿态，如五星级的酒店和高尔夫俱乐部等。该种定价技巧往往适用于那些已经建立起高知名度或是已经培养出特殊细分市场的服务企业。

（八）定制化定价

定制化定价是指价格是针对顾客需求个别制定的。一般而言，定制化定价通常有两种主要形式：①协议定价，服务价格在企业和顾客商议的基础上加以确定，如食堂的承包过程；②关系定价，与顾客建立长期的关系，了解顾客的需求并根据其需求定价。综合来看，定制化定价是非常典型的顾客导向定价方法，充分考虑了顾客的需求，但对企业也提出了比较高的要求。

（九）存货管理定价

存货管理定价是指服务企业通过监控不同细分市场的需求来管理企业的现有服务能

---

[1] Sridhar Moorthy and Xubing Zhuang. Price matching by vertically differentiated retailers: theory and evidence. Journal of Marketing Research, 2006, 5: 156-167.

力，以收取消费者愿意支付的最大价格。例如，连锁式酒店在旅游高峰期上调位于风景名胜区的酒店价格。

（十）结果导向定价

服务企业保证达到某种结果后再付款，如某些考试培训机构承诺考取证书后再付款。结果导向定价一般都受到顾客的欢迎，其在一定条件下在服务业中是很适用的：①双方协议中的各种特定允诺可以肯定和确保能够实现；②服务企业有高质量的服务却无法在价格竞争激烈的环境中获取其应有的竞争力；③顾客寻求的是明确的保证结果。

（十一）捆绑定价

捆绑定价是指将两种或两种以上不可单独购买的服务捆绑后以稍低的价格销售，对于将两种或以上可以单独购买的服务捆绑在一起以稍低的价格销售的方法，我们称之为混合捆绑定价。捆绑定价适用于有多种服务产品的组织，如商业银行、旅行社、通信企业等，这种定价不仅能够提供更有吸引力的价格，以便吸引顾客、刺激需求、增加企业收入，而且也可以简化顾客的支付手续，给消费者带来更多便利和实惠。

三、制定服务价格策略需要注意的问题

实施服务定价策略、选择服务定价方法，可以帮助企业解决服务产品定价的核心问题，即服务的价格是多少。但企业还应该清楚地认识到：为一项服务定价是一个复杂的决策过程，其中包含着对如下所示的一系列相关问题的深入思考，企业必须考虑综合利用各种相关信息，为所涉及的这些问题找到答案。

（一）某项服务应当收取的价格是多少

围绕着某项服务应该收取多少钱，企业必须深入地思考以下五个问题。

1. 组织提供服务的成本是多少？组织希望的利润率是多少？组织的成本及盈利，往往是企业制定服务价格的下限的基础。

2. 顾客的价格敏感度如何？不同价格水平下的顾客反应如何？消费者的支付能力及对价格的敏感程度，为企业制定服务价格的上限提供了参考。

3. 竞争对手的价格是多少？与竞争对手的服务差别在哪里？

4. 是否应该提供价格折扣？为哪些市场提供价格折扣？提供多少折扣？

5. 是否需要使用定价技巧？应该使用什么样的定价技巧？

（二）定价的依据是什么

在回答了上述五个问题之后，企业还应该明确自己应当依据什么来进行定价。在实践中，不同企业往往有不同的服务定价依据或标准。

1. 一项特定的任务，如洗一件衣服。

2. 时间，如旅馆一天的收费，一年的有线电视费。
3. 地理范围，如物流公司按照运输的距离来确定运输商品的费用。
4. 服务对象的重量或大小，如邮政快递根据包裹重量和大小收取费用。
5. 消费的有形资源，如花费了多少升汽油。
6. 交易价值，如代理公司根据交易的总价值抽取一定的佣金。
7. 服务对象的类型，如中国电信针对拥有小灵通的用户制定特别的价格。
8. 是单独收费还是捆绑定价？如游乐园中的每个服务项目是单独收费，还是把所有项目全部包含在门票费用之中？

（三）由谁来收款

1. 由提供服务的组织收款。
2. 由中间商收款。有些服务组织专门从事服务的生产和交付，将收款工作授权给中间商去完成，并付给中间商一定的费用或佣金。这样，不仅能够节约企业的成本，而且往往也能够为顾客带来便利。例如，由银行代扣、代缴水电费和电话费等。

（四）在哪里付款

1. 交付服务的地点。
2. 对顾客来说比较方便的零售店或者中间商。
3. 顾客所在的地方。

一般而言，服务供应商的坐落位置往往与消费者所在的地方会存在一定的距离。因此，如果能够为顾客提供付款的便利，则对顾客也是一种吸引。现在，越来越多的企业接受电话付款或网上付款，从而为顾客购物付款提供了更大的便利，同时也为企业创造了某种优势。

（五）何时付款

1. 在交付服务之前，即在用户享受服务之前付款，如火车票和邮费等。
2. 在交付服务之后，即在服务结束之后付款，如汽车修理费和餐饮费等。
3. 分期付款，在服务交付之前先支付一笔费用，余下的金额分期付清，较常用于昂贵的设备、维修和护理服务之中。
4. 一天的某些时段。
5. 一个月的某几天。

（六）以什么方式付款

随着信息技术的发展，付款方式也越来越多样。企业可以采用多种付款方式以提高效率，并给顾客带来更大的便利。

1. 现金。
2. 代用币，如某些餐饮店使用的筹码，不同的颜色代表不同的金额。
3. 存有金额的卡，如公交 IC 卡。

4. 支票。

5. 付款卡，如借记卡或信用卡等。

6. 互联网支付工具，如支付宝或电子转账等。

7. 由服务供应商设立的赊购信用账户。

8. 第三方支付，如保险公司的赔付。

9. 票券，如某些连锁店可以预先付款取得票券，凭票券在任意一家方便的连锁店都可以购买或领取产品。

（七）如何把价格告诉市场

在综合分析了上述问题之后，企业还必须弄清楚自己应该如何把价格信息传递给目标市场？其中，需要重点考虑以下问题。

1. 通过何种传播方式？广告、标牌、销售人员，还是员工？

2. 信息内容是什么？应该以什么样的方式来传达价格信息？

3. 信息的形式是什么？如何以清晰、易懂的方式告诉顾客付款的方法和注意事项等？

实际上，上述各类问题不仅是企业定价的问题，也是企业与顾客之间沟通的问题。服务定价是服务营销中的"灰色地带"之一，所有参与者都在努力开发一些可资利用的理论、政策、流程、技术或者凭借经验的方法。但是，对于服务定价这个永恒的难题并没有简单的解决办法。综合来看，服务定价可以说既是主观的，也是客观的，需要将精确的分析工具与管理人员的决策结合起来，既需要科学的态度，又要借助于艺术的思维。

本章小结

随着服务营销研究的发展，服务定价的问题日益受到学者和服务企业的关注和重视，由于服务具有无形性、不可分离性、易质性和易逝性等特性，使服务定价在成本、需求、竞争、生产、收益、消费者和法律七大方面与产品定价有着显著的差异。

尽管服务定价和产品定价有着诸多差别，但我们仍然可以借鉴产品定价方法将服务定价方法划分为三种：成本导向定价法、竞争导向定价法以及需求导向定价法。三种定价方法在适用中均有其优点与劣势，服务企业在制定服务价格时应能够将企业目标、成本、竞争对手定价、顾客需求等各项因素综合考虑，给予价格足够的重视。服务企业应根据企业目标选择合适的定价策略，服务定价策略可分为低价策略、高价策略及基于顾客价值感知的定价策略。在实施定价策略时，企业可以运用一些定价技巧使价格更易被消费者接受。最后，企业还应该注意整体价格策略中其他一些重要的问题。

关键词汇

服务定价：服务供应商根据服务涉及的成本、需求与竞争等情况对所提供的服务定价的流程。这一流程包括确定企业服务目标、制定定价策略、选择定价技巧等。

捆绑定价：捆绑定价在服务定价中是广泛运用的一种手段，即拥有多种服务产品的服务组织把自己提供的服务绑定在一起，或一些服务组织与其他组织结成战略联盟以提供绑定的服务组合，并为所捆绑的服务组合向消费者收取一个整体价格。通过捆绑，本质上是为消费者提供了新的服务。通常来说，捆绑假定对消费者和服务组织都有益。对服务供应商来说，捆绑定价可以增加企业的销售，吸引新的顾客，挽留老的顾客，增加企业的整体收入。对消费者来说，捆绑定价则有利于提供整体的解决方案，通常还伴随着价格的优惠以及购买和支付程序的简化。

价格歧视：价格歧视是指对本质上相同的服务收取不同的价格，这种方法在服务业中应用得比较广泛。

保留价格：消费者愿意为产品支付的最大价格。消费者在购买产品前通常心里都会有一个保留价格，当知道产品的真实价格时，便会把心里的保留价格和真实价格进行比较，作出购买决策。

复习思考题

1. 服务定价和产品定价的差异主要表现在哪些方面？
2. 服务定价的方法主要有哪些？它们各有哪些优势和缺陷？
3. 服务定价的策略有哪几种？它们各适用于什么样的服务企业？
4. 常用的服务定价技巧有哪些？
5. 有没有什么服务企业的定价策略给你留下了深刻的印象，试评价其定价策略。

本章案例

从价格战看服务定价策略运用
——美团打车上线引发的网约车低价肉搏战

2017年2月14日，美团打车正式在江苏省南京市上线试点运营，并于2018年3月21日正式于上海上线，即首日接单突破15万单。美团打车能够迅速吸纳众多乘客与司机与其低价竞争策略有着直接关系，早在美团打车上线之前，"低价出行"的口号就已打响，众多美团手机软件的用户也提前收到了优惠力度很大的乘车红包。为了吸纳司机，美团打车推出限量领取开城后3个月"零抽成"的福利政策，以及在司机当天车费不足600元时，平台直接为其补齐至600元，车费达到600元时，额外奖励200元。

在这种低价力度下，许多乘客转向美团打车，享受前三单每单14元的减免。甚至在部分城市美团打车短程出行价格低于公共乘车费用，由此可见美团打车为了抢占网约车市场在价格方面采取的强劲措施。相应地，美团打车迅速打入市场，即首日订单量突破15万单后，第二日突破25万单，第三日突破30万单大关，仅用七天就达成了220万单的服务量。

滴滴出行（以下简称滴滴）在面对市场份额下跌风险的情况下，也迅速推出了一系列价格优惠活动：为用户送上18元打车券，在双休日享受前四次出行8～11元的减免优惠，2017年3月27号起更是推出了连续三天的"0元打车享不停"活动。

这样的场景并不是第一次出现，从2014年起，网约车行业的价格战就从未停息过。2014年年初，快的打车与滴滴的价格战持续到2015年2月两家公司合并才停息。在此不久，滴滴与优步开展新一轮价格战，直到2016年8月优步被滴滴收购，双方各自烧钱数亿。多轮价格战以后，滴滴的市场份额达到了网约车行业首位，即使后来神州租车、首汽租车等叫车平台多次挑战滴滴的市场地位，直至今日，滴滴仍旧在网约车行业保持着垄断地位。

但一家独大对于用户而言并非友好，滴滴的运营逐渐暴露出服务质量下降、调价频繁等问题。此次美团打车的上线究竟会为网约车行业带来怎样的变化，对于滴滴而言究竟是机遇还是挑战，尚不得而知。毕竟，一味的价格竞争并不能为企业带来长久的竞争力，在网约车行业，订单密度、供给匹配、安全保障和服务水平等方面的提升才是企业塑造核心服务品牌的重中之重。

资料来源：根据网约车又开启烧钱模式 这轮"价格战"能打多久，中国商网，http://news.zgswcn.com/2018/0404/824913.shtml，2018年4月4日整理。

思考题

1. 美团的服务定价策略合理吗？上网查阅相关资料并分析滴滴在以往价格战中采取了哪些定价策略。
2. 美团打车在网约车行业的发展应该如何持续？一味的价格战可以帮助其站稳市场脚跟吗？其还应考虑哪些其他因素？
3. 价格竞争在企业发展的哪些环节起到更为重要的作用？企业应如何管理价格与服务质量之间的关系？

即测即评

补充阅读材料

第十章 服务渠道管理

在服务营销过程中,如何把顾客需要的服务产品或其组合,以顾客所偏好的方式,在顾客偏好的时间和地点交付给相应的顾客,是一个至关重要的战略问题。本章的学习目标主要为:

学习目标
- 服务渠道的内涵与类型
- 服务场所及其选择
- 服务渠道的相关理论探讨
- 企业在服务交付中所扮演的角色
- 服务中间商与电子分销渠道

第一节 服务渠道的基本问题

一、服务渠道的内涵与服务场所

服务渠道是指企业为目标顾客提供服务时所选择的位置和传递方式,它包括企业如何把服务交付给顾客及应该在什么地方进行交付。在服务营销流程中,企业为了获得竞争优势,应该寻找适宜的交付服务场所并制定有效的服务交付方式——服务渠道策略,为顾客购买和使用服务产品提供便利[①]。

一般而言,服务交付的场所——服务场所(service location)有三种可能性:一是在服务供应商那里进行;二是在服务需求方,即顾客那里进行;三是在第三方那里进行。一方面,有关服务场所的决策会受到诸如服务的类型、市场相关因素和定位相关因素的影响;另一方面,服务场所的决策不可避免地会与其他的服务营销决策紧密地联系在一起。例如,在许多服务业中,服务质量在很大程度上是由服务场所的适合程度和服务场所的便利性所决定的。有时,选择不同的服务场所,也会给企业的利益带来重要影响。例如,如果企业选择在顾客那里交付,服务供应商所要承担的费用可能就是把服务传送到消费者手中所需的费用;而在服务供应商那里进行交付的话,服务供应商可能要承担较高的维护费用。表10-1给出了三种服务场所的基本特征及服务举例。

---

① 王永贵.服务营销[M].北京:北京师范大学出版社,2007:294.

表 10-1　三种服务场所的基本特征

基本特征	服务的交付地点		
	顾客那里	服务供应商那里	第三方那里
适合的服务类型	存在着不可移动的外部要素的服务	存在着不可移动的内部因素的服务，高度标准化的服务	在第三方处存在着不可以移动的外部要素的服务，由第三方决定地点的服务
服务场所的例子	家居清洁服务、管家服务、家居监控服务、老年人保健服务、园艺服务	理发服务、银行服务、餐馆服务、旅馆服务、航空服务（在飞机上被交付的部分）	急救服务、公路维修服务、开庭时的法律服务、航空服务（在机场完成交付的部分），租赁中介
关注的核心质量要素	可靠性、及时性、员工的仪表、员工的可移性和服务的周到性	服务地点的基础设施、服务人员的可获性、服务场所的组织、服务场所的定位	到达服务场所的速度与便利性、及时性

资料来源：[瑞士] 布鲁恩 等 . 服务营销：顾客价值链的卓越管理 [M]. 王永贵，译 . 北京：化学工业出版社，2009.

然而，也有的服务，它们的交付地点可能有多种不同的选择，即同一服务有多个交付地点，这通常发生在服务要素中存在着非物质要素的情况中。其中，这里所说的非物质要素既可以是内部因素（如对于互联网上的路线设计员来说的信息），也可以是外部因素（如一项银行服务的资金）。此时，服务场所可能会出现分离的情况，即一部分服务交付程序是在服务供应商那里完成的，而另一部分则是在顾客那里完成的。例如，存在着内部的非物质要素的服务交付的一个例子就是电视广播：服务的一部分在广播公司的演播室里完成交付，而另一部分则是在顾客那里被接收的；存在着外部的非物质要素的服务交付的一个例子就是电话银行或网上银行。此时，服务同样是在服务供应商和顾客那里完成交付的，这里的外部要素就是转账的顾客资金。

在实践中，除了上述因素之外，还存在着其他影响服务场所决策的重要因素，如与市场相关的因素、与定位相关的因素以及与服务盈利能力相关的因素等。其中，对于与市场相关的因素（如服务企业所选择的目标细分市场、服务场所的环境以及同其他有吸引力的场所——如火车站的接近程度等）和与定位相关的因素（如竞争对手的多寡和易接近性等）而言，更多的是关注顾客的认知和决策或者说是顾客的需求，而与盈利能力相关的因素（如空间成本与空间容量）所关注的主要是服务交付的效率。当然，诸如服务需求的频率及顾客数量的多寡等因素也会对企业的服务场所决策产生影响。

此外，服务时间也是企业服务交付过程中需要考虑的一个重要因素，其中包括交付服务的具体时间（在白天还是在晚上），也包括让顾客等待的时间（如银行服务、比萨外卖和定制家具）等。一般而言，顾客选择服务交付的时间越灵活，服务供应商需要承担的费用也就越高，但其市场营销能力与市场营销绩效也可能越高。而且，当服务时间延长时，往往也给顾客带来更多的收益（如零售店和旅馆等）。但在某些特殊情况下，服务时间的延长可能会给顾客带来较少的利益，甚至是负面的影响。

二、服务渠道的主要类型

显然，企业交付服务的场所和渠道选择会对企业的收益产生重要影响。例如，目前比较典型的渠道是直接交付、移动交付和网络交付，这些渠道的差异首先就意味着最终费用的不同。在某些行业里，人与人直接交易的费用甚至是网上交易的十倍。一般而言，从服务交付所涉及的中间环节的数量角度来看，服务渠道主要包括直销和经由中介机构销售两种基本情况[①]，如图10-1所示。随着网络技术的发展，电子分销渠道也兴起并且迅猛发展，这将在本章第三节加以详细阐述。

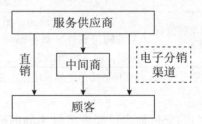

图10-1　服务营销的渠道选择

资料来源：王永贵.服务营销[M].北京：北京师范大学出版社，2007.

（一）直销

直销，即服务供应商直接提供服务，服务生产者选定直销方式，这主要是服务生产和服务消费的同步性所致。直销渠道的优点主要体现为如下方面：①对服务的供应数量和质量可以保持较好的控制。若经由中介机构处理，往往会造成失去控制的问题。②能提供真正意义的个性化服务。直接销售服务企业拥有顾客信息记录（如收入、职业、习性、购买态度等），可以建立信息管理系统，能在标准化、一致化以外的市场，实现富有特色的服务差异化。③可以通过顾客的直接接触，及时获得关于目前需要、需要的变化及对竞争对手服务的意见和态度等信息。例如，有些审计公司或咨询公司要保持与顾客的接触，直接的关系有利于彼此的沟通，有利于改善服务质量。④能够保证经营原则始终得到贯彻，尤其是推出新服务的时候，只有服务供应商自己才能做到不顾收益大量投入。⑤能够保证服务组织的利润在内部进行分配，而不需要与其他组织共享。

有些投资顾问机构或会计师事务所，可能都会有意地限制顾客的数量，以便能提供个性化服务。但如果直销是因为服务和服务供应商之间的不可分割性（如法律服务或某些家庭服务）而决定的，服务供应商同样可能面临如下问题：①针对某一特定专业个人需求的服务业务（如著名的律师辩护）而言，企业业务的扩充便会遇到种种问题；②采取直销时有时候意味着局限于某个地区性市场，尤其是对于人的因素所占比重很大的服务产品更是如此，因为此时不能使用任何科技手段作为服务机构与顾客之间的桥梁；③采取直销时，服务供应商的投资相对较大，成本也相对较高。

随着互联网技术的日益成熟，直销逐渐演变出一种新形式——网络直销，服务提供商

[①]　郭国庆.服务营销管理[M].北京：中国人民大学出版社，2005：217.

通过网络平台直销，可以降低中间环节的费用，接触更广的顾客群，激发更多的顾客需求，并且及时快速地作出相应的反应。例如"平安好医生"软件，通过网络平台发布医生的基本信息和病人的诉求，病人可以在网上在线挂号，医生可以在线问诊，省去了病人去医院的交通成本和时间成本。

（二）经由中介机构销售

只要服务供应商和中介机构的信誉可靠，完全可以由中介机构完成服务的交付职能。随着服务竞争的深化，通过中介机构进行市场扩张，已经成为服务企业未来发展的一大趋势。例如，对于金融市场来说，银行信用卡是信用服务的实体化表现形式，但这并不是服务本身。实际上，通过信用卡，银行有能力克服不可分离性和难以存储性等问题，同时利用零售商作为信用的中介机构，信用卡又可以让银行有能力扩大地区性市场。因为信用卡可以让使用者把银行信用变成"库存"，银行有能力维系远离交易地的信用顾客。

许多服务企业都发现，把渠道的某些部分外包给其他人完成可能更具成本效益。例如，航空公司依靠代理商处理与顾客之间的互动关系，如发布信息、接受订票和付款等；运输公司倾向于发挥各地代理商（而不是到处设立分支机构和购买卡车）的积极作用。在实践中，服务市场的中介机构形式多种多样。值得注意的是，经由中介机构销售服务的间接渠道所分销的，往往只是一个在何时何地以何种方式提供服务的承诺，而未必是服务产品本身。例如，邮政服务的间接分销，就是通过邮票销售来实现的。

下面再列举几种常见的中介机构：①代理。这是指依据代理合同的规定，受服务供应商的授权委托从事某项服务活动，一般在观光、旅游、旅馆、运输、保险、信用、雇用和企业服务市场出现。例如，保险代理人接受保险人的委托，代表保险公司依据保险合同的规定招揽业务，代收保险费，接受投保人的投保单，从保险公司获得保险代理手续费。②专营。这是指专门执行或提供一项服务，然后以特许权的方式销售该服务。特许专营者将自己所拥有的服务供应商标、商号、产品、专利和专有技术、经营模式等以特许经营合同的形式授予被特许者使用。被特许者按合同规定，在特许者统一的业务模式下从事经营活动，并向特许者支付相应的费用，如快餐业、轿车服务业和干洗业中的特许经营。③经纪。在某些市场，服务因传统惯例的要求而必须经由中介机构才能提供，如股票市场等。④批发商。在批发市场的中间商有"商人银行"等。⑤零售商。例如照相馆和提供干洗服务的商店等。当然，还有很多其他形式的中间商。而且，在进行某些服务交易时，可能会牵涉好几家服务企业。例如，某个顾客长期租用一栋房屋，其中牵涉的服务企业可能包括房地产代理、公证人、银行和建筑商等。另外，在许多服务业市场中，中介机构（如拍卖行）可能同时既代表买主又代表卖主。

三、服务渠道的相关理论探讨

服务渠道的构建涉及服务企业和代理商双方之间的关系，往往可以通过契约来解决相关问题。在两者交易的过程中，存在着经济学上所说的交易成本。对交易成本和渠道契约的探讨,一直集中在制造企业,而对服务企业与中间商之间的渠道契约及交易成本问题的关注则相对不足。由于服务的特殊性,服务渠道的构建中往往要涉及以下几个方面的问题[①]。

(一)服务渠道构建的理论基础

渠道设计和契约的研究源于交易成本理论,科斯(1937)和后来的威廉姆森(1989)等人都提出了很多相关理论。其中一个核心问题就是如何引导那些只在某种程度上存在目标趋同的渠道成员之间的交易。根据交易成本经济学的相关理论,有效的渠道设计和契约的标准是达成最小化交易成本的前提条件,这种成本源自渠道内部达成一致的阻力,并且往后与一些活动相关联,如讨价还价、签约、监控绩效以及交易协调活动等。一般而言,交易成本主要包括获取市场信息的成本、源自环境不确定性的成本及机会主义成本等。其中,机会主义行为可能会以两种方式表现出来:第一种机会主义通常运用契约中存在的"漏洞",这种方式事实上并不是破坏契约的条款,而是利用契约中界定不清或难以实施的条款。实质上,这种行为也是一种"道德风险"。它揭示了这样一个事实:维持与另一方契约的成本,要低于从未签订契约的情况。第二种机会主义行为源自这样一种情况:对各方均有约束力的原始契约是有效的,但自认为处于强势地位的一方会迫使处于弱势地位的一方重新就有关条款进行谈判。

(二)服务特征与服务渠道

对于渠道和交易成本经济学的规范研究,很少关注服务渠道契约的发展,这可能是由于服务的独特性——无形性、流程性、易逝性和异质性——使得我们很难探讨"服务分销是如何实现的"这类问题。

具体来看:①服务的无形性给营销人员带来了诸多问题,不仅潜在的购买者在消费之前不能够看见或触摸服务,而且渠道中间商也不能够向消费者很好地展示服务的精髓和质量。渠道中间商在服务销售中所扮演的角色,往往要比有形商品的分销复杂得多;服务的无形性使得可感知的购买风险更高。为了降低这种风险,消费者通常需要查找更多的信息。例如,旅游公司经常面临这样的情况:其代理商的角色就是给顾客提供充分的信息,以促进旅游购买决策。②服务的不可分性可能意味着直销是唯一的选择,可能并不需要服务中间商。但是这种选择可能会限制服务企业营销其服务产品的能力。为了克服这种局限性,许多服务企业设计了很多制度加以应对。例如,旅游服务公司竭尽全力来进行各种各样的服务展示(服务的有形展示)。在这种情况下,服务中间商可能并不提供真实的服务,但会提供一种有形展示——承诺会在未来某个时间妥善安排服务消费的有形展示,如飞机票、旅店凭单、餐饮券或巡游票等。③服务的异质性通常导致"服务交付流程标准化的缺失",这一点使得服务缺乏统一的衡量标准,有时会导致顾客的不满,进而导致独立渠道中间商和服务企业之间的关系变得紧张。结果,许多企业都力图通过垂直一体化来解决销售问题。

---
① Irene C.L.Ng. Establishing a service channel: a transaction cost analysis of a channel contract between a cruise line and a tour operator. Journal of Service Marketing,2007,21(1):4-14.

例如，京东构建自己的物流体系，可以按照统一的时效标准来为顾客提供快递服务。④服务的易逝性也存在着潜在的问题。在产出最大化和减少剩余能力的努力中，许多服务企业采取提前销售的方式，即通过提前销售中的价格差异，企业针对不同的时间段分别进行定价，甚至通过超额预定来进行管理。但是，渠道中间商可能发现在某些时间段是无法获得服务的，而且价格也在不断地发生变化，从而导致了更多的困惑、不断的讨价还价及在渠道参与者和服务供应商之间发生更高的交易成本。

（三）机会主义与服务渠道

实际上，与有形产品提供商类似，服务企业和代理商之间契约的核心，也是由潜在中间商的机会主义决定的。由于诸多原因，潜在中间商的机会主义对服务的威胁大大提高了。首先，由于服务是不可分的，许多服务企业偏向于作出承诺，而这意味着中间商承担了企业最后不兑现承诺的风险；其次，由于服务的异质性，渠道中间商必须面对有关服务质量的不确定性问题。而这些不确定性对渠道契约施加了压力，这主要是由于有限理性。其中，有限理性是指尽管个体以理性的方式行事，但他们的理性会受到其对所涉及问题的有限理解、缺乏预测未来的能力及在事务处理方面经验不足和时间成本等方面的制约。因此，有限理性妨碍了契约的完善，契约双方无法准确预测未来的所有事情，更无法在契约中把所有可能情况都考虑在内。当契约双方存在着有限理性的时候，更大的不确定性就增加了对机会主义行为的担忧，从而降低了各方签订更加完善契约的能力。对此，服务供应商必须给予足够的重视并设法提供相应的解决方案。例如，由于服务的异质性和易逝性等方面的问题，当服务中间商觉得自己在服务销售流程中面临着更高风险的时候，服务企业可以通过良好的质量声誉在一定程度上解决这一问题，并保证会兑现服务承诺。服务的无形性和不可分性可能会产生更多的问题，从而导致服务中间商不能通过拥有库存来展示自己的投入程度。如果利用契约责任来确保承诺的履行，利用合理的声誉来确保服务质量，那么渠道契约中的风险压力就会变得不对称，由服务企业承担了确保服务交付中可能存在的、几乎全部的财务风险。另外，服务中间商不能够拥有库存也会带来较高的交易成本。一般而言，服务中间商往往无法向服务企业提供可靠的投入，以作为自己有能力促进服务销售的保证，而这种能力的缺乏往往导致服务中间商没有动力保持对特定服务供应商的投入水平。结果，服务企业也不太可能在专有关系资产方面进行投资，而且对潜在机会主义行为的担忧也将会对渠道契约谈判的顺利进行造成重大障碍。在旅游行业中，对机会主义行为的这种担忧表现得非常明显，有些旅店一般会有代理商发布房间的签约率信息，而却很少有代理商数量的信息。结果，代理商可能并不卖力地去积极促销旅游产品。

尽管服务的独特性给服务渠道的构建带来了一定的挑战，但独立的服务中间商确实是存在的，在旅游服务行业中更是如此。这些服务中间商扮演着信息提供者的角色，向顾客提供购买旅游服务的选择权，而且多数是其他公司提供的服务。因此,通常都把它们称为"代理商"。事实上，旅游代理商和旅游经营者在服务分销中承担了主要的角色，并且在市场上十分活跃，构建了主要的服务交付渠道，2016年，包括"去哪儿"和"艺龙"在内的旅行手机软件，共占据整体在线旅游市场份额的43.6%，紧随其后的"途牛"为22.7%，"飞猪"为13.4%①。总之,机会主义行为也是有成本的。服务供应商和中间商双方可以尝试设计一些能够降低发生冲突的可能性和成本的契约与相应的控制机制,这样往往可以大幅度提高可供双方重新分配的收益。其中,后者主要包括资格认定程序、监督及可信的承诺等。

(四)影响消费者服务渠道偏好的因素

服务企业使用不同的渠道提供相同的服务,不仅对服务组织有着不同的成本影响,也极大地影响了顾客的服务体验。顾客对服务渠道是有很强偏好的,虽然电子自助服务渠道往往是最具成本效益的,但并非所有顾客都喜欢使用它们,有一定比例的顾客不会轻易地从他们偏好的服务渠道中自愿改变。这意味着我们需要针对不同的细分市场制定不同的策略。顾客决定服务渠道有以下关键因素:①服务的风险性。对于复杂且高风险的服务,人们倾向于依赖个人渠道。例如,顾客很乐意使用远程渠道申请信用卡,但在获得抵押贷款时更愿意进行面对面的交易。②对服务的了解程度。对服务渠道有较高信心和知识的人更有可能使用非私人和自助服务渠道。③方便是大多数消费者选择渠道的关键因素。服务便利意味着节省时间和精力。例如,一些公司每年会花费大量金钱向咨询机构购买市场信息、行业报告等。企业在注意渠道分销的同时也应注意渠道整合。电子渠道为传统服务渠道提供补充或替代。服务提供者需要制定有效的定价策略,使顾客能够通过适当的渠道传递价值并获取信息。

第二节 企业在服务交付中的角色

在服务营销过程中,服务创造与服务生产无疑是至关重要的环节,但服务交付也是同等重要的任务。成功的服务营销与管理,往往是与服务企业在服务交付中所扮演的角色密不可分的。

一、服务交付系统与企业角色

从系统的角度来看,可以把任何服务活动看作服务运营(service operation)系统的一部分。在这个系统中,首先要对输入的数据进行处理,从而形成服务产品的各个要素,然后进行服务交付(service delivery),即对所有要素进行最后的"总装",并将其交付给目标顾客。② 其中,系统中的某些部分是顾客可以直接看得到的,而其他部分则可能是隐藏起来的,顾客甚至可能并不知道其是否存在,如图10-2所示。其中,服务前台类似于戏剧中的"服务剧场",让演员和观众参与到服务环境中来,创造服务表演。

---

① 比达数据资讯中心,http://www.bigdata-research.cn/,2018年2月27日下载。
② Richard B. Chase, Where Does the Customer Fit in a Service Organization? *Harvard Business Review*, Nov, 1978, pp.25-28.

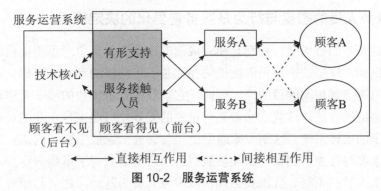

图 10-2　服务运营系统

资料来源：Eric Langeard，John E. G. Bateson，Christopher H. Lovelock，and Pierre Eiglier. *Services Marketing: New Insights from Consumers and Managers*，Cambridge，Mass：Marketing Science Institute，1981.

显然，服务企业就是上述服务运营系统的规划设计者、有效实施者和协调监督者。例如，如果企业经营的是低接触服务，顾客不直接出现在生产过程中，所以一般不会产生直接影响，其生产经营观念和自动化设施均可应用"工厂"运作模式。而且，要尽可能地把顾客同服务供应商之间的接触减少到最低限度，这样大部分服务运营系统都设置于后台，将服务流程标准化，前台的要素通常只限于邮寄、电信联系、网络通信等。比较而言，如果企业经营的是高接触服务，为了让顾客感受到个性化的关注，在选址方面就要尽可能地接近目标顾客，而且设施布局也要考虑到顾客的生理需求、心理需求及其期望，并尽量把顾客包括在生产进度表中，以便努力满足顾客的差异化需要。相应地，对服务过程的设计也要考虑到生产环节对顾客的直接影响，考虑到顾客对服务体验的特殊需求，而且往往需要顾客本人的直接参与，要求顾客进入"工厂"（factory）。类似地，无论是对于低接触服务还是高接触服务而言，在实际的服务生产与交付过程中，企业都扮演着重要的角色，既是现场的实施者，也是协调与监督者。

服务交付系统是服务运营系统中的"前台"部分。一般而言，前台的服务交付受到后台和流程（如员工培训、与供应商谈判等）的支持，同时也受到"剧场"外发生的事件的影响，如促销事件和口碑的推荐等。因此，在服务交付的过程中，顾客的总体体验往往要受到各种潜在互动因素的影响，如与服务员工互动、与内部和外部有形环境的互动、与其他顾客的互动等。

二、服务交付中的员工角色

由于在任何企业中服务的交付与传递通常都是由员工来完成的，所以通过关注员工在服务交付中的关键角色，往往可以更深入地理解企业在服务交付中所扮演的角色。从战略的角度来看，服务人员是差异化的重要来源。服务企业经常面临着诸如怎样使自己所提供的一组利益及其服务交付系统区别于竞争对手等一系列问题，而这往往与服务人员有着密不可分的联系。

（一）服务人员的态度与行为是服务差异化的决定因素

在竞争日益激烈的市场上，特别是相对成熟的市场上，竞争对手所提供的服务出现了趋同的倾向。例如，许多航空公司所提供的往往是一组同样的利益，它们采用同种类型的飞机，从同一机场飞到相同的目的地。因此，它们获得竞争优势的唯一希望可能就在服务层面上，即做事情的方法。这就意味着某些重要的差异化可能来自企业的员工，或者是来自支持服务员工的实体系统。区别一家航空公司与另外一家航空公司的决定性因素，就是服务供应商的态度与行为。例如，新加坡航空公司之所以获得了卓越的声誉，在很大程度上是由于其空乘人员的美丽、优雅和热忱。以服务人员为基础，建立起相对于竞争对手的差异化优势的企业，还包括迪士尼公司和IBM公司等[①]。

（二）顾客接触员工是重中之重

在服务交付流程中，核心焦点就在于顾客（特别是直接与顾客接触的员工）和员工的人际互动及销售人员所扮演的重要角色。对于这些直接与顾客接触的员工而言，他们与顾客在心理上和身体上的距离，通常同他们与其他员工的距离一样近。因此，比较而言，顾客往往倾向于根据这类员工的行为形成对企业服务的实际感知（如何发生或为何不发生）或对服务态度（有多好或多坏）进行评价，而不是根据铺天盖地的广告宣传。综合来看，处于接触点的员工主要扮演着服务组织利润与顾客期望价值的桥梁角色：一方面要代表企业的利益，为企业带来可观的收益；另一方面要提供与服务相关的信息，如服务价格和服务效果等，努力担当好顾客的代言人，以便赢得顾客的信任。因此，企业必须对强化顾客接触员工所扮演的双重角色给予足够的重视，鼓励他们向顾客提供个人观点，充当顾客的代言人。例如，海底捞集团，会对员工进行较为全面的入职培训，从员工出发展示了公司对顾客的重视和尊重，凭借差异化的极致服务给顾客带来了很好的体验，使得其回头客率及盈利空间超出同业。

（三）顾客接触员工在服务交付中担当"关系经理"角色

一般而言，口头互动可能发生在员工与顾客之间，也可能发生在顾客与其他顾客之间。换句话说，这种"看得见的口头参与（observable oral participation）"主要有两种基本形式，分别是顾客和员工代表之间的互动及两个顾客之间的互动。目前，顾客和企业都已经认识到服务交付中员工口头互动的重要性。虽然不少零售商都下大力气去设计机械式和自动化的服务流程，但多数顾客却倾向于通过寻求与服务员工的个人接触来获得现场援助。例如，瑞典大型跨国家具店——宜家公司，尽管其环境因素的设计能为顾客提供全面的指引，但几乎50%的顾客都有过与员工代表口头互动的经历，而且认为这种互动对其最终的购买行为有十分重要的影响。与此相应，为了对顾客关于服务质量的感知施加更大的影响，企业应该使顾客接触员工在与顾客的担当"关系经理"的角色。一方面，尽可能地为这些直

---

① [美]霍夫曼·K.道格拉斯，约翰·E.G.彼得森.服务营销精要[M].胡介埙，译.大连：东北财经大学出版社，2004：191.

接与顾客接触的员工提供有关"合适行为的程序化清单"供其参考，以便提高服务质量；另一方面，要通过系统的培训使他们具备在与顾客的互动中所要求的专业技能和知识。其中，既要对员工进行有关产品知识的培训，重视开发员工的专家知识，也应该培训员工的服务技能与服务理念。有事实表明，许多顾客通常都会对上述互动过程或互动结果形成深刻的记忆。例如，在顾客接触员工咨询有关服务选择的意见时，一般都期待着能够获得满意的答案，但往往会因为员工不友好的反应而倍感沮丧。同时，对员工进行授权，使他们能够拥有为顾客交付服务所必需的权力，而不是拘泥于死守条例，也是服务企业今后努力的重点之一。同样是海底捞的例子，海底捞赋予一线员工极大的权力，只要员工认为有必要，都可以免费为顾客送上一道菜甚至免单，充分授权使得海底捞员工与顾客交流更加密切，也加深了顾客对企业的好感度。

三、缩小服务交付差距

以激励和促使员工成功实现顾客导向的服务承诺为基本目标，据以制定相应的服务交付战略，将有助于缩小服务交付中的差距。下面主要从员工进行服务交付的角度来讨论如何为顾客提供更优质服务的方法。要建立一支以顾客为导向、以服务为理念的员工队伍，企业可以从以下几个方面来入手[①]。

（一）聘用最合适的员工

缩小服务交付差距的最好方法之一是从选择正确的服务员工开始，这意味着企业在招聘服务员工的问题上要非常慎重。传统做法是，一线服务员工是公司的最底层，而且工资最少，这正有可能是服务质量的一大隐患。已经开始有越来越多的管理者关注最为适宜的招聘活动。特别是在提供专家式服务的行业，如专业咨询和法律服务企业除了关注应聘者的技术培训和资格证书，还应当对他们的顾客服务价值取向进行判断，其价值取向应当是以顾客为导向的，并以服务为指导理念。

（二）对员工进行培训以保证服务质量

为了提供优质服务，有必要对员工进行必要的技术技能和知识的培训及操作和交往能力的培训。大多数企业都比较重视对员工技能和专业知识的培训，这些培训可能通过正式的教育获得，如微软公司拥有自己的培训学院，也可以通过在职培训或者共享在专业技能和专业知识方面的成果来实现。而除了技术技能和专业知识的培训外，服务员工还需要进行交往能力的培训，从而使员工可以提供礼貌的、负责的、热心的服务。除了一线服务员工需要这种培训之外，其他企业人员也都应当获得这种培训。这是因为企业各项活动都是创造价值的活动，共同形成了价值链，所有的员工都会对服务质量带来影响，只有从经理到一线员工都对服务有了共同的愿景和观点，企业才能够真正为顾客提供持之以恒的优质服务。例如，迪士尼公司经常让坐办公室的会计人员去门口迎接客人，让他们真实地感受

---

① 王永贵. 服务营销[M]. 北京：北京师范大学出版社，2007：307.

顾客是他们的衣食父母，目的就是让他们努力工作。

（三）提供服务交付所需要的支持系统

要使得服务员工的工作富有成效，必要的支持系统是必不可少的。这个系统为那些向顾客提供服务的企业员工服务，并应充分认识到其重要作用和地位。实际上，如果没有以顾客为中心的内部支持系统，无论员工的意愿如何强烈，也几乎不可能实现优质服务的传递。例如，一位银行出纳员要在银行业务中圆满完成任务，同时使得顾客满意，需要能够迅速而准确地获得顾客的近期信用资料，需要银行其他人员的大力支持，如信息系统管理人员及愿意支持他以顾客为导向的上司。例如，在考察澳大利亚呼叫中心的顾客服务时，研究人员发现来自主管、团队同伴和其他一些内部支持都与员工满意及其服务顾客的能力高度相关。

（四）留住最好的员工

服务企业在雇用了最合适的人员、进行了合理的培训并开发出卓越的服务交付能力之后，就应该在提供所必需的支持系统的基础上，尽力去留住那些最好的员工。员工的流动，尤其是服务行业中员工的流动，可能会对顾客满意度和整体服务质量造成很大的影响。经常有忠实的顾客去同一家企业购买服务产品，但都是奔着服务人员的手艺或个人声誉去的。因此，如果服务企业花费了很大的精力和财力来吸引优秀的员工加盟，然后把员工当作一劳永逸的赚钱工具的话，那么前面的所有努力都可能是徒劳的。

第三节　经由中间商和电子分销渠道交付服务

如前所述，服务的交付既可以选择直销的方式，也可以选择经由中间商的方式。随着信息技术的发展，服务供应商还可以选择电子分销渠道来提供服务。本节将重点阐述经由中间商和电子分销渠道来交付服务时的一些核心问题。

一、服务分销渠道

服务分销渠道是指服务产品从生产者向消费者移动时，取得产品的所有权或帮助转移其所有权的所有组织和个人，主要包括中间商及处于渠道起点和终点的生产者与消费者。这里既可能是一个中间商，也可能是更多的中间商，而且有些中间商承担所有权风险，有些则只承担各种类型的营销职能（如广告），而另外一些则承担非营销职能或促进一些职能（如仓储和运输）。实际上，除了理论上纯粹的服务以外，由于大多数服务往往都是与产品组合在一起出售的，所以服务分销渠道也包括以下五种主要的流程：产品流程、所有权流程、付款流程、信息流程及促销流程，如图10-3所示[①]。其中，产品流程是指实体原

---
① 王永贵. 服务营销 [M]. 北京：北京师范大学出版社，2007：309.

料及成品从制造商转移到最终顾客的流程；所有权流程是指货物的所有权从一个市场营销机构到另一个市场营销机构的转移流程；付款流程是指货款在各个市场营销中间机构之间的流动过程；信息流程是指在市场营销渠道中，各市场营销中间机构相互传递信息的流程；促销流程是指由一单位运用广告、人员推销、公共关系和促销等活动对另一个单位施加影响的流程。在上述流程中，往往会伴随着资金、信息和所有权等多种要素的流动。

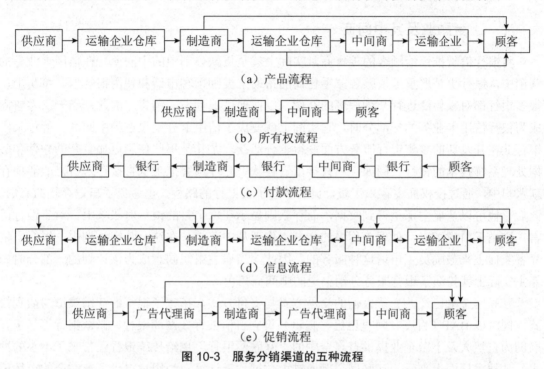

图 10-3　服务分销渠道的五种流程

与产品分销渠道相比，服务分销渠道往往要直接得多。服务供应商要么直接把服务提供给顾客，要么就是提供给向顾客提供服务的中间商，但由于服务具有易逝性（难以存储），所以大多数服务的归属权都无法在分销渠道之间实现转移。同时由于服务的无形性和生产与消费的同时性，仓储不再是服务分销中所必须的功能，不能像有形产品那样生产、存储然后进行销售，许多适合产品生产者的渠道，在服务行业中是不可行的。

二、服务中间商及其涉及的主要问题

不论人们对服务分销的传统看法如何，服务分销渠道已经在很多服务行业中实实在在地发挥着重要作用，并利用独立的组织实体作为服务生产者和顾客之间的中间商。这些中间商在使潜在顾客获得优质服务的流程中扮演着各种各样的角色，它们可以为服务供应商完成许多重要职能。实际上，在服务营销的背景下，任何介于服务生产者和期望获取更大便利性的潜在顾客之间的外在实体或个人，都是服务营销的中间商。首先，服务中间商和服务供应商常常是合作完成服务生产的，共同履行对顾客的各种服务承诺。在诸如"快餐或干洗"这样的连锁加盟店中，都是由中间商利用服务供应商所开发的流程和标准来实际交付服务的。另外,服务中间商还可以使服务本地化,为顾客提供时间和空间上的便利。在诸如旅行社或者保险这样的行业里,通常一家中间商会同时代理多家供应商的业务并努力为顾客提供所承诺的服务。因此,它们往往可以把多种选择都集中在一个地方,从而为顾客选择购买提供了便利。换句话说,通过建立在这些专业化服务交付中所需要的信任关系,服务中间商成功地起到了顾客与供应商之间黏合剂的作用①。

(一)金融业及其中间商

将银行信贷推销给顾客的零售商,实际上就是贷款分销中的中间商。在信用卡业务的营销中,银行更是严重地依赖各家零售商的帮助来鼓励顾客申请和使用银行卡。事实上,很多银行都对零售商进行某种程度的补偿,以便促进银行卡的销售。因此,当一家零售商成为银行信用卡业务的一部分时,它实际上就变成了信用卡分销渠道的中间商。近年来,银行业在开发新的零售银行服务方面变得十分活跃,尤其是那些使用更加复杂的软件和数据处理系统技术的银行。例如,"直接工资存款"允许顾客把工资直接存入自己的活期存款账户中,通过授权雇主存入工资,员工节省了去银行的路程,也避免了忘记存款的麻烦。此后,他可以从雇主那里得到收据,而存款则显示在每个月的银行对账单上。对于银行而言,则由于节省了账目处理流程中的文书工作而从中获益。在这一营销计划中,银行是依靠各类雇主来鼓励员工申请这种服务的。因此,当雇主组织同意成为该计划的一部分时,雇主实际上就扮演了银行服务分销渠道的中间商角色。

互联网金融已经改变了人们的交易方式与支付方式,拓宽了银行的营销渠道与盈利模式,同时以 BAT(百度、阿里巴巴、腾讯)设立百信银行、网商银行、微众银行等基于互联网为自然人及小微企业提供普惠金融的"互联网银行"也给传统银行业带来了不小的冲击。从技术层面上来看,互联网金融通过大数据、云计算,为用户提供了最完全的市场信息,便于用户研判适合自己风险水平的投资产品,最大限度地降低了市场信息不对称风险,使信息更加公开透明。

(二)健康护理及其中间商

在健康护理服务的交付过程中,不可分性特征比其他行业表现得更加明显——因为患者常常认为是把自己"交给到销售者手中"。尽管服务生产者和顾客之间的直接接触是必要的,但更加高效的新型分销渠道也在该行业中不断涌现。尽管医疗服务与现有的医疗费制度是相关联的,但许多替代性的交付制度正在发展,进而演变成新型分销渠道。其中,一种广受关注的交付制度就是健康维护组织(HMO),它强调通过带薪的健康从业者团队(医师、药剂师或技师等)来建立集体的健康护理诊所,然后在预付的基础上为特定的注册成员提供服务。实际上,健康维护组织并不是提供健康护理的新方法,它只是在从业者和患者之间扮演着中介角色。通过提供一个中心场所和"一站式采购",在很大程度上增加了便利性和现实性。健康维护组织也承担安排或提供医院护理、紧急护理和预防服务

---

① James H.Donnelly,Jr.. Marketing Intermediaries in Channels of Distribution for Services. Journal of Marketing, 1976,40(1):55-70.

等责任。另外,预付的特征也促进了更多的经常性预防检查,而传统的医疗服务思想则主要在于治疗。

(三) 保险行业及其中间商

在机场为出售空难保险准备的售货机,也越来越多地应用到其他领域。例如,在很多汽车旅馆里,现在也不难见到交通事故保险的销售;此外,通过雇主和劳工联盟签订的团体保险,也获得了非常大的成功。在中国,保险大致分成社会保险和商业保险。社会保险,包括养老保险、医疗保险、失业保险、工伤保险和生育保险。商业保险,包括财产保险和人身保险。在上述每一种情况下,保险行业都在采用中间商来进行服务分销,而且所采用的分销手段都包括独立地介于服务生产者和顾客之间的组织实体,而不再是传统意义上包含商品分销渠道的机构中间商。

(四) 涉及中间商的主要问题

在服务供给中,供应商和顾客直接接触。由于服务与消费的不可分性,在顾客接受服务时,如果供应商不在场,就需要寻找方法,让其他人介入服务的交付,这就是服务中间商。但中间商的介入可能会产生问题,因为服务质量是在企业和顾客进行服务接触时产生的。如果服务中间商不能够像供应商那样提供服务,那么服务的价值就会降低,服务供应商的利益就可能受到损害。因此,对于大多数服务企业而言,保证中间商在服务交付过程中提供优质的、一致的服务,是一个挑战。但由于服务的特殊性,服务中间商在实际运作中也确实面临着一些特殊的问题,具体表现在以下几个方面。[①]

1. 目标和实施方面的渠道冲突

服务供给的各个组成部分在渠道运作方法上并不总是一致的。在服务供应商与中间商之间,在一个特定区域内的各个中间商之间,在一个供应商所使用的不同服务渠道之间(如一家企业同时拥有自营商店和特许商店),都有可能会发生这方面的冲突。但如果能统筹组合,也能带来"1+1>2"的效果。例如,中国的电商巨头之一——京东,有两种经营模式:一种为自营模式,另一种为第三方模式。自营方面,京东会直接与产品供应商进行沟通并签订直销合同,采买商品,直接入库,用户下单后京东会直接配送。至于第三方模式,则分为三个阶段:商家入驻、监督质量及售后反馈。一般来说,对于第三方,京东会有更严格的审批流程,用户也会获得京东对于产品、服务的"质量背书"。

2. 成本和报酬方面的渠道冲突

服务企业通过分销渠道拓展业务时,可能会面临一些连自己都无法控制的问题。其中,如何在服务供应商和中间商之间分配收入,往往是争论的关键问题之一。例如,当主要的航空公司手续费实行封顶,而不是采用传统的以票价的 10% 作为佣金时,其主要分销渠道(旅行代理人)就会大为不满,从而使这种类型的冲突明显地表现出来。例如,Dela 航空公司首先实行每张机票的手续费不超过 50 美元,单方面改变了事先的报酬协议。航空

[①] 王永贵. 服务营销 [M]. 北京:北京师范大学出版社,2007:312.

公司的这种做法，使旅行代理人大为恼火，他们对航空公司进行反击，告诉顾客如何购买更便宜的机票且不需要在星期六晚上住宿的方法，并向顾客推荐小的、有折扣的航空公司。

3. 对各服务店面质量和一致性控制的难度

由于服务的异质性，当多家服务店面共同提供服务时，委托人和中间商之间的一个最大问题，就是不一致性和缺乏统一的质量。劣质行为的发生，哪怕只是在一家店面发生，也会因为危害到整体品牌和声誉而使服务供应商受到损害。同时，其他中间商也必须忍受对自身所产生的消极影响。在高度专业化的服务领域，如管理咨询或者建筑设计中，这一问题尤其尖锐。例如咖啡行业领军企业星巴克，所有门店的咖啡豆、咖啡机都是标准配备的，但不同的店面销售业绩却相差甚远。这是因为一些咖啡店会雇用较多工读生，他们应变能力差，授权较少，察言观色的能力不强，顾客的体验往往是较差的。

4. 授权和控制之间的紧张关系

麦当劳和其他成功的服务企业都是建立在一致性管理的基础上的，通过对中间商在各个方面的实际控制，使双方都从中获得了利益，并能够长期合作。例如，麦当劳以要求严格的服务标准、认真指定供应商和实施监督而著称。在实践中，这种战略往往是行之有效的，因为中间商只能采用与麦当劳公司所提供的、完全相同的方法来支付服务。否则，它所提供的服务就有可能无法满足顾客的需要。然而，控制对于中间商也可能会产生消极的影响。例如，许多特许经营商之所以选择服务特许经营，是因为它们能够拥有和控制自己的企业。如果根据一致性标准来交付服务，它们的独立观点就会受到影响，常常要遵循服务供应商的惯例和政策。在这些情况下，有些特许经营商可能会觉得自己就像是受人摆布的机器人，而不是和服务供应商合作的人。

5. 渠道不明确

选择了授权战略，对服务企业和中间商的角色就会产生疑问：由谁从事市场研究以识别顾客的需要，是服务企业，还是中间商？由谁来决定服务供给的标准，是特许人，还是被特许人？由谁来培训交易者的顾客服务代表，是服务企业，还是交易者？在这些情况下，委托人及其中间商的角色往往是很不明确的，甚至有可能导致迷惑和冲突。

三、特许经营

从本质上来讲，服务分销渠道管理的重点，就是寻找能够把顾客、供应商和中间商联系在一起的有效方法。在服务分销渠道中，最主要的中间商形式之一就是特许经营，此外还包括代理人、经纪人和电子分销渠道。

（一）特许经营的概念

"特许经营"一词源于英语 Franchising，原本是一种政府的行政许可，自 19 世纪末以来广泛地应用于商业领域。国内对该词的翻译和理解大致有两种：一种译为特许经营，即把特许经营组织与连锁店、自由连锁和合作社等并列，属于所有权不同的商店范畴。这种译法与西方市场营销学的界定是一样的，是比较常见的翻译方法。另一种则译为特许连锁，认为特许连锁是连锁店的一种组织形式，与公司连锁和自由连锁并列为连锁的三种基本类型。

本书主要采用第一种翻译理解形式，并认为特许经营就是指特许人将自己拥有的商标（包括服务供应商标）、商号、产品、专利和专有技术及经营模式等以合同形式授予受许人使用，受许人按照合同规定，在特许人统一的业务模式下从事经营活动，并向特许人支付相应的费用。这里涉及两个重要的当事人，即特许人和受许人。其中，特许人是指在特许经营活动中，将自己所拥有的商标、商号、产品、专利和专有技术、经营模式及其他营业标志授予受许人使用的组织或个人；受许人则是指特许经营活动中，被授予使用特许人的商标、商号、产品、专利和专有技术、经营模式及其他营业标志的组织或个人。一般而言，特许经营需要坚持规范化管理的原则、开放的原则、互惠互利的原则及循序渐进的原则，合作、动力和团队精神，往往是特许经营成功的重要条件。

（二）特许经营的本质

特许经营本质上是特许人和受许人之间，为了充分发挥资源的利用效率，以契约为纽带而进行合作的一种方式。特许人利用自己拥有的知识产权扩大了收益的来源，受许人则通过为特许人服务而拥有自己的经营事业。其本质主要表现在以下几个方面[1]。

1. 商业契约关系

从实质上而言，特许经营就是指特许人与受许人之间的一种特殊的商业契约——战略合作伙伴协议。通过这种商业契约，创造出了一种全新的市场游戏规则——非零和的合作博弈，双方在合作的基础上实现了双赢，不仅有着共同的目标——争取和挽留顾客、在顾客心目树立产品和服务品牌形象、为顾客提供满意的产品和服务，而且共同组建团队、共同开发市场、共同分享收益。当然，也需要共同分担风险。

既然是一种商业契约关系，特许人和受许人之间必然要承担各自的义务。其中，特许人的义务主要有：①允许受许人使用特许人的品牌、运营系统和支持系统；②对受许人进行开业前的教育和培训；③指导受许人做好开店准备；④提供给受许人持续不断的经营指导、培训和合同规定的物品供应。受许人的义务主要有：①严格按照合同规定的标准，在特许人统一的业务模式下，从事经营活动；②按合同约定支付加盟金并按时支付特许权使用费及其他各种费用；③维护特许经营体系的名誉及统一形象；④接受特许人的培训、指导和监督。例如，麦当劳开办分店，分店需要经过汉堡包大学的培训。

2. 企业自主知识产权的开发和利用

对于特许人而言，特许经营的本质就是对自主知识产权（品牌、专利、经营模式、文化理念或管理体系等）的深度开发，通过发展加盟商来快速地复制"成功"范式，实现企业有形资产的增值和企业规模的扩张。例如，格力电器掌握着空调制造技术的核心科技，它便可以凭借这一优势迅速打入市场，提高市场份额；干洗店可以通过众多的加盟连锁店而迅速扩大市场占有率。

---

[1] 刘文献. 特许经营的本质及其经济社会效益 [J]. 连锁与特许，2004（10）：68-69.

3. 新型社会经济组织和新型企业经营管理模式

特许经营企业的发展，在经济社会中创造出全新的网络化经济组织。作为一种新型的网络化经济组织，它与传统的企业实体不同的是：特许经营企业可以不断地吸收多元资本实体的加入，互相利用资源，在统一的品牌下共同成长，从而打破了企业规模扩张的传统概念，但同时也向企业提出了改变传统经营管理模式的新课题。

4. 企业资源优化整合

特许经营体系的建立和发展流程，其实就是企业牢牢把握自己的核心竞争力并对产业的上下游资源进行全面整合的流程，即基于自身的核心竞争力和自主知识产权，通过整合外部资源来扩大影响、做大市场。

5. 个人创业方式

对于受许人而言，特许经营又是一种职业选择——自主创业。通过加盟连锁，受许人进入该行业，从事自己的事业。同时，也成为整个企业网络的一部分，发挥着自己的作用。

（三）特许经营模式

特许经营在服务业的快速发展，是与服务的特殊性密切相关的。如前所述，服务产品具有无形性和异质性等特点，因而大大提高了消费者的购买风险。而特许经营模式的标准化，则使无形的服务在某种程度上具有了预知性，从而降低了购买风险。同时，经营模式迅速复制和品牌扩张效应，还为企业发展带来了规模经济，形成了良性循环。也就是说，特许经营模式本身所具有的特点，正好弥补了服务业固有的局限性，为服务业的快速发展注入了活力[1]。

特许经营模式主要体现在以下六个方面：①必须订立包括双方同意的所有条款的契约；②特许人必须在企业开张前，给予受许人各方面的基础指导与训练，并协助其拓展业务；③特许人必须在经营方面持续地提供有关事业运作的各方面支持和指导；④在特许人的控制下，受许人获许使用特许人所拥有的商业名称、定型化的业务或程序及特许人所拥有的商誉，并以此作为相关的经营资源；⑤受许人必须从自有资源中进行实质的资本投资，并承担经营风险；⑥受许人必须拥有自营企业，能够充分发挥自主经营权。

（四）特许经营的优缺点[2]

特许经营是一种非零和的合作博弈，可以实现特许人和受许人的双赢，共同做大市场。特许人、受许人和顾客分别可以从中获得的好处主要包括以下几个方面。

（1）特许人可获得的好处：①特许经营体系的扩展在某种程度上有助于摆脱资金和人力资源的限制；②可激励经理人在多处所营运，因为他们都是该事业的局部所有权人；③是控制定价、促销、分销渠道和使服务内容一致化的重要手段；④是增加营业收入的一种途径。

（2）受许人可获得的好处：①受许人有机会经营自己的事业，而且加盟的连锁经营是在一种经测试证实行之有效的服务观念的指导下进行的，降低了经营风险；②有大量的

---

[1] 谷慧敏，杨海英. 服务业特许经营模式研究之经营绩效评价模型 [J]. 商场现代化，2007（10）：7-8.
[2] 郭国庆. 服务营销管理 [M]. 北京：中国人民大学出版社，2005：228.

购买力作为后盾，之前被证实此行业面临的是巨大的市场；③有促销、辅助、支持力量作为后盾，整个特许经营体系能起到互相促进的作用；④能获得集权式管理的各种好处。

（3）顾客可获得的好处：对于顾客而言，服务具有无形性，靠顾客对服务质量的主观感知，有失客观。通过特许经营的方式，保证了服务质量的一致性。同时，也增加了顾客消费的方便性，顾客更容易得到服务质量的若干保证，在全国性特许经营的情况下，更是如此。所以，这些有形化的元素避免了服务无形性的众多缺陷。

不过，特许经营本身也存在一定的局限性。在相对分散经营的环境中，确保所有受许人的服务和公众形象的一致性，是一项非常大的挑战，所花费的监督与协调成本可能会抵消特许经营的优点。从根本上来讲，特许经营只是一种合作伙伴关系，而且是一种不平等的合作关系。处理这种复杂关系所面临的困难和存在的潜在冲突，有时会导致特许经营的失败。对于受许人而言，也存在着诸多风险。由于他已经投入了大量的专用资产，一旦整体经营链遇到了问题，如公众形象和服务质量出现问题，单个受许人也将不可避免地受到很大程度的冲击。

四、电子分销渠道

随着计算机和互联网技术的发展，其在服务营销渠道设计和管理中发挥着越来越重要的作用。可以说，互联网时代的到来，给服务营销与管理带来了巨大的变化。目前，在线活动已成为基于多渠道整合的市场营销活动的一个组成部分。在服务营销中，由于互联网能够直接而便利地把顾客和供应商联系起来，所以它至少有三个明显的作用：①消除由于距离带来的壁垒；②允许虚拟企业每天24小时、每年365天营业；③使物理场所关联性降低。然而许多顾客，他们并不想处理与众多供应商的服务订约问题，而是倾向于为服务代理商和服务经营者的专门知识和便利性支付费用。不过，虽然通过互联网可以便利地实现预定，但互联网也有其固有的局限性。例如，互联网未必能够给顾客提供最理想的价格——个体的讨价还价能力，往往会低于以服务经营者或服务代理商等联合体为代表的争价实力。

（一）电子分销渠道的内涵

电子分销渠道是唯一不需要直接人际互动的服务分销渠道，其功能对象是那些事先设计的服务（如信息服务、网络教育服务和娱乐业），并通过电子媒介进行服务的交付。服务交易通过电子渠道来认识提供服务的问题，并讨论通过网络空间推动服务的增长的因素。电信、在线网络技术的发展催生了许多服务交付的新方法。例如，我们熟悉的电视、电话及网络给我们带来了许多方便，也许未来还会出现新的电子媒介方式。通过这些媒介，可以为消费者和企业顾客提供服务，包括顾客需要的电影、音乐、金融服务及远程学习和电视电话会议等。在实践中，可以把电子分销渠道理解为"应用互联网提供可利用的产品和服务，以便使用计算机或者其他技术手段的目标市场通过电子手段进行和完成交易活动"。

为了准确地理解这个定义，还需要了解以下几点[①]：①可利用的产品和服务，并非意

---

① 王永贵. 服务营销[M]. 北京：北京师范大学出版社，2007：316.

味着互联网上展示的物品都具有实际可利用性。实际上,虽然一部分产品和服务(如电子文档和音乐)可以通过互联网进行传输,但大多数产品和服务仍无法通过互联网直接传送,仍需要顾客自己去店面提货或是商家送货上门。②上述定义中的其他技术手段是指除了计算机之外的、将来可能出现的新网络技术。例如,2017年世界互联网大会上出现的5G技术、全面柔性屏幕、语音交互这些虽然仍处于研发阶段,但这些新技术前景无限。还有近几年兴起的人工智能,现在虽然市场份额很小,但发展势头却非常迅猛。③通过电子手段完成交易意味着:电子分销渠道不仅仅是在网上所进行的服务展示。如果销售者简单地把产品或者服务列在互联网上,以为那些从公司网站上了解信息并通过电话订购的顾客提供便利,那么实际上就已经在电子分销渠道方面迈出了第一步。相对于传统渠道而言,真正的变化是销售者的服务和产品出现在电脑屏幕上,而不是出现在打印纸上;消费者了解信息的渠道是公司网页,而不是杂志或者报纸广告;消费者了解信息的方式也从单一的文字转为视听结合的视频、音乐、动画等。

(二)基于互联网的电子分销渠道模式

随着消费者对网络购物的接受程度越来越高,中国的网购市场已取得了较快发展。2014年,网络购物交易规模达到2.8万亿元,增长47.4%,在社会消费品零售总额中年度渗透率首次突破10%。网络购物用户规模达到3.6亿人,在网民中的渗透率为55.7%,其中,手机网络购物用户规模达到2.36亿人,增长63.5%,是网络购物用户规模增速的3.2倍。移动购物交易规模为9 406.6亿元,比2013年提升19.2个百分点。阿里(淘宝和天猫)2014年全年交易额达到2.3万亿元,增长47.4%,在网络购物整体市场中占比达到81.5%,其中天猫增长73.0%,高于B2C市场的增长。到了2017年"双十一"天猫平台再破销售额最快用时纪录,10秒10亿元,用时6分达到2012年当天全天成交额,用时13小时9分超越2016年当天全天成交额,最终平台总销售额达到1 682亿元,同比增长39.3%。京东平台2017年11月1至11日累计销售额1 271亿元,"双十一"当天销售额544亿元。① 由此可见,在现代互联网技术的背景下,虽然隐私和欺骗行为一直广受关注,但电子分销渠道已经成为一种不容忽视的重要分销渠道。

在服务营销领域也是如此。例如,对2 500多位有过网上购物经历的、至少持有一张信用卡的持卡人的调查结果显示:互联网的发展已相对成熟,已成为信用卡销售和服务交付的关键渠道之一;另外,一份受全球支付服务公司——TSYS委托的调查研究结果则表明:在通过网络途径使用信用卡的持卡者中,2017年有57%是在线管理一些或所有的信用卡账户,而且其中大部分持卡者至少管理两个在线账户。同时,调查研究结果还发现:2017年大部分在线信用卡持有者(大约5 700万)使用网络来申请和管理其信用卡账户。更有甚者,在调查发生的过去12个月里,大约有40%的持卡者仅仅是刚刚开始利用互联网来管理其账户。此外,54%的成年网络使用者还没有使用互联网来管理其信用卡账户,但预计在不久的未来他们也会使用。从该项研究的总体趋势来看,当涉及信用卡账户问题时,持卡者开始逐步选择利用互联网,而且使用频率超出了对当地银行机构或电话顾客服

---

① 艾瑞市场咨询,IResearch.2016. 中国网络购物发展统计报告 http://www.iresearch.cn/,2018-05-26.

务的使用频率。因此，如果信用卡发行机构没能满足顾客的这种在线需求，那么必将面临失去很多高端顾客的风险。消费者在线管理其信用卡账户的急剧增加意味着发行者传递高质量的在线体验比以往任何时候都重要[1]。

与此同时，互联网还创造了服务交付的全新业务模式。其主要包括如下几种类型[2]：
①互联网接入服务供应商。有些公司提供互联网接入服务和电子邮件服务，如美国在线和CompuServe。用户每月交纳一定的费用，就可以享用这些公司提供的若干小时数的互联网接入和在服务器上存储电子邮件文件的空间。②门户网站。原来的互联网接入服务供应商现在还提供许多其他的服务，如信息搜索、新闻、电话记录、电子邮件服务、讨论和新闻组、指向在线购物网站的链接。例如，雅虎允许其访问者搜索各类信息，如从巴哈马的香蕉到华盛顿的天气情况。它还维护着留言板，以便用户可以与其他人就一系列主题进行交谈。雅虎也提供电子邮件服务。③信息内容。一些传统的信息服务供应商，如《纽约时报》，使用互联网发布新闻。其他一些信息服务供应商，如Hoover's.com，在线提供收费的商务信息。④在线零售商。在线零售商对互联网的用途进行了最为广泛的广告宣传，这些零售商从图书（如Amazon.com）到园艺产品（如Garden.com）的各类商品。⑤交易使用者。股票买卖因为其交易的电子特性，自然而然地是一类互联网业务。电子贸易成功地降低了股票和债券的交易成本，美林证券甚至考虑停止收取股票交易的佣金，代之以收取账户管理费。⑥市场创造者。在线拍卖利用互联网能够达到广泛市场的优势，而不受地理区域的限制。eBay的成功也是由于互联网能够为那些在本地很难卖出去的商品创造了市场。

（三）电子分销渠道的优势和劣势

与其他分销渠道类似，电子分销渠道既有其明显的优势，也存在不少固有的劣势。可以说，电子分销渠道是未来服务营销渠道发展的主要方向，但在大众商业媒体上过分渲染"电子分销渠道将带来营销渠道的革命似乎还为时过早"。对于电子分销渠道发展的未来，现在还无法给出十分准确的回答。目前所能做的，只是探讨电子分销渠道的主要优势与劣势，以期对这种新型分销模式的潜力和局限性作进一步的分析和了解。下面就对电子分销渠道的优势和劣势加以分析[3]。

1. 电子分销渠道的优势

应用互联网的电子分销渠道，仍然是一种全新的渠道模式，对其认识仍在不断地加深之中。我们所提出的这些特点并非在所有范围内都普遍有效，而更多的是基于文献的探讨。综合来看，电子分销渠道的优势主要表现在：①全球区域和范围。电子分销渠道以互联网为应用基础，这种方式能够使全世界任何拥有电脑并且可以上网的消费者通过网页来选择和购买产品和服务。从卖方的角度来看，这也意味着可以为同样广阔的地理区域和范围提供产品。即使是一个刚刚开张的小企业也可能在全球范围内寻找顾客。所以，从市场的需

---

[1] Joseph Gatti.Internet is key credit card services channel. Direct Marketing,2003,Preceding,p.1.
[2] [美] 詹姆斯·A. 菲茨西蒙斯，莫娜·J. 菲茨西蒙斯. 服务管理：运作、战略与信息技术 [M]. 张金成，范秀成，译. 北京：机械工业出版社，2006：89.
[3] 王永贵. 服务营销 [M]. 北京：北京师范大学出版社，2007：319.

求和供给两方面来看，电子分销渠道能够使交易更加方便而快捷，而传统的分销渠道则做不到这一点。②顾客的便利性。利用电子分销渠道，顾客能够在其需要的时间和地方获得公司的服务。顾客不必要再受到供应商的限制，而可以根据自己的时间和地点来要求公司提供服务。例如，电子商务正在改变人们购物的方式。许多在线交易的网站，如阿里巴巴、淘宝可以为顾客提供一周 7 天，一天 24 小时的网上订货服务。对于营销人员来说，电子分销渠道可以接近一个巨大的顾客群，这在传统的分销渠道中是不可想象的。③顾客选择和定制化能力。基于网络的电子分销渠道为顾客提供了更多选择的权利。考虑一下那些可以按照需求点播节目的网络电视用户及戴尔计算机为用户提供的定制化上门组装服务。互联网允许供应商从一开始就接触顾客的需求，并根据顾客要求对服务进行了设计，如淘宝提供的顾客购物车营销。④以数据为基础，增强与顾客的联系。以技术为基础的电子分销渠道能够使企业有效地瞄准大规模的目标市场，也可以瞄准小的细分市场。互联网能够让企业和顾客之间实现实时互动，并根据独特的顾客需求开发出顾客定制化的产品。对于互联网而言，其深层次的竞争优势还包括具有追踪浏览器浏览网页的能力。这些顾客访问过网页的电子标记（cookies），如果与顾客以前购买、登记和其他相关数据相联系，往往可以帮助企业发现许多新的规律和新的知识，从而为更有效的服务营销决策提供依据。当然，通过这种方式与顾客建议关系的前提，必须是在认真筛选的基础之上的。否则，很可能会成为备受顾客抨击的垃圾邮件。⑤降低成本。从理论上而言，电子分销渠道的应用可以降低分销成本，它往往比传统的分销渠道更有效率。例如，如果通过网络提供顾客所需要的信息，往往比电视、杂志、报纸或者销售人员的推销更为有效，那么相应的销售成本也必然会进一步降低；如果电子分销渠道能够使企业把存货集中在一个地方，那么也必然会降低加工及运输的费用。实际上，不少企业的真实案例都很好地说明了这一点。①

2. 电子分销渠道的劣势

我们所讨论的电子分销渠道的优势也有可能正是其劣势。概括而言，电子分销渠道可能具有以下几个方面的劣势：①缺乏与实际产品的接触。从理论上而言，几乎所有的产品和服务都可以通过网络来展示和销售，但是实际上并不是如此。相同的问题在传统的邮件订阅渠道中也有体现，也就是说，顾客与产品之间没有任何的实质接触——他们看不见、摸不着、感觉不到，更不可能试用从电子分销渠道销售的产品。从另一种角度而言，很多顾客已经将在商店购物的体验当作整个购物流程的一部分，这种感觉是坐在电脑前体会不到的。另外，购买商品后立刻就能拿到手的享受和满意，也是电子分销渠道无法提供的。②对顾客购物动机的忽视。1972 年，爱德华（Edward M. Tauber）在其所著的题为"人们为什么要购物"的经典论文中，给出了一些相当深入的观察结果。他发现：人们购物不仅仅是为了买东西。更准确地说，买东西的欲望只是个人及社会一系列复杂购物动机的一部分。个人购物动机主要包括扮演购物者角色的需要、从常规的日常生活中寻找乐趣的需要、寻找自我满足的需要、了解最新流行趋势的需要、积累家庭以外的社会经验的需要和有相同兴趣的人群交流的需要等。对于电子分销渠道而言，很难满足除了买东西以外的所有这

---

① Bill Orr.The ultimate customer-service channel. ABA Banking Journal, Dec，1998,90（12）：68.

些顾客的需要。③对于安全的担心。采用电子分销渠道的一个重要核心是如何保护信息的安全性，尤其是顾客的个人和财务信息。这些问题可能损害顾客将互联网作为一个安全交易场所的信任，虽然现在已经有很多防止黑客入侵、保护系统安全的技术措施，但是仍然只是暂时的解决方法，许多顾客在网络上提供信用卡账号和密码时，仍感到犹豫。网络安全有待进一步的发展和改进。④产品及服务的售后无法保障。由于电子分销渠道不具有直接接触性，主要着重于服务销售，售后则关注度不够。例如最近较火的小红书福利社采用B2C[①]自营模式，直接与海外品牌商或大型贸易商合作，通过保税仓和海外直邮的方式发货给用户。但至今也因售后问题饱受诟病。如快递寄错地址要求转寄被小红书拒绝，售后联系困难，回复慢，售后服务态度不积极。据《2016年度中国电子商务用户体验与投诉监测报告》统计，发货问题、物流问题、顾客服务、退款问题、退换货难、虚假促销、商品质量、疑似售假、货不对板、信息泄露为"2016年度零售电商十大热点被投诉问题"。[②]

资料卡 10-2　　银行顾客的渠道偏好

为了对顾客所认知的、各种不同的银行交付渠道进行研究，有学者选择了对葡萄牙银行的 36 个顾客进行访谈，了解他们为什么使用当前的交付渠道。从受访者的角度来看，网络银行有容易使用、节省时间和能够安心使用等优势；银行分行往往与知识共享、个性化关照和专业知识联系在一起；电话银行服务的好处在于人与人之间的交流、便利性和易用性；自动柜员机的优势在于实用性、易用性和节约时间等。下表概括了银行顾客的渠道偏好。

网络银行	顾客占比（%）	分　行	顾客占比（%）	电话银行	顾客占比（%）	ATM 机	顾客占比（%）
易用性	67	共享知识	75	人与人的交流	19	实用性	39
节省时间	64	个人关照	72	方便	14	易用性	39
安心使用	61	专业知识	56	易用性	11	节省时间	31
信息量	53	移情作用和礼貌	44	问问题的能力	11	方便	14
反馈控制	53	解决问题/阐明问题/决策能力	44	礼貌	11	回馈控制	14
有用性	47	功能的完整性	44				
方便	44						
自助	36						
各种交付渠道的劣势							
不安全	64	费时	72	缺少反馈控制	25	不安全	39
不易操作	53	不易使用	42	缺乏共享知识	22	技术障碍	36
信息缺乏	47	不方便	22	不人性化	22	不易操作	22
不人性化	28			价值增值少	17	没有反馈	19

资料来源：王永贵.服务营销[M].北京：化学工业出版社，2008.

[①] B2C（Business to Client）指的是企业对终端消费者，一般采用 B2C 模式的企业均在互联网电子商务领域，如京东商城、卓越亚马逊；B2B（Business to Business）指的是企业对企业，企业提供一个平台，很多企业上去寻找和发布自己需求的东西，或者是寻求合作，典型的有阿里巴巴、慧聪网；C2C（Client to Client）是指个人对个人，个人在一些大的购物网站上开自己的店面，消费者就去个人店铺中购买东西，如淘宝网。

[②] http://b2b.toocle.com/detail--6394683.html，电子商务研究中心，2018 年 3 月 29 日访问。

本章小结

本章阐述了服务渠道的内涵、服务场所的选择、服务渠道的类型和渠道契约等服务渠道中的基本问题。在此基础上,又概要性地介绍了服务交付系统,并重点论述了企业及其员工在服务交付中所扮演的角色,论述了服务中间商及其涉及的特殊问题,并重点阐述了特许经营和电子分销渠道中的核心问题,详细分析了电子分销渠道的优劣。

关键词汇

服务渠道:指企业为目标顾客提供服务时所选择的位置和传递方式,它包括如何把服务交付给顾客及应该在什么地方进行交付。

特许经营:指特许人将自己拥有的商标(包括服务供应商标)、商号、产品、专利和专有技术及经营模式等以合同形式授予受许人使用,受许人按照合同规定,在特许人统一的业务模式下从事经营活动,并向特许人支付相应的费用。

电子分销渠道:应用互联网提供可利用的产品和服务,以便使用计算机或者其他技术手段的目标市场通过电子手段进行和完成交易活动。

复习思考题

1. 请简述服务场所的分类有哪些,都分别适合哪些服务企业?
2. 请简述服务渠道的概念、类型及主要影响因素。
3. 请用一个具体案例评述电子分销渠道的优势与劣势。
4. 请举出一个特许经营的例子,并指出其优势与劣势。
5. 员工在企业服务交付中有哪些作用。

本章案例

悄然掀起的数码电子渠道革命
——京东新型分销渠道的创新

随着科技的发展,数码电子行业的竞争日愈激烈,几大富有实力的品牌已将市场从北上广深一线城市,拓展到了国内二、三线的地市县镇。近年来,京东以其独特的"正品行货""多快好省""垂直化体系"等优势,迅速占领地市县镇市场,高效率、低成本的经营成本撬动着地市县镇市场的庞大需求。这种与分销商合作的新型分销渠道悄无声息地推动了电脑数码渠道变革,并带动电商运营模式的转型和升级。

与此同时,与上述新型分销渠道相比,传统分销渠道无法适应当前市场需求的劣势愈加明显:

1. 利润空间缩水现象严重

传统的分销渠道模式是"厂家—总经销商—二级批发商—三级批发商—零售商—消费者"。但这种逐级分销的渠道会存在很多灰色地带，采购时层层盘剥，导致经销商的议价能力随着层级下降而减弱，利润空间也越来越少，这使得很多中间层次的厂商销售和推广资源被进一步压缩。

2. 消费者对物流及售后服务的满意度较低

推动消费者进行重复购买、口碑营销的最大动力便是配送和售后服务。但传统分销模式中，各分销商之间互相分离，只遵循着自身的角色定位，快速方便的物流服务和周到细心的售后通常不在考虑范围之内。

3. 单向式营销导致卖家与买家之间的沟通较少

在传统营销中，大多数经销商都会机械被动地接受厂商的要求或建议，自主选择的空间较小，导致推广方式及促销策略都较为单一，基本是单方向推广和地毯式轰炸，消费者真正的需求则没有被顾及。

而京东作为国内最大的自营式电商企业，通过渠道下沉，以合作共赢为核心，与消费者建立了强有力的联系，培养了大量忠实用户，推动了传统数码电子分销渠道的革命。

1. 扁平化的物流配送体系对接大量零售商

在面对经销商时，京东运用强大快速的物流体系，连接了厂商与全国各地的零售商，一扁平化的电商模式对接全国1 800多个区县的零售商，提供数万种的PC笔记本平板电脑、数码相机、摄像机、网络设备产品等的经销和配送。这无疑使得经销商的利润空间极大提高。这意味着在传统分销模式中从厂商到消费者需要的4个环节压缩为一个环节：从京东分销系统下单，直接采购数万种商品，确保了产品的质量，降低了成本，经销商获取了更多利润。经销商采购也变得更加公开化、透明化。

2. 便捷化的一站式服务减少了经销商的忧虑

京东利用融通的资金流、快捷的物流、自由的授信系统（京东白条）等方面的优势，最大限度地降低了资金融通的压力。同时基于渠道结构扁平化，传统渠道模式中种类繁杂、品类管理困难、库存周转难度大等问题都得到较好的解决，这无疑赢得了消费者的青睐与偏好。

3. 可帮助经销商精准营销

中国幅员辽阔，地域广大，经销商在进货、销售时可能出现信息滞后，无法及时、全面了解消费者的需求信息变化的情况，而京东则利用大数据、云计算的优势，提供给经销商更符合目标用户需求的产品销售趋势，以便经销商精准预测销量，提高产品知名度。

资料来源：根据"中国网，京东价值分销模式悄然变革电脑数码渠道http://www.techweb.com.cn/news/2015-03-10/2131387.shtml，2018年3月29日"等资料整理。

思考题

1. 京东的新型电子分销渠道带来了巨大的变革，也对传统的渠道产生很大冲击。上面这种现象是利大于弊还是弊大于利呢？

2. 除了文章中提及的京东电子分销渠道的优势，你还能列举出其他的优势吗？

即测即评

扫描此码　深度学习

补充阅读材料

扫描此码　深度学习

第十一章　服务沟通与服务展示

服务的无形性和异质性等特点，使消费者在消费服务之前很难确切了解服务供应商提供的服务水平，如病患可能担心医院的护理达不到自己的要求，企业也可能担心咨询机构给出的建议不符合经营实际。因此，对服务供应商来说，通过有效沟通使消费者充分了解服务信息是十分必要的。为了使消费者能够具体地感知到服务产品，服务企业需要借助一些手段使无形服务有形化。如何巧妙地运用这些手段，既是一门科学，又是一门艺术。本章的学习目标主要为：

学习目标
- 了解服务沟通的重要意义
- 掌握服务沟通的指导原则和战略
- 了解服务促销的重要性并学习如何有效实施服务促销
- 了解服务展示的方法并熟悉服务实体环境的相关知识和模型

第一节　服务沟通

不论企业提供的是产品或是服务，企业都必须和消费者进行沟通。营销沟通（communication），也可以称为传播，包括广告、公共关系、人员推销、销售促进以及直复营销[①]等。它不仅仅是介绍业务的宣传册、新产品上市的广告，实际上它还包括企业与消费者之间发生的一切活动。尤其是对于消费者无法见到实体产品的服务企业来说，服务人员的一言一行都在向消费者传递着信息，影响着企业在消费者心目中的形象。

一、服务沟通的意义

当消费者面对有形产品时，通常能够很快地了解和掌握产品信息，作出较为确定的评价，因此我们会经常听见某个产品的消费者向其他人推荐该产品，如某种口味的饼干、某个品牌的电器或者某种牙刷等。但当消费者面对的是服务时，即使他已经购买并消费过此种服务，通常也很难对服务作出较有把握的评估。如同样的发型师，有的顾客赞不绝口，有的顾客却认为没有品位。服务的无形性、异质性等特点导致获知服务的准确信息变得困难，也使服务沟通对服务企业具有了重要的意义。通常来说，服务沟通的意义主要表现在以下几个方面：

---

① 直复营销，是指以盈利为目标，通过个性化的沟通媒介向目标市场成员发布信息，以寻求对方直接回应（问询或订购）的社会和管理过程。主要形式有五种：直邮广告营销、电话营销、目录营销、电视营销、互联网营销。

(一)提供企业服务产品的有关信息

告知消费者企业提供什么服务产品,如何提供以及相关服务产品信息,这是服务沟通的基本作用。如银行会在信用卡传单上向顾客描述该行提供的信用卡种类、适用的消费群体、持卡人可享受的特殊权益、透支额度、年费等,这就是在向顾客传达服务产品信息;传单上可能还会描述顾客办理信用卡需要具备的条件以及办理信用卡的流程,传达服务流程信息。有些传单会附上该信用卡的稳定消费人数、持卡人的使用评价等,以加强消费者的信任感。

(二)获得顾客对服务企业的忠诚与支持

当服务供应商以一种附带感情的方式与顾客及时分享有意义的信息,便是在努力与顾客进行有效沟通。[①] 有效的服务沟通有助于加强顾客对企业信息的理解、更新,及时消除顾客误解,解决服务争端,使顾客获得高度服务质量感知。企业与顾客建立稳固关系的明显特征之一就是简便、持续的沟通。

对于专业性较强的服务企业来说,服务沟通在维持顾客关系方面的意义尤为重大。如牙医,随着人们对口腔健康的逐渐重视,许多人选择专业的牙科诊所进行定期的口腔检查。顾客不具备牙科的专业知识,而牙医的决策直接关系到其口腔健康,因此牙科医生们就需要让顾客清楚地了解自己的牙齿状况,并帮助他们理解某些治疗的流程和目的。同样是拔除一颗牙,医生如果能在拔牙之前向顾客描述清楚各个步骤以及可能发生的感觉和状况,便能使顾客感到放心不少。有效的沟通不仅需要技巧,也需要感情因素。牙科诊所定期询问顾客的口腔状况,提醒顾客定时检查,并经常给出一些口腔护理的建议,使顾客觉得体贴友好,这样便在交易关系中融入了感情。这种关系能够为顾客提供心理保障,除非服务流程出现重大错误,否则顾客不会轻易放弃已建立的关系。

(三)吸引新顾客

服务沟通能够对服务体验产生深远的影响,将其应用于消费前的选择流程,有助于企业吸引新顾客。顾客不了解服务信息,会阻碍他们作出购买决策,因此企业需要通过沟通使顾客了解企业的服务并刺激顾客产生消费冲动。广告、人员推销等方式都能够向顾客传递计划性信息,而建立良好的口碑则更有助于吸引新顾客。例如,苹果公司在每一次推出新产品(如新款 iPhone)、新服务(Apple Pay)时,都会着重强调该产品与上一代产品的不同之处与创新点,使顾客充分了解新产品的信息,同时使用饥饿营销的方式,极大地刺激了消费需求。

(四)向企业员工及公众传播相关信息

服务企业在经营流程中,不但要考虑企业及顾客的利益,也要考虑可能受到企业活动影响的公众的利益。公众是指具有实际和潜在利益,对公司实现其目标的能力产生影响的

---

① L. Bland. Profiting as an investment adviser. Practical Accountant,August,1994:20-31.

任何群体，包括：媒体、社区组织、现有及潜在顾客、专业机构、政府与公众利益集团等。公众对企业的评价会影响到企业的经营，因此企业需要针对不同的公众群体制定公关方案，发布信息进行宣传沟通，以保证企业的公众评价。例如，和旅行社与媒体合作发布有些目的地的游玩内容和攻略能够间接地影响到潜在客户。

（五）吸引潜在员工加入服务企业

服务沟通不仅在向消费者、社会公众传递着信息，也在向潜在员工传递着信息。只有优秀的员工才能向顾客提供优质的服务，服务企业需要不断吸纳优秀的服务人才。企业通过沟通建立起潜在员工对企业的期望，如果员工感觉企业是可信任的、负责任的，那么就会有比较高的积极性加入企业。

（六）保持或提高服务企业的公众形象

企业在公众心目中的形象不仅会影响企业的声誉和消费者对企业的评价，也会影响到企业的人才资源。一个被公众认为没有责任感、不具关怀的企业不仅会失去消费者的青睐，也难以吸引优秀人才。服务沟通的一个重要意义就在于保持甚至提高企业的公众形象，获得公众信任，使企业在社会公众心目中留下正面积极的印象。

二、服务沟通指导原则

随着服务企业对沟通的重视，消费者逐渐陷入了各种市场信息的包围，来自电视、报纸、杂志、互联网等各种媒介的信息，往往使他们无所适从、难辨是非。市场信息可以加强消费者对企业及其服务的印象，巩固企业与顾客之间的关系，但如果不同来源的信息相互矛盾、不能协调的话，则会导致消费者对企业和品牌产生困惑甚至误解。因此，服务企业进行有效服务沟通必须遵循一些指导原则。

（一）使无形服务有形化

服务的无形性是其最显著的特征，它使得服务沟通的基本原则就是将无形的服务有形化。企业可以通过三种手段让消费者对服务的感知更加形象具体。

1. 提供具体的线索或信息

服务企业可以展示涉及服务生产流程或者与服务相关的具体线索与证据，给出详细的调查数据，提供专业机构的评价报告等，这些具体的信息要比单纯的描述或者称赞自己的服务更能为消费者所接受。"80%的顾客将我们的护理服务推荐给朋友"要比"我们的护理服务有口皆碑"更让人觉得具体。例如世纪佳缘（一家在线婚恋网站）在其首页就写着"勇敢爱，1400万人成功找到另一半""1.9亿优质会员"的标语。具体的数字能够带给消费者较为直观的印象。

2. 沟通无形的信息

尽管我们会尽力提供有形的信息和线索，但是服务本质上是无形的，某些无形的因素无法被良好的诠释。例如两家同样的老年护理中心，一家让人感觉更温馨，这种温馨感很难通过布局摆设、设施人员表现出来，但它很可能就是顾客选择这一家的原因。因此无形的信息也必须通过适当的方式进行沟通。例如，展示部分服务流程，或是撷取几个服务片段，使顾客感受到无形的信息，如很多健身中心就通过视频广告的方式来展示其设施的精良、服务的贴心以及教练的专业程度。

3. 使用明白易懂的语言

语言是沟通中最常借助的工具，为了增强服务的有形性，应当尽量使用明白易懂的语言。一些抽象化或者强调程度的词汇反而不能达到比较好的沟通效果。"顶尖""一流""最杰出"等词汇经常出现在服务企业与顾客的沟通中，然而顾客并不清楚这些词语所代表的服务究竟能给他提供什么。因此，企业需要用适当的词汇来描述服务。

（二）谨慎承诺并力保兑现

企业在沟通中作出的承诺会使顾客形成与之相对应的期望，当顾客感知到的实际服务达不到这一期望时，就会影响其满意度。企业在前期沟通时可能为了吸引顾客作出一些超出实际能力的承诺，但却无法兑现，直接导致了顾客在消费服务之后感到失望不满。

过度的承诺不仅会影响顾客，也会对员工产生负面作用。当顾客感到企业的服务与承诺不符而提出异议时，员工不得不向顾客解释为什么公司没能履行承诺。这种情况频繁发生会使员工长期处于被迫妥协或遭受冲突的窘境，从而降低员工的满意度，打击其工作的积极性。

（三）减少顾客对服务表现差异的担心

服务的异质性使得服务供应商很难保证每一次服务提供都百分之百达到预期要求，顾客也会为自己是否能够获得高水准的服务而担心，因此企业需要通过服务沟通来减少顾客对服务表现差异的担心。企业可以通过标示出企业服务的标准流程，给出具体数字，列示各项指标等方式来降低消费者的担心。其中，口碑是企业减少这种担心的重要手段。企业的良好口碑使顾客更容易接受企业其他沟通信息，而且由于口碑具有一定的客观性，能够加强顾客对企业服务的信任，几乎可以说是服务沟通中最为有效的工具。例如：海底捞的主要宣传渠道是口口相传以及网络宣传。海底捞的利益传导机制为"企业对员工好——员工有干劲，对顾客好—顾客体验良好—忠诚顾客再次消费和口碑推广—企业获利"。一个企业80%的利润都来源于自己的忠诚顾客，而忠诚顾客一般会为企业带来一大批新顾客。有调查发现，海底捞的顾客几乎都是熟人介绍的，而且这部分顾客的对海底捞黏性较大，不介意等待时间的长短，也不介意菜价问题。海底捞选择口碑营销，因为口碑宣传更加真实可信，效力比较大，既节省了费用也增强了消费者的信心。而且最特别的是，海底捞每周都会组织一大批顾客去参观自己的配送中心，了解加工流程。在培养忠诚顾客的同时，为口碑宣传奠定良好的基础。

（四）体现顾客与企业的关系特征

服务的本质特征之一就是流程性，这意味着在服务中提供者和接收者之间必须进行互动,服务企业提供各种资源,包括物质、技术、人力等,顾客亲自参加与配合行动。在这种流程中,顾客和企业之间就会建立一定的联系。企业在进行服务沟通时,要尽量体现出与顾客之间的这种关系特征。"DIY"创意手工店就是一个很好的例子,企业通过教授顾客制作技巧,让顾客参与到产品制作的过程中,从而加强与企业的沟通。在这一指导原则中,特别需要注意的是:企业必须和员工直接充分地沟通。一般来说,企业都非常重视与现有及潜在顾客的沟通,往往忽视了员工也应该是沟通的对象。只有让企业的员工充分了解企业沟通的意图和内容,他们才能为顾客提供企业承诺的服务。而直接充分地沟通也能够增强员工的工作积极性。

(五)注意沟通的连贯性并关注长期效果

服务是无形的,一次大规模的宣传活动、一个制作精良的广告很难让顾客理解这种服务产品到底是什么。在媒体上不断播出广告,经常性地在报纸杂志刊登相关图片或文章,在网络上实时更新服务相关信息,有计划地推出宣传活动将会使顾客更容易掌握服务信息,理解服务产品。因此,服务行业的营销人员必须更加有耐心,注意保持沟通的连贯性,确信目标消费者了解了沟通内容再更换沟通信息。在实践中,服务营销人员不仅需要保证沟通的连贯性,还应该关注沟通的长期效果。如果某健身俱乐部承诺只要会员顾客对他们的服务不满,便可以退出俱乐部并退还全部会费,短期内可能会吸引许多顾客,但如果俱乐部没能履行自己的承诺,了解真相的顾客就会不满,并传播负面口碑,从长期来看将直接影响企业形象。这与第二条原则密切相关,企业应该避免过度承诺,在进行沟通时要采取长期的视角。

(六)了解缺乏沟通的影响

当企业的服务产品出现问题、有不利于企业的信息传播等状况发生时,企业应当认识到:不向消费者提供必要的信息,往往会导致消费者认为企业不关心他们的利益,不值得信赖。尤其当消费者发现问题时,如果供应商保持沉默,很可能会让消费者觉得自己失去了对局面的控制力,从而把这种缺乏理解成负面沟通。例如,航班晚点时,航空公司如能主动及时地向顾客解释原因并作出安排,顾客往往会比较信任公司;如果航空公司没有任何表态,顾客就会焦躁不安,猜测埋怨,认为航空公司不负责任。

(七)整合营销传播信息并注重服务质量

服务沟通有多种手段和渠道,企业在充分利用各种沟通方式的同时必须注意保持传播信息的统一性和相关性,如果消费者通过不同渠道接收到的信息是相互矛盾或冲突的,就会感到困惑甚至产生不信任感。同时,服务质量是一切服务沟通信息的保障,企业只有保证服务质量才能实现在沟通中传达给消费者的各种承诺。同时,企业也要在沟通中辨识顾客真正关注的需求,找到提升服务质量的方向。如果顾客期望亲切的服务接触,企业可以避免使员工过于职业化;如果顾客希望服务能快速简洁,企业就应致力于开发简单高效的服务流程。例如麦当劳、肯德基这种快餐,就应该为顾客提供便捷快速的服务,而高档的西餐厅就应该为顾客营造舒适的用餐氛围。

三、服务沟通战略

鉴于服务沟通与商品沟通的基础基本相同，我们在此便不再赘述，而将重点放在介绍服务沟通的独特方面。那么应如何制定有效的服务营销传播策略呢？首先，企业可以从5个基本的问题开始：①我们的目标受众是谁？②我们需要沟通和实现什么？③我们该如何沟通？④我们应该在哪里沟通？⑤沟通需要什么时候进行？其次，企业应制定前景、用户和员工的三大目标受众沟通策略。最后，运用"AIDA"模型，即"意识、兴趣、欲望和行动"来进行定制化服务沟通。一般而言，服务企业应当认识到：在服务沟通中，如果作出的承诺不能与企业提供的实际服务相匹配，顾客满意度就会下降，并且这样的状况也会造成员工对企业的不信任。恰当的企业沟通，是顾客感到满意的关键，是企业建立口碑、实现沟通意义的前提。具体而言，使服务沟通承诺与服务交付相匹配的战略主要包括以下四种：管理服务承诺、管理顾客期望、改进顾客教育和管理内部营销沟通。

（一）管理服务承诺

管理服务承诺的目的是使公司在外部营销沟通中所作的承诺和内部沟通中所作的承诺保持一致，并切实可行。企业不仅要保证传达给顾客的承诺与员工知晓的承诺是一致的，避免发生员工一问三不知的情形，还必须保证这种承诺是员工可以实现的。在实践中，企业往往可以利用如下战略来加强服务承诺管理。

1. 制作更有效的沟通广告

尽管服务与商品在广告的渠道等方面基本相似，但针对服务的特殊性，服务企业需要注意一些特别的方面：如提供鲜明、有形的信息，广告中可以突出服务企业的有形特征，如坚实的柱子、员工的职业套装等，以传达无形的信息。并且企业应该尽量使用鲜明的、能给顾客留下深刻印象的信息，以加深顾客对企业的印象；在沟通中突出企业员工或是突出顾客，表现出企业对员工的珍视，而在广告中介绍满意的顾客则可以向潜在顾客提供可信的证明；仅承诺可行的服务，不要为了追求广告的吸引力而夸大其词，等等。

2. 保证沟通信息的协调一致

除了广告，企业还可以通过公共关系、人员推销、直销以及互联网等多种营销渠道传播服务信息。上文提到过，如果消费者发现来自各个渠道的企业信息不一致甚至相互冲突时，会极大地影响消费者对企业的印象。因此协调这些外部沟通工具对企业来说是颇为重要并极具挑战性的品牌资产管理方法。企业可以聘用专人或建立团队来确保信息的协调一致。

3. 承诺切实可靠

服务企业的营销部门和服务交付部门可能是分开的，但营销人员在服务信息中作出服务承诺前，必须切实了解自己企业服务交付的水平和质量，以便沟通信息能较为精当地反映企业服务水准。营销人员常常不自觉地作出较高的服务承诺，这会导致顾客期望的提高，一旦服务人员未能满足顾客，顾客失望甚至不满便难以避免。

4. 提供服务保证

服务保证是服务企业对公众作出的正式承诺，目的是增加顾客对企业的信任感，进而增加他们选择该服务企业的概率。例如达美乐比萨在店内标示出送货区域，并保证该区内送货 30 分钟一定到达。西贝莜面村承诺 25 分钟内上齐一桌好菜。如果上不齐，将赠送两杯酸奶。荣先森承诺 30 分钟内未上齐，免费赠送招牌四果汤一份；如果服务员上错菜，则菜品免费赠送；点到的菜告罄了，送同款单品券等。但企业必须注意，服务保证一经作出必须实现，否则顾客就会对企业产生怀疑。

（二）管理顾客期望

管理顾客期望是指企业让顾客明白公司不可能总是提供他们所期望的服务。尤其是对于产品线复杂或是服务更新较快的企业来说，这一战略就更为重要。例如患者总希望医院能够提供更多的专家门诊名额，学生要求一些服务机构提供特殊价格等，服务企业可能由于自身条件的限制不能满足顾客，这时，企业就必须让顾客建立其恰当的期望。在实践中，企业可以通过以下手段来实现这一战略。

1. 为顾客提供多种选择

例如通信服务供应商可以为顾客提供多种套餐，医院可以按照医生级别设立不同的门诊价格，等等。为顾客提供选项有助于顾客重新建立起适当的期望，并给予顾客根据自己的具体情况进行选择的权利。

2. 提供价值分级的服务

服务企业面对的顾客可能有不同的价值感受，有些顾客对价格更敏感，有些可能更关注服务质量。服务企业可以创造价值不同的服务，以使顾客感觉服务与他们的价值观念相符。例如企业可以提供基本服务，并在此基础上提供额外的服务选项，使顾客可以选择自己需要的进行服务组合。这不仅能使顾客根据服务选项保持特定的服务期望，也能帮助企业分辨出那些愿意为高水平服务支付高价格的顾客。例如美发店会在价格板上明确标出不同级别套餐的价格，并配以相应的解释，以便顾客根据自己实际情况进行选择。

3. 与顾客沟通不现实的期望

有些顾客或是中间商会向服务企业要求以更低的价格获得某一服务，当这一价格对企业来说是不现实的时，企业必须学习在显示价格的同时展示服务的价值，让他们知道这种期望是不现实的。双方必须抱着现实的期望谈判。

（三）改进顾客教育

由于服务具有流程性，许多服务要求顾客与服务人员一起创造服务产品，此时如果顾客没能恰当地扮演他们的角色就可能导致服务失败。因此，企业需要给顾客提供关于服务流程或是评估服务重要因素的确切信息。

1. 对顾客进行服务教育

企业可以对顾客进行服务教育，以避免顾客在服务流程中慌乱不堪或是一头雾水。一些较为新颖或步骤复杂的服务更需要供应商提供细致的指引。例如，第一次下载的软件如何操作使用；新生入学报到必须办理哪些手续，时间、地点和必需的文件有哪些；对于初次坐飞机出行的旅客，是否能够获得足够的信息知晓从何处乘坐机场巴士，怎样办理机场建设费和税金的缴纳，何时检票，等等。

2. 使顾客了解符合标准的服务绩效

当顾客无法得到评价服务的标准，或是购买该服务的人并不是真正的使用者时，企业即使很好地完成服务，顾客也无法完全认识到企业的服务水准。在实践中，企业不能期望顾客都是专业人士，对它们提供的服务有足够的了解。实际上，绝大多数的顾客都没有服务经验，对于技术性和专业性较强的服务来说，顾客很可能根本就是门外汉。服务企业可以采用简明的语言、详细的指导等使顾客了解服务标准以及评价依据，使顾客能够对企业的服务作出恰当的评价。

3. 建议顾客避开高峰选择需求低谷

在服务场所长时间的等待会导致顾客烦躁、不满进而降低对企业的评价，甚至传播负面的口碑等。然而，服务企业的供应能力在短期内是一定的，尽管企业可以通过道歉或是赠送小礼品等方式来缓和顾客的不满情绪，但让顾客事先了解企业的需求峰谷、从而自觉避开高峰往往会更有帮助。为此，服务企业可以向顾客提供一张时间表，注明企业的繁忙时间和空闲时间，并鼓励顾客多在需求低谷期光临企业。

（四）管理内部营销沟通

我们之前讨论的三个战略都是针对顾客的，但实现服务承诺离不开服务员工的工作，因此企业还需要在组织内传输信息，并且尽量使信息与顾客期望一致。内部营销沟通是使服务交付与服务承诺一致甚至更好地保证，这种沟通可以是垂直的，也可以是水平的。

1. 有效的垂直沟通

垂直沟通包括从管理层到员工的向下沟通以及员工到管理层的向上沟通。企业可以通过宣传册、内部杂志、电子邮件、简报、表彰等活动实现向下沟通。向下沟通最为重要的就是必须保证员工了解将要通过外部营销渠道传播给顾客的服务信息，如果员工不能获得足够的信息，他们会感到被企业忽视和遗忘，而如果获得的信息与外部沟通的不一致，他们则会感觉不统一、无助和混乱。一般而言，向上沟通对企业来说也十分重要，服务人员处在服务一线，直接与顾客相接触，他们是与顾客联系最多的人。只有他们才真正知道顾客需要什么、期望什么以及企业服务的缺陷在哪里等。所以扁平化内部管理是有效沟通的手段之一。

2. 有效的水平沟通

水平沟通是指在组织的各职能机构间进行沟通。这种沟通通常比垂直沟通操作起来更有难度，因为各部门有着不同的专业视角、理念和目标，但有效的水平沟通能够帮助服务企业进行恰当的服务沟通，提高服务质量，提高员工能力，等等。在实践中，企业可以开通营销部门与运作部门之间的正式沟通渠道，如季度会议、团队活动等。营销人员与运作人员的充分接触不仅有助于营销部门准确地描述服务，建立顾客期望，也有利于营销人员从运作员工的工作中获取灵感,进行创意。当然企业也可以鼓励营销人员与运作人员通过非正式的渠道沟通,如电子邮件、团体聚会等。

3. 使后台人员与外部顾客保持协调一致

当顾客看到 DHL 运送人员的笑脸时,他们可能意识不到正是成千上万 DHL 的后台工作人员协调着世界各地的运送包裹以保证他们能在最快的时间内收到邮件。服务企业的后台人员不与顾客直接接触,顾客甚至有时根本意识不到他们的存在,但是后台员工正是服务企业正常运转、提供高质量服务的保障。因此,企业必须创造后台人员与外部顾客之间的互动作用,使他们充分了解企业的服务对象是怎样的人,企业的服务对他们来说意味着什么。只有当后台员工了解顾客并逐渐建立感情联系时,他们才能真正感受到顾客满意时的成就感,而企业也必须及时地奖励为顾客满意作出贡献的后台人员。

4. 创建跨职能团队

跨职能团队在产品企业中已经引起了广泛的重视,服务企业也可以利用这一形式来加强内部沟通,以向顾客传递更高水平的服务。例如,通信服务供应商可以针对高消费顾客组成特别服务团队,顾客经理与顾客直接接触,将顾客需求传达给业务定制人员,定制人员设计出符合顾客需求的套餐选项,顾客经理、业务定制人员和营销人员可以共同讨论如何将这些服务套餐推广给目标顾客。持续满足甚至超越顾客期望,对每一个服务企业来说都是挑战,恰当的服务沟通为服务企业通向顾客搭建了一座桥梁。尽管我们没有对服务沟通的方式和渠道进行介绍,但有一种沟通方式对于服务人员来说是较为特别的——服务促销。

第二节 服务促销

促销在产品营销中的重要作用和意义,已经得到了学者和企业的认可。随着服务产业的发展,服务企业也需要借助促销手段吸引消费者注意,鼓励他们试用服务,或是开拓新的市场,或是传递信息以便建立公司形象等。鉴于服务与有形产品的差异,服务企业实施促销有哪些不同,又该如何有效地管理促销活动,我们将在这一节讨论这些问题。

一、服务促销与有形产品促销差异

关于促销,目前并没有什么清晰一致的定义,营销人员常常将其作为一种营销传播工具。许多时候,甚至会把促销直接理解为特价优惠。然而,促销活动实际上是复杂多样的,并具有多重功能。本节将促销界定为:在某个时间段、地点,针对某个消费者群体的活动,目的是通过提供额外的利益来激起消费者或市场中介者的响应。[1] 由于服务的无形性和异质性等特点,所以许多在产品促销中常用的手段(如"加量不加价"、样品派送等)在服

---

[1] Ken Peattie,Sue Peattie. Sales promotion-a missed opportunity for services marketers? International Journal of Service Industry Management,1995,6(1):22-39.

务中往往很难加以应用。

为了正确有效地设计和实施服务促销活动,首先就要了解服务促销与产品促销的差异。一般而言,服务促销主要在以下三个方面有别于有形产品的促销。

(一)无库存

服务具有易逝性,生产出来的服务如果不被消费掉也不能储存起来。这就与有形产品不同,有形产品促销很多情况下都是为了将企业库存转移到顾客那里,从而既减轻了企业的库存成本,又避免了消费者选择竞争品牌。服务没有库存,因此当供应商提供服务的能力一定时,过多的需求无法被满足,而需求不足又会使得服务资源白白浪费。因此,服务促销的主要目的就在于在服务的非高峰期刺激消费者增加服务用量。

当服务的正常售价与变动成本之间差距较大时,促销的余地就很大。企业可以将促销信息通过广告、平面媒体等途径传递给消费者。尽管服务没有库存,但某些服务企业仍然可以通过一些手段刺激顾客增加服务消费,从而提高顾客的支付水平。例如公园年卡、博物馆套票、游乐场家庭卡等,在一年的时段内提供了诱人的折扣,这就使得消费者去公园、博物馆或游乐场的次数比原来单独购票要多。

(二)中间商作用的削弱

由于服务具有流程性,许多服务需要消费者和服务人员一起参与服务产品的制造流程,所以相较于有形产品,服务很少通过中间商渠道进行销售。在服务的销售渠道中,类似"批发商""中转商"等环节很少出现,尤其是对于定制化程度较高的服务来说,服务企业必须与顾客直接接触,才能保证提供服务的质量和水准。

正是因为中间商作用在服务销售渠道中的削弱,服务营销人员在进行促销活动时可以较少考虑广告、消费者促销和商业促销之间的资金分配问题,也不用担心中间商收取促销补贴却不提供促销支持,这些在有形产品促销中常常发生的问题在服务业中发生的可能性都很小。

尽管如此,仍然有一些服务如保险或是旅游企业需要雇用代理人或经纪人,这样企业进行促销活动就需要得到中间商的配合与支持,不过服务业中间商的利益通常是与供应商结合在一起的,如购买保险赠送一定礼品,消费者觉得合算,保险代理人也更容易达成业务。对于这种情况,服务企业给予中间商一些激励也是十分必要的。

(三)服务员工的重要性

服务的流程性不仅削弱了中间商的作用,更加强了员工在服务企业中的重要性。对服务行业来说,服务人员与顾客的互动是服务交付的重要组成部分。相对于产品营销,服务人员在影响顾客满意度方面扮演着更为重要的角色。服务的质量、服务交付的效率及服务沟通的有效性很大程度上取决于公司员工的表现。[1]

---

[1] Patreya Tansuhaj, Donna Randall, Jim McCullough. A services marketing management model: integrating internal and external marketing functions. The Journal of Service Marketing, 1998 winter, 2(1): 31-38.

因此，服务企业制订针对员工的激励计划就十分重要。除了为员工提供必要的培训，聚餐、表彰活动、现金奖励或者奖品等都可以作为促销性激励手段提供给那些出色地保证了服务质量、完成促销任务或是维持了高度顾客满意度的服务员工。

二、服务促销方法及其选择

尽管服务促销与产品促销存在着以上差异，但只要我们在应用中注意根据具体行业、市场目标和消费者群体制订促销计划，那些在产品促销中十分有效的方法也可以应用到服务促销之中。

（一）服务促销的主要方法

服务促销方法可以基本分为价值增长和价值附加两类。价值增长类促销是通过调整数量与价格之间的关系来增加消费者对服务产品的价值感知，如打折、优惠券等。价值附加类促销是指不改变价格或提供的服务产品，而免费给顾客一些赠品，如消费即送一些免费小礼品等，这种促销方式使用已经相当普遍，以至于消费者有时视之为正常，甚至感觉不到服务企业是在促销。更具体地，我们可以将服务促销方法分为以下七类。

1. 价格 / 数量促销

价格 / 数量促销是非常典型的价值增长型促销，一般作为短期促销行为，在有限的时段内提供。例如，在服务组织开业的第一个月，顾客可以享受八折优惠，或在圣诞节、情人节等节假日期间提供价格优惠的服务套餐，在"双十一"购物节时进行大部分商品降价大促销提供"满减"服务等。这种促销策略可以在短期内提高企业现金流入，适宜在服务淡季使用，以充分利用企业的服务资源。但是，采取形象定价方法的服务企业应当注意，消费者会将价格作为判断企业服务质量和水平的依据，因此使用价格 / 数量促销方式时要谨慎。

2. 优惠券

优惠券也是价值增长类促销最常用的方式之一。这种优惠方式不是直接提供价格折扣，而是要求消费者持券方可享受优惠。优惠券的获得形式可以分为三种：第一种是企业直接提供优惠券，将其印刷在报纸、杂志，或是在第三方支付平台的电子优惠券，或是会员期刊上邮寄给消费者；第二种是提供给予最初购买者同来的顾客，如某装饰公司向老顾客介绍来的朋友提供价值 50 元的代金券；最后一种是在消费者消费的基础上提供其他服务的优惠，如美容院规定，消费套餐一的顾客可以半价享受套餐二。值得注意的是，现在逐渐出现了优惠券中间商，他们与酒吧、餐饮店、电影院等服务供应商达成协议，将他们的优惠券放在一起，印刷成优惠券小册出售，不仅方便了消费者，也为这些服务供应商发放优惠券提供了新的途径。

3. 签约返利

签约返利主要适用于会员制的服务企业，如教育机构、健身会所、美容院、电影院等。这些服务组织向那些申请加入组织的顾客收取签约费，为了吸引新成员，服务组织可以将签约费减免或者将其抵扣将来的消费费用。例如，花费 80 元购买一张手机卡，其中的 50

元将作为话费分5个月充入该手机账户中。

4. 未来折扣

未来折扣通常适用于经常使用组织服务的顾客，如酒店、航空公司的顾客。服务企业可以用这种手段来刺激顾客保持品牌忠诚度，避免顾客选择竞争品牌。例如，酒店向顾客发放不同等级的会员卡，等级越高享受的折扣越大，顾客累计消费满一定的数额即可获得更高等级的会员卡。

5. 样品赠送

样品赠送向顾客提供了试用服务的机会，如网上教育机构可以给消费者提供半小时的免费试听，游戏可以给玩家提供三次试玩机会，化妆品企业可以为顾客提供新产品的免费试用装等。但是，在产品促销中颇为常用的样品赠送，在服务业中的应用是比较少的，这主要有以下两个原因：①服务供应商很难像产品制造商一样制造出较小的产品单位以供试用。例如，我们可以在超市收到小袋饼干或口香糖，却无法享受10分钟的免费航行或旅游；②对于变动成本较高的服务，服务员工更愿意采用价格折扣或其他促销方式。例如，高级成衣定制业，为顾客免费设计一套衣服几乎不增加固定成本，但设计师的设计费用是十分昂贵的。

6. 礼品赠送

礼品赠送是价值附加类促销最为常用的手段，它可以为无形的服务增加有形的要素，也可以促进消费者的购买意愿。例如，银行办信用卡赠送印刷有银行商标的雨伞、抱枕、茶杯等，信用卡消费满一定数额可以用积分兑换礼品等。

7. 有奖销售

有奖销售是价值附加类促销的典型手段。服务企业可以规定顾客消费即可抽奖，或是按照顾客消费额设定抽奖的次数。有奖销售提高了顾客消费的参与度并增强了其兴奋感，同时也为顾客作出购买决策提供了刺激因素，是服务供应商十分青睐的促销手段。

（二）如何选择服务促销手段

服务企业需要根据自己所处的服务行业、业务需要、竞争情况、促销目标等因素选择适宜企业的促销手段。在以上我们介绍的促销手段中，究竟使用哪一种，还是几种结合使用，常常是困扰企业的问题，表11-1中给出了选择服务促销方法可以参考的一系列标准。

表 11-1　选择服务促销方法的参考标准

1. 目的
• 此次促销的目的是否与品牌整体营销目标及整体服务促销目标一致？
• 此次促销是否能有效触及多个顾客群体（如新用户和现有用户），能否同时满足多个目标？
• 该促销对消费者、中间商及员工有没有吸引力？
• 针对目标市场，全国性促销和地区性促销哪个更有效？举个例子来说，优惠券适用于个人市场，而有奖销售则通常适用于全国性促销。
2. 服务
• 该服务是属于计划型消费还是冲动型消费？如果是后者，促销能在服务接触点产生影响吗？
• 该服务是经常消费还是偶然消费？如果服务促销要求多项消费，那么促销效果对偶然消费的服务更明显。
• 该服务性质是否适用于该促销形式？例如，不可见的服务无法做成样品赠送。

续表

3. 消费者 • 目标消费者是否适应此种促销方式？如果不适应，他们会觉得这样不合适吗？ • 促销有没有降低顾客感知的购买风险？ • 促销能否给顾客提供现时的或稍迟些的奖励？ • 促销对消费者有何要求？ • 促销是否为消费者提供了灵活多样的选择？
4. 中间商 • 实施促销需要中间商做出多少配合？ • 促销能否给中间商带来直接的销售利益？ • 促销在时间上和执行上提供给中间商多大的弹性？ • 促销是否允许中间商扮演利益提供者的角色？ • 促销是否有利于创造创意十足、令人兴奋的销售点？
5. 竞争 • 竞争者是否正在使用这种促销手段？ • 竞争者需要多少时间才能采取类似或更有效的促销手段？
6. 成本 • 促销的预计最大成本是多少？ • 有没有什么方式可以将该种促销方式的花费降低到最小？ • 促销的花费能否准确地预计？是否会因为某个中间商的特别情况而远超出预算？ • 促销是否与制造者的资金相关？ • 促销的费用是否主要用于发放优惠券和有奖销售？ • 是否会因为偷盗等行为导致促销费用浪费或滥用？ • 促销能否尽量降低反复享受优惠的消费者数量？
7. 整合性 • 该促销能否与广告、人员销售等其他沟通手段有效整合起来？ • 促销能否强化广告主题或是分销商的建立？ • 该促销能否和其他促销手段结合起来以创造事件营销效果？ • 该促销手段在多重促销和单项促销中是否都易于应用？ • 在该服务行业中，该促销手段是否是广受欢迎的营销模式？
8. 实施 • 成功实施该促销需要管理层和销售人员付出多少努力？ • 销售人员是否期望利用该促销来促进自己销售任务的完成？ • 外部代理机构需在多大程度上参与实施此次促销？ • 管理层是否控制着提供促销的成本和时间？ • 管理层是否有关于此种促销的经验？ • 实施促销需要多少准备时间？
9. 测量 • 何种手段可以预估促销的效果和它带来的价值？ • 此种促销的效果及其与其他促销方式相比的影响能否以较低的成本估算出来？ • 促销的效果是否集中反映在短期内，还是会有一些显著的滞后效果影响测量的准确性并增加成本？
10. 合法性 • 此种促销手段是否受到法律限制？ • 该促销能否在全国范围内实行？是否需要根据各地区的法律规定调整具体促销方式？

资料来源：根据 Christopher H. Lovelock and John A. Quelch. Consumer promotions in service marketing. Business Horizons，May-June，1983：66-75. 整理改编。

三、服务促销的有效实施

如前所述，服务促销往往可以帮助服务企业获取竞争优势，并获得盈利。但是为了确保服务促销的有效性，在服务供应商选定了促销方法之后，还必须考虑促销执行中的具体问题。

（一）服务促销中的注意事项

作为一种在服务业中尚未被企业熟练掌握并加以应用的营销沟通工具，服务营销人员很可能会在服务促销中走入误区。一般而言，过多地使用促销，或是对促销投入太多精力，很可能分散对其他营销工具的关注，从而影响企业的发展。因此，服务供应商在服务促销的实施中必须认识到以下现象。

1. 服务促销可能会提高价格敏感性

尽管服务促销能够刺激消费者，但同时也会提高消费者的价格敏感性。频繁的促销会逐渐使得许多消费者不愿意在非促销价格时购买产品。如果企业的大部分销售都是在促销情况下发生的，那么实际正常的价格在消费者看来就像是涨价了，从而变得毫无意义。

2. 服务促销无法取代其他方面的创新

在促销活动中投入太多的人力或是资金，很可能会分散企业在其他方面的创新能力，如非价格差异化或销售渠道的构建等，而这些能力正是大部分企业长期健康发展的基础。

3. 服务促销很可能演化成一场零和博弈

当竞争对手能够轻易发起促销活动时，促销大战就可能变成一场零和博弈，最终所有参与的企业都会遭到损失。在促销不能为行业带来额外的需求增长时，更是如此。

因此，服务企业必须精心设计促销活动并谨慎地加以执行。我们将在如何策划一次促销活动和如何有效管理服务促销两个方面给出一些建议。

（二）制定具体的促销措施

服务促销既是一门科学，也是一门艺术。在制定具体的服务促销措施时，服务企业必须坚持权变管理的观点，综合考虑产品、市场、价值、时间、受益人和竞争等关键要素。

1. 产品

促销的具体服务是什么？如果促销的目的是抵御竞争，那么企业的选择就应该是那些处于竞争压力下的服务；如果促销的目的是吸引新顾客，那么风险低、价格又不贵的服务就能用来吸引顾客；如果促销的目的是在竞争中占据主动，那促销的服务就应选择那些能使顾客与供应商建立长期关系的服务项目。一般而言，服务产品线越宽，企业作出决策就越困难。例如，航空公司只能促销飞机上的座位，除非它与酒店、旅行社或汽车租赁公司等联合起来提供服务包。而一家餐厅则可以有多种选择，如不同的菜色、套餐、甜点、特别服务等。

2. 市场

该促销是否针对特定的细分市场？服务定价较产品定价更易实行价格歧视，服务供应商在价格制定上的灵活性也更高。例如，一家酒店想要实施周期性的全国性促销活动以建立其市场形象，那么它就可以根据各个细分市场的市场份额、入住率等制定相应的价格促销策略。此外，服务供应商还能针对特定的人群进行价格促销，这在有形产品促销中几乎是不能想象的。交通运输业经常为学生和儿童提供价格优惠，一些机构为老年人提供半价或免费的服务。

3. 价值

正如我们之前提到的，价值增长类的促销如价格/数量促销为消费者提供了即时的现金价值，顾客能够以更低的价格购买到同等的服务；而价值附加类的促销，类似有奖销售或赠品等，则给予了消费者一种延时的价值，这种价值通常不与促销的服务直接相关，消费者付出同样的价格获得了更多的产品。服务营销人员在决定促销为消费者提供何种价值、提拱多大价值的时候，必须充分考虑顾客偏好、成本和促销目标。当消费者的消费跨度可能很大时，促销价值可以设置多个等级，不同的消费额度对应不同的价值。实际上，可以把大多数促销看作在正常价格基础上提供了折扣。服务营销人员在设定折扣率时，应考虑到所促销的服务在折扣价上的竞争能力。通常市场领导者不必提供与跟随者一样的折扣率便能取得同样的消费者回应，这是因为品牌放大了折扣的效果和消费者对价格的敏感性。不过，一个诱人的折扣确实可以吸引那些在正常价格下不会再购买服务的消费者。

4. 时间

服务营销人员在制订促销措施时必须面对这三个问题：即何时促销？促销持续多久？多久促销一次？在实践中，大多数促销都是为了平稳需求，因此促销的目的在于平衡而不是放大季节性销售。在决定促销的持续时间时，应掌握目标消费者的购买周期和此次促销所提供的价值。购买间隔越长，促销的持续时间也要相应越长，以保证促销活动触及所有的目标消费者。类似地，促销的频度也应该考虑竞争压力和消费者的购买周期。服务营销人员应注意避免让消费者觉得每个季度都会出现促销，从而尽量在促销期间购买产品。

5. 受益人

既然促销是为了影响和强化消费者的行为，那么企业确定正确的促销目标群体就非常重要。例如，支付宝为了鼓励顾客使用其作为支付方式，并且鼓励商户用支付宝进行收款，在顾客向商家支付时适当的减价；银行为了鼓励顾客使用 ATM 机，举办免费的 ATM 机使用培训讲解，并向前来参加培训的消费者赠送附近超市的冰激凌券。现在几乎所有的潜在使用者都了解了 ATM 机的使用方法。

在有些情况下，使用服务的人并不自己付款，像酒店业和交通业中的商务旅客。他们的旅行费用通常由公司支付，因此折扣对他们的吸引力是有限的。

此外，还存在着一种更为创新的方式——联合促销。例如，航空公司和连锁酒店合作，持航空公司当日机票可以在该连锁酒店享受贵宾折扣；或是旅行社与礼品店联合，报名旅游可获目的地礼品店现金抵用券等。这种促销方式不仅为消费者提供了价值，而且服务企业可以分摊促销成本，并共同建立企业知名度和形象。

6. 竞争

制定促销措施的最后一个要素便是争取在促销中形成能够与竞争者差异化的持续竞争优势。许多服务公司发现竞争者很快便能模仿自己的促销，如航空公司折扣券满天飞，银行业礼品战打得不可开交……营销人员经常很沮丧地看到自己所设计和发起的促销活动就这样被竞争者"绑架"了。在实践中，大多数的促销活动都很容易发动，而且一个公司很可能并不能做什么来阻止竞争者抄袭自己的促销活动。服务企业可以设计较为复杂的促销活动使竞争对手无法在短期内立即模仿，或者更为有效的方式是，寻找一个或更多知名的企业作为自己的促销合作商，并使自己成为它们的独家合作伙伴。

（三）有效管理服务促销

对于服务营销人员来说，如何有效地管理企业的促销活动，也许不如他们在有形产品行业中的同行来的熟练。为了避免误用促销这一重要的营销沟通工具及因而造成的、在企业资金和营销人员努力方面的浪费，企业必须通过以下方式来有效地管理服务促销。

1. 计划促销战略

计划年度促销战略，不要将促销作为应对竞争者的仓促选择。制订一个企业促销计划表，注明什么服务用来促销，何时促销，针对哪个市场，期望达到的目标及采用何种促销方法和手段。这样一个计划表能够保证企业促销的多样性、内部持续性和协调性。企业可以建立一个计划小组或是部门来保证计划流程的持续性。

2. 限制促销目标

服务营销人员不应对促销带来的效果寄予过高的期望，也不要试图在一次促销中实现过多的目标。估计促销预算并选择能够带来最大效果的目标，将人员和资金集中起来实现一到两个这样的目标。

3. 考虑捆绑促销

许多服务，尤其在旅游业中，都是以打包或者捆绑的形式销售给顾客的。服务营销人员可以通过同时促销多种服务或者与其他服务企业联合促销来扩大自己的促销资源，形成影响更大的促销活动。航空公司可以与酒店联合举行有奖销售，提供度假服务包。联合促销的每一方都能从对方的参与中获得益处。服务企业还可以与有形产品企业联合促销，借助其在产品市场中的有利资源接触到新的消费者。

4. 考虑复合促销

为了从市场上逐渐升级的促销大战中突围而出，企业可以经常同时使用数种促销技巧以制造出引人注目的事件。例如，签约返利，提供折扣券，并同时进行有奖销售。在淘宝网、天猫的"双十一"购物节时，消费者既可以享受到较低的价格也可以在选好商品的基础上满额减款。

5. 激发整个营销系统

最有效的促销措施能够在销售流程的所有相关者——消费者、服务人员甚至中间商中同时创造出"推"和"拉"的效果。例如，对消费者开展有奖销售，在销售人员和中间商中进行同主题的销售竞赛并为各个等级提供相应奖品。

6. 在创新和简洁间寻求平衡

促销活动的设计给了营销人员很大的创新空间，并且，为了使企业促销能够充分与竞争者形成差异，创新也是十分必要的。尽管如此，营销人员不能一味追求创新导致促销活动的过度复杂，在制定促销规定时应该考虑消费者的理解和接受程度。

7. 评估促销的有效性

服务营销人员应该衡量每种促销方法能够给销售量带来的影响，估计在促销流程中哪种服务可能供应不足，以及促销从未来"偷走"了多少销售量等。

第三节 服务展示与实体环境

星巴克咖啡弥漫的咖啡香气，让顾客感到惬意放松；麦当劳叔叔的小丑形象，让小朋友觉得这是个欢乐而有趣的地方。在服务沟通中，为了使顾客清楚地了解企业所提供的服务产品及如何提供这些服务产品，企业往往需要借助一些有形展示以使无形服务具体化。因此，为了把服务信息有效传递给顾客，以便让顾客认识、了解并购买服务，并提升顾客的满意度，服务企业有必要学习如何有效地进行服务有形展示及设计服务的实体环境。

一、服务有形展示

顾客可能会收到银行的小册子，写着银行的投资理财服务是多么专业，达到了业界最高的收益率，有数十位投资方面的专业人士，但这也许比不上户外广告上几个身着职业套装的工作人员——服务的有形展示——给顾客带来的专业感。其中，服务有形展示是指服务企业为了让消费者认识服务产品，增强消费者对服务产品的价值感知，从而借助服务流程中的各种有形要素，将服务实体化、有形化的流程。服务的无形性是服务区别于有形产品的最大特征。正是由于服务的无形性，使得顾客无法在消费之前真切地看到、听到或感受服务，妨碍了顾客对服务的理解。因此，服务企业有必要通过有形的展示来使无形的服务有形化。

（一）服务有形展示的必要性

对顾客来说，服务的无形性使其可以用来评价服务的客观标准十分有限。在消费者信息不足的情况下，他们会更加依赖于其个人的信息来源，如亲朋好友的推荐、使用者的评价或同事的介绍等。消费者还会根据服务的价格及企业的设施水平来评价服务的质量。同时，服务的无形性也使顾客对不确定性和风险的感知都相应地提高了。为了降低这种不确定性，顾客会倾向避免转换服务品牌，以规避接触新的服务供应商所带来的风险。对服务供应商来说，服务无形带来的最大的问题就是难以向顾客阐释、展示及交付服务的价值。供应商可能很难完整准确地对自己的服务进行定义，导致难以与目标市场顾客及内部员工进行有效的服务沟通。同时，无形性也给供应商在控制服务质量及服务定价上带来了困难。图11-1概括出服务的无形性给顾客和服务供应商所带来的主要问题。

因此，在服务中有效地运用有形展示，往往能够帮助服务供应商通过营销统一消费者对服务的分析与评估，能够减轻消费者在消费前对服务风险及不确定性的感知，能够帮助消费者形成预期,从而帮助供应商了解消费者对服务的预期,提高顾客满意度。

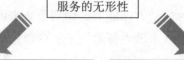

图 11-1 服务无形性带来的问题

资料来源：Gordon H.G. McDougall, Douglas W. Snetsinger. The intangibility of service: measurement and competitive perspectives. The Journal of Service Marketing, 1990 Fall, 4（4）：27-40.

David D.C. Tarn. Marketing-based tangibilisation for service. The Service Industry Journal, 2005, 25（6）：747-772. 整理改编。

（二）服务有形展示的方法

服务企业可以借助各种服务流程中的有形要素使服务变得有形化,如设计具有企业特色的工作服、使用最先进的设备仪器和利用风格独特的装饰物装扮顾客等待区等。总体来说,可以将服务的有形展示分为三种类型:实体环境、信息沟通及价格。

1. 实体环境

实体环境包括建筑、装饰、设备等有形特征及温度、气味、颜色、音乐等影响服务体验的无形特征。1973 年,科特勒将实体环境定义为:对消费环境的设计以使消费者产生特定的情感效果从而增强其消费的可能性。1992 年,比特纳提出了"servicescape"一词并对服务的实体环境做了更深入的研究,他认为实体环境是指能够被企业控制的所有客观物质因素,可以用来强化（或限制）雇员及顾客的行为。这些物质因素包括标志、家具、摆设、布置、颜色、清洁度、气味及音乐等。他们能够被系统地控制以使环境中的人产生服务组织需要的效果。[①]

实体环境虽然不是服务产品的核心内容,但其能对雇员和顾客的行为与消费体验产生重要影响。对休闲产业的一项研究显示,当消费者感到服务环境的质量较高时,他们对服务环境的满意度就会更高,会议中心、酒店、咖啡店、健身俱乐部这些场所中的美学因素及设施的摆放都会对顾客起到吸引作用,影响顾客的再次消费。[②] 因此,企业需要关注服务场所中的光线、温度、陈设等要素,为消费者创造享受服务的环境和氛围。例如,宜家会根据家具的不同风格进行不同的样板间摆设,当顾客进入这一空间时,家的温馨与宁静会迅速感染顾客,在潜移默化中影响顾客,增加了销售额。

[①] Chris Ezeh, Lloyd C. Harris. Servicescape research: a review and a research agenda. The Marketing Review, 2007, 7（1）：59-78.

[②] Kirk L. Wakefield, Jeffrey G. Blodgett. The importance of Servicescapes in leisure service settings. Journal of Service Marketing, 1994, 8（3）：66-76.

2. 信息沟通

企业可以借助文字、图片、视频等各种信息沟通形式来传播企业信息、展示服务。这些信息可以来自企业本身，如广告、企业商标、企业制服等；也可以来自其他途径，如顾客口碑、媒体报道、相关机构的评论等。总体来说，我们可以将信息沟通的有形化分为三个方面。

1）服务产品有形化

使用有形的因素阐释服务产品能使服务产品更容易为消费者所感知。例如迪士尼乐园，向全世界的爱好卡通的人和小朋友提供娱乐服务，五彩缤纷的颜色，各式各样的卡通人物，使人一看就觉得这是个充满欢乐的地方，城堡、南瓜车、宫廷礼服等创造了梦幻浪漫的氛围和环境，这些有形因素的使用都加强了顾客对其提供服务的真实感。

服务企业可以通过以下途径实现产品的有形化。

（1）通过售货机、ATM 机、自动化机器、各种服务设施等硬件，体现服务的自动化和规范化，保证服务质量和服务承诺的实现，展现企业的服务实力。

（2）通过票券、证照、牌卡等能够显示服务的有形证据，代表消费者可以得到的服务利益，使服务变得有形可见，增强消费者对服务的实体感知。

2）服务员工有形化

服务企业的一线员工是真正将服务交付到消费者手中的人，消费者与服务企业的接触主要发生在其与服务员工之间。因此，企业员工的仪表、言行、与顾客接触时的态度等将直接影响消费者对企业的评价。

因此，服务企业应特别重视对员工的培训和教育，企业可以对员工进行服务标准化的培训，使其熟练掌握服务要求的技术，充分了解服务内容和服务要求；可以给员工设计统一的工作服，规范着装；也可以设计服务的标准用语和规范动作，使员工有章可循，以保证其在与顾客接触时的言行。例如，链家的员工会身着统一的服装，在顾客进门时会说统一的标准语，让顾客感受到他们是专业可信赖的。

3）服务信息有形化

服务企业信息有形化的普遍方法，是在信息传播中使用易被消费者感知的有形形象，例如，中国台湾台新银行在推广其玫瑰信用卡期间，在电视广告、平面媒体中大量使用玫瑰形象，一时内使消费者望玫瑰而想信用卡。另一种信息有形化的方式是鼓励有利于企业的口头传播。服务无形性使消费者更加依赖口碑等个人信息来源，消费者很可能依据其他顾客提供的确切口头信息做出购买决策。

3. 价格

第九章"服务定价管理"中曾经提到，价格是消费者在准备购买期间可利用的有限的参考信息之一，服务产品不像鞋包、衣物等，在购买时没有多少信息可资借鉴，因此，价格就扮演了关键的角色。而且消费者更容易将服务价格看作判断服务质量的线索，价格影响着消费者对服务产品和服务质量的预期，服务企业应当学会利用价格向消费者交付服务信息，使消费者能够根据价格形成对服务企业的大致预期，判断服务产品的质量和价值。

> **资料卡 11-1　　　　　银行服务有形化手段**
>
> 　　服务中无形的东西有形化是服务营销成功的关键。每个服务组织可以通过其选择的有形化的方式将自己与其他组织区别开来。无论采用什么方式，保证服务质量是非常重要的。一旦公司进行了有形化，这一形象必须能够得到持续的维护。我们来看看，一家银行能够通过什么手段有形化自己的服务。
> 　　环境：银行应该努力保证其内部摆设有利于快速有效地开展服务。内外部的界限清晰，桌椅的摆设及作业流程经过精心的设计。顾客等待的队伍不能太长，贷款处应提供足够的座椅给等待的顾客，背景音乐令人感觉工作有效。
> 　　服务人员：工作人员都在忙碌。着装恰当，不是穿着牛仔服或者其他可能引起顾客负面感觉的衣服。工作人员能够记住顾客的名字并且在交易中用名字称呼顾客。
> 　　设备：电脑、复印机、传真机甚至工作台这些银行设备看起来应该现代化。
> 　　宣传材料：银行的信笺抬头及其他宣传材料也要体现出高效。宣传册应条理清晰，照片经过精心选择，贷款建议书打印整洁。
> 　　商标：银行给服务项目选择有吸引力的名称和标志。
> 　　价格：各项服务的定价简洁明了。
> 　　服务：银行为老年人和大学生提供创新式服务包。
> 　　电子互动：银行为顾客提供 24 小时电话查询服务。顾客可以随时通过电话查询其账户收支与交易情况。
> 　　代理业务：银行提供一项新的投资服务，顾客能够轻松投资股票、债券及保险。有时还能获得价格折扣。
> 　　分支：银行在区域内尽可能多的设置 ATM 机，使顾客能够自助办理业务。
> 　　银行将其服务包装的具有吸引力以获取和挽留顾客。醒目的标志、友善的氛围、具有高超沟通技巧的员工都能够使服务感觉更具体更形象。
>
> 资料来源：根据 Allan C. Reddy, Bruce D. Buskirk & Ajit Kaicker. Tangibilizing the intangibles: some strategies for services marketing. Journal of Service Marketing, 1993, 7（3）: 13-17. 整理改编。

二、服务实体环境

　　服务的实体环境是服务接触及交付流程中的重要组成部分，顾客虽然不能看见无形的服务，却会将服务环境中的各种要素作为感受和判断服务的线索。对于服务企业来说，了解并学习设计和创造有利于服务交付的实体环境，是成功经营服务组织的保障。

（一）实体环境的定义

　　比特纳在 1992 年提出，服务环境中的标志、设备、摆设、布局、颜色、清洁度、气味及音乐等因素可以系统地加以控制，以制造出服务供应商期望的效果。研究显示，服务环境能够唤起消费者的情感，从而帮助消费者做出价值评价，供应商通过创造适当的服务环境便能影响顾客对与服务产品的价值判断。根据这些研究，并结合科特勒等给出的定义，我们将实体环境定义为：发生服务接触的物质环境（包含或不包含顾客因素）的设计，该环境能够激发顾客的内在反应，从而引导顾客做出积极或规避的行为。

在认识到实体环境重要性的同时，科特勒也提出，并没有什么适用于所有服务行业的理想环境组合因素。他认为每个市场的消费者品味各异，喜好不同，对实体环境中各类因素的设计，必须根据以下几点进行具体分析：①目标受众；②目标消费者寻求的消费体验；③对增强购买者情感体验有关键作用的环境变量；④服务环境能够与竞争者竞争的能力。

（二）实体环境的构成

在对实体环境的研究中，众多的学者都提出了他们认为组成服务环境的主要因素及在服务体验应用中的关键变量。例如，Hoffman 和 Turley 认为可见和不可见的因素在创造服务体验的流程中都是十分关键的；Westbrook 提出了布局、空间、组织、清洁度及吸引力等因素在应用中的重要性；Booms 和 Bitner 识别出了建筑、光线、温度、家具、布局及颜色等要素，并建议服务供应商从周围条件、空间布局/功能、标志/符号/装饰品三个方面加强实体环境在服务流程中的应用；Baker 将实体环境分为周围条件、设计因素和社会因素三个组成部分；Berman 和 Evans 则认为环境因素应包括场地外观、内部总体、布局及设计、购买点和装饰变量等。[①] 显然，不同的服务行业和服务组织，其关键的环境要素依据服务的需要有着一定的区别。尽管如此，我们仍然能够提炼出服务环境的相关维度及大致模式。在本书中，我们从消费者的角度出发，根据环境要素对消费者消费体验的影响，将实体环境的构成分为三大组成部分，如表 11-2 所示。

表 11-2 实体环境的构成要素

		空气质量 温度 湿度
周围条件	不能为顾客立即感知到的背景条件	空气流通性 声音 气味 清洁度
设计要素	处于顾客潜意识的刺激因素	美学功能要素 建筑布局 颜色 标志/符号 材料 质地、式样 形状 风格 配饰

---

① Chris Ezeh, Lloyd C. Harris. Servicescape research: a review and a research agenda. The Marketing Review, 2007, 7（1）：59-78.

		续表
社会要素	服务环境中的人员	**观众（其他顾客）** 数量 外貌 行为 **服务人员** 数量 外貌 行为

资料来源：Chris Ezeh, Lloyd C. Harris. Servicescape research: a review and a research agenda. The Marketing Review, 2007, 7（1）: 59-78. 整理改编。

1. 周围条件

周围条件包括空气质量、声音、气味、清洁度等要素，这些要素并不能被顾客立即感知到，因为它们通常存在于人们的潜意识层面。一般情况下，顾客对周围条件的感知是很低的，只有当这些要素达到极端程度时才能为顾客所辨认，如很大声的音乐、刺鼻的气味等。

关于音乐、气味、温度及清洁度对消费者的影响，学者们做过大量的研究。当这些要素程度适宜，即顾客意识不到其存在时，他们并不对消费者的购买决策产生直接的刺激。这些要素的影响通常来说是中性的，也可能起到负面的作用。而当顾客感知到这些要素的存在时，如特别高（低）的温度、噪声、难以忍受的味道等，他们就会做出负面反应进而导致回避行为。当然也有一些例外，如面包店或熟食店中飘出的诱人香味，通常会使消费者驻足；晚间俱乐部播放的流行音乐能够吸引活泼的年轻人，等等。因此，尽管通常不为顾客感知，周围条件仍然能够影响顾客对服务体验做出的评价，并会导致顾客做出积极或者回避的行为。在周围条件中，能够为服务企业有意识加以控制的要素主要是声音和气味。

1）声音

研究显示，在手术等待室中播放轻柔舒缓的音乐对减轻患者家属的压力，增强其放松感有显著的影响。[1] 服务系统的设计者可以通过服务环境中的一些因素影响消费者的情绪状态，声音，就是其中的一个关键因素。某种程度上来说，服务组织可能都包含一些使顾客感到紧张或压力的因素，尤其是在需要等待的服务环境中，如候诊室、候车室等。音乐可以通过两个不同的方面来影响消费者的情绪：一方面，音乐作为周围环境的一个组成元素能够改变消费者对环境的情感反应。也就是说，不论消费者是否在等待，音乐都可以调节其情绪进而影响到其与服务组织接触的行为。另一方面，当顾客在等待时，音乐虽然不能使顾客感到等待时间变短，但却可以将其在等候流程中产生的负面情绪降低到最小。[2] 恰当地使用音乐未必能够提高顾客的满意度，却能使顾客在服务接触时感觉舒适。不同种类的音乐会对情绪产生不同的影响，播放消费者喜欢的乐曲能够激发更多的积极情绪，服务企业的管理者应该尽可能的了解能够吸引目标消费者的音乐类型。例如，高档餐厅会播

---

[1] David A. Tansik, Robert Routhieaux. Customer stress-relaxation: the impact of music in a hospital waiting room. International Journal of Service Industry Management, 1999, 10（1）: 68-81.

[2] Michael K. Hui, Laurette Dube, Jean-Charles Chebat. The impact of music on consumers' reaction to waiting for services. Journal of Retailing, 1997, 73（1）: 87-104.

放典雅的古典音乐或交响乐，为顾客提供舒适的用餐环境。

2）气味

当服务环境中弥漫着香味时，顾客感受到的停留时间比实际时间要短，而在没有香味的环境中，消费者感觉自己停留的时间比其实际停留的时间要长得多。服务环境中的香味增强了消费者对环境的感性认识，使他们感受到的服务接触、排队等候的时间都变短了。研究显示，服务环境中存在香味会影响顾客的评价和行为，但使用的是什么香味本身却没有那么重要。类似地，只要香味的浓度在可接受的范围内，轻微的调整不会有什么显著的影响。[1] 更进一步说，周围条件中这些刺激因素不是鼓励的，它们综合在一起影响着顾客的反应。实验显示，当周围的香味与背景音乐的风格相吻合时，消费者提高了对服务体验的评价，当香味与音乐的和谐达到一定程度时还会使得顾客冲动购物。例如，当服务环境中弥漫着柔和的薰衣草香味时，配合节奏舒缓的音乐比较使用劲爆的音乐消费者的评价更高；当播放着快节奏的音乐时，让人感觉精神振奋的柚子清香要比柔和的薰衣草香更能导致顾客的积极反应。简言之，当环境中的刺激因素共同作用以创造一个和谐的氛围时，处于这个环境中的个体就会表现得更加积极。[2] 因此服务供应商需要精心协调环境中的刺激要素，以达到其所需的效果。书店可能会播放一些舒缓的古典音乐，并配以柔和的香味以使阅读者长时间逗留；运动比赛组织者则可以考虑播放快节奏的音乐，加上令人振奋的香味以使观众情绪高涨。

资料卡 11-2　　服务环境中的味道标签

管理人员可以在服务环境中使用一些中性的味道或是令人愉悦的香味，这是一种低成本且能够增强顾客对服务供应商评价的有效方法。下面是一些关于使用香味的建议。

1. 管理者可以使用独特的味道。随着服务企业对服务环境的逐步重视，香味的使用正逐渐流行，如果所有环境下的香味都差不多，那么顾客就会逐渐把香味的存在看作正常的，从而降低对香味的反应。服务组织的管理者在努力实现布局、装饰、颜色等各方面差异化的同时，也应把香味看成与竞争对手区别开来的一个因素。

2. 管理者在选择香味时应谨慎，避免使用与个别产品相协调或相冲突的味道。因为香味是否和产品相一致会对消费者的信息接收与选择产生不同的影响，尤其对那些产品线较宽的商店来说，与一种商品相协调的味道可能会与其他产品相冲突，那么这个味道就会在促进这种产品销售的同时抑制其他产品。因此，管理者可以选择那些不会让消费者建立与某种产品特别联系的香味。同时也要注意在商店维护中避免使用味道浓烈的产品，如柠檬味或是松木味的清洁剂。

3. 考虑到气味的选择范围，建议管理者在选择时关心下成本。某些香味的精油是很

---

[1] Eric R. Spangenberg, Ayn E. Crowley, & Pamela W. Henderson. Improving the store environment: do olfactory cues affect evaluations and behaviors? Journal of Marketing, April, 1996 Vol.60, pp. 67-80.

[2] Anna S. Mattila, Jochen Wirtz. Congruency of scent and music as a driver of in-store evaluations and behavior. Journal of Retailing, 77（2001）：273-289.

昂贵的。管理人员不仅要考虑到将香味作为环境中常在因素的成本，也要考虑到香味本身的成本。

总的来说，恰当地使用香味是提升消费者对服务环境和供应商评价的有效方法，也是供应商实行差异化的一项工具。选择香味并不复杂，也不需要广大专家的评估意见，这也给予了管理人员创造独特怡人服务环境的充分自由。

资料来源：根据 Eric R. Spangenberg, Ayn E. Crowley & Pamela W. Henderson. Improving the store environment: do olfactory cues affect evaluations and behaviors? Journal of Marketing, 1996 April, Vol.60, pp. 67-80. 整理改编。

2. 设计要素

设计要素包括美学要素和功能要素。美学要素指的是能够被顾客见到并据此评价环境艺术性的有形要素，如颜色、建筑、风格、材料、规模及装饰等。功能要素则包括布局、标志/符号、舒适度等，服务供应商应对功能要素给予一定的重视，因为合理安排这些要素将有利于顾客在组织中充分体验服务并对顾客起到激励作用。相对于周围条件中的要素，设计要素更容易为消费者所感知，通常消费者都会对设计要素进行评价。因此，它在影响顾客对服务的感知方面具有更强的导向作用。

1) 空间布局

空间布局指的是服务机构的布置和项目安排方式，这与服务交付流程是否顺利直接相关。研究显示，顾客对空间是否拥挤的感觉影响着其对服务环境的感知，进而影响到顾客在服务体验流程中的兴奋程度。特别是那些需要消费者长时间置身其中的服务环境，如果空间布局让人感到局促或受到限制，就会影响到顾客对服务质量的感知、兴奋程度等，并间接影响到顾客再消费的意向。[1] 因此，那些旨在为顾客提供兴奋刺激体验的服务组织如高级餐厅、咖啡店、博物馆、艺术中心等应该特别注意为顾客提供充足的空间，并合理安排服务环境的布局。

2) 颜色

当消费者进入服务环境时，颜色可能是其首先感受到的视觉要素之一。颜色能够在不为消费者意识到的情况下影响消费者的情绪、注意力及价值评价。通常我们将颜色分为冷色和暖色。红色、橙色、粉色等暖色调可以使消费者感到舒适随意，而蓝色、绿色、黑色等冷色调则能创造出理性平静的氛围。在长期的研究和应用流程中，我们已逐渐掌握了颜色对人的影响趋向，如红色可以使人兴奋或警醒，黄色有助于引起注意，粉色能创造温馨感觉，黑色代表着严肃和庄重等。服务供应商在实体环境中可以通过巧妙的使用和搭配颜色，创造出适宜的服务环境。例如，肯德基的象征颜色就是红色，代表着青春、活力、激情，伴随着欢快的音乐，会加速顾客的用餐速度，为吸纳更多顾客赢得时间与空间。

3) 标志/符号

在服务环境中，不可避免地需要一些标志或符号以告知顾客信息，如部门的位置、洗手间的所在、紧急通道的方位等。服务企业可能仅仅关注这些标志符号是否需要存在，实

---

[1] Kirk L. Wakefield, Jeffrey G. Blodgett. The importance of Servicescapes in leisure service settings. Journal of Service Marketing, 1994, 8 (3): 66-76.

际上，标志在两个方面影响着消费者的感知：①消费者提供了清楚明确的信息，从而避免了消费者感到在环境中失去控制，从而产生恐惧、紧张、怀疑等情绪，这些情绪会使消费者对服务组织感到失望或恼怒，降低对服务企业的评价；②作为环境的一个重要组成部分，可以通过设计独特的颜色、式样等创造出与服务组织相匹配的环境效果。例如，儿童游乐场所的标志可以使用活泼的卡通形象，传递轻松快乐的信息；会议场所的标志则应当简洁、庄重、大方，以使人觉得严肃正式。

4) 外形

服务组织的外形是顾客接触服务组织时总体视觉印象，它包含服务环境的大小、轮廓、规模、器物的摆放、设计风格、式样等多种因素。其中每一因素都可以对消费者的心理和行为产生影响，如较大的组织规模更易赢得消费者的信任，垂直的线条和图形让人感觉到力量和稳定，巴洛克风格给顾客华丽繁复的感觉，等等。服务企业可以参考环境心理学等专业知识，根据企业的需要，设计适宜的实体环境。

3. 社会要素

社会要素是指服务环境中包括的人员，主要有服务人员和其他顾客。服务环境不仅包含物质的刺激，也包含社会成分，即能够对行为起显著影响作用的人员要素。关于环境中的人员要素，学者们有着不同观点。有人提出人与其所处的环境设置是密不可分的，正是环境中的人决定了其所在环境的类别；也有学者认为是服务环境影响着顾客和服务人员之间的互动作用。尽管观点不同，但是这些研究都有着共同之处，即认为人员要素包含服务人员和其他顾客的数量、外貌及行为。并有学者进一步提出这些社会要素能够增强或抑制消费者的服务体验，从而导致消费者做出积极或回避行为。

1) 服务人员

服务人员是树立组织形象的主要力量，他们在服务环境中有着举足轻重的作用，因此服务组织应该尽量为自己的服务人员配备干净得体的制服、恰当的个人修饰，提供必要的培训，使其举止得当、行为得体。例如，空中乘务人员整洁统一的制服，规范的服务用语和服务动作，才能使乘客感到放心。

2) 其他顾客

作为社会要素的另一个重要组成部分，其他消费者也会给环境带来正面或是负面的影响，顾客可以发现服务的新意义，提出一些服务组织尚未考虑到的服务建议等。如果顾客带给服务环境的效果是负面的，影响了服务交付，管理者可以尽量规避这种行为的发生；如果效果是正面的，那么就为管理者改进服务流程提供了动力。

总的来说，令人愉悦的服务环境很大程度上影响着消费者的总体满意水平及再购买意向。因此，服务组织需要系统地控制环境中的各种要素，以创造出期望的消费环境和氛围，促使顾客做出购买决策并产生更高的满意水平。当服务企业面对不同的细分市场时，如何使组织的服务环境适宜品味不同的消费者是企业需要费心解决的问题。对于服务企业的经营者，应该时刻记住从顾客的角度出发而不是建筑师或管理者，来看待环境因素在服务沟通中的影响力。

三、莫拉比安—罗素模型与服务景观模型

在服务展示的研究中，有两个模型是经常引用的，它们分别是莫拉比安—罗素模型和服务景观模型。在这里，我们向大家简要地介绍一下这两个模型。

（一）莫拉比安—罗素模型

莫拉比安—罗素模型简称 M—R 模型，是 1974 年由莫拉比安和罗素二人提出的，又称为 S—O—R 模型（stimulus-organism-relationship），如图 11-2 所示。该模型描绘了环境刺激、情绪状态和消费者行为之间的可能联系。

图 11-2　莫拉比安—罗素模型

莫拉比安和罗素指出，个人对环境刺激的情绪反应，可以用激发／未激发、愉快／不愉快和支配／顺从三个互相独立的向度来描述，并进而预测个人对环境刺激的反应，即趋近或是逃避行为。其中，激发是指一个人对于环境刺激所反映出的活动力和警觉力；愉快是反映个人在环境中感到快乐和满足的程度；支配则反映出对情境的控制力。莫拉比安—罗素模型揭示了周围环境、消费者情绪与消费者行为之间的关系。其中，消费者的情绪状态是重要的调节变量。该模型指出，消费者个人对服务环境的评价是建立在他们感知到的情绪状态上的，情绪能够决定消费者对该服务场景做出趋近还是回避的反应行为。

（二）服务景观模型

服务景观模型是玛丽·乔·比特纳在 1992 年提出的。该模型认为服务环境中的各种客观因素都会被消费者和服务员工所感知，并进而引起他们在认知、情感和心理上对环境的回应，这种内部的回应不仅直接影响了消费者和员工的行为，并会对员工和顾客之间的社会互动产生作用。服务景观模型与莫拉比安—罗素模型有一定的相似，但该模型在前者的基础上进行了拓展，不仅研究了情感上的响应，还分析了认知和心理上的内部反应；不仅关注消费者，也研究了服务环境对服务员工的影响。

比特纳从分析消费者和雇员的行为入手逐步阐释了该模型。环境心理学家将个人对环境的反应行为大体分为两类，即趋近和规避行为。趋近行为包括所有积极行为，类似长时间逗留、探索、渴望加入等，规避行为则与之相反。如图 11-3 所示，消费者和员工的趋近／规避行为很大程度上由个人对环境的内部响应决定。一般认为，积极（消极）的内部响应会导致趋近（规避）的行为。

通过对环境心理学文献的研究，比特纳将消费者和员工对环境的内部响应分为三个维度：认知、情感和心理，并从这三个维度来研究响应对行为的研究。因此，消费者和员工所感知到的服务环境并不直接影响其行为，而是需要通过引起情绪、信念、态度等一系列

的内部变化再作用到行为。换言之，内部响应是消费者与员工行为的调节因素。实际上，在服务环境中的一系列复杂因素，都会影响个人的内部响应及行为。只要是能够被企业有意识地加以控制并用来加强（限制）顾客和雇员行为的所有客观有形因素，都应该包括在内。比特纳将环境因素分为三个维度：周围条件、空间/职能、标志、符号及艺术品。环境心理学家提出，人们对环境的评价是基于环境整体的，因此，比特纳强调在从各个维度控制和操纵环境刺激因素的基础上，企业必须考虑环境的整体性。

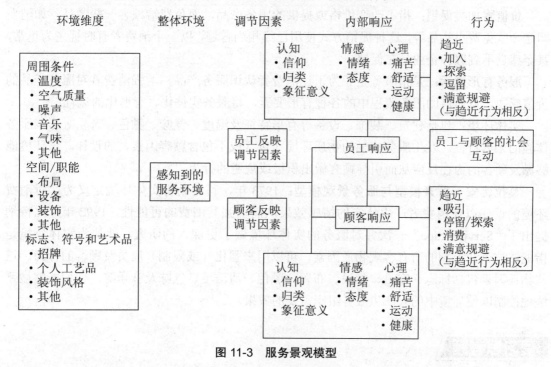

图 11-3 服务景观模型

资料来源：根据 Mary Jo Bitner. Servicescapes：The impact of physical surroundings on customers and employees. Journal of Marketing，1992 April，Vol.56，pp. 57-71. 整理改编。

本章小结

在本章中，我们讨论了服务沟通的指导原则和沟通战略，并学习如何通过有形展示及实体环境的设计来传播服务信息。为此，企业在服务沟通时必须遵循一些基本的原则，并通过管理服务承诺、管理顾客期望、改进顾客教育和管理内部营销沟通这四种战略使服务沟通承诺与服务交付匹配起来。同时，作为服务沟通中较为特别的一种方式，服务促销在服务业中正逐渐受到重视。本章还重点介绍了选择服务促销手段的参考依据及有效实施服务促销的相关问题。此外，服务沟通的一个重要方面就是服务有形化，特别是实体环境。因此，本章最后又重点阐述了实体环境的构成和主要影响，介绍了莫拉比安—罗素模型和服务景观模型。

关键词汇

服务促销：在某个时间段、地点，针对某个消费者群体的活动，目的是通过提供额外的利益来激起消费者或市场中介者的响应。

价值增长类促销：通过调整数量与价格之间的关系来增加消费者对服务产品的价值感知，如打折、优惠券等。

价值附加类促销：指不改变价格或提供的服务产品，而免费给顾客一些赠品，如消费即送一些免费小礼品等，这种促销方式使用已经相当普遍，以至于消费者有时视之为正常，甚至感觉不到服务企业是在促销。

服务有形展示：是指服务企业为了让消费者认识服务产品，增强消费者对服务产品的价值感知，从而借助服务流程中的各种有形要素，将服务实体化、有形化的流程。

实体环境：包括建筑、装饰、设备等有形特征及温度、气味、颜色、音乐等影响服务体验的无形特征。发生服务接触的物质环境（包含或不包含顾客因素）的设计，该环境能够激发顾客的内在反应从而引导顾客做出积极或规避的行为。

莫拉比安—罗素模型与服务景观模型：1973年，科特勒将实体环境定义为：对消费环境的设计以使消费者产生特定的情感效果从而增强其消费的可能性。1992年，比特纳提出了"Servicescape"一次并对服务的实体环境做了更深入的研究，他认为实体环境是指能够被企业控制的所有客观物质因素，可以用来强化（或限制）雇员及顾客的行为。这些物质因素包括标志、家具、摆设、布置、颜色、清洁度、气味及音乐等。他们能够被系统地控制以使环境中的人产生服务组织需要的效果。

复习思考题

1. 在服务沟通中企业需要注意哪些基本的原则？
2. 结合自己的实际生活，谈谈在服务沟通中企业都实施了哪些沟通战略？
3. 服务促销相对于产品促销有什么特别之处？
4. 服务有形展示有哪些方法？试在生活中找一些应用的实例讨论之。
5. 服务实体环境包括哪些要素？它们各自有什么作用？

本章案例

经营快乐 传递梦想
——迪士尼乐园，服务有形化的专家

"无论何时，迪士尼带给你的将全都是快乐回忆"，迪士尼乐园的创建人沃尔特·迪士尼先生曾经这样表述迪士尼乐园的宗旨——传播快乐。自从1955年7月11日第一家迪士尼主题公园在美国洛杉矶建成开放以来，迪士尼一直致力于提供高品质、高标准和高质量的娱乐服务，并始终如一的将"给游客以欢乐"视作经营理念和服务承诺。50多年来，迪士尼已在全球拥有了 5 所主题乐园，成为主题乐园的经营专家。

	开幕日期	总面积	规 模
美国加州洛杉矶	1955/07/11	206 公顷	由迪士尼乐园、迪士尼加州冒险乐园及迪士尼市中心组成，11 个主题区域、3 间酒店、19 个机动游戏和表演节目
美国佛州奥兰多	1971/10/01	12 228 公顷	4 个主题公园、2 个水上乐园、23 间酒店、20 个机动游戏及表演节目，设有迪士尼市中心、高尔夫球场及其他运动设施
日本东京	1983/04/15	201 公顷	7 个主题区域、48 间餐厅及小食店、7 间酒店及"东京迪士尼海洋"的 7 大主题海港、13 个机动游戏及表演节目
法国巴黎	1992/04/12	1 951 公顷	10 个主题区域及游乐设施、7 间酒店、17 个机动游戏机表演节目
中国香港	2005/09/12	126 公顷	4 个主题区域、2 间酒店、8 间餐厅、11 个机动游戏机表演节目
中国上海	2016/06/16	390 公顷	7 个主题区域、2 座酒店、一座地铁站：迪士尼站；并有许多全球首发游乐项目

资料来源：根据邓子靖. 迪士尼乐园的梦幻旅程. 大经贸，2006 年第 1 期，67-69 页整理改编。

快乐和梦想都是看不见、抓不着的，如何将这种高度无形的服务提供给全世界的消费者呢？迪士尼给我们上了生动的一课。这主要表现在以下几个方面。

1. 舒适氛围与梦幻环境

在服务环境中，类似温度、气味、声音和清洁度这些周围条件是不为消费者意识到的要素，但它们却时时刻刻地影响着消费者的情绪和感受。迪士尼在主题公园选址时往往会将城市的气候条件考虑在内，如拥有世界上最大的迪士尼乐园的奥兰多市，属亚热带性气候，年均气温 22℃，夏季最高 37℃左右，冬季大部分时间在 22℃上下，一年四季都能为游客提供游园的好天气。而迪士尼在声音、清洁度等方面也追求尽善尽美。走进乐园，四处都洋溢着快乐的笑脸，耳边萦绕着动听的音乐，空气洁净，地面看不到任何饮料罐、包装纸，连卫生间都是芬芳四溢、宽敞明亮、纤尘不染。迪士尼的暑期扫地工必须培训 3 天才能上岗，因为迪士尼的扫把分为清扫树叶、清扫纸屑和清除灰尘的三种，对树叶、纸屑、灰尘的打扫方法都有细致的规定，清洁人员必须学习如何在不扬起灰尘的情况下清洁地面。而且还有"三不扫"：开门时间不能扫、关门时间不能扫、客人 15 米之内不能扫。可以说，正是迪士尼的"魔鬼"规定使客人不知不觉感受到舒心和放松。

2. 主题游乐场与现实的"乌托邦"

蓝白相间的车身，金色飘带随风飘舞，在阳光下闪闪发光，Mickey 头像的车窗，无数星星挂在车顶，半月形的座椅铺着宝蓝色的丝绒——每一位看到迪士尼专线小火车的少女都几乎要尖叫："这就是我梦想的公主车！"没错，迪士尼就是要将游客带入一个现实的"乌托邦"。服务环境中的建筑、颜色、风格、配饰、标志等设计要素会直接影响消费者的服务体验，并对消费者起到导向作用。迪士尼在这一方面可谓做到了极致。

18 世纪或 19 世纪的欧美街景，美国西部的酒吧、路边小铺和仿古煤气灯显现出往昔风采，睡美人城堡、爱丽丝午茶会是梦幻的浪漫，米奇幻想曲、小飞象旋转世界、灰姑娘木马、小熊维尼历险之旅……不断变换的主题场景带给游客一波又一波的幻想体验，每日的游行则将狂欢推向高潮。除了精心打造这些梦幻的场景，迪士尼也在园内标志、配件上下足功夫。米奇是迪士尼的标志，指示牌、餐具、卫生间的镜子还有垃圾桶，都是米老鼠简化头像的用武之地，设计巧妙、匠心独运；酒店的牙膏牙刷等清洁用品采用白雪公主和七个小矮人的包装，让游客惊喜连连、爱不释手。正是在视觉、听觉、触觉等各个方面细致周到的设计，才给身处闹市、倍感压力的顾客创造出一个欢乐的天堂。

3. 细节铸就体验与员工的重要性

开心的米奇、可爱的布鲁托、摇摆的唐老鸭在孩子们身边手舞足蹈，时不时大搞恶作剧串起一片欢声笑语。真正的表演者都是经过严格培训的迪士尼工作人员。作为服务的真正传递者，员工是与顾客直接接触最为频繁的人，他们的表现对顾客的满意、企业的形象有重大影响。对于每一个迪士尼的员工来说，这不仅是一份工作，也是一种角色。根据每个角色的设定，员工们展现出热情、周到、真诚的态度，为顾客带来欢乐，而员工就是欢乐的灵魂。20世纪60年代，迪士尼先生创办了迪士尼大学，目的就是培养训练有素的员工，使他们在一切服务细节上都能尽善尽美：员工会将顾客购买的纪念品送至门口的提货处以便顾客能继续轻松游玩；员工必须精通各类照相机的使用方法以便随时为顾客提供照相服务；不用广播，"偷偷"帮助走散的儿童回到父母身边；蹲下身与小孩谈话；园区地图烂熟于胸……每一种服务都是迪士尼服务圈的"关键时刻"，正是在这一点一滴的细节中，顾客充分感受到了迪士尼的贴心与细致。

迪士尼乐园，一个充满神奇魅力的体验王国，向全世界的服务供应商诠释了如何营造服务环境，如何将欢乐、幸福和满意带给每一位顾客。

资料来源：根据崔成.迪士尼，经营快乐，企业改革与管理，2008年第2期，72-73页和赵玉莲，袁国方，王亚南.迪士尼乐园——体验是营销的成功实践者.营销策略，2008年第3期，34-35页等资料整理改编。

思考题

1. 请举例说明迪士尼除了主题乐园以外的服务有形化形式。
2. 你认为还有哪些因素造就了迪士尼高水平的服务及顾客满意度。

即测即评

补充阅读资料

第十二章　服务流程管理

在服务生产与服务交付的过程中，服务流程有助于保证企业可以创造并交付优异的顾客价值。而且，由于如前所述的服务的特殊性，优化的服务流程是决定顾客感知服务质量水平的关键因素之一。本章的主要学习目标为：

学习目标
- 了解服务流程及其重要性
- 掌握服务蓝图的概念及其绘制
- 服务流程的设计与再造

第一节　认识服务流程

简单地讲，流程就是在完成某件事（如加工某个零件、提供某种服务）时所遵循的某种顺序或秩序。最初，流程这一概念在生产制造行业率先得到应用。例如，在零部件的加工流程中，从原材料开始，要经过一系列的锻压与打磨等多道工序，才能完成某项零部件的加工。即从原材料到致成品，这一系列要完成的工序，就是我们所说的流程。

一、服务流程

在服务行业中，所谓服务流程，就是顾客购买与享受某种服务时所要经过的一系列程序。例如，到某家酒店入住时，一般的流程是：首先在网上浏览各类酒店信息，确定选择的酒店，到达日期后到前台登记，领取房间钥匙，然后入住，直到要离开时再到前台付费和交回钥匙，才能离开酒店。这一系列要完成的手续，就是一般入住酒店的程序，也就是酒店的服务流程。资料卡 12-1 描绘了相关的基本概念和服务流程的产生。

资料卡 12-1　　从流程到服务流程

所谓流程，就是企业以输入各种原料和顾客需求为起点，经过企业的内部加工、传递，直到输出对顾客有价值的产品或服务为终点的一系列的活动。而在《牛津英语大词典》中对流程的解释是：一个或者一系列连续的有规律的行动，这些行动以特定的方式发生或执行，导致特定结果的实现。这个定义更强调的是有规律和连续的行动或操作导致特定结果的实现。最简单的流程由一系列单独的任务组成，有一个输入和一个输出，输入经过流程后变成输出。这个流程的概念开始仅限于工业领域的范畴，实质上是制造流程的概念。随着服务业的兴起，在服务业的某些行业中也存在这种类似制造流程的程序性工艺安排的特点，并由此引申出服务流程的概念。

资料来源：曾锵．制造流程与服务流程的比较研究[J].商业研究，2005：5.

要想进一步认识流程的概念，懂得如何设计流程，必须以认识服务流程的主要特征为前提。从本质上讲，流程就是一系列活动。不过，服务流程和制造业的流程之间仍存在较大差异，下面本书就结合服务的特殊来阐述服务流程的特征，这对具体的服务流程管理是非常重要的。

二、服务流程的主要特征

如前所述，服务和有形的产品存在明显差异。服务的特殊性决定了服务流程与制造流程相比也存在重大差异，这主要表现在以下几方面。

（一）服务流程的互动性

一方面，由于服务的一个显著特征就是顾客的参与，服务的生产流程离不开顾客的参与。例如，在理发时，顾客本人必须要到场，要参与到服务生产的流程中来，直到服务的流程结束后，顾客本人才能离开。顾客的参与和配合，是服务获得成功的关键因素。另一方面，顾客要参与服务的整个流程，对服务流程的了解程度是很高的，所以有些顾客会自己提出一些特别的需求，希望提供商能够予以满足。而且，顾客对服务流程本身是否合理，都会有自己的看法，并且还可能会提出更好的建议。这就意味着顾客的建议是服务企业不断提高和改善绩效的重要源泉。

（二）服务流程的难以控制性

在服务过程中，顾客会参与到服务流程中来，并且服务的生产与消费具有同时性，而顾客的行为相对于组织内部而言却要相对难以控制。一旦流程的某一环节出现了问题，就可能直接导致顾客的不满意，而且原因可能是企业无法控制的，有些顾客的不满，也可能是顾客自身的原因。

（三）服务流程中员工的重要性

如前所述，服务的交付都是通过员工进行的，员工的形象、技能和态度等都是服务的重要组成部分。因此，员工的服务水平和态度都会直接影响服务的成败。在服务管理实践中，由于员工因素所导致的顾客不满，往往占有较大的比例。在有关服务利润链的研究中，也可以明显地看出：员工满意是顾客满意的基础。所以，服务企业对员工的管理就显得尤其关键了。"海底捞"在这一点上做得尤为出色，它以"造人"为基础，即培养员工。"海底捞"为员工提供优厚的待遇如解决小区住房、子女教育、温饱问题等，员工的满意度远超同行。而且它还会吸收一线服务员的优秀服务经验并推广，形成一个完善的服务体系。

（四）服务流程的差异性

在当今的顾客中心时代，顾客需求的异质化程度越来越高。在服务业中，顾客需求的差异更是非常大的。虽然一般的服务企业都有一定的标准化流程，但还必须具有一定的柔性。只有这样，才能满足顾客个性化的需求，使顾客满意。例如，支付宝，提供的理财服务会根据用户不同的资产情况、风险承受能力，进行相关理财产品推荐，以便于顾客选择适合自己的投资组合。

由于服务自身的特征，服务流程也有其自身的特点。对于提供服务的企业来讲，要了解服务的特殊性，有针对性地对服务流程进行管理，提高服务效率和顾客满意度；对顾客来讲，了解服务的特征是必要的，积极参与到服务中来，积极与企业互动。这样才能享受到满意、优质的服务。

第二节　服务蓝图及其应用

上一节介绍了服务流程的概念及由于服务的特殊性而导致了服务流程的特殊性，从而使服务流程相对更难于管理、更易出现差错。下面将要阐述的是，在服务设计与交付流程中常用的，而且是非常有效的描绘服务流程的方法，一种使服务系统可视化的画图技术即"服务蓝图"。[①]

一、服务蓝图简介

服务蓝图（blueprint）是用来表示服务流程的图表，其直接结果就是服务流程图，它涵盖服务交付流程中全部要处理的流程。服务蓝图主要分为四个行为部分：顾客行为、前台员工行为、后台员工行为和支持过程，其中，一些流程是信息处理流程；一些则是与顾客接触的流程；另一些则是关键点，用菱形表示，以强调步骤的重要性；最后标准的执行时间也是影响服务效果的重要因素之一。同时，一条可视线将前台和后台区分开来，在前台要与顾客接触，在后台则不必与顾客接触，这就把顾客高度参与的活动与低参与的活动区分开来了，但同时他们也通过沟通联系着。失误点（F）：标记出容易出错的步骤，在以后的管理活动中要给予足够的重视及时采取措施预防失误产生，以便对服务生产与交付进行更有效的管理。下面就结合一个实际案例对服务蓝图技术加以简要的描述。

以入住酒店的登记流程为例，顾客一般需要经历的流程是：顾客进入酒店门后到达登记处、出示相关证件并提出住宿等相关要求、服务人员核查证件的有效性。如果证件无效或者缺少，服务人员会礼貌地拒绝顾客入住；如果证件符合要求，服务人员会按照顾客的要求安排房间，并进行登记。在这一流程中，关键控制的点是服务人员给顾客安排合适的房间。图 12-1 简要地概括出如上所述的酒店登记服务蓝图。

到此为止，读者已经对服务蓝图的基本概念和内容有了一定的了解。从本质上讲，服务蓝图就是服务流程的图示方法。通过绘制服务蓝图，企业往往可以对服务流程中所遇到的问题提前做出判断，并预先制订相应的应对措施。事实上，服务蓝图和服务流程图本质上是讲述的同一种东西，只是在表述上不同而已。本章所提及的服务蓝图和服务流程图的

[①] Shostack,G L.Designing service that deliver[J].Harvard Business Review. January-February,1984：134.

意义基本相同。

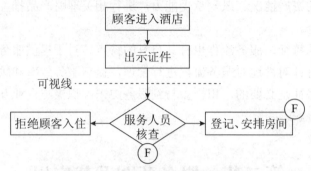

图 12-1　入住酒店登记的服务蓝图

资料来源：王永贵，徐宁. 顾客抱怨与服务补救 [M]. 天津：南开大学出版社，2007.

二、服务蓝图的复杂性与多样性的分类

在服务运营中，企业总是需要在服务的简单化与复杂化、标准化与多样化之间进行权衡。一般而言，简单化和标准化具有许多好处，如有利于进行质量的控制和管理、有利于对员工进行统一的培训和管理等。但是在顾客需求日益个性化的今天，统一、简单和标准化的流程往往无法满足顾客的个性化需求。这就意味着服务流程不可避免地具有一定的复杂化和多样性。但是，无论是提供这种多样性的服务，还是对其进行有效的管理，往往都需要花费很大的成本。

在实践中，往往会对服务蓝图进行分类，以便进一步对服务流程进行管理。一般而言，根据服务的复杂性和多样性，对服务流程的复杂性和多样性进行划分。服务蓝图就是建立在服务所需要的多样性与复杂性之上的。其中，服务的复杂性是指服务所包含的步骤和一系列的程序，所包含的程序越多，服务就越为复杂。比较而言，多样性则是指执行的范围、步骤和流程的有效性以及各个流程之间的差异性，差异越大，多样性也就越大。[①] 实际上，对服务进行这样的分类，可以更加清晰地认识到服务的本质，有助于更好地对服务进行管理。企业可以根据自己的资源状况和顾客的需求，制定合适的服务流程策略，而且还可以根据环境的变化对服务流程的复杂性和多样性进行调整，从而对服务进行科学的定位或再定位。例如，H&R 公司为寻求标准退税帮助的人提供低差异的报税服务，使得大批中产阶级纳税人更加偏好对其的消费。理发店会为不同消费水平和审美水准的人提供不同的理发套餐，代表了高度多样化的战略。

三、服务蓝图的用途

使用服务蓝图的好处，一般有很多。Shostack（1984）就提出了服务蓝图的很多优点：

---

① Shostack, G L. Service positioning through structural change[J]. Journal of Marketing, Vol.51, January, 1987：35-37.

服务蓝图是服务设计中经常使用的一种方法；它使企业在纸上就可以检验自己的服务设想；由于在服务蓝图中标识出容易出错的环节或者关键点，在对服务进行管理时，就会有的放矢，从而提高服务管理的效果；对整个服务流程都经过了认真的考虑，往往可以缩短服务交付的时间，提高服务的效率。服务蓝图不仅有利于问题的解决，而且还能够通过识别可能失误的潜在点以及提高顾客对服务的感知能力，使一些创造性的想法成为现实。[①]

资料卡 12-2　　　　　　　　餐厅里的服务流程

　　在烈日炎炎的夏天，王先生想和几个朋友到一家自助餐厅内小聚，并且休息一下。王先生听说××餐厅菜肴丰富而且很有特色，就打算带朋友们来这里用餐。一路上还算顺利，交通也很方便，到了餐厅门口，见到服务员亲切的笑容，大家心里都乐开了花，炎热与烦闷的感觉一下子都没有了，大家都觉得来对了地方。

　　进入餐厅，映入眼帘的是餐厅典雅而大方的布置，而且冷气充足、有优雅的音乐，看来，唯一需要期待着的就是一顿美美的午餐了。因为王先生他们来得比较早，找了很好的位置落座，大家都各自取了自己爱吃的菜肴。快到中午了，餐厅内的顾客越来越多。当他们再去添加菜肴的时候，发现每种菜肴的前面都排起了"长龙"，而且大家取菜的顺序很混乱，并不是按照一般自助餐厅那样排队、按次序取菜，而是每种菜的前面都有一支队伍。这就意味着每位顾客在取完一道菜后，如果想取另一道菜，就必须重新排队。换句话说，如果你想吃五种菜肴，就必须排五次队，花费在取菜上的时间甚至超过了吃饭的时间。王先生一见这种情况，顿时胃口全无，只能选择排队人数较少的几种菜肴了。大家的兴致一下子减少了很多，原来满意的情绪马上变成诸多怨气。

　　后来，王先生在餐厅的意见簿上写到了今天的就餐经。他提到，餐厅的其他条件都很不错，就是取菜的流程不尽合理，浪费太多时间，让他和朋友对餐厅原本良好的印象大打折扣。因此，他建议××餐厅应该对取餐的流程进行合理的优化与改进。

　　从上面的案例可以看出，王先生的不满是很有道理的，那家餐厅的服务流程的确存在问题。如果餐厅的管理层能够听听王先生的建议，改变现有的服务流程的话，我们有理由相信这家餐厅的生意肯定会越来越好。如果对其现有流程稍加分析就会发现，它们的问题就出在对时间的控制上：顾客取菜的等待时间超出了顾客的最大容忍时间，从而使顾客感到不满，进而影响了餐厅的经营。可以说，这家餐厅在其他方面都是做得很好的，只是在取菜的流程上存在一些小问题，结果导致了顾客的不满意，并且很有可能因此失去顾客。

　　在谈到服务流程的相关问题时，更多的时候都是从企业的角度来讲的。例如，企业运用服务蓝图可以对服务交付系统进行准确的定义，使决策者在进行任何实际的承诺之前对书面的服务定义进行检验。这样不但有利于问题的解决，而且还能通过识别可能失误的潜在点以及提高顾客对服务的感知能力，使一些创造性的想法成为可能，为顾客创造更多的价值，提高盈利水平。但从顾客的角度来讲，顾客应该怎样利用服务蓝图呢？实际上，通过服务蓝图，顾客往往也可以比较直观地看到服务的整体提供状况以及服务的顺序等，而

---

① Shostack, G L. Designing service that deliver[J]. Harvard Business Review. January-February, 1984：139.

且在服务蓝图中也可以看到服务的关键点和失误点，顾客在得知这些情况之后会更加注意这些地方，会更加了解企业的情况，加强与企业的互动，配合企业的工作。再回到上面所提到的案例中，如果王先生提前看到餐厅的服务流程是这样的，就会提前做好准备。例如，在有更多顾客到来之前，就会去多取点菜，而不至于要排那么长的队。由此可见，顾客在了解企业的服务流程之后，也有助于顾客主动地避免服务可能会出现的失误，尽可能享受优质的服务，使自己满意。

拿去医院检查的例子来讲，体检之前，人们应上网查找或者提前了解相应流程，注意相关要求，如第二天早上空腹，前天晚上8点之后不能进食等，而医院也应事先通知顾客相应要求注意事项等，这样便可以完成一次圆满的身体检查。

不过，尽管如此，服务蓝图可能也存在如下不足：在实际应用中，一项服务往往会涉及众多的职能部门，当各部门之间的相互关系非常复杂时，简单地依靠服务流程分析往往难以清晰地描述整个服务系统和服务流程。这时就需要把解释结构模型引入服务蓝图中来了，以便快速有效地确定复杂服务系统中各要素之间的相互关系和层级划分，从而方便服务蓝图的设计，充分体现服务交付流程中所涉及的、内部与外部的服务接触点[1]。

四、服务流程图的绘制步骤

服务蓝图是使无形的服务系统可视化的一种方法。通过绘制和分析服务蓝图，往往可以更好地对服务进行管理。下面就对绘制服务蓝图的一般步骤进行总结，并指出在此过程中需要注意的关键问题。综合现有的相关文献和成功企业的实践可以发现，绘制服务蓝图的一般步骤如下。

（一）确认服务的内容和流程

在这一步中，需要认真分析所提供的服务包括哪些步骤，明确服务的内容和范围，绘制出简单的示意图。一般而言，这一步的工作往往是比较难的，一项服务可能包含很多步骤，而且会十分复杂，也可能会存在许多决策点。不过需要强调的是：确定服务的内容和范围，并不是要画出所有的步骤和活动，而是要体现主要的步骤和可以进行控制的步骤。

（二）理清各步骤之间的关系

在第一步工作结束之后，还需要进一步核实服务的顺序，从而理清各步骤之间的复杂关系。在这一阶段中，主要对上一步的工程结果进行核查，加以简化，并绘制初步的服务蓝图。

（三）绘出可视线

绘制可视线的依据，往往是顾客与员工的接触点，企业内部的服务系统就应该在可视线以下了。绘制可视线，也是为了对服务更好地进行管理，可视线以上的部分是顾客可以看到的，包括接待的工作人员、需要填写的各种单据等。

---

[1] 田志友，王浣尘．解释结构模型在服务蓝图设计中的应用[J]．工业工程与管理，2003：46-48．

（四）标出失误点 F

在完成上面所提到的确认服务内容和流程之后，就要统观整个流程，关注容易出错的关键点。服务设计人员需要进一步制定如果出现异常情况下的补救策略和具体的补救措施。

在运用服务蓝图技术对现有服务进行分析时，还要进一步考虑到可实施性和实施效果等问题。为此，企业还应该就服务蓝图的实施问题做进一步的分析：①要明确服务流程是整个企业上下所有员工共同的任务，卓越服务流程的执行离不开大家的共同努力。在企业内部要统一思想，为了共同的目标而努力，倡导顾客至上的企业文化。②根据需要对组织进行适当的调整，以便有效实施服务流程计划。③要对员工进行相应的培训，并充分授权。在对关键点进行控制和管理的时候，在处理复杂的问题和紧急事件时，由于一线员工是和顾客直接接触的，他们往往需要具有相应的技能和权力，才能合适地处理问题。

五、服务流程图的应用举例——星巴克

服务流程图的基本构成元素和含义，在前面的内容中已经做了简要的介绍，下面就结合星巴克咖啡的例子，通过实际分析来绘制相应的流程图。

资料卡 12-3　　　　　富有传奇色彩的星巴克

> 星巴克是北美首屈一指的特色咖啡烘焙商和零售商，有超过 7000 多家门店遍及北美、欧洲和环太平洋地区。无论是在咖啡豆的采购烘焙，还是在新鲜度方面，它都是遵循本行业的最高标准，以保证顾客喝到的每一杯咖啡都是"最完美的"。不过，星巴克的成功并不在于其咖啡品质的优异。相对而言，轻松和温馨氛围的感染，才是星巴克制胜的法宝，顾客在星巴克里所享受的是一种文化体验。
>
> "以顾客为本，认真对待每一位顾客，一次只烹调顾客那一杯咖啡"这句话，源自意大利老咖啡馆工艺精神的企业理念，它演化为星巴克注重顾客体验的一种理念。而且，星巴克主张在咖啡店中与顾客进行交流，特别重要的是"咖啡服务生"与顾客之间的交流。咖啡服务生需要能够预感到顾客的需求，在耐心解释咖啡的不同口感和香味的时候，大胆地与顾客进行交流，了解顾客的真正偏好，提供合适的咖啡，以求最大限度地提高顾客满意度。

在简单地了解了星巴克的理念和经营思路之后，下面就来分析一下星巴克的服务流程。星巴克提供给顾客的是一种文化体验，而咖啡本身倒是次要的，所以对星巴克服务流程的分析，也主要分析其注重文化体验的特点。首先，要想提供温馨的具有特色的文化，店内外的装饰以及一些突出文化特色的食品的陈列等，都应该仔细加以考虑；其次，整个咖啡厅的环境要保持安静、有秩序。在来这里享用咖啡的顾客中，大部分顾客都很看重优雅、舒适的环境，而且很多都是几个朋友或者是情侣一起来这里聊聊天。显然，嘈杂的环境会影响顾客的心情；再次，星巴克体现温馨与优雅特色的另一个重要因素，就是其服务员工，在星巴克也称为咖啡生。在星巴克，服务员工是和顾客直接接触的，而且也是与顾客沟通

的最主要途径。他们的知识、技能和态度往往直接影响到顾客的感知服务质量；最后，"以顾客为本，认真对待每一位顾客，一次只烹调顾客那一杯咖啡"一直是星巴克的理念。咖啡固然是非常重要的因素，顾客在星巴克能够享受到口味纯正、品质上等的咖啡，但服务理念如果不是更重要的话，至少也同样重要，这些都是在星巴克体验的一部分。

在对星巴克的经营理念和影响顾客体验的因素有了深刻的理解之后，就可以开始按照前面所阐述的四个步骤来绘制服务流程图了，如图12-2所示。

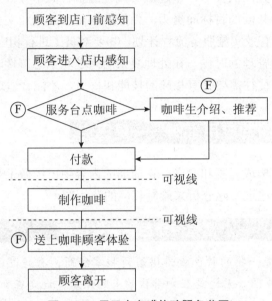

图 12-2　星巴克咖啡体验服务蓝图

（一）确认服务的内容和流程

星巴克品牌诉求的核心是顾客体验。换句话说，它所提供的服务内容，就是提供顾客体验。提供这些服务需要经过的一般流程包括：从顾客进门前所见到的、到店内所见到的、到前台点单、咖啡生的介绍和推荐、顾客回到座位上、咖啡生送来咖啡并解答顾客的疑问、顾客体验文化等。

（二）理清各步骤之间的关系

第一步已经给出了简单的服务流程，但比如"顾客回到座位上"这一步骤就可以在服务蓝图中删除，因为这一步骤并不是服务交付的关键步骤，对分析流程并进行控制的意义不大。

（三）绘出可视线

在星巴克的服务流程图中，可视线应该在顾客和后台的咖啡制作之间。本案例有两条可视线，在两条可视线之外的是顾客可以直接感受到的、直接影响到顾客体验的因素；在两条可视线之间的是咖啡的制作流程，是顾客不可直接感受的部分，但却是良好顾客体验不可或缺的要素。

（四）标出失误点 F

统观服务提供的整个流程，在向顾客介绍推荐咖啡时，可能没有准确了解顾客的偏好，而有可能会导致顾客不满。此外还有可能导致顾客不满的一个重要因素，是如果店内的顾客过多，就会让顾客等待时间过长。对于这种情况，咖啡厅要做好应急措施，在顾客较多时要增加服务人员，加快咖啡的制作，以便满足顾客的需求。与此同时，还要有服务人员在旁边回答顾客的疑问，并要求能够对突发事件进行妥善的处理。

第三节 服务流程设计与再造

如前所述，服务流程是服务企业向顾客提供服务的一系列的流程，或者说是顾客消费服务时要经历的一系列的流程，其最终目的是为顾客提供优质、快捷的服务。同时，顾客的需求与偏好以及顾客对服务与服务流程的评价，也会随着时间的推移而发生变化。因此，企业之所以能够持续地交付卓越的服务，往往离不开服务流程的设计与再造。

一、服务流程的设计

服务的性质和内容是服务流程设计的基础，也是服务流程设计的依据所在，服务的内容决定了服务流程的形式。一般来讲，顾客在经历整个服务流程之后就已经享受了服务，流程强调服务的步骤与顺序，而服务的重点在于服务的本身。在分析服务流程设计之前，就应该从分析服务的内容和种类开始。

（一）服务与服务流程

在实践中，根据服务和服务流程的关系，把服务大致分为低度多样化（如标准服务）和高度多样化（如定制服务）；还可以按照与顾客接触的程度分为无顾客参与、间接顾客参与和直接顾客参与（这一类又可分为顾客与服务员工间有互动和顾客与服务员工间无互动），如表 12-1 所示。例如，产品加工，就属于低差异化、顾客参与度低的种类；理发就属于定制化、顾客与服务员工直接互动的服务种类。

表 12-1 旨在设计服务流程的服务分类

顾客接触的程度	低差异化（标准服务）			高差异化（定制服务）		
	产品加工	信息或形象处理	人员处理	产品加工	信息或形象处理	人员处理
无顾客参与	干洗、自动贩卖机	检查信用卡付账账单		汽车维修、裁衣服	计算机程序设计、建筑设计	
间接顾客参与		计算机订货、电话账户余额确认			航空管理员监督飞机着陆、电视拍卖会上的出价	

续表

顾客接触的程度	低差异化（标准服务）			高差异化（定制服务）		
	产品加工	信息或形象处理	人员处理	产品加工	信息或形象处理	人员处理
直接顾客参与	顾客与员工无互动（自助）	操作自动贩卖机、组装家具	ATM机提现、在无人照相馆里拍照	操作电梯、乘坐扶手电梯	便餐车提供正餐样品、为顾客包装货物	在医疗中心处理病历、在图书馆收集信息、利用网络获取知识	驾驶一辆租用的汽车、使用健康俱乐部设备
	顾客与员工有互动	餐馆用餐服务、汽车清洗	召开讲座、处理常规银行业务	公共交通、为群众种育苗	家庭地毯清洗、景观美化服务	肖像绘画、顾问咨询、实时提供专家建议	理发、手术、按摩

资料来源：Wemmerlov, U.A taxonomy for service and its implication for system design[J].International Journal of Service Industry Management，Vol.1，3，1990：29.

从上面的按照服务的差异化程度和与顾客接触的程度对服务进行分类的结果可以看出每种服务都有其明显的特点，所以在提供每种服务时都要充分考虑各自的特点，设计好合适的服务流程，给顾客提供高质量的服务。在设计服务流程时要特别注意对服务接触的管理，这往往关系到整个流程的成败，也是服务流程管理的关键点。

（二）服务流程设计要考虑的因素

结合如上所述的服务分类，再考虑到服务流程的特点，成功企业在设计服务流程时一般会重点考虑以下几个关键要素。

1. 差异化的程度

低差异化程度（标准化）服务的提供，一般服务企业可以制定严格的服务流程，事先已准备好要提供的服务产品，对员工的培训只进行大量的一般的培训，只要求他们按照现有的工作规范进行操作，员工进行判断、选择的机会较少，一般员工的自主权一般不会很大，在这样的服务流程中一般只强调质量稳定和快速。在流程管理中，对员工规范化的培训和严格的规章制度是最关键的。但一般在这样的服务流程中，员工的劳动强度相对较大，劳动多为重复劳动，员工会感动厌倦，这时要加强对员工这方面压力的缓解。在这样的高标准化的服务流程中，可以适当考虑顾客的自助服务。因为这种工作的程序统一不变，可以提供给顾客一定的工具和信息，顾客自己是可以完成的。例如一些自助式的餐厅，顾客根据相应的说明和指导，可以自己进行服务，服务人员的工作重点就可以放到其他的工作上。

2. 服务流程的客体

所谓服务流程的客体，就是在提供服务时服务人员所要处理的事务，可以是有形的，也可以是无形的。例如在干洗店中，服务人员所接触的客体是顾客的衣物；而在心理咨询室，咨询师接触的客体则为顾客的内心世界。服务流程的客体可分为三类：第一类是顾客的或者服务企业提供的物品；第二类是信息，包括接收、发送和数据处理等；第三类是顾客高度参与的顾客的某些形态或者位置等的变化。因为这三种服务流程的管理重点是不一样的，服务流程的设计一定要根据各自的特点，不能一概而论。下面将一一进行介绍。

对于第一类客体的服务流程而言,因为服务的直接对象是顾客或者是服务企业提供的物品,如果服务的对象是顾客的物品,要对这些物品好好处理,千万不能损坏,而且要及时交还顾客;如果是服务企业提供给顾客服务产品,就要保证有高质量而且准时提供给顾客。在为这类服务进行流程设计时考虑的重点应该在对这些物品进行很好的管理,服务企业与顾客交接管理也是非常重要的,需要重点控制。例如剧院的存包处,顾客在入场前将随身物品放在这里保存,首先要做好登记并且发放号码牌,而且要保证物品的安全,最后及时准确地将物品交还给顾客,这是剧院服务人员必须提供的服务。

对于第二类服务客体而言,往往是顾客要求服务企业提供某些信息查询或者处理的服务。在顾客提出这样的要求,大部分的工作都是在后台完成,这样的服务要求服务企业有较高的信息处理技术和高技能员工,要求员工有一定的处理非常规事件的能力,员工的自主权比较大。这样的服务流程的设计一般只会有大概的程序,根据顾客需求调整的可能性很大。例如苹果公司的售后服务热线的服务,在顾客拨通电话说明自己设备所发生的问题时,服务人员就开始迅速查找相关解决流程,并且尽快清楚明晰地传达给顾客,这个查询流程顾客是看不到的,但必须保证提供给顾客准确的、及时、有用的信息。

涉及第三类服务客体的服务,有理发、美容、健身、按摩等服务,这些服务使得顾客的某些形态发生变化,接受这类的服务,顾客是高度参与的。员工不但要求有较高的服务技能,还要有人际交往方面的技巧。顾客对这些服务是否满意很大程度上取决于服务员工与顾客的沟通能力。在这种顾客高度参与的服务中,要给服务员工充分的自由和权力,对员工的要求也是非常高的,进行服务设计时要充分考虑到这些因素,采取有针对性的行动来管理服务流程中的关键步骤。例如在理发时,服务员工如何做到既不使顾客感到厌烦,又能够成功地推销出会员卡等使理发店利益最大化,对服务员工来说十分重要。

3. 顾客的参与性

一般来讲,顾客参与服务流程的一般方式有以下几种:第一种是顾客直接参与到服务的流程中,与服务员工高度接触,如理发。顾客在享受这种服务时自己必须参与到服务流程中来,否则是不能完成这样的服务的。第二种是顾客在企业以外通过通信设备或者互联网和服务企业联系,间接地参与到企业中来。这样的例子有电话查询,在"饿了么"上点外卖等。第三种情况是在完全没有顾客参与的情况下,这种没有顾客参与的例子最常见的就是咖啡自助贩卖机,在制作咖啡的流程中,顾客是不需要参与其中的。在有顾客直接参与的服务中又可以分为两类:一类是与服务员工没有互动的(自助服务),另一类是与服务员工有互动的。前一种是顾客自助服务,与员工没有直接的互动,这种服务流程就相对比较稳定,这种服务关键是后台的处理程序和设备的支持;而后一种是有员工和高度的接触,这时员工的人际交往能力就显得很重要了,对顾客满意的作用是非常大的。

在顾客间接参与和顾客没有参与的服务流程中,服务的流程和质量与顾客的相关度不大,服务的质量关键取决于服务企业内部的生产运作效率,这样的服务流程设计可以参考一般的生产性企业的服务流程设计的方法,从流程的设计到人员的配备都可直接考虑效率因素。

（三）服务系统设计的一般方法

根据如上所述的服务分类和对服务流程的分析和总结，我们不难概括出服务设计的一般方法，如流水线法、使顾客成为合作生产者、根据顾客接触程度的差异来设计服务流程和根据销售机会来设计服务流程等。

1. 流水线法

流水线法（The Product-Line Approach）的服务流程设计源于制造业的生产活动。这种方法提供给顾客的是标准化、程序化的服务活动，为此企业制定了详细的规章制度和服务内容，使服务人员做到有章可循，对服务员工的要求是一致的，员工只要按要求做就行了，没有太多的决策权和自主权。麦当劳公司是将生产线方式运用到服务业的典范[①]。对这种服务流程评价的最主要指标是服务的速度和效率。在具体的流水线服务设计流程中，往往需要关注以下几个方面的问题：①使服务员工的自主权尽量降低。因为流水线的服务流程的设计方法追求的是服务的标准化和高效率。如果员工有较高的自主权的话，他们所生产的产品或所提供的服务就具有一定的偏差，所具有的自主性越大，产品或服务间的差异性就越大，这样就不能提供标准一致的产品或服务。这种服务流程中的员工没有太多的决策权和自主权，员工要求按同一的要求和规范来工作，员工要牢牢记住的就是按照规范，提供标准的产品或服务。②明确劳动分工。生产线式的流程讲求效率，即希望在最短的时间内提供尽可能多的产品或服务。这种就需要进行劳动分工，分工能够提高效率，每个员工可以发展专门的技能，又可以进一步提高效率。③建立系统的服务制度和工作内容并使之标准化。流水线的服务流程的设计方法要求所提供的产品或服务要高度标准化，这就要求内部的管理制度和员工的工作内容也要高度标准化，以此来支持这样的标准化服务。特别是对新来的员工的培训也可以做到有制度可以遵循，员工也可以自己学习，提高学习效率。

2. 使顾客成为合作生产者

服务的一个很显著的特点就是服务的参与性，在服务的流程中顾客的参与是必需的，但参与的程度和方式存在很大不同。顾客有主动参与的，有被动参与的，服务流程设计的时候，可以考虑在顾客愿意和能力的范围内让顾客成为服务生产的合作者。这种考虑让顾客作为合作生产者的思想在自助餐体现得最为明显。在自助餐厅内摆放着丰富的菜肴，顾客根据自己的偏好在餐厅内进行选择。这种流程设计的思路对企业来讲可以节省员工成本和其中的管理花费，又可以提高服务的效率；对顾客而言，既可以享受到丰富的餐宴，又可以体验自助的乐趣。另一方面可以利用价格等因素来引导顾客在不同的时间段来享受服务，这样更加有利于对服务进行管理，这也是顾客和服务企业合作的另一种方式。这种流程设计的方法不管对企业还是顾客都是有很多好处的，但是在用这种方法进行服务设计时，往往需要考虑到以下两个因素：①顾客参与的流程不能太复杂。因为顾客毕竟不是专业人士，不能胜任复杂的自助服务，有必要的话应该给顾客一定的帮助，使其能更好地参与到服务流程中来。②要界定顾客服务的范围与内容。在顾客自助服务的流程中顾客的自主权相对是比较大的，有必要对顾客的自助服务的内容和范围做一界定，要让顾客知道他们自

---

① Theodore L. Production-Line Approach to Service[J]. Harvard Business Review, September-October, 1972: 41-52.

助服务的范围和内容有哪些，不要让顾客不知所措。

3. 根据顾客接触程度差异对服务流程进行设计

从企业实践的角度看，往往可以把服务交付系统分为高顾客接触和低顾客接触两大基本类型。其中，低接触或后台可以像工厂那样运行，可以综合使用所有的自动化设施。在顾客高度接触的服务中，服务时间和性质往往不可避免地会把顾客的决定纳入其中，服务接触质量对整体的服务满意度具有很大影响。相对而言，在低接触度的服务中，顾客对服务流程的影响往往较小。在对高接触度和低接触度的服务进行管理时，所使用的方法一般是不同的。在进行服务设计时，必须充分考虑服务接触的差异性。同时，有时可能需要把同一服务区分成高接触度的部分和低接触度的部分。这样，就可以运用相应的方法进行有效管理了。表12-2总结了成功企业在对高度服务接触和低度服务接触进行设计时所遵循的一些思路。

表 12-2　高度和低度接触作业的设计思想

设 计 思 想	高度接触作业	低度接触作业
设施地址	接近顾客	接近供货、运输港口
设施的布局	考虑顾客的生理和心理需求及期望	提高生产能力
产品设计	环境和实体产品决定了服务的性质	顾客在服务环境之外
流程设计	生产环节对顾客有直接的影响	顾客不参与大多数的服务环节
进度表	顾客包含在生产进度表中，而且必须满足顾客需要	顾客主要关心完成时间
生产计划	订单不能被搁置，否则会损失很多生意	出现障碍和顺利生产都是可能的
工人技能	直接人工构成了服务产品的大部分因此必须能很好地与公众接触	工人只需一种技能
质量控制	质量标准取决于评价者，是可变的	质量标准是可测的、固定的
时间标准	由顾客需求决定，时间标准不严格	时间标准严格
工资支付	易变的产出要求按时计酬	固定的产出要求按件计酬
能力规划	为避免销售损失，生产能力以满足最大需求为准设计	储存一定的产出以使生产能力保持在平均水平上
预测	短期的、时间导向的	长期的、产出导向的

资料来源：Richard B C.Where Dose the Customer Fit in a Service Operation？[J].Harvard Business Review, November-December，1978：139.

4.根据销售机会来设计服务流程

在进行服务流程设计的时候，要充分考虑服务流程中顾客参与的方式、各种情况下所要求的工作技能、营销机会和生产效率之间的关系，如图12-3所示。在当面定制的服务中，销售机会肯定很高，但它的生产效率可能是很低的，对员工的要求包括诊断技能、顾客组合和顾客/员工团队的技能等。与前面几种服务相比较而言，对员工的要求相比要高得多，管理起来的难度也相对要大，员工的自主权也应该比较大。在进行服务流程设计时，考虑销售机会的同时，也要考虑到生产效率和对内部员工的管理问题。图12-3描述了在服务设计时根据营销机会对工作中的重点要素进行了分析。例如，在邮寄的接触流程中，管理工作的重点是在文书技能、文件处理、办公自动化；而对于电话的接触，工作的重点又在于口头技能、通话内容、计算机数据方面。企业应该根据不同的类型来安排具体的工作计划，并制定相应的控制决策。

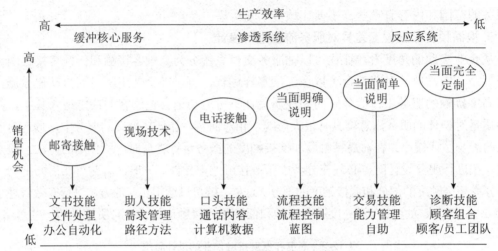

图 12-3　销售机会和服务系统设计

资料来源：Chase R B.Aquilano N J.Product and Operations Management[M]. Homewood，1992：123.

二、服务流程的再造

在服务行业，服务流程是用来向顾客交付服务的一种方式。服务流程是否合理，是否能满足顾客的需求，会直接关系到服务的成败。随着顾客需求的不断变化，行业竞争也越来越激烈，企业现有的服务流程可能已不能满足企业发展的需要，这时就需要对现有的服务流程进行再造，以便更好地满足顾客的需求，提高企业的竞争力。

（一）服务流程再造的含义

服务流程再造的概念是根据企业流程再造这个概念延伸而来，是企业流程再造概念在服务企业中的应用，就是按照需要对服务的流程进行优化或者重新设计，以达到预期的目标和计划。在此过程中，需要进一步思考现有的问题并将其反映在流程再造的过程当中，这样才能更好地满足顾客的需求，提高自身的竞争力。

资料卡 12-4　　企业流程再造的界定

Hammer 认为企业流程再造（Business Process Reengineering）是指"为了在衡量企业表现的关键因素上，如成本、质量、服务、时间等方面获得很大的改善，而对企业流程进行根本性的再思考和彻底的再设计。"

BPR 的核心内涵是摆脱传统组织分工理论的束缚，合理利用信息技术，以顾客需求为出发点，以企业流程为对象，以对流程进行根本性的再思考和彻底性的再设计为主要任务，以获得企业绩效的巨大改善为目标。

资料来源：Hammer M.. Reengineering work：Don't automate [J].Harvard Business Review，July-August，1990：104-105.

（二）服务流程再造的一般方法

目前关于服务流程的设计方法的文献和案例都有很多，本书把它们分为两类：系统化改造法和重新设计法。其中，第一种服务流程的设计方法是现在最常用的服务流程的再造方法。系统化改造法是在现有的流程的基础上，根据顾客的需求或者内部管理的需要对现有的流程局部进行调整和改善（包括流程的增减、流程的简化、流程顺序的调整等），再造后的流程更能适应顾客的需求或者流程效率更高。一般在顾客的需求、消费行为发生较小的变化，或者外部的经营环境出现不大的变动时，采取这种流程再造的方法就可以能满足顾客的需求和经营的需求。这种方法不涉及企业战略的重大调整，企业只是为了应付市场短期的变化而采取的一种服务流程再造的方法。但顾客的需求或者消费行为发生巨大的改变时，这种在原来流程基础上的调整与改善是不能满足顾客的需求的，也不能给企业带来很大的竞争优势，在这种情况下企业就要对企业的服务流程进行重新设计。

服务流程的重新设计方法是根据顾客的需求或经营的需要，撇开现有的服务流程，从想要达到的结果出发，完全重新设计服务流程。这种服务流程的设计一定要和企业的战略保持一致，设计好的流程将会是企业服务的基础。这种设计一般花费比较大，持续时间更长，需要公司高层权力支持。在大多数的情况下，大多数的企业都会采用第一种服务流程再造的方法。只有在企业面临巨大的变化时，如顾客的需求或偏好发生巨大改变，或者某项技术的出现对竞争环境产生很大的冲击，只有在这样的情景下企业才会考虑采用全新的服务流程设计方法。

（三）服务流程再造的主要步骤

服务流程再造的方法有两种：系统化改造法和重新设计法。前一种服务流程再造的方法在传统的服务行业运用较多，如餐饮与洗浴等。这些行业相对比较成熟，市场环境较为稳定，企业在遇到顾客需求或者偏好变化时通常采用第一种再造方法，以便满足顾客的需求。比较而言，另一种服务流程再造方法往往在新兴服务行业中应用较多，如网上订票、银行业务和信息查询等，因为这些行业受到信息技术的巨大冲击，要彻底改变传统的服务流程，才能满足顾客的需求。主要步骤如下。

1. 系统化流程再造法

一般而言，实施系统化服务流流程再造的主要步骤包括：①发现服务流程再造需求。服务企业管理人员（一般指中高层）通过总结平时的管理工作中的经验或者参考、学习国内外的成功企业的案例，深入分析企业的服务流程现状和管理体系，发现企业与成功企业的差距，或者在比较中发现有些业务流程确实需要进一步优化，尽管现有的流程还没有出现很大的问题，企业的管理层就发现企业有服务流程再造的需要，决定进行服务流程再造。②成立服务流程再造任务小组。再造任务小组必须得到公司高层的支持，小组的领导也应该由公司高层来担任。小组的成员也要包括服务流程直接的管理人员和服务流程的一线服务员工。这样的组织人员构成基本涵盖公司的各个层面，对服务流程的理解也是很全面的，这样最能反映流程的真实情况。服务流程再造任务小组是流程再造项目具体的执行者，小组工作的好坏直接影响着流程再造的效果,在以后具体的再造流程中任务小组的管理也是要特别重视的。③确定服务流程再造的目标。服务流程再造任务小组首先要做的工作就是要根据企业高层的意思和在对企业分析的基础上确定流程再造的目标和范围。一方面在这一步骤中,任务小组要与企业高层充分沟通,了解他们的准确意思;另一方面也要了解企业内部的流程的总体现状和企业的总体战略规划。这一步的主要目的是明确流程再造的目标,指引下面的工作的开展,也是任务小组工作的第一步,且是非常重要的一步。④分析企业现有的服务流程。这一步任务小组的主要任务是要充分了解企业目前的流程现状,包括每个细节。任务小组可以组织各级员工描述服务流程现状,描述员工的岗位职责,绘制现有服务流程图。在对现有的服务流程进行分析时要有全面的观点,不仅要看到基本的服务步骤和员工的工作程序,还要看到流程背后的支持系统,包括物流系统、员工的管理、信息系统等,只有在这样的视角下才能全面地看待服务流程,更加彻底地分析现有的流程。⑤找出现状和目标之间的差距。在制订了服务流程再造的目标、了解了企业现有的服务流程之后,任务小组最重要的任务就是要找出现有的服务流程与制定的目标的差距,最主要的是找出造成这种差距的原因在哪里,并提出相应的改进措施。在这一阶段的工作中,任务小组应该集思广益,充分调动全企业员工的积极性,包括某些有经验顾客的智慧。因为一线员工与服务流程接触最为紧密,对流程也最为熟悉,对其中存在的问题肯定也会有所考虑,如果能得到他们的支持的话,服务流程再造的工作一定可以完成得更加出色。顾客是从他们的视角来看服务流程的,这也反映了顾客的需求和看法,因此他们的建议对于保证再造后的服务流程更加满足顾客需求有非常大的价值。⑥提出服务流程再造的方案。在对现有的服务流程进行充分分析的基础上,找到与目标的差距,并分析原因所在。这一步的主要工作是在上一步零星的改进意见上,根据企业现有的资源和战略规划,系统地提出可行的服务流程再造方案,并提交给企业高层,进行讨论、修改,最后得到最终的服务流程再造方案。⑦实施流程再造方案。有了服务流程的再造方案,下面的主要任务就是实施再造方案。好的方案并不等于好的再造结果,好的再造方案如果实施不好,再造的效果会大打折扣。实施流程也要和企业高层充分沟通,必须得到他们的大力支持,并且要动员全企业员工行动起来,了解新的服务流程,学习新的服务流程,这样实施起来会更加到位。服务流程再造不仅是与服务流程直接接触的员工或部门的事,它更是涉及整个企业所有部门的,只有全体员工共同努力才能达到最佳的效果。例如自助餐的服务流程的再造,不仅是现场服务人员的事,还包括菜肴、饮料的供应、相关设备的管理、员工的培训等,其他部门都要参与其中,为新的流程的实施共同做出贡献。

2. 重新设计法

一般而言,利用重新设计法来实现服务流流程再造的主要步骤是:①发现服务流程再造需求。当企业的管理者察觉到某项技术的变革会极大地影响服务的提供流程,而且有些竞争对手已经采用这些技术来改进服务流程,而且还有很好的效果,顾客的需求也有大大的变化,这时管理者就有进行服务流程再造的迫切的需要。②成立服务流程再造任务小组。对再造任务小组组员的要求一般比较高,因为在进行服务流程重新设计时,要求小组成员对本行业已经相当熟悉,对本行业的发展有一定的前瞻能力。对再造任务小组组员必须是得到公司高层的支持的，小组的领导也应该由公司高层来担任。服务流程再造任务小组工作的好坏直接影响流程再造的效果。③确定服务流程再造的目标。服务流程再造任务小组接下来的工作就是要确定服务流程再造的目标。任务小组在分析市场环境和技术变革的基础上，预测未来顾客的需求偏好，从而确定服务流程再造的目标。这一步主要的目的明确流程再造的目标，指引下面的工作的开展，在这一步中也要注意与企业高层加强沟通，确保新的流程符合企业的战略安排。④提出服务流程再造的方案。服务流程再造任务小组根据对市场的了解和判断，而且对新技术采用上的问题已经有了较深的理解，提出初步的想法和企业各级员工进行讨论、修改。在这流程中可以邀请重要的顾客来参加，往往他们能提出较有创造性的建议。⑤实施流程再造方案。有了服务流程的再造方案，同样下面的主要任务就是实施再造方案。实施的流程也要和企业高层充分沟通，必须得到他们的大力支持。服务流程再造是企业上下共同的事，要求大家齐心协力才能实现最终的目标。

对于服务流程的重新设计法而言，在进行实际的再造流程中，重点在于确定顾客的需求和环境的变化，并了解这种变化更需要什么样的流程来适应，再重新设计服务流程。在用这种方法进行流程再造时，要注意企业的内部资源，要在企业资源允许的情况下来设计新的服务流程。离开企业实际情况来设计流程是不可能成功的。

（四）服务流程再造的一般原则

在进行服务流程再造时一般要遵循以下几个原则。

1. 服务流程再造要以顾客需求为中心

顾客是上帝，企业一切活动都应该以满足顾客需求为目标，当然服务流程的再造也不例外。任何技术或者产品导向的服务流程再造都是不可能获得成功的，只有真正从顾客需求出发的流程再造才可能获得成功。然而今天有很多公司进行服务流程再造的动机是出于内部管理的要求，流程再造的目的是加强内部的管理，而不是对顾客需求的满足。在这样的流程再造中，顾客的利益要服从企业的需要。企业忽视对顾客的真正关心，这样的服务流程是得不到顾客的支持的，得不到顾客支持的企业是不可能有什么发展的。

2. 服务流程再造必须具有整体性

服务流程的再造绝不仅仅是与服务流程直接接触的员工的事，它需要企业全体员工共同努力。在顾客对某个服务进行评价时，肯定不会只评价服务人员的服务，影响顾客满意的因素有很多，如在前面提到的自助餐的例子中，当然顾客与服务人员的接触评价固然很重要，但餐厅的环境、店面的装潢、食物和饮料的质量等很多因素都会影响到顾客对服务的评价。所以企业的员工必须知道服务流程的再造是需要全体员工共同努力才能做好的，需要大家共同的支持。

3. 设计与再造后的流程目标相一致的考评体系

虽然服务流程再造的目的是满足顾客的需求，为了让公司全体员工的行为都为共同目标而努力，就需要设计以顾客为导向的企业内部的管理体系、考评体系，以保证再造后的服务流程得以真正实施。有些企业的服务流程再造的流程中没有设计相应的考评体系，还是按原来的制度进行考评，结果好的再造方案最后没有得到真正的实施。所以企业内部的考评体系是保证企业员工的行为与再造目标相一致的重要手段。

4. 服务流程再造应强调顾客的参与

服务流程再造的目的是满足顾客的需求，因此进行流程再造的前提就是要了解顾客的需求。现在的企业可以通过多种渠道和方式来了解顾客的需求，但由于各种调查方法本身的缺陷或者是条件所限，不能准确了解顾客的需求。因此他们在流程重组时邀请重要的顾客参加，耐心听取他们的意见和建议；在新的服务流程实施以后再次邀请部分顾客来体验再造后的效果，听听他们的体会，若有问题则进行进一步的调整，直到基本满意为止。顾客本身了解自己的需求，但不一定能说出来，只有在实际的服务中才能体会得到。在进行服务流程再造的流程中要始终不忘顾客的参与这种重要的方法。

本章小结

本章介绍了服务流程的概念及其与制造业相比的一些特点。考虑到服务流程的这些特点，在进行服务设计时特别要有针对性地进行控制。服务蓝图是用来表示服务流程的图表，涵盖服务交付流程中全部处理流程。本章进而重点阐述了服务流程的用途及其绘制步骤。最后，本章深入地阐述了服务流程设计与再造中的核心问题。

关键词汇

服务流程：就是顾客购买与享受某种服务时所要经过的一系列程序。

服务蓝图：服务蓝图是用来表示服务流程的图表，其直接结果就是服务流程图，它涵盖服务交付流程中的全部处理流程。

服务流程再造：服务流程再造的概念是根据企业流程再造这个概念延伸而来，是企业流程再造在服务企业中的应用，即按照需要对服务流程进行优化或者重新设计，以达到预期的目标和计划。

复习思考题

1. 哪些特殊性使服务流程与制造业流程存在很大区别？
2. 什么样的服务适合简单化、标准化的服务流程？什么样的服务适合复杂化、样化的服务流程？
3. 服务系统设计的一般方法有哪些？
4. 重新设计法的主要步骤有哪些？
5. 请绘制出肯德基的服务蓝图。

本章案例

将以人为本的服务流程设计嵌入到建筑中去——以南京军区总医院为例

随着科技的发展，建筑的信息化、自动化程度决定了建筑的先进性，南京军区总医院新门诊大楼的设计充分体现了现代化医院门诊合理的流程设计理念和意识。南京军区总医院在充分考虑原有服务流程的基础上，进行门诊服务流程再造。他们也时刻注意"以人为本"的宗旨，以患者的需求为导向，用信息工程的手段确保了质量，改善了服务，使得患者满意度提高。新门诊大楼通过合理运用三大基本流程：人流、物流、信息流，最大限度地改善传统门诊服务中存在的"三短一长"问题，如挂号交费、候诊、检查处置取药时间长，诊疗时间短。

原门诊楼环节较多，布局较为不合理，患者往往要经历排队、候诊、候检、划价、审核、交费等一系列服务，导致整个门诊流程阻塞、效率低下。这次服务流程设计将原有多个医技楼通过建筑连接，统筹考虑信息流、人流和物流。除此之外，新门诊大楼将一层大厅、U形医疗街与医技楼之间等公共场所采用庭院设计，按照"大医街、小诊室"设计理念，以不同颜色区分医街和诊室：紫色表示大小医街，米黄色表示诊室及办公室；医院门诊楼随处可见整体布局图、各种标示牌、各种就诊流程图，使得患者在就诊时一目了然，最大限度将医疗流程人性化、便捷化。门诊楼还专门修建了一个可供300余辆机动车停放的两层地下停车场以缓解停车难问题。

新门诊大楼的服务流程再造将原有的职能界限和任务划分打破，跨越不同职能部门将不同专业人员集成起来，将多个任务合并成单一任务由单人完成。同时提高信息技术对集成任务的支持，促使员工迅速适应工作节奏的转变。这种方法将大大削减原有各工作界面之间的消耗，也相应减少了管理费用。

服务流程再造贯彻一站式服务理念。新门诊楼在门诊设置专科门诊部，即"门中门"使得挂号、收费、就诊、检验、B超、手术均可在一个区域内解决，患者可以在局部范围内完成就诊全过程。本次流程再造加入为VIP和首长体检专设的绿色通道，也增加了一定的利润空间。

人性化的流程设计在整个服务流程再造过程随处可见。例如，将患者迅速分流至各楼层就诊区的连通大厅至五层的自动扶梯，且上下自动扶梯紧相邻。室内庭院、综合服务中心、设有大屏幕、鱼缸、咖啡吧、主题壁画《医学的历史》等都舒缓了患者就诊的紧张焦虑的心情。

以人为本的科学化的门诊建筑设计不仅能够方便患者，为他们提供舒适的就诊环境和一流的服务质量，也提升了医院的声望，树立了良好的形象。

资料来源：苏义，易学明，杨国斌，杨宝林，等. 以人为本的门诊建筑服务流程设计 [J]. 医学研究生学报，2009，22（4）：412-414.

思考题

1. 请根据材料画出该医院的服务流程。
2. 南京军区总医院的服务流程再造有哪些可以借鉴之处？

即测即评

扫描此码　即测即评

补充阅读材料

扫描此码　深度学习

第十三章　服务员工管理

在服务业中很多服务的完成依赖于顾客与服务员工的直接接触，这种接触能够直接影响顾客对服务质量的感知，因此对于服务员工的管理是服务企业一项非常重要的任务。本章的主要学习目标为：

学习目标
- 掌握服务利润链理论，认识内部营销管理如何影响企业利润
- 了解服务员工管理的几个层面以及内部营销的含义
- 认识考核、激励和服务文化的重要性及实施方法

第一节　服务利润链理论

在服务营销中，必须处理好人的因素，既包括服务组织的服务员工，又包括与顾客的互动。尤其是合理进行服务组织内部的人力资源管理，有效调配前台员工和后勤工作人员。因为人在服务营销中起着至关重要的作用，是任何服务营销实施流程中不可或缺的要素。

一、服务利润链的概念

服务组织只有以自己的员工为"顾客"，以挑选和培训素质一流、服务质量优异的员工为基础，建立员工对企业的忠诚，才可能提供高质量的服务，进而才能实现通过较高的服务质量赢得顾客对企业的忠诚，并获取最大利润，由此就形成了服务组织获取利润的价值链。实际上，服务利润链理论是由哈斯科特等人通过对众多成功服务机构进行分析之后提出来的。该理论认为，服务组织内部服务质量影响着员工的满意度，进而影响着员工的忠诚度和生产力，从而直接决定组织外部服务质量的好坏，而外部服务质量的好坏则会进一步影响顾客的满意度和忠诚度，其整个过程的内在逻辑如图13-1所示。

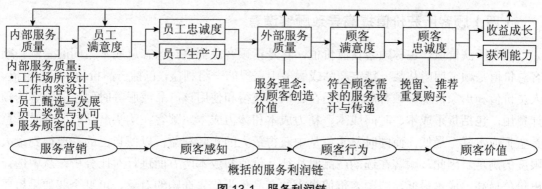

图 13-1　服务利润链

资料来源：James L.Heskett, Thomas O.Jones, Gary W. Earl Sasser, Leonard A.Schlesinger. Putting the service-profit chain to work. Harvard Business Review, March-April, 1994：164-172.

二、服务利润链各节点之间的关系及其相互作用

服务利润链理论揭示出：服务员工是企业创造利润的起点，能否管理好顾客接触人员，并为其提供优质的内部服务，进而提高接触人员的满意度和忠诚度，决定了企业的盈利水平和发展潜力。

（一）企业内部服务质量导致员工满意

内部服务质量的好坏一般是以员工对工作、同事和公司的感受来衡量的。影响员工满意的因素一般有两个方面：外在服务质量和内部质量。外在服务质量如薪水、福利、舒适的工作环境等；内部质量包括员工的培训和开发、奖励和认可、信息与沟通、技术和工作设计等。有关研究表明，员工最看重的内部因素有三个：员工完成预期目标所需的知识和能力、完成目标流程中被赋予的权力，以及提供的行动自由。因此，当员工具备上述三个条件后，自然会对工作满意，从而对公司满意和忠诚。

（二）员工满意导致员工忠诚和效率提升

员工满意意味着员工对公司未来发展有信心，更愿意留在公司工作，从而导致员工忠诚度的提高。一般而言，如果员工愿意留在公司工作，是因为他们为顾客创造了价值而自豪，而心满意足，这样的员工在工作时就会更加积极主动，效率也会更高。有经验的且忠诚的员工往往更懂得如何去识别、招揽最有价值的顾客并留住他们。因此，在整个服务利润链中，员工满意是至关重要的一环。

（三）员工忠诚和效率提升导致顾客所获价值提高

员工忠诚意味着员工为能成为公司一员而感到骄傲，对公司未来发展更有信心，把个人的命运与企业的命运连在一起，并将尽心竭力地为企业长期效力。员工工作效率提升意味着他们所创造的顾客价值的提高。价值是由人来创造的，而企业员工的工作则是价值产生的源泉。

（四）顾客所获价值提高导致顾客满意

顾客所获价值，也称顾客让渡价值，它是指顾客总价值与顾客总成本之间的差额。顾客总价值是顾客期望从某一特定产品或服务中获得的一组利益，包括产品价值、服务价值、人员价值和形象价值。顾客总成本是在评估、获得和使用该产品或服务时引起的顾客的预计费用，包括货币成本、时间成本、精力成本和体力成本。顾客在购买产品或服务时，总希望把成本降至最低，而同时又希望从中获得最大的实际利益，以便自己的需要得到最大限度的满足。因此，顾客在选购产品时往往从价值与成本两方面进行对比分析，从中选择出价值最高、成本最低，即顾客价值最大的产品作为优先选购的对象。可见企业如果想要赢得顾客满意，必须提供比竞争对手具有更高顾客价值的产品和服务。

（五）顾客满意导致顾客忠诚

顾客满意度是顾客通过对某项产品或服务的感知效果与他的期望值相比较后所形成的感觉状态。如果感知效果低于期望，顾客就会不满意；如果感知效果与期望匹配，顾客就满意；如果感知效果超过期望，顾客就会高度满意或欣喜。顾客购买企业的某项产品或服务后，如果感到满意和高度满意就会重复购买和推荐他人购买，并表现出对企业产品或服务的忠诚，视其为最佳和唯一的选择。在经历几次这样的满意之后，顾客的忠诚度就会随之提高。可见顾客满意与否及满意度的高低，直接决定了顾客对企业是否忠诚以及忠诚度的高低。

（六）顾客忠诚促进企业获利能力增强

顾客忠诚就是顾客重复购买某一品牌，只考虑这种品牌并且不再进行相关品牌信息的收集。企业的一切努力就是要不断提高顾客忠诚度，促使顾客重复购买。因为顾客忠诚度的提高将会大大促进企业获利能力的增强。根据统计，当企业挽留顾客的比率增加5%时，获利便可提升25%～100%。[①]忠诚顾客的增加不仅给企业带来更多的利润，而且能弥补企业在与非忠诚顾客交易时所发生的损失。[②]

三、服务利润链关键因素的测量和分析

企业要利用服务利润链进行管理，就必须首先测量服务利润链中的相关因素，并对企业现状做出分析。在实践中，相关的测量方法有许多。例如，顾客忠诚度可以通过问卷调查来完成，也可以在一定时间段内顾客从本企业所购产品或服务占其总购买量的百分比来确定，或者以顾客在一定时间内购买本企业产品和服务的频率来确定；顾客满意度的测定，可以运用顾客对企业的总体印象指标，也可以运用顾客对企业有形产品的满意度评价指标。在如今的互联网时代，各种软件、手机软件的兴起以及新型支付方式的广泛应用也为这些测量方法提供了广大的创新空间和数据来源。例如，购买频率等也可以参考其微信或支付宝的交易信息等。鉴于前面的章节中已经对顾客忠诚与顾客满意等因素进行了介绍，其中也涉及一些测量问题，所以下面重点对内部营销中的关键因素加以分析。

（一）内部服务质量

在对内部进行管理的流程中，员工需要界定谁是顾客以及自己的工作会给其他部门带来什么样的影响。认定内部顾客及其需求，需要界定工作流程并加强沟通，具体的改进方法是：企业在"服务者"与"被服务者"之间组织跨部门会议，跨职能地审视服务生产与交付流程。除此之外，企业还要关心员工对工作的技术支持和个人支持是否满意。为适应时代的发展，员工常常需要对顾客进行在线服务，优秀的企业往往能够为员工提供最新的

---

① 林鸣. "移情别恋"该怨谁. 中国质量报，2015：4.
② 许少英. 服务利润链与服务营销管理. 商场现代化，2006（11）：217.

信息技术、设备和各种各样的技能培训，提高其专业程度并培养其"互联网思维"，学会使用多种工具，融合多种方法来解决问题，同时也会挑选合适的员工，让员工与自己喜欢的人和喜欢他们的人一起工作。

（二）员工工作满意度

企业定期开展员工工作满意度调查，力争使内部营销管理做到有的放矢。定期开展员工工作满意度调查，主要是要了解目前员工的需求是什么、找出影响员工工作满意度和工作不满意的影响因素有哪些以及它们影响的程度如何。通过对员工需求的了解，把握员工的需求变化，然后通过企业内部营销尽量满足员工的需求，以便调动员工的积极性，这对于实现企业的外部营销目标是十分重要的。在做好调查的同时，企业还需要努力构建顾客导向的服务文化，运用营销观念来管理人力资源，向雇员传播营销信息，为员工提供发展和提升的机会，更系统、更深入地对员工进行培训、重新进行工作设计、实施激励和表扬机制等。

（三）员工忠诚

员工忠诚不仅是员工对所属团体的若干本职工作的承诺守信行为，而且是一种强烈的忠诚于企业的意识。这种意识通常在组织与个人目标的一致性、员工自我发展与自我实现的等因素的综合作用下产生。按照忠诚程度不同，我们可以把员工分为低忠诚度员工和高忠诚度员工。其中，低忠诚度员工表现为不违反企业规范，服从工作安排，但缺乏主动热情，对组织仅仅尽自己应尽的责任和义务，并为报酬而工作，一旦有其他更满意的工作机会，就会立即离开组织。由此可见，这实际上是一种被动的忠诚，是有待于进一步提高的员工忠诚。当然，企业在鼓励员工忠诚的同时，百分之百的员工挽留率也不见得是最好的。一家充满活力的服务企业，可能需要保持一定水平的员工流动率。但是，在测量流动率的理想水平时，把失去重要员工的全部成本都考虑进来，也是十分重要的。其中，这些成本包括销售和生产效率上的损失、重新招聘和培训的成本等。

（四）员工满意度

员工的忠诚和产出效率，除了受员工技能的影响之外，往往取决于其对企业的满意程度。可以说，员工满意度是员工对其工作评估结果的消极态度或积极态度的综合反映。哈佛商业周刊的调查研究表明，员工满意度每提高3%，可以使企业员工流动率降低5%、运营成本降低10%、劳动生产率提高25%～65%。通过持续的满意度调查，企业可以对自身管理中存在的问题进行诊断，以节约管理精力和成本的方式改善企业管理，了解企业决策变化对员工的影响，减少低生产率、高损耗率和高人员流动率等问题出现。一般而言，员工满意度调查的时机主要有定期调查和不定期调查两种情况。例如，在企业扩张、组织变革或企业面临各种现实和潜在的管理和文化问题时，通过员工满意度调查，可以谨慎、客观地提出有针对性的应对措施。满意度调查的主要方法有问卷调查、访谈和诊断报告等，当然服务企业也应该根据自身的行业特征实施相应的调研方法。

（五）员工生产效率

对于服务企业来说，衡量员工生产效率是一件比较困难的工作，目前很多企业采用的最主要的衡量手段就是顾客满意度，当然该方法要与衡量企业总服务输出量的尺度相结合。一般的衡量标准包括每名员工每小时完成的工作量和由公司和顾客定期检查评定的工作质量。不少优秀的服务企业都已经摒弃了传统的"或质或量"的方法，转而使用两者兼顾的手段。

（六）领导方式

领导方式是服务利润链获得成功的基础。那些懂得服务利润链的领导者，往往愿意并有能力聆听顾客和员工的要求，会努力营造一种以服务顾客和员工为中心的文化。例如，"三只松鼠"的总裁章燎原就曾说过："你给员工创造惊喜，员工就会给消费者创造更大的惊喜。"也正是这种文化使"三只松鼠"取得了如今的成功。能够成功应用服务利润链的领导者，无一例外地会具备下面一系列个人特征：充满活力和创造力、共同参与、关心员工、聆听和教导以及以身作则等。当然，不同的企业发展阶段，领导者可能会应用不同的领导方式，但他们会重视顾客和员工的需求，从而建立一种能够适应顾客与员工需要的文化。

在企业对服务利润链中的各个相关因素进行测量之后，就需要对这些因素进行相关性分析，以发现它们在服务利润链中所起的作用及其相互影响。在进行一系列的研究之后，企业还应该将各因素的测量结果等研究结论反馈给员工，并与员工进行沟通，以便强化员工对相关的因素的理解，持续地创造并交付卓越的服务产品。

第二节 服务员工管理与内部营销

对于服务组织而言，服务员工尤其重要，他们对顾客和服务组织都起着决定性作用，他们可以成为一个组织有别于另一个服务组织服务内容的主要载体，可以是失去顾客的原因所在。究其顾客满意或不满意的根源，很多都由于与服务组织员工的接触所致。服务营销的成功与人员的挑选、培训、激励和管理的联系越来越密切，服务员工在服务营销中的作用越来越重要。

一、服务员工管理

在服务营销领域，如何管理接触人员是一个十分重要的议题，目前对接触人员的管理一般都是从以下三个层面入手：经理—员工层面、员工—角色层面和员工—顾客层面[①]。其中经理—员工层面探讨的是人力资源管理问题以及如何管理接触人员的反应，主要内容

---

① Michael D. Hartline, O.C. Ferrel. The management of customer-contact service employees: an empirical investigation. Journal of Marketing, Oct, 1996, 60: 52.

包括服务质量承诺管理、员工授权、员工社会化、传统管理职能和内部营销;员工—角色层面探讨的是接触人员行为、反应和态度;员工—顾客层面关注的是服务接触流程中顾客与员工之间的相互作用,主要涉及顾客的服务接触感知与接触人员态度和行为间的关系。

(一)经理—员工层面

管理活动通过控制员工的行为和反应,使之朝着改善服务质量的方向发展。有人将这些管理活动称为"正式控制",即一种可以影响员工或团队的管理机制,目的是保证既定的市场营销目标得以实现。[①] 这里将控制为三类:输入控制(营销活动开始前的行动)、控制流程(执行流程中的行为或行为控制)和输出控制(设定绩效准则、监视或评估结果)。有关输入控制的程序包括员工的招聘、挑选和培训、规划和资源分配;流程控制包括在执行流程中任何试图影响员工行为和反应的机制,如组织结构、操作流程和薪资报酬等;输出控制包括最终的服务表现标准(如顾客抱怨、服务质量、顾客满意度)和服务产出的评估。

(二)员工—顾客层面

服务的交付流程是一个互动的流程,员工的态度和行为会给顾客的服务接触感知和服务质量感知带来影响。综合来看,主要有五类态度和行为可以积极或消极地影响到服务接触人员,积极的方面包括员工的自我效能、工作满意度和调节能力,消极的方面包括角色冲突和角色模糊。其中,前三种态度主要体现在员工—顾客层面上。

1. 自我效能

自我效能指员工对完成工作任务的能力所持有的信心。随着时间的推移,员工完成的任务数越来越多,逐渐会建立起符合组织要求的信心,自我效能也就越强。自我效能强的员工会更有耐心,会学习解决与任务相关的问题,因而会发挥出更大的潜力。在服务接触流程中,对员工表现的要求通常包括对顾客需求做出反应、处理具体要求、在逆境中及时应对等。具有较强自我效能的员工,往往能够提供更好的服务接触。

2. 工作满意度

工作满意度是指一种情绪状态,这种情绪来自实现了工作的价值或者推动了工作价值的实现。工作满意包括以下几个方面:管理者满意、工作满意、报酬满意、升迁机会满意、同事满意和顾客满意。有人认为员工满意度是员工提供优质服务的主要原因,但有人认为工作满意仅仅是影响顾客服务感知的众多因素之一。不过,可以肯定的是:服务接触员工的工作满意度越高,顾客感知的服务质量可能也会越高。

3. 调节能力

在服务营销中,调节能力指接触人员根据接触中不同顾客的需求调节自己行为的能力,从概念中我们可以发现调节能力包括两个组成部分:调节行为的能力和面向多人,调节能力可以理解为员工在按照相同的准则为顾客提供服务的基础上进行持续的修改,从而为顾客提供定制化的服务,员工根据单个顾客的需求调整服务方法。在服务交付流程中,如果

---

① Bernard .J. Jaworski. Toward a theory of marketing control: environmental context ,control types ,and consequences. Journal of Marketing ,1988,52:23-39.

要创造特别满意的服务接触,员工的调节能力则不可缺少,高满意的服务往往来自员工根据顾客需求调节服务系统的供应而创造的。[①]例如对于坐轮椅的顾客,蹲下来为他服务,细节往往最能够打动顾客。

(三)员工—角色层面

在该层面上,员工的自我效能除了会服务表现产生影响外,也对工作满意度和调节能力产生重要影响。一般而言,自我效能的提高,员工的竞争力和自信心也会增加,员工因而更能享受工作乐趣,提高工作满意度。除此之外,员工的自我调节能力也会增强,因为员工更有能力也更希望根据顾客的要求去改变。此外,角色冲突和角色模糊也扮演着重要角色。角色冲突是指一名员工的角色组合中的一个或多个角色之间发生不相容的状况。履行了一个角色的职责就很难兼顾到其他角色;角色模糊通常指员工缺乏明确的信息去扮演他应该扮演的角色。角色冲突和角色模糊会进一步降低员工的工作满意度、自我效能和调节能力。其实,在服务交付过程当中,接触人员一直扮演着协调人的角色,他要在企业管理者与政策的要求和顾客之间寻求平衡。

二、内部营销的内涵与实施

内部营销源于这样一种观念,即把员工看成企业最初的内部市场。对于大多数服务来说,服务员工和服务是不可分割的。在现实中,顾客购买服务,在某种程度上其实是在"买"人。从本质上讲,服务也是一种行为,而且是一种劳动密集型的行为。因此,对于服务企业,特别是劳动密集型的服务企业而言,员工素质往往对服务质量产生十分重要的影响。为了成功地交付服务,企业首先就必须进行成功的内部营销,向员工和潜在员工进行营销,像对待外部顾客那样对待企业的内部顾客——员工。尤其是在如今的互联网时代,许多企业都开通了线上咨询平台,消费者与各个部门的互动都更加便利,传统营销部门不再像之前那样享有与消费者联系的独有权。在这种情况下,进行企业内部的内部营销,整合业务流程,传递给消费者统一完整的企业理念更显得尤为重要。

(一)内部营销的内涵

内部营销是指企业把营销的观念引入企业内部,认为只有首先在内部市场开展积极的营销,企业才能够更好地在外部市场为外部顾客提供服务。内部营销作为一种全面的管理流程,在以下两个方面整合了服务企业的各项职能:首先,它确保企业各阶层员工,包括管理者,在有利于提高顾客服务意识的环境中,理解和体验业务以及相关的各种行为和活动;其次,它有助于确保所有员工都能够随时准备以服务导向的方式参与到管理流程中来。内部营销的假设是,在企业与外部市场成功地达到预定目标前,企业与内部员工群体的内

---

① M. J. Bitner, B. H. Booms, Lois A. Mohr. Critical service encounters: the employee's viewpoint. Journal of Marketing ,1994,58:99.

部交易必须有效地进行[①],其宗旨就是把员工当成顾客看待,其最终目标就是建立这样一种营销组织:员工能够而且愿意为企业创造真正的顾客,并鼓励高效的市场营销行为。

(二) 内部营销的实施

实施内部营销,服务企业必须注重两个方面的管理,即态度管理和沟通管理。其中,内部营销的态度管理,主要体现在对员工态度的有效管理和对员工顾客意识和服务自觉性的激励上。对于希望在服务战略指导下赢得竞争优势的组织而言,态度管理是内部营销的关键组成部分。同时,服务管理者、一线员工和后勤人员需要有充分的信息来完成与其职位相符的工作,以便为内部和外部顾客提供服务。一般而言,他们需要的信息包括岗位规章制度、产品和服务的性质、向顾客做出的承诺或者是由广告和销售人员做出的保证。而且,他们也要相互交流各自的需求和要求、对于如何提高工作业绩的看法以及如何界定顾客需求的方法等,这就是内部营销中沟通管理的内容。

在实践中,如果期望获得良好的效果,态度管理和沟通管理必须双管齐下。人们通常关注的只是沟通管理中的单向信息沟通。在这种情况下,内部营销是以一系列活动或行为的形式表现出来的。例如,向员工发行内部刊物和宣传册子、召开人事部门会议并以口头或书面的形式向与会者通告有关信息。在这种情况下,虽然员工可以收到大量信息,但却只有极少数的精神鼓励。也就是说,许多信息对接收者而言可能不会产生任何重要影响。通过态度管理和沟通管理,内部营销力争实现一系列的整体目标。总体而言,这套目标应该是双重的:首先,内部营销要确保员工受到激励,以便积极追求顾客导向和服务意识,并在互动营销活动中以兼职营销人员的身份成功地完成自己的工作;其次,内部营销要吸引和留住素质好的员工。在如上所述的双重目标中,首要目标就是通过实施内部营销活动,实现对员工的有效管理,激励他们从事"兼职营销"行为。一般而言,内部营销工作做得越好,企业对员工就越有吸引力。

三、格罗鲁斯的内部服务营销模型

格罗鲁斯就强化服务文化角度提出了八项典型的内部营销活动:培训、管理支持与内部对话、大量内部沟通与信息支持、人力资源管理、大量外部沟通、开发系统与技术支持、内部服务补救以及市场研究与市场细分。[②]

(一) 培训

培训可以是内部或外部的,也是最常被使用的内部营销互动。一般来说,基本的培训任务有三种:①在公司内制定与顾客有关的服务策略;②制定并强化服务策略并培育有利于兼职营销行为的态度;③推动并强化员工之间的沟通、交流销售与服务技巧。

---

① 李海洋. 服务营销[M]. 北京:企业管理出版社,1996:298.
② C. Gronroos. Service management and Marketing: A Customer Relationship. John Wiley, New York, 2000:330-345.

（二）管理支持与内部对话

这是内部营销中态度管理的重要工具，也是沟通管理的关键工作。管理者及其管理风格，往往会对工作环境与内部氛围产生立竿见影的影响。为此，管理者与团队领导者除了执行管理和控制工作以外，还必须展现领导能力。一般而言，管理支持方式有：①通过每天的管理活动进行持续的正式培训计划；②让员工参与规划及决策制定；③给予员工反馈、让信息流通并且进行双向互动沟通；④建立开放的内部氛围。

（三）大量内部沟通与信息支持

告知员工新的服务导向策略和实施内外部服务的新方法，让他们理解和接受新的策略、任务和思考方式。

（四）人力资源管理

员工的招募及任用，是内部营销获得成功的前提条件。企业必须使用工作说明书、职业生涯规划、薪资、奖酬系统、激励计划和其他的人力资源管理工具来完成内部营销的目标。同时，还必须努力摒除员工是成本的错误观念，把他们视为利润的来源。华为公司在《华为基本法》中将员工作为企业最大的财富，并且始终强调人力资本的不断增值的重要性，其今天所获得的成功与优秀的员工密不可分。

（五）大量外部沟通

在所有的外部广告活动和商业广告正式对外推广之前，企业应该将其先展示给员工。这样可以创造承诺，减少员工的困扰和混淆。

（六）开发系统与技术支持

信息技术和企业内部网络的发展，已经引发了企业内部流程的巨大变革。诸如顾客资料库和有效的内部服务支持系统等，都是协助员工提供优质服务的内部营销工具。

（七）内部服务补救

在发生服务失败时，服务员工往往会感到沮丧或羞愧。此时，企业必须协助员工从他们所遭受的精神压力中恢复过来。

（八）市场研究与市场细分

通过对内部与外部市场的研究，往往可以找出兼职营销任务，并为服务导向绩效管理的实施奠定基础；借助于市场细分，则可以为企业各项职务找到合适的人选。

在服务营销与管理中，为了发挥企业的潜力，企业必须挖掘内部营销的潜力——通过提供符合员工需要的"工作产品"来吸引、发展、激励和维持高水平的员工——"内部顾客"，以便通过内部营销为外部营销奠定坚实的基础。

第三节 服务员工授权

管理学的一个经典原则是"责任与权力应该对等"。在服务企业里,员工对满足顾客需求和提升顾客感知与满意负有主要责任。因此,在服务企业中,应该赋予员工相应的权力。

一、员工授权

在服务企业管理工作中,管理者如何有效地对员工进行授权,一直是诸多业界人士和研究人员关心的重要问题。关于授权的定义,不同学者有不同的看法。美国人鲍恩和劳勒认为,所谓授权,通常是指管理者与一线服务员工分享信息、知识、奖励和权力。也有人认为,授权就是在工作中给予员工一定的决策权,即授予员工一定的资金等资源支配权力,并允许员工遵照自己认为最好的方式行使权力。总之,授权的实质就是在组织内部重新分配权力,从而使管理者和员工可以更有能力、更有效地完成各种的工作,以便为顾客提供优质的服务。授权的总体目标,就是通过把决策职责、权力和责任下放给企业内部各层次的员工,进而提高服务质量和提升企业利润。一般而言,员工授权可以分为以下三种类型:日常事务决定权、创新决定权以及超常规决定权。[1] 其中,日常事务决定权是指员工可以从完成工作的几种可选方法中选择一种自己喜爱的方案;创新决定权指员工可以去发展出一系列完成任务的方案,并由自己决定选择一个实施,如老师对教学内容和教学方式的决定权就属于创新决定权;超常规决定权则是被企业视为有负面影响的行为,因为它可能包含超出员工控制能力和工作范围的行为。当然,除了员工的决定权,授权还包括有关组织的信息共享、同组织业绩挂钩的员工报酬以及员工所能理解的能够提高组织绩效的知识。

二、影响授权的主要因素

作为一种管理方式和工作方式的转变,影响授权的因素有很多。其中,主要的相关因素有组织结构、承诺、员工以及组织环境[2]。

(一)组织结构与授权

传统的组织结构体现出一种金字塔型结构。在这种组织结构里,决策往往来自金字塔的顶部,反馈与沟通只有一条通道,组织运转相对刻板。而且,只有高层管理人员对组织前景负有责任,管理人员牢牢把握着所有的权力,员工只能按照明确且简单的指示完成本职工作。员工的工作动力往往来自金字塔的上部,他们工作是为了取悦于管理者。在这种组织结构中,是无法有效实施授权的。

---

[1] S.W. Kelly. Discretion and the service employee. Journal of Retailing, 1993, 69(1): 104-126.
[2] 岑成德. 正确认识授权. 现代企业, 2003(10): 24-25.

（二）承诺与授权

承诺有内在承诺和外在承诺之分。其中，外在承诺就是员工在对自己的命运几乎没有控制力并习惯于在指挥与控制模式中工作时所表现的那种状态；内在承诺则表现为员工出于个人原因或动机为特定的项目、人员或者计划承担责任。内在承诺与授权密切相关。人们所掌握的、左右自己生活的力量越小，则做出的承诺也就越少。例如，在由管理人员一手界定员工工作环境的情况下，总是会让员工做出外在承诺，但不会有任何责任感。如果管理人员想要员工对自己的命运承担更大责任并灵活地从事工作的话，就必须鼓励并开发员工的内在承诺，必须努力让员工参与界定自己的工作目标、确定实现目标的方法以及确定长远目标的流程。

（三）员工与授权

员工对授权的态度往往是矛盾的，他们既想拥有权力，但又不想承担责任。然而，权力和责任总是相伴而生的。一般而言，外在承诺是许多员工的心理生存机制。也就是说，它是使个人能够适应大多数工作环境的方式。授权的意识不是天生就有的，是某种必须去学习、开发和磨合的东西。因此，仅仅强化外在承诺是绝对不可能造就内在承诺的。如果员工没有授权的意识，那么无论管理人员怎么鼓吹授权，也都将是无济于事的。

（四）组织环境与授权

长期以来，很多企业都过分强调个人能力而忽视了团队的作用。可以说，"能人经济"的出现，就是这种现象的具体反映。在这样的组织环境里，没有授权生存所依赖的土壤。只有在成员之间相互信任、共同承担责任的组织环境里，授权才可能成为现实。

三、员工授权的好处

对一线员工进行授权，可以使其更好地把握销售机会，做出灵活的反应，创造性地为顾客提供服务。如在"海底捞"等餐厅，服务人员具有根据顾客情况给予其一定程度的折扣和适合的赠品的权力。通常，员工授权的好处主要表现在以下两个方面：提高员工的积极性和生产力以及改进顾客服务，以更有效地营销自己的服务产品。在实践中，对于一线员工的授权，往往可以改变员工的态度和行为。其中，态度改变是因为授权可以提高工作满意度、减少角色压力和角色模糊感。有研究表明，自主性和决策自由度可以提高员工的工作满意度，并减小角色压力。同时，授权对员工的行为也具有很大影响。授权可以提高员工的自我效能——因为决策权允许他们选择完成任务的最好办法，进而增加了员工的调节能力，而调节能力与自主性和决策影响力是紧密联系在一起的。

如前所述，定制化和顾客参与是优质服务的关键属性。服务交付流程的定制化，构成了差异化和企业竞争优势的来源，是提升顾客满意度的重要因素。因此，通过对服务接触人员进行授权，企业可以更好地满足顾客的需求，并提高服务的定制化程度，从而提升顾客的满意度。此外，在服务失败时，对一线员工进行授权，是打破"失败循环"的关键所在，也是服务企业实施顾客满意战略的重要组成部分。

四、员工授权的成本

授权的好处的确不小，但企业也很可能会由于授权而带来一些不利的影响，这也应该引起服务企业的高度重视。

（一）造成缓慢或缺乏一致性的服务

由于顾客需求存在差异性，因此如果授权员工在应对每一位顾客时权力过大，则很可能导致对不同顾客采取不统一的服务方式，而且时间上也无法获得充分的保证。因此，服务提供的效率会打一定的折扣。

（二）可能导致过分或错误的决策

授权员工可能做出错误的决策或提出错误的建议，也可能为使顾客满意而做出超越合理服务标准的事情。若是前一种情况，可能会导致顾客不满；若是后一种情况，则可能会影响企业的形象或增加组织的负担。由此可见，不论是哪一种情况，都会对服务组织产生较大的影响。

（三）违反公平竞争并引发额外需求

如果顾客发现存在给予特殊关照的其他顾客，他们的第一反应可能是自己也应该得到这种特殊关照。如果得不到满足，往往会迁怒于服务组织，认为服务组织提供了不公平的服务，因而产生了不满情绪。

由此可见，为了使服务员工表现出色，有更大的主动性和灵活性，服务组织必须进行授权并且要依据具体情况合理地确定授权范围。对于那些处于复杂经营环境之中、依赖复杂技术、需要大量人际沟通技巧的服务组织而言，其授权工作必须十分谨慎。只有这样，才能有利于组织的发展。

五、授权管理

作为一种新的管理理念，授权已经为相当多的管理人员所接受，并运用到各自的管理实践之中。但在早期，组织行为研究者大多是从管理者的角度出发，把焦点放在授权的行为层面上，即管理者如何降低决策制定权力的层级以及增加基层员工可以取得和使用的信息与资源等。然而，令人困惑的是：无论是理论研究者，还是管理实践者，都发现：在许多情况下，授权并未获得预期的效果——如提升员工的工作绩效与创新性等。针对这种情况，Conger 和 Kanungo 指出，研究人员与管理人员应该改变以前的范式，从关注管理者的授权行为转向关注授权后员工的体验，并把员工的授权体验视为授权措施发挥作用的必要条件。从这个意义上讲,授权实际上也是一种激励,其所隐含的含义是"使能够",而不仅仅是单纯地授予员工权力与资源,并进而把授权定义为提升个体自我效能感的过程。

为了提高员工的内在动机,往往需要从下面四个方面入手:①工作意义。个体根据自己的价值观和标准,对工作和工作目标所具有的价值的主观评价和感知。具有重要意义的工作,往往可以使个体产生高水平的组织承诺与工作投入。②自我效能感。个体相信自己的知识和能力能够胜任特定的工作任务的程度,它反映的是个体对自身能力的主观评价和判断,而非客观的技能衡量。③工作影响。个体对自己的工作能够对组织策略、行政管理和经营绩效产生积极影响的程度的认识。④自我决策。个体对自己可以在多大程度上对工作方式以及要付出多少努力做出决策的认知,反映了员工在工作上的自主权,这与自我效能感共同构成了引发内在动机的重要因素。[1]

因此,在授权的具体实施流程中企业必须充分调动员工的工作动机,首先要提高组织成员的角色清晰度。根据角色理论,在正式的组织结构中,每一职位都应该具有一系列清晰的职责以便管理层提供适当的指引,最终使每一员工都对其绩效负责。所以,只有当个体了解自己的职权范围和角色期望行为时,他们才有可能主动地采取行动,并因此而感到有能力为组织带来积极的变化[2]。此外,企业还需增加员工获取有关组织目标和绩效等信息的机会。为了让员工形成得到授权的感觉,管理人员必须努力使员工了解自己所在组织的目标及其当前的绩效状况,并理解他们自己的工作对组织目标和绩效改进的贡献程度。有关组织目标的信息,往往有助于在员工中塑造一种意义感和目的感,并提高个体做出与组织目标相一致的决策的能力;有关组织绩效的信息,则有助于员工了解组织效能的现状,进而做出决策,以便提高个体的自我效能感及自我价值感,保持和提升组织绩效。

第四节 服务员工绩效、激励与文化

市场营销最基本的原则就是了解顾客的需求,内部营销和服务利润链都要求企业能够满足内部顾客及员工的各种期望与需求。为此,企业需要通过绩效管理、激励、营造企业文化等措施来管理内部顾客的期望并满足他们的需求,以便在组织中生产出能够吸引、发展、激励和维持这些内部顾客的"工作产品"。

一、员工绩效管理的必要性和关键点

员工绩效就是员工根据企业的要求和期望、工作的权限和职责,通过自身努力而创造出的工作成果及影响。绩效管理可以帮助员工创造绩效、保持绩效及提高绩效,从而提高企业的整体经营效率;另外,全面地考核员工,可以激励员工并为使用人才提供依据。随

---

[1] Thomas K W, Velthouse B A. Cognitive elements of empowerment: An interpretive model of intrinsic task motivation. Academy of Management Review, 1990, 1 (54).

[2] 凌文辁. 授权认知理论及其对管理的启示 [J]. 现代管理科学, 2006 (10): 22.

着时代的发现,多种新型组织结构如云组织、柔性组织等的涌现,为传统绩效考核提出了新的要求。绩效管理把员工的工作活动和组织目标联系起来,确保员工发挥能力达到企业预订的目标。目前,很多企业在绩效考核时把产品产量、销量或给企业带来的收入等一系列量化的指标作为考核的重要依据。然而,对于服务企业来说,要做的工作远不止量化而已,服务流程中的个人努力以及工作态度,都是重要的评判标准。在绩效管理实践中,除了量化指标之外,企业还必须关注以下这些关键因素。

(一)绩效管理应关注一种观念的传达

绩效管理不仅是一种方法、一种工具,更是一种观念、一种哲学。绩效管理更多的是向企业管理人员和员工传达这样一种观念,传达基于绩效而进行管理、基于绩效而谋求发展的观念。除了对员工的表现做出科学的评价之外,绩效管理更多的是帮助企业员工掌握管理的技巧、养成科学的管理习惯,帮助员工提高工作效率,从而促进企业战略规划的实现。因此,企业应更多地把绩效管理视作企业的一种管理哲学,所有决策和实践都应该从绩效出发,再回归到绩效。所以,企业应该对员工传达绩效管理的观念,让员工始终都持有绩效观念,以使其在工作中能够更加科学地规划自己的工作,更加高效地为实现绩效目标而努力。

(二)绩效管理应关注于前瞻性

如果企业过于关注量化,把过多的精力放在考核指标的量化上,势必会破坏管理的整体性和系统性,把考核的重点放在对员工过去表现的判断之上。这样,势必违背了绩效考核的初衷,毕竟绩效考核的目的是帮助员工提高而不是找员工麻烦。所以,企业在进行绩效管理的时候,应该着眼于前瞻性,有意识地规划员工的工作,尽可能准确地预测可能出现的问题和障碍,以便帮助员工主动积极地完成工作,获取更加卓越的业绩。

(三)绩效管理应关注于提高管理人员的管理水平

现在,许多管理人员所拥有的知识和技能并不足以支持他们承担更重要的责任。许多管理人员只是完成上级领导的任务和对下属下达命令,而并没有对自己所管辖的工作制订前瞻性的规划,也很少对员工进行有效的辅导和帮助。他们每日忙于应付日常事务,而忽略了员工的能力开发与职业发展。绩效管理则对管理者提出了更高的要求,它要求管理者把下属的绩效提升当作自己的一项职责,把员工的发展纳入管理工作的日程表中,从而有利于管理者自身管理水平的提高。

二、服务员工的激励动机与方式

为了最大限度调动服务员工的积极性,服务企业也必须同制造业一样,有相应的激励措施。当服务员工(无论是前台员工还是后台员工)表现出色时,就必须对其给予正向的反馈。可以小额度、高频率地给予奖励激励,这样能够增加服务员工继续维持出色表现的可能性，甚至表现得更为出色。这样，就产生了动机与激励动机的相关问题。一般而言，动机是指人们从事某种活动、为某一目标付出努力的意愿。激励动机就是通过满足人们的需求而使其努力工作，从而实现某种目标的流程。

可以说，对员工的激励是服务组织的重要决策之一。如果员工的积极性未得到充分调动，报酬偏低和未受重视，往往会导致其在工作上不愿意发挥最大效力，而是量入为出，只是随意努力。其中，随意努力是介于最大努力与最小努力之间的一种状态；最大努力是指一个人在完成任务时竭尽所能，最小努力则是指在完成任务时得过且过，它们之间的关系如图 13-2 所示。

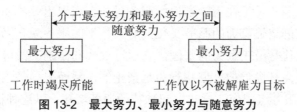

图 13-2　最大努力、最小努力与随意努力

资料来源：Berry，Leonard. How To Improve The Quality Of Service. Chicago，1988.

管理人员对组织员工进行激励，就是要让员工看到自己的需要和组织目标之间的联系，从而驱动员工，使他们付出的努力增加。这种努力不仅足以满足个人的需要，同时也有助于组织目标的达成。一般而言，可供企业采取的激励方式主要有以下五种，如表 13-1 所示[①]：①在公司使命和价值中为员工创造一种集体荣誉感（使命、价值和荣誉的方式）；②让员工清楚自己的任务、重要性、业绩衡量标准，并持续跟踪结果（流程和尺度方式）；③给员工个人自由和赚钱的机会，同时让他们承担风险，对他们的行为很少做出限定（创新精神方式）；④对个人成就表示尊重并承认质量业绩（个人成就方式）；⑤借助工资和报酬体系来支持实施（奖励和庆祝方式）。

表 13-1　激励员工的五种方式

激励方式	产生热情的原因	员工产生归属感的原因
使命、价值和荣誉的方式	相互信任、有集体荣誉感和自我约束力	为成就和荣誉而感到骄傲，共享价值
流程和尺度方式	透明的业绩衡量标准，清晰的结果追踪	知道公司要他们干什么，知道如何衡量业绩以及这样做的原因
创新精神方式	有个人自由，有赚更多钱的机会，行为规范更少；可以选择自己的工作活动，但承担更大的个人风险	能控制自己的命运，在高风险、高回报的环境中工作
个人成就方式	对个人成就非常重视，不过分计较个人得失	因个人的工作质量而得到承认和赞赏
奖励和庆祝方式	对成就进行奖励和庆祝	在高度互动的环境中享受乐趣和相互支持

当然，一味的正面激励也会让员工产生浮躁的心态。在有些情况下，负激励可以让人保持清醒的头脑，并认清现实情况。实际上，激励并不全为鼓励，它也包括一些负激励措

[①] ［芬］克里斯廷·格罗鲁斯. 服务营销与管理——基于顾客关系的管理策略. 2 版 [M]. 韩经纶，等译. 北京：电子工业出版社，2002：266.

施,如罚款、降职和淘汰等手段。其中,淘汰是一种惩罚性的控制手段。在现代管理理论和实践中,正面激励的应用往往远多于负面激励。越是素质高的员工,淘汰激励等对其产生的负面效应也会越大,这会给员工造成工作的不安定感、与主管以及同事关系紧张而复杂,进而导致员工往往难以制订长期的工作计划。

三、服务文化的塑造

企业文化是指企业员工所信奉的一系列共同的价值观念和行为规范。服务企业必须管理好内部服务气氛,服务员工在为顾客提供服务时才会表现出色,才会有积极的态度和行为。因此,服务企业创造强有力的服务文化,对其员工的服务观念乃至行为会有重要的影响。实际上,企业文化是员工行为的基因,它通过仪式和激励手段等方式告诉员工企业的核心价值观,哪些行为是提倡的,哪些行为是禁止的,从而引导员工的态度和行为朝着一个方向努力。因此,服务组织应注意建立起独特的服务文化,以这种极具渗透性、稳定性、长期性的战略工具打造一流的员工服务表现。

(一)服务文化的重要功能

服务文化就是企业在对顾客的服务流程中所形成的服务理念、职业观念等服务价值取向的总和,它包括服务标准、服务理念、服务宗旨和服务效果,并由此形成全体成员共同遵循的最高目标和行为规范。如前所述,服务质量是众多资源协调配合的结果,服务业比制造业更难进行质量控制。而服务文化的改善,则是保证质量管理获得成功的关键。通过建立优秀的服务文化,管理人员可以实现对质量的间接控制。一般来说,服务文化具有以下四种主要功能。

1. 导向功能

所谓服务导向,就是指一系列影响组织成员同其他顾客相互交流水准的态度和行为,服务导向可以增加顾客感知中的服务质量的立体感,服务文化能够使企业员工更具有服务导向的特点,服务导向观念作为服务文化的一部分能够使员工按照顾客所想提高其服务质量。具备服务导向观念的员工对顾客更感兴趣,为顾客做更多,并努力去寻找满足顾客期望的恰当方法,服务导向观念指导了顾客心目中的服务质量。

2. 激励功能

传统的激励方式本质上是外在的强制力量,而企业文化所起的激励并不是消极地满足人们的心理需求,而是通过文化的塑造,使每个员工内心产生积极向上的思想观念和行为准则,从而形成强烈的使命感、持久的驱动力,成为员工自我激励的一把标尺。倡导企业文化的流程,就是帮助员工寻求工作意义,建立行为的社会动机,从而调动积极性的流程。

3. 凝聚功能

企业文化可以产生一种巨大的向心力和凝聚力,把企业成员团结起来。企业文化是一种群体意识,是企业成员理想、希望和要求的寄托,企业成员会对这种群体意识产生认同感。这就需要企业成员积极参与企业事物,为企业的发展贡献自己的力量,逐渐对企业形成归属感。另外,企业文化的凝聚功能还表现在企业文化的排外性上,对外的排斥和压力的存在,使个体产生对群体内部的依赖。同时增强了个体对外的敏感性和竞争性,促使个体凝聚于群体当中,形成命运共同体。

4. 规范功能

组织文化的规范功能通过组织的基本价值观和行为规范而实现。组织的基本价值观构成组织成员的无形软约束,行为规范构成组织的有形硬约束。组织的共同信念、基本价值观和行为规范能够使员工心灵深处形成定式,构造出积极的应答机制。一旦有外部信号诱导,应答机制就会发生作用而迅速响应,从而产生预期的行为。而无形的软约束还可以缓冲有形硬约束对员工的心理冲击,削弱逆反心理,从而使员工的行为趋近于组织目标。

(二)服务文化的营造

企业文化是由相对稳定和持久的因素构成的。这一事实往往对导致文化的变革具有相当的阻力。一种文化需要很长一段时间才能形成,而一旦形成,它又常常变得牢固和不易更改。创建服务文化,对企业原有文化而言,意味着一场文化变革。因此,创建服务文化无疑是一项艰巨、长期的工作。如今很多企业和组织都在进行文化变革和改进,这种变革和改进是一个长期的过程,需要制订广泛而长期的行动计划。一般而言,优秀服务文化的形成,往往需要关注以下几个方面。

1. 重视和发挥领导者的作用

领导者在企业文化的创建和形成中起着重要的作用。一方面,领导者的经营管理理念是企业文化的重要来源;另一方面,领导者还是文化创建和塑造的倡导者、支持者。在服务文化的创建过程中,领导者或管理人员自己必须首先确立起顾客导向和优质服务意识,并相应地调整自身的态度和管理行为。换句话说,管理人员首先应该是服务意识和顾客导向的示范者,他们向员工宣讲服务愿景和新的价值理念,说服反对者以赢得更多的支持。如果管理人员只是口头上承认服务意识和顾客意识的重要性,而实际上并没有执行服务战略,那么服务文化实际上也起不了什么作用。管理人员应该学会与员工沟通,支持员工为提供优质服务所做的各种努力和工作,从单纯的控制员工变成指导员工、相信员工、鼓励员工并授予其相应的权力。

2. 改变行为模式

企业文化从可觉察性和变革的难易程度角度可以划分为两种类型:一种是深层次的、不易觉察的企业文化层面,即企业基本价值观念;另一种则是较易觉察的、企业文化层面,即企业的行为方式或经营风格[1]。文化变革的艰巨性,其实主要是指价值观转变的渐进性。尽管深层次的价值观对行为模式有着决定性作用,但行为模式的转变很容易让员工觉得文化变革是可行的。这样一来,就在日常的潜移默化中逐渐实现价值观的内化过程。以追求优质服务为宗旨的服务文化,往往决定了服务企业采取相应的行为模式。因此,创建服务文化,就是要确立一套追求优质服务的行为规范,如微笑服务、礼貌待客、专业、体贴的服务流程,顾客满意的服务补救,基于服务效率的上下沟通、团队合作和部门协调,鼓励

---

[1] [美]约翰·科特,詹姆斯·赫斯科特.企业文化与经营绩效[M].北京:华夏出版社,2001.

优质服务的各种典礼和仪式。

3. 组织结构重组

组织结构是企业文化的重要影响因素。特定的文化总是需要相应的结构形式来支撑。以倡导顾客满意和优质服务为核心的服务文化，往后需要组织结构的扁平化和决策权力的分散化。一般而言，组织结构的扁平化和决策权力的分散化可以为组织带来几项重大收益，主要包括：在服务提供流程中更快速地对顾客需求作出反应，在服务补救流程中更快速地回应不满意顾客，员工会对自己的工作和自我表现更加满意，服务员工会更热情友善地对待顾客。授权员工是创新思想的宝贵源泉，通过员工授权往往可以赢得出色服务，进而提升顾客对企业的忠诚度。总之，在创建服务文化的过程中，组织结构的扁平化和决策权力的分散化势在必行。其中的基本原则是：战略决策必须由高层管理人员做出，但决策不应该从服务接触中剥离出来；某些业务决策则必须由中层管理人员来做出，而大部分决策应该在问题发生地由相关员工做出。

4. 调整或重新设计企业管理制度

企业管理制度也是企业文化的重要影响因素。管理制度是企业文化的载体，折射并反映了企业文化与价值观念。创建新的企业文化，必然要改变原有的管理制度。一般而言，创建新的服务文化，往往要求以鼓励提供优质服务为导向来重新设计和调整企业的管理制度。其中，重点是绩效的考核与奖励制度、员工遴选和培训制度以及人员晋升制度等：①绩效考核与奖励制度。对服务企业而言，绩效考核至少包括两个基本维度，一是内部生产率（服务成本效率），二是外部生产率（顾客服务感知质量）。由于服务的特殊性，绩效考核在综合考虑上述两种生产率的同时，还必须突出外部生产率的重要性。因此，要相应地建立和健全顾客反馈与投诉制度，并对为顾客提供价值的一线员工的工作业绩予以足够的重视，在薪酬方面得到充分体现。对于绩效高、顾客反映好的员工，应该给予相应的奖励；反之，则应给予处罚。②员工遴选和培训制度。企业应该聘用那些有服务意识、合作态度并能够为顾客提供优质服务的员工。因此，应该建立一套遴选机制和程序。为顾客提供优质服务，对员工（不仅是新员工）进行服务培训是必要的，培训的主要内容包括企业宗旨、企业战略和整体目标以及所在部门的目标、职责和员工个人的目标。此外，还应该包括服务意识、服务态度和服务技能。③人员晋升制度。人员的晋升应该充分考虑其服务态度、服务能力和服务业绩，并确保这样的员工受到重视和提拔。人员晋升制度应该成为员工职业发展的标杆，使员工看到职业发展的前景和工作努力的方向。

（三）营造服务文化的机遇和挑战

转变和营造企业文化，是一项艰巨的任务。究竟从何开始并且如何保持下去，都是管理者必须关注的问题。有关研究表明，员工的职业行为发生转变时，会给文化带来根本性的变化。只有条件完全具备的时候，这种转变才可能发生。其中的条件包括：环境压力，如竞争激烈、顾客期望和需求变化、行业管制或解除管制；新组织战略的实施；组织结构的调整，如组织结构重大调整和管理层的重大变动。

但是，当潜在问题看起来还很远的时候，现有组织中的大多数成员往往会无视这种潜在的危机，对现有企业的文化变革也就很难开始。这时，管理应该循序渐进，不能急于求成，需要细致地策划和认真地执行。此外，要形成一种文化，往往牵涉一系列内部问题——因为文化是一种整体现象，是组织中各种要素相互作用的综合结果，它不能孤立地存在，更不能与组织结构、管理方法、组织业务使命和战略等要素分离开来。因此，要营造服务文化，首先确保决策者和高层管理者能够达成共识。只有满足了营造服务文化的这些内部要求，服务文化才能成为引发战略关注的问题。其次，营销服务文化往往还需要一些时刻对服务给予关注的员工，更离不开那些把向内部顾客和外部顾客提供优质服务当作生活乐趣的员工。可以说，没有他们的倡导和贡献，服务文化是不可能在企业内部生根发芽的。

本章小结

本章重点介绍了服务利润链的相关理论，该理论认为：服务组织的内部服务质量影响着员工满意度，进而影响着员工的忠诚度和员工的生产力，而员工忠诚度和生产力的高低则直接造成企业外部服务质量的好坏，而外部服务质量的好坏又会影响顾客的忠诚度，忠诚顾客多寡则影响着组织的获利能力，而那些具有良好获利能力的组织才有更多的资源来提升内部服务质量，由此形成了一个良性的循环。同时，本章还阐述了服务员工管理和内部营销的相关知识，论述了员工授权的必要性、好处与成本。此外，除了各种规章制度和管理措施以外，企业文化作为一种无形规则也深深地影响着员工的服务态度和服务行为。良好的服务文化可以有效地提高企业竞争力，并在企业内形成共同的价值观，从而使企业员工齐心协力地为企业发展而努力。

关键词汇

服务利润链：是指服务组织内的服务质量影响员工满意度，进而影响员工忠诚度和员工生产力，员工忠诚度和生产力的高低直接造成企业外部服务质量的好坏，外部服务品质的好坏影响顾客满意度，进而影响顾客忠诚度，最终影响企业的利润。

内部营销：是指企业把营销的概念引入企业内部，认为只有先在内部市场开展积极的营销，企业才能更好地服务外部市场的顾客。这一概念要求管理者把员工看成自己的顾客，重视员工需求，积极地与员工进行沟通，为员工营造良好的服务氛围，并通过相互协调的方式促使内部员工为顾客更好地提供服务。

服务文化：是企业在对顾客服务流程中形成的服务理念、职业观念等服务价值取向的综合。它包括服务标准、服务宗旨、服务理念和服务效果，并以此培育形成全体员工共同遵守的最高目标、价值标准、基本信念和行为规范。

复习思考题

1. 服务员工管理包括哪些层面？

2. 什么是内部营销？它包含哪些活动？
3. 如何进行服务员工的绩效管理？
4. 员工激励的方式包括哪几种？
5. 服务文化的营造主要需要关注哪几个方面？

本章案例

海底捞的内部营销之道

四川海底捞餐饮股份有限公司成立于1994年，是一家以经营川味火锅为主，融会各地火锅特色于一体的大型跨省直营餐饮民营企业。海底捞在北京、上海、西安、郑州、天津、南京、杭州、深圳、厦门、广州、武汉、成都、昆明等内地的57个城市有190家直营餐厅，在中国台湾地区有2家直营餐厅。在国外，已有新加坡4家、美国洛杉矶1家、韩国首尔3家和日本东京1家直营餐厅。其曾先后在四川、陕西、河南等省荣获"先进企业""消费者满意单位""名优火锅"等十几项称号和荣誉，创新的特色服务赢得了"五星级"火锅店的美名。2008—2012年连续5年荣获大众点评网"最受欢迎10佳火锅店"。2008—2015年连续8年获"中国餐饮百强企业"荣誉称号。海底捞之所以能取得如此成绩，与其优秀的内部营销密不可分，其一直推崇双手改变命运的价值观，真正人性化地管理每一位员工，尽全力为其创建适宜的、公正的工作环境，提升员工价值。

一、关注员工需求

海底捞十分注重对于员工的福利与激励，力求让员工真正把海底捞当成自己的家。海底捞为员工提供的宿舍都距离工作地点步行20分钟即可到达、有空调、有暖气、能上网，条件优越；而且考虑到其工作繁忙，公司还雇用了专门为员工打扫宿舍的人员。其对员工的关怀不仅限于员工本身，还考虑到其家人，如通过建立海底捞寄宿学校解决子女教育问题、每月将一定比例奖金直接寄给优秀员工父母等。正是这些，使得海底捞员工具有极高的员工忠诚度，离职率在10%以下，远远低于同行业。

二、开展员工培训活动

在公司的不断发展壮大过程中，海底捞一直很重视对员工的管理、培养与选拔。公司创始人张勇曾表示选拔员工最重要的就是要肯吃苦，迫切地想要改变现状，其新员工中很大比例都是学历不高的农民。通过多年摸索，海底捞的新人三天培训法已十分成熟，受到了许多企业的效仿。第一天的内容主要包括海底捞的店名含义、服务宗旨、三大目标、仪容仪表要求等，让员工对于公司有一个框架性的感受；第二天主要讲解考勤制度、人事管理条例和规章制度，还会教学店歌以及其为员工创造发展的途径，使员工在重视日常表现的同时融入企业文化，并且初步形成自己的职业规划；第三天是对于岗位职责、岗位要求和公司一些高压线的介绍，让其在上岗前充分明确个人工作职权。除了对于新人的培训，海底捞也会定时对老员工进行提升培训和发展规划。海底捞不仅根据每位员工的自身情况制订适合他们的培训计划，让他们了解其所处职位的具体工作、感受其职位的重要性并且提升他们的服务意识与能力，还适应当今的大数据时代，运用云软件平台，提供给员工关于其绩效考核的排名等信息，结合相应的职业规划课程，使员工对于未来发展晋升的方向有更明晰的认识，有利于其长期工作目标的设立。通过对员工的持续营销，让他们发掘自己的闪光点，因此收获了一批优秀、忠诚、有干劲的员工。

三、赋予员工适当的权力

对于很多企业来说，授权是其一直比较避讳的问题，但是海底捞却通过向基层员工适当授权收获了意想不到的好结果。在海底捞无论是管理层还是普通员工，相比于一般餐饮业同职位员工都拥有更大的权力：分店店长、大区经理和副总分别可以审批 30 万元、100 万元、200 万元额度的开支。连普通一线员工都拥有一定额度的打折、免单或向顾客赠送果盘和零食的权力。适度的授权使得海底捞在面临紧急或突发情况时，能在最短时间内处理妥善，既能赢得顾客的理解，又能防止给其他顾客带来影响。当然，海底捞对于滥用私权的处罚也是十分严厉的，很好地起到了震慑作用。这种合理的授权，让员工有了公司主人的感觉，不仅更加珍惜这份权力，也会尽自己最大努力完成本职工作。

社会在不断发展，第三产业所占比例也在不断提升。20 年来，海底捞从一个名不见经传的火锅店到全中国最优秀的餐饮公司之一，内部营销的作用不容小觑。随着时间的推移，内部营销的优越之处一定能被更多企业所认可，合理、规范地进行内部营销建设，定能为企业的可持续发展添砖加瓦。

资料来源：根据内部营销在"海底捞"火锅餐厅的应用研究，道客巴巴：http://www.doc88.com/p-6611539913549.html，2017 年 12 月 1 日等资料整理。

思考题
1. 海底捞关于内部营销主要做了哪几方面的努力？
2. 要想保证海底捞的持续发展，应该在员工管理方面做出什么样的改进？

即测即评

补充阅读材料

第五篇 提升价值

  没有做不到的事情，只有想不到的事情。优异的价值创造与价值交付能力是企业服务营销实践获得成功的关键所在。但价值本身也是一个没有边界的概念，顾客总是希望可以从供应商那里获取更大的价值。相应地，企业也希望可以从顾客那里获得更高的价值。下面本篇就分别针对目前广为接受的、两种旨在提升价值的方法——顾客关系管理和服务补救，对于价值的提升加以深入地阐述。

第十四章　顾客服务与顾客关系

正如 Alan W.H. Grant 等人（1995）所指出的，源于顾客关系的利润是任何类型企业的血液。获取新顾客、增强现有顾客的盈利性和延长顾客关系已经成为增加利润的三种基本途径，关系营销和顾客关系管理浪潮正席卷全球。[1] 本章的主要学习目标为：

学习目标
- 掌握关系营销
- 熟悉顾客关系管理
- 了解顾客关系管理与伙伴关系管理、企业资源计划（ERP）等相关工具之间的关系

第一节　顾客服务与关系营销

如前所述，服务与产品存在诸多差异，服务营销流程中也存在很多特殊问题，如服务质量问题、顾客参与问题和供需问题等。而且，在服务流程中，还存在一个努力把服务消费者与组织紧密联系起来并变成回头客的流程——争取回头客往往比获取新顾客的成本要低得多。要想解决这些与产品市场营销的不同问题，关系营销是企业的最佳选择。

一、关系营销理念

对于关系营销的研究主要是从 20 世纪 80 年代开始的。贝利（Berry）于 1983 年把关系营销的概念引入服务市场营销理论中，并给出了这样的界定："关系营销的基本目标是建立和维持对组织有益的、有一定承诺或投入的顾客基础。为了实现这一目标，企业把注意力集中在开发、维持和强化与顾客的关系上。"[2] 1996 年，他又进一步将关系营销定义为"通过满足顾客的想法和需求进而赢得顾客的偏爱和忠诚"。[3] 随后，有关关系营销的文献越来越多。

（一）关系营销的内涵

不过，对于关系营销理念的内涵，目前仍存在不同的见解。例如，贝利指出，关系营销的目的在于挽留顾客，因为挽留老顾客往往比获取新顾客的成本要低得多，而且对企业

---

[1] Alan W.H. Grant and Leonard A. Schlesinger. Realize your customers' full profit potential. *Harvard Business Review*, 1995, 73（5）：59-62.
[2] Berry, L.L. Relationship Marketing. in Berry, L.L., Shostack, G.L. and Upah, G.D.（Eds）, *Emerging Perspectives on Services Marketing*, Proceedings Series, American Marketing Association, Chicago, IL, 1983: 25-28.
[3] 苏朝晖. 客户关系管理. 2 版 [M]. 北京：高等教育出版社，2016：11.

利润的正面影响也较大，有时还易于从老顾客那里获得积极的口碑。[1] 由此我们不难发现关系营销的理论基础：维持一位老顾客的费用要远远低于获取一位新顾客的费用。对于企业来说，挽留老顾客更加有利可图；摩根（Morgan）和亨特（Hunt）两位教授在他们的研究成果中指出："关系营销是指建立、发展和保持一种成功的关系交换"，他们认为"关系营销是一种有关承诺和信任的理论"；[2] 诺丁服务市场营销学派的代表人物格罗鲁斯则认为：关系营销是一种与顾客共同创造价值的市场营销理念，它决定了服务供应商与顾客之间的关系，也决定了企业如何管理与顾客的关系。[3]

综合所述不难发现：关系营销是识别、建立、维护和巩固企业与顾客及其他利益相关者之间的关系的一系列活动。通过企业的努力，以诚实交换与履行承诺的方式，使双方的利益和目标在关系营销活动中得以实现。

（二）关系营销与交易营销的差异

通过以上对关系营销内涵的探讨可以看出，关系营销与传统的交易营销有着很多差异，主要表现在以下六个方面。

第一，两者的理论基础不同，传统的交易营销以 4Ps 理论为基础，强调的是以生产者为中心的交易行为；而关系营销主张以系统论为基本的指导思想，以市场反应、顾客关联、顾客关系和利益回报为基础，重视顾客的需求和欲望，并以整合营销传播为手段开展全面的市场营销活动。

第二，交易营销的核心是交易，看重的是在每一笔交易中实现利润最大化，强调企业利益的最大满足。因此，交易营销的理念是以生产者为导向的；而关系营销将与利益相关者建立长期合作关系看作市场营销的核心，通过各方的互动来建立关系营销网络。在这个网络中，企业的市场营销目标不是追求每次交易的利润最大化，而是追求网络成员利益关系的最大化，最后形成网络成员共同发展的局面。[4]

第三，关注的焦点不同。交易营销关心如何生产，注重一次交易，希望获得更多的新顾客，企业管理人员更看重市场占有率；而关系营销强调充分利用现有资源，尽最大努力挽留现有顾客，注重与顾客建立长期的合作关系，以使企业获得长期利益，企业管理人员更看重的是顾客的保持率与顾客份额。

第四，着眼点不同。交易营销关注的目标主要是市场，面向的是各种顾客群体；而关系营销的范围包括各个利益相关者，包括顾客、竞争者、供应商、分销商、政府、银行、社会团体及股东、合伙人和内部员工等。

---

[1] Berry, L.L. Relationship Marketing. in Berry, L.L., Shostack, G.L. and Upah, G.D.（Eds）, *Emerging Perspectives on Services Marketing*, Proceedings Series, American Marketing Association, Chicago, IL, 1983: 25-28.

[2] M. Morgan Robert, Shelby D. Hunt. The Commitment-Trust Theory of Relationship Marketing. *Journal of Marketing*, Vol.58, July, 1994: 22.

[3] [芬] 克里斯廷·格罗鲁斯. 服务管理与营销——基于顾客关系的管理策略. 2 版 [M]. 韩经纶，等译. 北京：电子工业出版社，2002：28.

[4] 刘铁明. 关系营销与传统营销观念之比较 [J]. 税务与经济，1998（3）：56.

第五，在市场风险方面，由于交易营销只强调交易行为，在市场竞争十分激烈、新产品不断涌现的情况下，顾客很容易转而购买其他产品，从而使企业随时有失去顾客的可能，导致较大的市场风险；而在关系营销的指导下，企业通过重视顾客需求和以之为起点的市场营销活动，使顾客建立起品牌忠诚，市场的不确定性减小，因而风险也相对变小。

第六，交易营销不太注重为顾客提供服务、承诺和信任，而关系营销则恰恰相反。关系营销高度重视顾客服务及对满足顾客服务的大量投入，维持并发展与顾客的长期关系和承诺是关系营销的重要内容。

二、顾客服务与关系营销

服务营销的最大特点之一是服务消费。它是一种流程消费，而不仅仅是结果消费，消费者或使用者往往把服务生产流程看成服务消费的一个组成部分。在服务供应商与顾客的直接接触中，企业和顾客进行交流，以了解各自的特点和对自己有利的信息，从而有助于关系的建立和维持。换句话说，优质的顾客服务往往有助于提高关系营销的效果，最终提高顾客满意和顾客忠诚。例如，富有传奇色彩的万科公司就是这方面的一个经典案例，参见资料卡14-1。同时，关系营销也有助于企业加深对目标顾客及其需求的理解，从而为其更好地提供优质的服务成为可能。因此，顾客服务与关系营销往往是交织在一起的，是相互作用、相互强化的。无论是在顾客服务过程中，还是关系营销过程中，企业与顾客的互动流程（互动），都构成了顾客服务感知和行为驱动的关键因素。

资料卡14-1 "万科的6+2服务"铸就了卓越的顾客感知绩效

作为中国第一大房地产企业，万科获取成功的原因有许多，但是通过优质顾客服务进行成功的顾客关系管理是不容忽视的重要因素之一。其中，该公司的"6+2"服务更是在确保卓越服务质量方面立下了汗马功劳。

第一步：温馨牵手——顾客第一次看楼时就给其留下优良的第一印象
- 收集第一次来访顾客的资料，并且进行跟踪和维护；
- 将楼盘相关信息详细耐心地展示给顾客；
- 展示历史楼盘的所获奖项，树立良好的开发商形象；
- 向顾客贴心提示可能存在的风险，真正为顾客着想；
- 热情展示专业的物业管理团队以及服务承诺。

第二步：喜结连理——与顾客进行签约，保证信息透明
- 保证人性化的服务，仔细告知合同条款，避免其不信任，公布相关合同示范文本；
- 对于服务的流程和手续进行简化和明晰，为顾客提供方便；
- 根据顾客类型设置适合他们的签约方式并且提供给他们与万科的沟通以及投诉渠道。

第三步：亲密接触——开放施工地供其检查进程并且定时向其报告工程进展情况
- 对于施工进展、规划变动等相关信息，及时通报给顾客；
- 开放工地，有利于顾客调整其期待值；
- 避免将顾客信息泄露给装修公司等，保证其对于开发商的信任。

第四步：恭迎乔迁——完工后的恭贺与提示
- 举办入户仪式并且派专门工作人员引导业主验楼；
- 恭喜乔迁，准备小礼物；
- 简化入户手续并且向其说明收费情况；
- 为其未来的装修提供一些建议。

第五步：嘘寒问暖——对于入住3个月的顾客进行回访
- 主动对于房屋质量进行相关检查，询问顾客是否有需要帮忙解决的问题；
- 举办社区建设活动，促进邻里关系的发展；
- 征求顾客关于房屋以及服务的建议与意见。

第六步：承担责任——对于入住1年的顾客进行回访
- 对于房屋进行系统性检查，如排水系统、燃气设备和门窗等；
- 进行顾客满意度调查；
- 继续推进定期的社区建设活动，创造温馨的社区氛围；
- 保持对顾客的关注，有利于提升顾客忠诚度。

+1：一路同行——持续收集顾客反馈，及时解决顾客的问题和投诉
- 利用线上线下多渠道了解顾客的建议和意见；
- 获知顾客问题后及时派人解决并向顾客询问反馈；
- 始终与顾客保持良好互动和对顾客持续地关怀，让其感受到被重视。

+2：四年之约——在交付房屋4年后进行项目改造
- 对于小区公共设备和配套设施进行改造和更新；
- 结合顾客诉求和具体情况展开改进工作；
- 注重绿化。

资料来源：根据曾明慧，王莉莉.上海万科：顾客服务6+2步法[J].中国质量，2007（08）：19-21改编．

从本质上来看，企业与顾客的互动流程也是企业和顾客的沟通流程，故也称为对话流程。从市场营销学的观点看，在多数情况下，持续的交易可以产生竞争优势。因此，如定制设计、送货和准时制后勤、设备安装、顾客培训、有关如何使用和安装产品的文件、维修和零部件服务、处理询问、服务的补救和抱怨管理等，成为企业创造竞争优势的武器。长期的顾客关系，常常是企业获利的基础，也是顾客能够得到附加价值的流程。由此不难发现，服务中实施关系营销主要包括三个关键流程：作为关系营销起点和结果的价值流程、作为关系营销核心的互动流程和支持关系建立和发展的对话流程。

（一）价值流程

关系营销的理论基础是：双方关系的存在能够为顾客提供产品或服务、能够提供价值

和创造附加价值。[1] 因此，关系营销往往要比交易营销付出更多的努力，以便为顾客和其他关系方创造出比在单一情境中发生的纯粹交易更大的顾客价值。在服务营销中所说的价值常常界定为顾客感知价值。根据泽斯曼尔的界定，顾客感知价值是顾客对利得（产品/服务的效用）与顾客利失的综合评价。其中，顾客利得包括顾客所获得的需求产品或服务的数量、质量和其他便利，而利失包括货币成本、时间成本和精力成本等，价值就是顾客利得和利失的权衡。[2] 由于关系是一个长期流程，因此顾客价值的创造、交付与评价也往往是在一段较长的时间内发生的，我们称为价值流程。企业的关系营销实践要获得成功并得到顾客的认可，就必须设计并切实实施与顾客对话和互动流程并行的、得到顾客认可的价值流程。有关顾客感知价值的详细探讨，请参见本书第三章第三节。

（二）互动流程

成功的市场营销，往往需要为顾客提供足够好的解决方案。在基于产品的交易营销中，这个方案就是实体产品。比较而言，在服务营销中，好的方案就是"解决顾客的难题并使顾客的心理需求与社会需求得到满足。"关系包括实体产品或服务产出的交换或转移，同时也包括一系列服务要素。如果没有这些服务要素，实体产品的服务产出可能只存在有限的价值或对顾客根本就没有什么价值可言。顾客在与实体产品、服务流程、服务系统和技术、电子商务流程、管理和财务流程等接触后，才能够满足需求，这就是互动流程。关系一旦建立，便会在互动流程中得以延续。由于具体的服务和营销情境不同，企业与顾客之间发生的接触也存在不同的类型，其中有些接触是人与人之间的接触，有些则是顾客与机器或系统之间的接触。但是，无论是何种接触，都必须能够对关系的持续做出贡献。

（三）对话流程

持续的关系能够为顾客提供安全感、信任感并降低交易风险。[3] 要想能够为顾客带来收益，供应商与顾客之间必须进行信息共享，相互沟通能够满足需求的解决方案。一般而言，沟通可以发生在关系互动的各个环节，如产品交付、抱怨处理、发送货物和了解个人情况等。尤其是电子商务大行其道的时代，线上的对话和交流更是必不可少。例如，在网购时，购买前可以通过客服了解产品具体性能，收到货后可以向客服反映出现的问题。在关系营销中，市场营销沟通的特点是试图创造双向的，有时甚至是多维的沟通流程。与互动流程相似，对话沟通流程也必须能够维护和促进同顾客的关系。在实践中，企业与顾客的对话沟通形式多种多样，如销售活动、大众沟通活动、直接沟通和公共关系等。其中，大众沟通包括传统的广告、宣传手册和销售信函等不寻求直接回应的活动；直接沟通包括

---

[1] Ravald. Annika and Gronroos. Christian. The Value Concept and Relationship Marketing. *European Journal of Marketing*, 1996,30(2): 19.

[2] Zeithaml, V.A.. Consumer Perceptions of Price, Quality and Value: A Means-end Model and Synthesis of Evidence. *Journal of Marketing*, July, 1988, 52: 14.

[3] Gronroos. Christian. Creating a Relationship Dialogue: Communication, Interaction and Value. *The Marketing Review*, No.1, 2000, p.5.

含有特殊提供物和信息以及确认已经发生互动的个性化联系或信函等,要求企业已经掌握具体的顾客信息。在这一流程中,企业应该努力寻求从以往的互动中得到某种形式的反馈,获得更多的信息和有关顾客的数据以及可能的顾客反应。

在关系营销流程中,价值流程、互动流程和对话流程是三个十分重要的关键环节。其中,互动流程是关系营销的核心,对话流程是关系营销的沟通方面,而价值流程则是关系营销的结果。一般而言,关系营销在服务管理中的实施效果,取决于以上三种流程的有机结合。

第二节 顾客关系管理及其实践误区

顾客到底如何变化?谁是真正的顾客?他们是企业的员工、合作伙伴或日常用品及服务的购买者,同时也是企业的供应商。其实,他们包括以任何方式与企业发生商务关系的任何人或实体。而且,到底什么是顾客并没有什么明显的差别,关键在于企业如何对待不同类型的顾客和如何管理这种顾客关系。[1]

一、顾客关系管理的内涵

在强大的信息技术的支撑下,在强烈的企业内部需求的驱动下,顾客关系管理已经取得了长足的发展,尤其是最近几年中,顾客关系管理不仅得到了社会各界的认可,而且已经被很多企业应用到日常的企业管理之中,在物联网、大数据技术的催化下,企业建立顾客数据库成本逐渐降低,并且通过多个顾客数据库的比对、合并,能够得到更加完善的"用户画像"。不过,有关顾客关系管理的界定,目前尚未形成统一的、权威的、达成共识的观点。

一般认为,关系是指两个人或两群人彼此之间的行为方式和感知状态相互影响、相互作用。顾名思义,顾客关系就是指顾客与企业之间的相互影响与相互作用或顾客与企业之间的某种性质的联系或顾客与企业之间的关联。根据美国数据库营销协会的定义,顾客关系管理就是协助企业与顾客建立关系,使得双方都互利的管理模式。具体而言,顾客关系管理首先是一种管理理念,其核心思想是将企业的顾客(包括最终顾客、分销商和合作伙伴;包括潜在顾客与现实顾客)作为企业的战略资源,通过完善的顾客服务和深入的顾客分析来满足顾客的差异化需求,以保证实现顾客的终身价值。同时,顾客关系管理也是一种管理软件和技术,它将最佳的商业实践与数据挖掘、数据仓库、一对一营销、销售自动化以及其他信息技术紧密结合在一起,为企业的销售、顾客服务和决策支持等领域提供自动化的解决方案。

顾客关系管理定义为企业的一种经营哲学和总体战略,它采用先进的信息与通信技术来获取顾客数据,运用发达的数据分析工具来分析顾客数据,挖掘顾客的需求特征、偏好

---

[1] 王永贵. 客户关系管理 [M]. 北京:清华大学出版社,北京交通大学出版社,2007.

变化趋势和行为模式，积累、运用和共享顾客知识，并进而通过有针对性地为不同顾客提供具有优异价值的定制化产品或服务来管理处于不同生命周期的顾客关系及其组合，通过有效的顾客互动来强化顾客忠诚，并最终实现顾客价值最大化和企业价值最大化之间的合理平衡的动态流程。在这个定义中，包括以下五个层面的含义。

（1）顾客关系管理不是一种简单的概念或方案，而是企业的一种哲学与战略，贯穿于企业的每个经营环节和经营部门，其目的是以有利可图的方式管理企业现有的和潜在的顾客。为了使企业围绕顾客有效地展开自己的经营活动，顾客关系管理涉及战略远景、战略制定与实施以及流程、组织、人员和技术等各方面的变革。

（2）顾客关系管理的目的是实现顾客价值最大化与企业价值最大化的合理平衡，即顾客与企业之间的双赢。无疑，坚持以顾客为中心，为顾客创造优异价值是任何顾客关系管理的基石，这是实现顾客挽留和顾客获取的关键所在。而另一方面，企业是以盈利为中心的组织，实现利润最大化是企业生存和发展的宗旨。但二者之间不可避免地会存在一定的"冲突"：不惜代价地为顾客创造价值，势必增大企业的成本和损害企业的盈利能力，势必无法保证企业长期持续地为顾客创造最优异的顾客价值的能力。不过，二者之间又存在一定的统一关系。为顾客创造的价值越优异，就越有可能提高顾客的满意度和忠诚度，越有可能实现顾客挽留与顾客获取的目的，从而有利于实现企业价值的最大化。事实上，借鉴顾客权益/资产的有关理论，企业完全可以做到这一点。

（3）对顾客互动的有效管理是切实保证顾客关系管理的有效性的关键所在。无论是创造优异的顾客价值，还是实现企业价值的最大化，一个至关重要的前提就是企业必须有效地管理与顾客接触的每个界面，在与顾客的互动中实现全情境价值的最优化，创造一种完美的顾客体验和最大限度地捕捉有关顾客的任何信息，既包括有关顾客需求与偏好及其变动的信息，也包括顾客特征及其建议的信息。

（4）以互联网和数据挖掘工具等为代表的信息技术是顾客关系管理的技术支撑。在如今的"互联网+"时代，顾客关系管理与传统方式相比也出现了新的变化，在由CRM向ICRM的转变过程中，数据的收集和挖掘必不可少。通过数据挖掘，可以从交易数据中获取顾客信息，以便于实现有效的顾客互动、创造优异的顾客价值。其还可以通过消费额多少和消费偏好等进行顾客细分，帮助推行最适合的顾客关系管理战略。这些对于顾客信息的整合、收集、传播、运用和共享，都需要强有力的技术支撑。

（5）在不同顾客表现差异性的偏好与需求的同时，他们也往往具有不同的价值，企业必须把主要精力集中在最有价值的顾客身上。一般而言，那些低价值的顾客在数量上往往占有绝大部分比重，但对企业的贡献可能却很小。顾客关系管理并不是主张放弃那些低价值的顾客，而是主张在顾客细分和深入剖析的基础上加以区别对待。不过这里需要特别强调的是，这里所说的价值，虽然都是指相对于企业而言顾客所具有的价值，人们需要从多个层面来理解其内涵，其中既包括现实的顾客价值，也包括潜在的顾客价值；既包括顾客的经济货币价值，也包括顾客的非货币性的社会价值。

实际上，在顾客关系管理这个词出现之前，基本的营销理论就已经发展得非常成熟，营销管理的基本思想也已经定型。在引入顾客关系管理之后，顾客关系管理中的营销管理思想与传统营销思想是保持一致的，只不过相应的营销方法可能发生了一定的变化。它是信息技术与传统的营销、销售、质量管理、知识管理和服务管理整合的产物，是营销理论的进一步拓展和升华。不过，正如上面的界定所描述的，顾客关系管理已经超越了营销管理的狭隘范畴，是企业的一种经营哲学和总体战略，是多个学科交叉发展的产物。根据TWDI（Data Warehousing Instuitute）所做的一项称为"运用顾客信息谋求战略优势"的调查，通过对1 670名信息技术专业人员和咨询家的调查，CRM已经超越了营销和顾客服务活动，代表着又一次模式转换，是从产品中心观向顾客中心观的转换。

二、顾客关系管理的本质

可以说，以顾客为中心、为顾客创造价值，是任何顾客关系管理战略的理论基石。企业必须突破局限于营销部门和顾客服务部门的传统模式，实施跨部门的、贯穿于整个组织的顾客关系管理战略，把顾客中心型战略与强化顾客忠诚和增加利润的流程整合在一起。就顾客关系管理的本质而言，主要表现在以下三个方面。

（一）顾客关系管理的终极目标是顾客资源价值的最大化

企业发展需要对自己的资源进行有效的组织与配置。随着人类社会的发展，企业资源的内涵也在不断扩展，从早期的土地、设备、厂房、原材料、资金等有形资产，扩展到现在的品牌、商标、专利、知识产权、商誉、信息和独特能力等无形资产。在当今的后工业经济时代——"信息时代"，信息经过加工处理后所产生的知识，成为企业发展的战略资源。在人类社会从"产品"导向时代转变为"顾客"导向时代的今天，顾客的选择决定着企业的命运。相应地，顾客与顾客关系以及相关的顾客知识和顾客相关能力，成为当今企业最重要的战略资源之一。例如，如今在几乎所有行业中，包含顾客信息和购买习惯的营销数据库都是企业十分重要的资产。企业实施顾客关系管理，就是要对企业与顾客发生的各种关系进行全面管理，以实现顾客资源价值的最大化。企业与顾客之间的关系，不仅包括单纯的销售流程所发生的业务关系，如签订合同、处理订单、发货、收款等，而且还包括在企业营销及售后服务流程中发生的各种关系、企业服务人员对顾客提供报道活动、各种服务活动、服务内容、服务效果的记录等；在企业市场调查活动和市场推广流程中与潜在顾客发生的关系；在目标顾客接触流程中企业与顾客接触全流程所发生的多对多的关系。对企业与顾客之间可能发生的各种关系进行全面管理，将会显著提升企业的营销能力和关系管理能力、降低营销成本、控制营销流程中可能导致顾客抱怨的各种行为，促进目标营销、交叉营销和追加营销策略的有效实施，提升顾客忠诚和顾客的终身价值，提高顾客挽留率和顾客的利润贡献率，实现顾客资源价值的最大化。

（二）顾客关系管理在本质上是企业与顾客的一种竞合型博弈

我们认为，顾客关系管理在本质上是企业与顾客的一种竞合博弈。一方面，社会的发展离不开企业的发展，企业要稳步发展，必须得不断注入用于扩大再生产的资金，而想获得扩大再生产的资金,企业就必须盈利。因此,企业便会想方设法地获取更多的利润。为此,首先需要创造和交付让顾客满意的产品或服务,然后才能获取顾客荷包中的一定份额,否则只会被竞争对手一抢而空。另一方面,为了在剧烈变化的环境中获得利润,企业必须寻求一种新的平衡点——投入与收益的平衡点;而顾客为实现高层次需求,也必须寻找一种新的平衡——需求满足与支出的平衡点。同时,还存在一种全局平衡,即在信息完全与信息不完全的条件下,企业与顾客之间的需求平衡。在这种既竞争又合作的大背景下,企业与顾客之间实质上是一种竞合型博弈。顾客关系管理的管理理念也指出:顾客与企业之间不再是供需矛盾的对立关系,而是一种竞争条件下的合作型博弈,是一种持续型的学习关系。它把"双赢"作为关系存在和发展的基础,供方提供优良的服务、优质的产品,需方回报以合适的价格,供需双方是长期稳定互惠互利的关系。

(三)顾客关系管理以企业与顾客的双向资源投入与管理为特征

顾客关系管理以企业与顾客的双向资源投入与管理为特征,是旨在影响和塑造顾客投资于企业中的资源类型与数量的一种努力[1],从而通过提供满意的顾客资源回报来成功地影响顾客投资于企业的资源组合——经济投资与社会投资(如声誉资源和友谊、忠诚与信任等社会资源)的组合。在进行科学的顾客定位与细分之后,企业需要针对不同顾客群体,实施相应的顾客资源管理策略,以便努力推动和优化顾客对企业的资源投入和保证企业面向顾客投入相应的资源。借鉴道池(Dorsch)等人对顾客权益所做的界定[2],顾客权益是顾客投资于企业中的所有资源的价值(企业的所有顾客的折现终身价值的总和),具体包括有形资源和无形资源两种。一方面,企业管理者可以强调经济资源的交换,并利用企业的资产负债表确定有关经济交易的记录;另一方面,管理者需要对资产负债表上无法明显体现的顾客投资——顾客对企业所进行的无形投资(非经济投资)给予特别的关注。这些未被明显记录的无形资源(如企业与顾客的社会联系)往往比企业的有形资产更具有价值。不过,也并非所有交易都代表顾客对企业的资源投资。例如,一笔以现金结算的销售交易就不是"顾客的投资"。而且,每笔顾客资源投入在企业中也不可能处于同等重要的地位,当企业不能为顾客的资源投入提供理想的收益时,顾客很可能会把投入该企业中的资源"抽逃"出来,并投入其他企业,从而发生顾客转移。例如,对某企业不满意的顾客,在未来存在同类需求并从事购买活动时,很可能完全忽视该企业的存在。同时,创造和影响顾客的资源投入,要求管理者必须通过配置或重新配置企业的相关资源,为现有顾客和潜在顾客对企业的经济与社会投资创造条件,并持续地提供强有力的投资动因。为此,企业可以

---

[1] Dorsch, Michael J. and Les Carlson. A transaction approach to understanding and managing customer equity. *Journal of Business Research*, 1996,35: 253-264.

[2] Michael J. Dorsch, Les Carlson, Mary Anne Raymond and Robert Ranson. Customer equity management and strategic choices for sales managers. *Journal of Personal Selling & Sales Management*, spring, 2001, XXI(2): 157-166; Rust, R.T, Valarie A. Zeithaml, and Katherine N. Lemon. Driving Customer Equity: How Customer Lifetime Value is Reshaping Corporate Strategy. The Free Press, 2000; Blattberg, R.C. and John Deighton. Manage marketing by the customer equity test. *Harvard Business Review*, 1996, July-August, pp.136-144.

做出提供经济与社会"红利"的承诺,并努力履行诺言。但是就其实质而言,为了刺激顾客投入,企业必须同时对顾客进行投资。

因此,顾客关系管理的一项关键任务就是明确顾客投入企业中的资源类型及其希望从企业那里得到的资源回报类型。根据斯托巴卡等人的研究成果,顾客和企业之间进行着三个层次的资源交换,分别是情感层面、知识层面和行为层面[①],而且这三个层面的资源交换还存在密切的联系并相互影响。例如,在一定程度上,知识决定了行为。顾客采取的任何行动,大都是在对自己所掌握的信息进行分析的基础上进行的。一般而言,企业所提供的产品或服务越复杂,顾客决策所需要的信息也就越多。类似地,在某种程度上,情感决定着知识的运用和具体行为。一方面,情感因素决定了人们对不同知识的重视程度;另一方面,情感因素也决定了人们的行为。相应地,人们行为又有助于知识的积累和情感的形成。因此,仅仅依靠知识的增加,未必能够给顾客或企业带来利益,要想从中受益,还需要情感因素和行为要素。实际上,如果从顾客的角度看,顾客行动/资源投入可以包括购买行为、口碑沟通、产品与服务咨询、提高购买量与频度、交叉购买与追加购买等;从企业的角度看,企业的资源投入/行动可以包括定价、促销决策、实施忠诚项目、改进质量和交付优异顾客价值等,从而对顾客的资源投入产生影响。也就是说,通过有效地管理顾客关系,企业可以成功地影响顾客投资于企业的资源组合,从而激发出彼此双方营造一种"双赢"局面而持续投资的欲望,企业与顾客的资源投入组合及其匹配关系如图 14-1 所示。

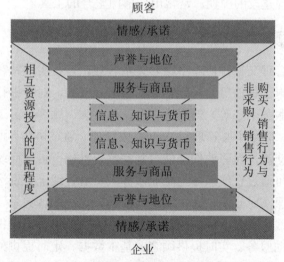

图 14-1　企业与顾客的资源投入组合及其匹配关系

资料来源:王永贵. 顾客资源管理 [M]. 北京:北京大学出版社,2005

三、顾客关系管理的分类

最初,人们倾向于把所有的顾客关系管理都称为运营型顾客关系管理。随着顾客关

---

① Storbacka, K. and Jarmo R. Lehtine. *Customer Relationship Management: Creating Competitive Advantage through Win-win Relationship Strategies*. McGraw-Hill, 2001: 132.

系管理厂商的日益增多,产品的功能更加有所侧重,美国一家著名的信息技术分析公司 Meta Group 和帕斯(Pass)等人[①]把顾客关系管理分成运营型顾客关系管理、合作型顾客关系管理和分析型顾客关系管理三种。

(一)运营型顾客关系管理

运营型顾客关系管理也称作"前台"顾客关系管理,如营销自动化、销售自动化和顾客服务管理等与顾客直接发生接触的部分,目的是确保企业与顾客的交流,确保企业能够通过各种顾客互动渠道收集到所需的顾客信息,以便建立起顾客档案并将其存储在中央顾客数据库中。各种技术的发展与成熟为企业提供了通过不同渠道与顾客交货的能力。移动互联网和智能终端等的广泛应用,从根本上改变了企业与顾客的互动渠道和互动方式。运营型顾客关系管理对销售、营销和顾客服务三个部分业务流程和管理进行信息化改造,注重顾客连接点(销售、市场、顾客服务方面)的业务流程自动化,其作用在于跟踪、分析和驱动市场导向,提高日常的前台运作的效率和准确性,主要是销售自动化、营销自动化和顾客服务的自动化。这种顾客关系管理主要面向与顾客接触的业务或营销人员、存在与其他系统部分数据进行整合的需求、顾客数据中包括未曾交易的潜在顾客、注重目标顾客细分与潜在商机的追踪管理、所提供的数据比较能够支持分析型顾客关系管理需求、历史互动数据的再使用、达成一对一的营销模式和比较适用于产品销售与业务管理的企业等。它适合于顾客关系管理建设的中期,常常用作部门整合的工具。

(二)合作型顾客关系管理

合作型顾客关系管理又称作协作型顾客关系管理,旨在实现顾客沟通所需手段(包括电话、传真、网络、电子邮件等)与顾客互动渠道(例如,对于银行而言,有营业网点、网上银行、银行顾客服务中心等)的集成和自动化,强调顾客、员工、商业伙伴的协作,主要有业务信息系统、联络中心管理和 Web 集成管理。通过协作界面的使用,使得顾客、员工、商业伙伴实时交流,保障他们都能得到完整、准确、可靠而统一的信息。例如,顾客在浏览公司网页时可通过在线服务与企业服务人员进行线上咨询沟通;通过拨打企业官方服务电话也可与客服实时互动,解决遇到的问题。这种顾客关系管理主要针对第一线的服务人员,需要结合线上平台、前端的话务系统(如交换机)、提供自动转接与分配工作机制以及整合语音互动服务、实时提供顾客的基本数据、定时提供处理成本与效率的相关数据(如报表)、实时处理顾客的疑问或问题、顾客资料多为公司现有顾客和比较适用于服务企业等。它适用于顾客关系管理建设的中后期,常常用作信息互动的工具。

(三)分析型顾客关系管理

对上面两部分的应用所产生的信息进行加工处理和分析(商务管理数据分析和特殊顾

[①] Pass, L., Ton Kuijlen. Towards a general definition of customer relationship management. Journal of Database Marketing, 2001, 9 (1): 51-60.

客的数据分析），产生相应报告智能化地为顾客提供个性服务，为企业的战略、战术的决策提供支持，包括数据仓库和知识仓库建设及依托管理信息系统的商业决策分析智能，简称商业智能。企业通过把收集到的顾客数据进行科学的分析预测，把数据转为信息，把信息化为顾客知识，然后再将顾客知识应用到相应的目标营销、"一对一"营销和追加销售等管理活动中去。因此，分析型顾客关系管理具有非常重要的角色，是企业成套顾客关系管理发挥功效的前提，适合于顾客关系管理的建设初期，常常用作现有应用系统和数据集的整合、多维数据分析、预测和优化。

综合而言，其主要功能包括现有应用系统的整合、存放在不同数据库中的相互关联的原始数据的整合、关联性查询、顾客价值评估和顾客细分、利用分析数据和商业智能方法验证行业经验、分析和考察顾客的消费行为和数据挖掘、建立数据模型和预测市场活动效果、调整重要参数和估计对收益与利润的影响、知识发现与知识库、产品定位和市场决策、数据模型的优化和确定营销策略等。这种顾客关系管理主要针对企业高层主管或市场营销分析人员，常常与数据仓库的作业平台结合使用、需要产业相关的经验累积来辅助、提供对企业经营方向具有参考价值的分析数据、注重前端顾客资料的收集与正确性、注重历史资料的保留与涵盖广度，并与 OLAP 数据结合起来提供 DSS 或 EIS 的前端支持等。

不过，上面只是对顾客关系管理的一种分类，实际上还存在许多其他方法。例如，顾客关系管理还包括在线顾客关系管理，指基于网络平台和电子商务战略下的顾客关系管理系统；知识型顾客关系管理，指应用于电子商务关系管理的知识管理原则，它是知识管理、合作关系管理和电子商务。另外，还有人提出了顾客智能系统的概念。同时，必须指出的是，按照其应用环境，还可以粗略地把顾客关系管理分为消费市场顾客关系管理和产业市场顾客关系管理。

四、顾客关系组合管理

顾客才是企业的利润之源，而在以产品（业务）为核心的经营模式下，企业却把经营的重心倾斜到产品或业务上，这本身就是对顾客导向的背离，企业与顾客之间应当建立管理双方接触活动的信息系统，应当建立一种数字的、实时的和互动的交流管理系统。通过不断地改善与管理企业销售、营销、顾客服务和支持等与顾客关系有关的业务流程，提高各个环节的自动化程度，从而缩短销售周期、降低销售成本、扩大销售量、增加收入与盈利、抢占更多市场份额，寻求新的市场机会和销售渠道，加速企业对顾客的响应速度，改善服务。

（一）为什么要进行组合管理

在实践中，我们必须正确地认识顾客关系。为此，企业就必须注意以下两个方面：第一，关系是指事物之间相互作用、相互影响的状态，顾客关系管理强调了对这种状态的一种管理，但是关系本身却不是企业所强调的，企业更看重的是这种关系能否为它带来利润和竞争优势。只有把关系内化为企业可盈利的资产，这种关系对于企业才有意义；第二，一个企业绝对不会只同一个顾客发生关系，顾客是众多的。同时，不同的顾客对于企业的意义也是不同的,这就决定了企业不能用一种模式来对众多不同类型的顾客进行管理,而应该是一种组合管理,组合管理强调的是一种整合,促使企业能从一个全局性的高度来把握;企业应该凸显对这种关系状态的营利性要求,并以组合管理来代替关系管理,以便凸显企业同不同类型顾客之间关系的多样性和复杂性。由此可见,对顾客关系进行组合管理是十分必要的。

(二)如何进行组合管理

具体而言,企业可以借鉴产品组合管理的分析思路和方法来管理顾客关系组合。在产品组合管理中,分别用静态(市场相对份额)和动态(市场增长率)的指标来界定每个产品项目,在顾客资产组合管理中,我们也可以用顾客资产静态和动态的指标来界定顾客关系。

在顾客关系组合管理中,顾客关系组合管理的静态指标就是分析当前的顾客关系对于企业的意义,企业可使用顾客关系的质量来表示。其中,顾客关系的质量就要从顾客关系质量维度加以衡量。第一个维度是企业所拥有的顾客的营利性的高低。其中,盈利是指获得利润,营利性高低的意义是识别从亏损到高获利的某个区间;第二个维度是企业所拥有的顾客的忠诚度。其中,忠诚的意义是情感依赖和重复购买的倾向。这样,一家企业的顾客关系就可以分为优质类顾客关系、时尚类顾客关系、低质类顾客关系和问题类顾客关系。其中,问题类顾客关系是忠诚度高、但营利性较差的顾客,问题类顾客关系一般是企业损失资金的重要来源。大多数企业都面临这样的两难境界,是把这些顾客拒之门外,还是通过开发新产品或其他途径把低营利性转化为高营利性的顾客;时尚类顾客关系是营利性高、但忠诚度低的顾客关系类型,这类顾客是企业最应该施加影响的一类群体,只要通过适当的营销策略来增加顾客的忠诚度并使之成为金牛类顾客关系,就能大量增加企业的现金流;优质类顾客关系是营利性高、忠诚度也高的顾客关系,是企业的双高资产,是企业拥有的最好的顾客关系,企业只需要花较少的关系维系费用就可以带来大量利润;低质类顾客关系是营利性和忠诚度都低的顾客关系,即双低资产。企业会为此付出一定的代价,但相对来说比较少。大量低质顾客关系会影响到企业的利润,顾客关系组合管理的静态分析,就是要识别和监控顾客关系的质量,而顾客关系的质量可以用高质类顾客关系、时尚类顾客关系、问题类顾客关系和低质类顾客关系来加以区分。

顾客关系的动态指标用顾客所处的顾客关系生命周期阶段来表示,它是对顾客关系发展潜力的分析判断,即对顾客未来的购买量与购买频率的预测。在实践中,要分析顾客的发展潜力,首先就要对顾客关系生命周期进行分析。其中,顾客关系生命周期是顾客资产组合管理中的一个重要概念,是指当一个顾客开始对企业进行了解或企业欲对某一顾客进行开发开始,直到顾客与企业的业务关系完全终止,且与之相关的事宜完全处理完毕的这段时间。根据顾客关系生命周期理论,我们必须明白:顾客与企业存在业务关系的时间是有限的;在顾客关系生命周期的不同阶段,顾客对企业的贡献是不一样的;在顾客关系生命周期的不同阶段,企业的管理方法也是不一样的。所以,当顾客关系成为企业获得核心竞争力的战略资源时,企业应当建立顾客关系组合管理模型,描述模拟管理顾客关系发展的轨迹以及顾客关系组合健康发展的战略,并从战略的角度判断企业的顾客关系组合,兼顾短期利益和长期利益,保持健康的顾客关系组合,使各种阶段的顾客关系占有合适的比例。

五、顾客关系管理实践的误区

尽管有关顾客关系管理的研究与实践已经取得了突飞猛进的发展,但也存在许多不足和问题,并把不少企业导入 CRM 误区或陷阱。例如,屈臣氏就曾在 CRM 上尝过失败的味道,其曾尝试像大部分超市一样,推行会员卡。这种会员卡只收取 1 元工本费,在顾客填写入会表格后发放并采取积分制。但由于其顾客群体相对较少,顾客受众大多为年轻女性,生活节奏快且对于个人信息较敏感,在投入 1 000 多万成本和大量的人力、物力后,其会员卡并没有达到预期的销售增长。概括起来,当前有关顾客关系管理的研究与实践所存在的不足与问题主要表现在以下几个方面。[①]

(一)对顾客关系管理的狭隘理解与片面认识

由于顾客关系管理可以从不同的角度来定义,有些厂商过度强调其分析特性,认为"顾客关系管理要花上半年时间来分析企业资料模型,再花下半年来构建数据仓库或仓库,当这些资料完整后就一劳永逸、天下太平了",好像顾客关系管理就是一个庞大的数据仓库。也有另外一些人从流程自动化的角度来看,认为顾客关系管理就是"营销、销售和服务"的自动化,好像只要把销售自动化弄好,让业务员可以把每次拜访记录下来,就是顾客关系管理了。更有些电话交换机厂商,强调服务中心的功效,认为只要用 CTI(电脑电话整合)技术建成呼叫中心或顾客服务中心,就是顾客关系管理。其实,这些观点都只看到了顾客关系管理的一部分,顾名思义,顾客关系管理包括顾客、关系和管理,而不仅仅是数据库、软件、顾客服务或销售。可以说,狭隘地理解顾客关系管理,仅仅将其看作一种管理软件或硬件,是许多顾客关系管理实践遭受挫折的罪魁祸首。根据研究咨询公司 Gartner Group 的调查,约有 55% 的顾客关系管理项目因此而事与愿违,导致顾客大量流失、企业盈利大幅下降。究其原因,就是过于把顾客关系管理看作一种管理软件,认为有了这样一个软件,就可以很好地建立顾客关系并对其进行管理。对顾客关系管理硬件或软件投资越多,所实现的顾客满意和收入增长就越高。实际上,这是影响顾客关系管理有效性的普遍性问题。事实上,顾客关系管理更主要的是一种新的营销理念、新的企业文化、新的管理范式和与此相适应的新的管理流程,而 CRM 软件只是实施这种新的管理范式和流程的一种技术手段。实际上,企业在实施顾客关系管理的流程中,应该首先把 CRM 看作一种经营理念,第一步先制定好顾客关系管理远景与战略;第二步通过对员工的培训和对业务流程的再造等途径实施上述战略,然后再在此基础上实施顾客关系管理技术和软件系统,从而妥善处理好"人、流程和技术"三者之间的关系。

---

① 王永贵. 客户关系管理 [M]. 北京:清华大学出版社,北京交通大学出版社,2007.

(二)缺乏明确的顾客关系管理远景与战略

目前,大多数顾客关系管理项目并不是因为技术问题而失败,更多的情况是由于与企业的目标不一致或根本就没有明确的目标与战略。和大多数新技术一样,顾客关系管理也因天花乱坠的宣传而被蒙上了一层面纱。在供应商的大肆宣传和企业不切实际的期望下,许多企业在没有形成清晰的顾客战略之前,就已经开始实施顾客关系管理,不是由厂商根据顾客所描述的需求来度身定做,而是购买了太多的功能,但这些功能却根本不适合具体的顾客管理需求。同时,有些企业已经制定了顾客战略,却太宽泛了,没有形成明确的顾客关系管理远景和目标。如果要求完成太多的任务,满足各种不同的需求,顾客关系管理的失败也就不足为奇了。也有的企业虽然确定了高度具体的目标,但却脱离了企业的全局战略,从而为其后来的失败埋下了隐患。实际上,顾客关系管理工具可用作多种目的,企业应该先确定自己的目标,而不能不分青红皂白就开始购买和实施顾客关系管理。例如,企业的目标是希望降低处理顾客查询的费用,还是希望获得新的顾客?是希望将精力集中在挽留重要顾客上,还是想销售具有更高价值的产品?是希望最大化顾客的当前价值,还是实现顾客终身价值的最大化?是希望实现货币价值的最大化吗?如果没有回答这些问题,企业往往只能是选择错误的顾客关系管理工具。例如,目前在多数顾客管理的研究与实践中,过多地强调顾客的货币价值,忽视了顾客在情感、思想和能力等方面的价值(如产品与流程的创新开发效果和预测市场发展趋势的侦察员效果等),也忽视了顾客的推荐价值。换句话说,在考虑顾客对企业的所有资源投入中,过分关注货币性投入,而忽视了顾客在情感、时间和精力等方面的无形资源投入,而后者往往是导致顾客最后做出购买决策和诱发购买行为的最关键因素,是在互动接触中产生高度信任和真正顾客忠诚的基础。

(三)缺乏必要的准备和支持

即使制定了合理顾客关系战略,如果不对企业进行调整以服务于该战略,那么顾客关系管理项目仍然会以失败而告终。在实施顾客关系管理之前,企业必须在倡导顾客导向价值观的基础上,为必要的业务流程再造和员工培训做好准备,时刻准备解决其他一系列与顾客策略相关的问题。关于顾客关系管理,存在一种常见错误认识:由于顾客关系管理的特征是面向顾客的,所以只解决表面业务流程问题就可以了。这样做的结果就是忽视了顾客关系管理所要求的企业内部的深层次调整。根据 Rogby 等人(2002)所做的研究结果:大约有 87% 的顾客关系管理由于无法成功实施足够的流程重组变革而失败,从而进一步反映出变革准备不足在顾客关系管理实践中的危害性。同时,企业内部业务流程方面的深层次调整,往往要求有高层的支持。但由于认识和准备方面的不足,不少顾客关系管理实践都缺乏高层的支持。有人认为,顾客关系管理的头号杀手就是缺少高层管理人员的支持和参与。事实上,只有高层人员才有权力来确定顾客关系管理的战略远景和方向并将之有效地传达给员工。同时,也只有他们,才能推动企业内部结构的调整,打破部门间的隔离状态。

（四）缺乏有效的测量指标

顾客关系管理原本旨在实现顾客和企业的双赢，但顾客感知价值最大化和企业收益最大化之间不可避免地存在对立和冲突，这就使得 CRM 的战略制定处于两难困境，结果很少有企业真正采取基于资产的管理方法来管理顾客关系，很少有企业能够科学而有效地测度顾客关系管理绩效。许多企业仍然沿用传统方式来测量顾客关系管理的效果，如顾客满意与顾客忠诚等指标。但这些指标不仅无法实现顾客价值与企业价值的统一，而且也无法准确、客观地表现出来。同时，诸如投资回报和市场份额等传统指标，则主要是事后反映，结果往往会对顾客关系管理的实践产生误导。此外，由于缺乏有效的绩效测评体系和难以实现必要的平衡，出于成本等方面的考虑，多数相关研究和企业实践都在某种程度上忽视或抑制了顾客获取的作用，而片面强调顾客挽留。即使那些认识到顾客获取的战略价值的企业，也往往由于缺乏有效理论的指导，从而无法在顾客挽留与顾客获取方面求得最佳平衡。更为甚者，有些企业虽然使用了测量标准，但却没有恰当使用。例如，如果某企业的顾客关系战略是挽留现有顾客，却仅通过呼叫中心来测量现有顾客数量，那就说明该企业的测量标准实际上并不支持其顾客关系战略。该企业应该在实施顾客关系管理之前测量其顾客管理效度，得到一个基准线，这样才能决定项目是否取得成功。最后，虽然顾客价值和顾客权益是顾客关系管理中两个至关重要的概念，但目前的多数研究都停留在概念界定与关系探讨阶段，对于有效测量标准的关注明显不足。

（五）忘记了顾客关系管理中"C"的真实含义

十分具有讽刺意味的是，在实施顾客关系管理的流程中，许多企业有时竟然忘记了其中的"C"代表顾客。令人吃惊的是，许多公司在不收集、也不评估顾客信息的前提下就制定了企业的顾客关系管理战略。虽然企业把一系列的流程都自动化了，但它所创建的系统却无法让顾客满意。经常有这种情况，企业使用顾客关系管理来提高的是运作效率，而不是顾客服务的效率与效果。显然，这两者是不同的。例如，企业要求呼叫中心的工作人员处理尽可能多的电话，而不要求他们真正有效解决顾客的问题，也不去测量流失了多少顾客。但由于比较满意地处理一个顾客投诉或咨询可能需要与顾客多次通话，所以这种做法不仅无法实现较高的顾客满意，而且还浪费了电话费用。也许是出于对效率的关注，许多企业错误地认为解决顾客问题的最佳答案永远是技术。然而，技术本身并非总是问题的关键。

第三节　超越顾客关系管理

在服务营销与管理过程中，为了更有效地实施顾客关系管理，企业往往要超越顾客关系管理，正确理解并妥善处理顾客关系管理与伙伴关系管理、业务流程再造和企业资源计划（ERP）等相关工具之间的关系，以便突出顾客关系管理在现代企业管理中的定位。[①]

---

① 王永贵.客户关系管理 [M]. 北京：清华大学出版社，北京交通大学出版社，2007.

一、伙伴关系管理（PRM）与顾客关系管理

伙伴关系管理简写为 PRM。一方面，顾客关系管理与伙伴关系管理的功能有很多相似的地方。例如，顾客和分销商管理及其相关信息、联系人信息、销售机会管理（新的合作伙伴与新顾客）和活动管理等。另一方面，在面对合作伙伴和面对最终顾客时，企业所需要的管理功能不尽相同。在非伙伴关系管理系统中，没有招募合作伙伴和激励基金管理的功能。伙伴关系管理所特有的管理功能有合作伙伴活动管理、合作伙伴能进入 PRM 系统（联合的营销、销售、物流和服务提供）、合作伙伴资格的跟踪和合作伙伴额度的跟踪等。在传统的销售自动化（SFA）系统中，供应商不提供对合作伙伴进行管理的功能。现在，有些顾客关系管理软件供应商已经开始提供新的伙伴关系管理模块，成为与传统的销售自动化和顾客关系管理产品不同的解决方案。当然，对不同的企业来说，伙伴关系管理软件应用的深度和广度都会有所差异。如果企业强迫合作伙伴使用伙伴关系管理软件，可能会给他们带来额外的工作量，合作伙伴可能会提供竞争性的产品，或者倾向于销售竞争对手的产品。

二、业务流程再造（BRP）与顾客关系管理

BPR 是业务流程重组的缩写。它的着眼点是流程，关注的是企业的业务和支持这些业务的流程，其作用在于帮助企业识别那些可以改善顾客活动的关键业务领域，并对流程进行改造，从而为顾客创造价值。作为一项技术，它能帮助企业更好地理解顾客及其偏好，并跟踪每一个顾客活动，有利于企业向顾客提供定制化的个性化服务。比较而言，顾客关系管理的首要关注点是顾客，其次是成本和流程。同时，二者之间又具有一定的联系，彼此之间相互影响和相互制约。一方面，如果仅关注业务，可能会因为对前台的顾客期望关注不够而使竞争力下降；如果仅关注顾客，可能产生后台运作效率低和后台过于臃肿等问题。另一方面，在进行业务流程再造时，企业可以利用顾客关系管理系统来简化流程，涉及的流程要考虑到软件系统实现的可能性；在顾客关系管理系统的实施流程中，往往需要大量顾客化工作，企业可以通过业务流程再造对原有的营销体系进行重新设计，对原有部门、分公司、办事处岗位和职能的重新定位，理顺企业的管理方法、业务流程、岗位设置和管理制度等。实际上，顾客关系管理的应用能否取得成效，在很大程度上取决于业务流程再造阶段或与之类似的工作阶段。对于运用顾客关系管理的企业或提供相关方面的咨询服务机构来说，业务流程再造方面的经验将为业务流程再造与顾客关系管理的结合带来很多帮助。此外，在业务流程再造和顾客关系管理这两个领域中，信息技术都扮演着重要的角色。

三、企业资源计划（ERP）和顾客关系管理

大多数 ERP（Enterprise Resource Planning）软件，都是在 20 世纪 80 年代晚期为大型

计算机系统而开发的，它们很适合90年代中期的顾客端/服务器模式，但是却不能满足在线的要求。如今的ERP已不再是传统的ERP，而更类似于传统的后台处理系统（如订单管理和财务系统）。通过ERP建设和管理改造，很多企业实现了制造、库存、财务、销售、采购等环节的流程优化和自动化，而与顾客有关的管理活动却是ERP所涉及但功力薄弱的地方，如销售队伍、销售机会的管理、市场活动的组织和评价以及顾客服务请求的处理，等等。但在当今的竞争中，随着顾客的重要性日益凸显，企业越来越有必要对面向顾客的各项信息和活动进行集成，组建以顾客为中心的企业，实现对顾客活动的全面管理。与此同时，日趋复杂多变的不可预测环境，也对ERP的思路提出了挑战。因此，ERP的出路在于充分利用人性化的新技术，突破对企业内部的管理，致力于提高企业与合作伙伴和顾客进行联合和协作的能力。换句话说，ERP软件同顾客关系管理软件之间存在相互影响和相互渗透的关系，图14-2勾勒出企业资源计划与顾客关系管理之间的关系。

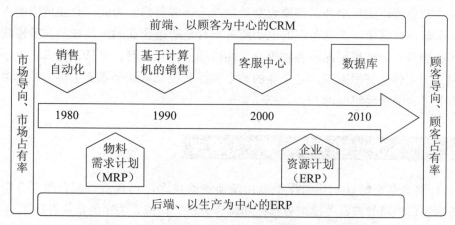

图14-2　企业资源计划（ERP）与顾客关系管理的联系

比较而言，ERP理念建立在满足企业的内部顾客上，对最终的产品交付和外部的顾客满意度有重要影响，主要实现采购、生产、库存、质量、分销、财务的信息化；而顾客关系管理作为一个前台系统，包含市场、销售和服务的三大领域，与ERP这个后台系统各有分工，互为补充。顾客关系管理要真正满足企业内外两种顾客的要求，着眼点是完成对用户的承诺，强调的是产品或服务的交付时间/速度/方式以及交付产品或服务的质量和功能。从商务解决方案设计者的观点来看，理想的顾客关系管理需要ERP的功能。如果没有ERP系统，不仅销售订单的处理速度会下降、工作量会大大增加、工作质量会降低，而且还有可能影响企业对顾客需求的满足程度。例如，在顾客已经很了解产品配置并期望在网上购买时，他/她可能希望能够看到期望的产品配置、物流情况和价格信息，而只有有了支撑网上销售的ERP系统，这种期望才能实现。另外，由于顾客关系管理原理适合于所有实体（如供应商/渠道合作伙伴/投资者/员工等）的关系，某种角度上说，他们都是企业的顾客：向供应商提供了市场，向投资者提供了赚钱的投资机会，向员工提供了工作职业生涯和工作环境，这就为顾客关系管理与ERP的结合与匹配奠定了基础。在实践中，如果能把CRM与ERP集成起来，将使得二者变得更加强大，二者的集成将覆盖前后台的所有功能，更好地实现其功能。

四、电子商务与顾客关系管理

总体而言,电子商务与顾客关系管理的关系在于:电子商务是充分利用信息技术,特别是互联网来提高企业所有业务运作和管理活动的效率和效益,而顾客关系管理则专注于同顾客密切相关的业务领域,主要是顾客中心、服务自动化、销售自动化、市场自动化、企业网站等,通过在这些领域内提高内部运作效率和方便顾客来提高企业竞争力。在如今的信息化时代,作为软件上来讲,为使更多的企业购买自己的产品和服务,企业应该高度重视企业网站(狭义的电子商务)这个工具。也就是说,应该提供网上商店、网上服务、网上营销和网上支付等方面的功能。如果顾客关系管理没有最大限度地利用互联网这个有力的工具与顾客进行交流和建立关系,应用顾客关系管理的效果就会大打折扣。实际上,许多产业的生产和服务的方式正经历着从"大规模生产"到"大规模定制"的转变。也就是说,这些业务流程的每个环节都要设身处地地为顾客着想。为此,企业范围的电子商务建设,不可缺少。其中,企业范围的电子商务平台是跨越企业的产品线、业务模块(如生产、销售和服务)、管理层次和各种媒介(如内部网、互联网、电话、传真、电子邮件和直接接触)的立体化管理系统,是企业的数字神经系统。从这个意义上讲,顾客关系管理是电子商务平台的重要组成部分。

五、商业智能(BI)与顾客关系管理

BI 是帮助企业更好地利用数据提高决策质量的技术,包含从数据仓库到分析系统,由财务管理、供应链管理、关键绩效指标和顾客分析等构成,关注的是从各种渠道(软件、系统和人等)发掘可执行的战略信息。顾客关系管理把顾客和合作伙伴的接触点及其互动流程作为竞争优势的源泉之一,保证与目标对象的每次活动都能最大限度地增加价值。比较而言,商业智能是为产生可执行的信息而管理数据,顾客关系管理是靠创造支持决策的实时数据来改善顾客互动。同时,商业智能允许根据需要进行数据汇总和集成,对数据进行各种方式的分析;顾客关系管理允许在各个领域捕捉详细信息。这样,通过顾客关系管理捕捉数据,通过商业智能分析数据,它们具有强烈的互补关系。

实际上,许多企业对于 CRM 的内涵和外延并没有达成清晰的认识,在很多时候所看到的仅仅是顾客关系管理这幅美丽图画的一部分。当真正展开顾客关系管理应用时,却只能头痛医头、脚痛医脚。因此,有必要把顾客关系管理放在企业信息化和管理改造的整体框架中进行分析、调研、论证和实施,而不是就顾客关系管理而论顾客关系管理,从而对深入了解顾客关系管理的理论与实践提出了要求。目前,越来越多的企业已经开始认识到这一点。

本章小结

本章从顾客服务与关系营销的关系入手,介绍了关系营销的内涵,分析了关系营销与交易营销的区别,阐述了服务中实施关系营销的三个关键流程,提炼出顾客关系管理的本

质并概述了顾客关系管理的三大类型。同时,还介绍了顾客关系组合管理和顾客关系管理实践中存在的主要误区。最后又超越顾客关系管理,剖析了顾客关系管理与伙伴关系管理、业务流程再造和企业资源计划(ERP)等相关工具之间的关系。

关键词汇

关系营销:是识别、建立、维护和巩固企业与顾客及其他利益相关者之间的关系的一系列活动。通过企业的努力,以诚实交换与履行承诺的方式,使双方的利益和目标在关系营销活动中得以实现。

顾客关系管理:是企业的一种经营哲学和总体战略,它采用先进的信息与通信技术来获取顾客数据,运用发达的数据分析工具来分析顾客数据,挖掘顾客的需求特征、偏好变化趋势和行为模式,积累、运用和共享顾客知识,并进而通过有针对性地为不同顾客提供具有优异价值的定制化产品或服务来管理处于不同生命周期的顾客关系及其组合,通过有效的顾客互动来强化顾客忠诚,并最终实现顾客价值最大化和企业价值最大化之间的合理平衡的动态流程。

复习思考题

1. 关系营销与交易营销的主要差别在哪里?
2. 服务中应该如何实施关系营销?
3. 顾客关系管理的本质及其与服务营销的关系是什么?
4. 什么是顾客关系组合管理?在服务营销中应该如何加以运用?
5. 顾客关系管理与伙伴关系管理、业务流程再造和企业资源计划(ERP)等存在怎样的关系?

本章案例

互联网思维下的顾客关系管理

在当今的互联网时代,顾客既是信息与内容的生产者、又是其传播者,传统模式中的仅依靠热门商品吸引消费者的模式已经逐渐衰落,与此同时,创新性的顾客关系管理变得越发关键。下面主要介绍新型顾客关系管理的建立、管理。

1. 公司创建接触渠道,与顾客进行积极互动

经常与顾客接触有利于企业和顾客关系的发展。一方面可以了解顾客最新的需求以及对于之前产品或者服务的建议和意见,以便改进;另一方面也可以让顾客更加了解企业,如企业的新产品、服务策略等。与传统模式下顾客较为被动且受到时空限制的直接市场调查、参展等接触方法相比,在互联网的帮助下,接触方法打破了时空限制,变得更加多元和有效。例如,互联网思维营销中的自媒体、百度搜索和移动端微营销的微博微信平台等。

关于互动，正是互联网给予了每个人表现自己的可能，使其更加有参与感。

2. 完善顾客关系管理系统

在顾客关系管理（CRM）中，顾客关系管理技术起着重要的驱动作用。我们可按技术将其分为面向顾客的应用和面向企业的应用。面向顾客的应用才代表顾客真正的体验，包含顾客服务、发票账单、营销自动化及管理等内容，也常常被认作顾客交互式应用。

3. 分析收集顾客信息，获得大数据

作为顾客关系管理的开端，收集的顾客信息是否充分，很大程度上影响着顾客关系管理的最终质量。分析型顾客关系管理的价值主要存在于两方面，一个是算法与存储，更重要的是通过对于顾客数据的捕捉、存储、提取等过程，得到一系列报告，并利用相应的数据来提供适合每一位顾客的个性化服务。通过传统方式很难实现的事情，由于互联网的迅猛发展，变得更加便捷高效。随着大数据时代的到来，将数据整理成为信息，信息加工成为知识，如此的数据分析预测定将对于提升用户体验发挥重要作用。

4. 建立专门的投诉管理系统，高效处理顾客投诉

比起传统方式，互联网的信息传递更加快捷也更加丰富。通过建立线上投诉管理系统，能够大大提高处理顾客投诉的效率，并且尽快对于相关问题进行改进，有利于实现顾客关系管理的最终目标——顾客满意与顾客忠诚。

买卖双方之间的良好关系一定是建立在诚信与双赢的基础上的，只有通过营销策略、顾客服务等识别顾客类别，保护顾客利益，针对顾客困难尽力给予支持，进而满足顾客期望，才能提高顾客的满意度和忠诚度。而互联网时代的到来，也使有效的顾客关系管理更易实现。

资料来源：根据陈玉林．浅谈互联网思维下的顾客关系管理．质量与认证，2016年第4期等资料编写。

思考题

1. 与传统的顾客关系管理模式相比，如今互联网思维下的顾客关系管理应该有着什么样的变化和改进？

2. 在当前环境下，顾客关系管理的本质是否应该有所改变？

即测即评

扫描此码 即测即评

补充阅读材料

扫描此码 深度学习

第十五章 服务失败与服务补救

企业在交付服务的流程中,难免因为各种因素而导致服务的交付流程受阻或失败。在一般情况下,服务交付的失败都会导致顾客的不满,进而引发顾客的某种反应或行为。企业应该在了解顾客反应的情况下及时做出服务补救,以便成功地交付服务并培养顾客的服务忠诚。本章的主要学习目标为:

学习目标
- 了解服务失败及其不可避免性
- 熟悉服务失败时顾客的反应和行为
- 掌握服务补救的策略

第一节 服务失败

当企业在服务交付流程中出现了失误、问题或者犯了错误,没能达到顾客对服务的最低要求,从而使顾客感到不满时,就可以认为是发生了服务失败。例如,餐厅服务人员不小心把咖啡洒到了顾客的衣服上、快递公司弄丢了包裹或者服务人员心情不好而与顾客发生了争吵等,都是服务失败的现实案例。

一、服务失败难以避免

显然,所有企业都希望能够向顾客提供令其满意的服务,从而拥有忠诚的顾客。但不幸的是,不论企业在培训服务人员时多么细致,也不论服务人员在提供服务时多么小心,服务失败还是有可能会发生的。因此,任何企业都不应该抱有侥幸心理,认为自己做得足够好,服务失败就不会发生。服务失败之所以难以避免,主要是基于以下两大原因。

(一)某些不可控因素对服务的影响

某些服务能否交付成功,往往受到一些人力所不能控制的因素的影响。其中,比较典型的有交通运输业和物流业等。例如,飞机晚点可能是因为极端天气情况,如暴风雨或大雾,而天气情况是航空公司不能掌控的;运送货物的船只在海上突遇风暴而丢失了货物,也不能认为都是运输公司的责任。尽管企业可以通过建立应急系统等手段来减轻这些因素对服务交付的损害,但企业和顾客都不得不承认:在类似自然灾害这种人力所能控制的因素发生时,服务失败是难以避免的。

(二)服务本质特征决定了服务失败无法完全避免

如前所述,服务具有无形性、异质性、流程性和易逝性,这些独特性都决定了服务失败的发生在所难免:①服务的无形性使其难以用统一的标准来衡量。服务与有形产品不同,它没有一个确定的实体可供评判,也很难建立统一的标准进行评价。例如,一个歌手唱的歌,有些人很喜欢,有些人却很排斥;一家店的餐品,有些人很爱吃,有些人却觉得不合口味。也就是说,服务是否能让顾客满意,不仅取决于提供商,而且也受顾客认知水平、文化传统、个人偏好和现场情境等因素的影响。从某种意义上讲,只要顾客觉得不满意,服务就失败了。②服务的异质性使服务供应商难以保证其服务的稳定性。同样的服务在不同的交付流程中可能会表现出不同的服务质量。这是因为:服务质量要受到服务人员、顾客和现实条件等多种因素的影响。企业在培训服务人员时可能已经很到位,但某位服务人员却可能由于心情或者身体方面的因素而在服务流程中情绪低落或反应迟钝,这都有可能招致顾客的不满。③服务的不可分性意味着顾客也可能成为服务失败的责任人。有很多服务需要顾客的参与来共同完成。例如,在家居设计中,设计师需要根据其专业水平与经验为顾客提供设计建议,但若顾客坚持自己的意见、一定要按照自己的想法来装修,结果影响了最终的装修效果的话,那么顾客在这种服务失败中就有很大的责任。企业可以引导顾客,却永远无法替代顾客,从而使某些服务失败不可避免。④服务的易逝性使供需之间难以平衡。服务是不能存储的,在餐厅的用餐高峰,顾客可能就不得不面对没有座位、长时间等待和嘈杂的用餐环境等容易引发不满的因素。相应地,餐厅也能预见到这些因素有可能会使顾客感到不满,但它却无法把闲时的座位和服务人员挪到忙时来使用。

既然服务失败不可避免,而服务失败又会影响顾客对服务供应商的满意度,管理人员就有必要对服务失败发生的原因进行研究,以便对症下药,尽量减少服务失败发生的机会。

二、服务失败的原因

尽管服务失败可能由不可控的因素导致,也可能由于顾客的某些原因而引发,但作为企业,绝不能简单地把服务失败归咎于这些因素,而应该努力提高自身的服务水平。对于不可控因素,可以制订应急方案,减少这些因素对服务质量的影响;对于不配合服务的顾客,可以进行培训和引导等。

下面主要从服务供应商和顾客的角度来分析服务失败发生的原因。根据前人的总结,发生服务失败的原因可以归结为以下几种。

(一)服务执行系统的失败

服务执行系统的失败可以看作服务人员在交付核心服务时发生了失败,具体又可以分为三种情况:顾客得不到服务、不合理的慢速服务和其他核心服务的失败。

1. 顾客得不到服务

如果顾客得不到在正常情况下应得到的服务,顾客就会觉得不满。可以设想这样一种服务场景:一位顾客进入一家咖啡店,店内顾客不多,他坐下来想点一杯咖啡,但服务人员都在聊天,没有人为其提供服务,即使在顾客催过两三次以后仍然没有行动,那么这时顾客就没有得到应有的服务,显然他对这家咖啡店的服务质量评价会大打折扣,满意度也会大大降低。

2. 不合理的慢速服务

不合理的慢速服务是指顾客感觉到服务人员提供服务的速度超乎寻常的慢，使用的服务时间远远超出了自己的预期。此时，顾客就会对服务企业产生不满情绪，更有甚者会觉得自己受到了怠慢。例如，在餐厅中午的用餐高峰，工作人员都十分繁忙，顾客也预计到上菜的速度会变慢，但当周围顾客的菜都上好了，尤其是看到比自己晚到的顾客都上菜了，他就会质疑餐厅的配餐顺序或者是不是把自己遗忘了，甚至会质疑自己的菜单没有送交到厨房等。

3. 其他核心服务的失败

核心服务失败的所有其他方面，都可以归纳为其他核心服务的失败。例如，乘客乘坐飞机到达目的地时，却发现航空公司遗失了托运的行李；餐厅的服务及时，饭菜也算可口，可是卫生状况令人堪忧等。

核心服务的成功交付对顾客满意度有着关键性影响。企业可以通过向一线服务人员授权，提高他们的反应和解决问题的能力。例如，向顾客提供安慰、适当的解释或者一些免费的小礼物等。

（二）对顾客需求的反应失败

这类失败是指服务人员对顾客需求的反应出现了失败。其中，顾客需求一般是指超出常规服务交付系统的特殊需求。例如，顾客有特殊的喜好和需求，要求蛋糕店根据自己的主题设计一款蛋糕，而不是在蛋糕店提供的款式内进行选择。服务人员能否在企业能力范围之内根据顾客的需求调整服务，将会在很大程度上决定顾客是否会觉得满意。

顾客可能把自己的需求明确地表达给服务人员，也可能是默示的。默示的需求表达往往需要服务人员主动察觉并提供相应的服务。例如，顾客在健身会所运动时不慎把脚扭伤了，即使会所对他受伤不负任何责任，但也应该提供必要的药品和急救护理。一般而言，顾客明示的需求可以划分为以下四种。

1. **特殊需要**，如儿童在用餐时需要特殊的座椅，盲人用餐需要服务员帮忙就座和介绍菜品，乘客在上下车时需要乘务员帮忙递送沉重的行李等。

2. **顾客偏好**，如在家装设计时顾客特别偏爱某个颜色或某种风格。

3. **顾客失误**，如游客在游乐园里丢失了财物，或者走散，需要向服务人员求助。

4. **有损害性的其他事件**，如餐厅中有孩子追逐打闹，用餐的客人要求服务人员请家长看管好小孩。

当顾客提出这些需要时，如果服务人员不能及时做出反应并恰当进行处理，就会导致顾客的不满，从而影响顾客对企业及其服务的感知与评价。

（三）服务人员的不期之举

不期之举，是指服务人员超出顾客意料之外的举动。其中，这种举动既不是由顾客的需要引起的，也不在常规的服务交付计划当中。而且，既可能是积极的举动，也可能是消极的行为。具体而言，服务人员的不期之举主要包括以下五种类型。

1. 关注程度

关注程度又可以分为积极关注和消极漠视两大类。其中，积极关注是指服务人员主动关注和预估顾客的需求。例如，快餐店看见外面快要下雨而很多顾客又没有雨伞时，提供临时租借雨伞的服务。但在大多数情况下，导致顾客不满的多是服务人员忽视顾客的需求，冷漠地对待顾客的行为。例如，商场服务人员聊天而对顾客的要求不理不睬。

2. 不寻常行为

如果一位快递员碰到心脏病突发的老人而将他送进医院，那么这是一种积极的不寻常行为。但是，如果服务人员当天心情不好而和顾客发生冲突并打了起来，那么这就是消极的不寻常行为，顾客的不满是显而易见的。

3. 文化准则

文化准则指的是服务企业做出可能符合，也可能违背了社会文化准则的行为。如果企业诚实、守信、公正、公平，那么这些符合社会文化准则的行为也会获得顾客的好感；但如果企业欺软怕硬、看人下菜，那么顾客就会对这些违背文化准则的行为感到不满。

4. 格式评价

格式评价是指顾客在对服务进行评价时不会将满意或不满意归因于某些具体因素，而是给出基于整体服务印象的评价。例如，顾客对酒店的其他服务都很满意，却在卫生间的墙上看见一只小飞虫，从而留下了不好的印象。那么他对酒店的评价，可能就从"真不错"变成了"还行吧"。因此，企业很可能分析不出究竟是什么原因导致了顾客满意度的下降。不过，这也提醒了企业，顾客是否满意是其主观的一种感受，而这种感受是与整个服务流程分不开的。

5. 不利条件

不利条件指的是企业员工在气氛紧张或有巨大压力的情形下的积极或消极行为。例如，酒店着火时服务人员先组织酒店内的房客疏散和逃生，然后再撤出酒店，那么顾客就会对该酒店做出较高的评价；如果服务人员都先自己逃离火场而将房客弃之不顾，那么酒店一定会受到顾客甚至社会的强烈谴责。

（四）顾客的不当行为

许多企业都教导自己的服务人员："顾客是第一位的""顾客永远是对的"。在绝大多数情况下，保持这样的理念是完全正确的，服务人员应该尽量满足顾客的需求。但是，我们在管理实践中也应该认识到，顾客并不总是对的！即使企业提供了完善的服务流程，服务人员也尽力去满足顾客的各种需求，但顾客就是不满意！这样的顾客在现实中并不少见，他们可能会出言侮辱、威胁或攻击服务人员，可能会要求服务人员违背公司规则给其提供特殊待遇，也可能喝醉了酒或因为年纪太大而搞不清情况等。当这些情况发生时，企业不能将责任全部归咎到员工身上，使员工有苦说不出，从而影响员工的情绪和积极性。企业可以针对这类情况制定专门的处理办法，给员工提供相关的培训并给予授权。例如，有些公司就授权顾客服务热线的接线员，对于无理取闹或故意闹事的电话采取直接挂机的处理办法或其他更委婉的办法拒绝。

第二节 顾客对服务失败的反应

不论是什么原因导致了服务失败，顾客都会做出相应的反应，可能会对企业感到失望，可能会责备服务人员，也可能会向周围的同事或朋友进行抱怨，再也不光顾这个企业等。企业要想做出适当的补救措施，就必须对顾客关于服务失败的反应类型和行为形成深入的了解。

一、顾客反应类型

当服务失败发生时，顾客首先会归因，"是谁造成了这个问题"？他可能会把责任归咎于自然原因如恶劣天气等，也可能会认为是企业没有提供高质量的服务。在顾客找到了原因之后，就会对服务企业做出评价。如果他认为企业应该为服务失败负责，那么顾客对企业的满意度就会降低。在评价之后，顾客往往会采取相应的行动，或者投诉、抱怨，或者转换服务供应商等。总的来说，顾客的行为类型可以分为抱怨和不抱怨两种基本情况，具体行为可以用图 15-1 来概括。

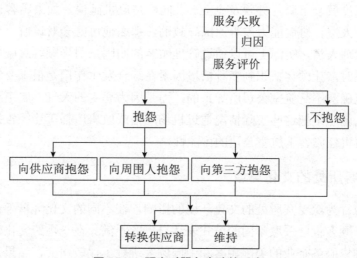

图 15-1 顾客对服务失败的反应

顾客抱怨的对象既可能是服务企业本身，也可能是周围的亲戚、同事或朋友。同时，顾客也可能会选择向消费者协会、相关政府部门或线上等第三方进行投诉。例如，网购时遇到不满意的店家，消费者就可能会选择向平台运营方进行投诉。有些企业十分惧怕顾客向平台运营方提出投诉。实际上，直接向企业抱怨的顾客，给企业提供了立即改正并吸取教训的机会。而顾客对周围人和第三方的抱怨，则在企业不知情的情况下传播了企业的负面口碑，不但失去了补救过失的机会，而且也往后造成潜在顾客的流失。此外，还有一部分顾客不去抱怨，而是选择了默默地采取行动。当然，顾客的选择结果也主要表现为两种情况：继续维持和该服务供应商的关系，转换到其他的服务供应商那里去。

二、影响顾客反应的因素

如前所述，顾客反应的类型可以归纳为以上几种类型。但在现实中，顾客的表现却可能是千差万别的。同样是将咖啡溅到了顾客身上，有人可能责备几句，一笑了之；有人则会暴跳如雷，追究到底。为什么顾客的反应会有如此大的差异呢？除了顾客个人性格、认知水平和经历等企业无法控制的个人因素以外，还有许多企业可以注意到并事先做出努力的因素在影响着顾客对于服务失败的反应。

（一）导致服务失败的原因

如前所述，服务失败可能是由天气等自然因素引起的，也可能由服务人员的疏忽所导致的，或者主要责任在顾客身上。事实上，当顾客找出失败的原因之后，他们往往也会对不同原因导致的服务失败做出不同的反应。有一项调研结果显示，如果顾客觉得服务失败是由服务企业不可控的因素引起的，那么服务失败对顾客满意度基本不会产生什么影响。例如，暴风雨导致了飞机不能按时起飞、航班延误，多数顾客往往不会因此而对航空公司产生较大不满；但如果顾客觉得是服务人员的失误而导致了服务失败的发生，那么他们对工作人员的满意度就会下降，并殃及企业。[①] 同样是班机延误，如果顾客认为是由服务人员清洁飞机动作太慢、协调能力差等原因导致的，那么他可能会对该航空公司感到极度不满。这就提示管理人员，实际上可以通过管理顾客的归因来引导顾客对服务失败的评价。在服务失败发生时，让顾客认识到多种情境因素在综合发生作用是很重要的。以航班误点为例，如果误点确实不是航空公司所导致的，而是因为恶劣的天气、航空线路繁忙或迟到的乘客等，那么就尽量把这些实际情况通过机场广播或航班广播等途径告知乘客，这样有助于降低乘客将责任归咎于航空公司的可能性。

（二）顾客所处的文化环境

顾客的反应行为深受其所处的文化环境的影响，在不同的文化环境下，即使是遇到相同的服务失败，顾客也会采取不同的方式表达自己的不满。在一项跨文化研究中，研究人员对一家电脑维修服务企业的美国顾客和中国顾客进行了比较研究，结果发现：在文化上具有个人主义倾向的美国顾客比较喜欢直接表达他们的不满和抱怨，他们更喜欢向企业进行投诉；而文化上倾向为集体主义的中国顾客则常常通过一些私人的途径来表达不满，如告诉亲人朋友和同事等。[②] 企业应该了解顾客所处的文化形态，并对顾客的反应有一定的预期，这对于全球化和跨文化经营的服务企业尤为重要。

[①] Scott Widmier, Donald W. Jackson. Examining the effects of service failure, customer compensation, and fault on customer satisfaction with salespeople. Journal of Marketing Theory and Practice, 2002 Winter, pp.63-74.

[②] Haksin Chan, Lisa C. Wan. Consumer responses to service failures: a resource preference model of cultural influences. Journal of International Marketing, 2008, Vol.16, No.1, pp.72-97.

(三)企业与顾客建立的关系

从本质上看,可以把服务失败看作对品牌关系的一种违背——因为在服务失败发生以前,企业实际上已经和顾客建立起了某种联系。在一项经典的研究中,作者根据顾客与企业关系的不同而把顾客分成三大类,即钟爱型满意顾客、信任型满意顾客和控制型满意顾客。这三种类型的顾客对服务失败的反应是不同的。[1] 其中,钟爱型满意顾客的感情是和这一类服务产品联系在一起的,服务失败使他们再一次确认自己的忠诚。例如,剧院举办歌剧表演,在前排给赞助商安排了一些座位,但有些赞助商在演出期间交头接耳,影响了后面的观众,那么钟爱歌剧的观众会认为是他们的欣赏水平较低,不懂得欣赏高水平的表演,但这往往并不会妨碍这位观众对歌剧的满意水平;信任型满意顾客认为服务失败和补救的不足是品牌对承诺的违背,他们会因此而退出或终止与该服务供应商的关系,转而选择其他的供应商。在上面的例子中,这位观众可能会觉得剧院不应该选择不合适的赞助商,或者没有事先了解赞助商而妨碍了其他观众,是剧院对观众的不负责任,他下一次很可能就会选择其他剧院。比较而言,控制型满意顾客会掌握状况,利用他们的身份地位等条件不断地改进自己所处的境况,然后为品牌进行辩护。如果赞助商后面坐着这样一位观众,那么他可能就会向剧院的相关人员反映情况,要求其请前排的赞助商保持安静,并认为剧院将赞助商安排在这样的座位可能有不得已的苦衷。

由此可见,与企业关系类型不同的顾客,往往会对同样的服务失败有着不同的反应。企业必须认识到:有许多情感方面的因素影响着在服务失败之后顾客满意度的变化。对顾客来说,在经历服务失败之后所面对的,可能不仅仅是选择维持忠诚、抱怨投诉,还是退出服务的认知流程,自豪、信念、信任、钟爱、自卫和权力等各种感情因素都会在顾客的决策中发挥着重要作用。有多项调研结果表明:在服务失败发生时,责怪和愤怒等情绪会增加顾客放弃该供应商的机会,或引起对企业不利甚至敌对的言论,但高质量的顾客关系往往能够减轻顾客的责怪和愤怒。因此,那些忽视顾客关系的企业,在服务失败面前可能会受到更大的打击。[2]

(四)服务失败与顾客利益的相关程度

顾客对服务失败的反应,往往还会受到该项服务交付失败对顾客利益损害程度的影响。一般来说,服务失败对顾客利益的影响越小,顾客的反应也就越趋于平和;服务失败对顾客利益的影响越大,那么顾客的反应也就越激烈。例如,顾客在餐厅用餐时,服务人员不小心把顾客的筷子碰到了地上,如果服务人员立刻新换了一副筷子,顾客可能责备两句就算了,也可能根本就不放在心上;如果服务人员忘记把顾客的菜单交给厨房,让顾客等候很久,上菜时还把菜汤泼在了顾客的衣服上,那么可以预见:顾客的反应可能就会十分激

---

[1] Natalie Hedrick, Michael Beverland, Stella Minahan. An exploration of relational customers' response to service failure. Journal of services Marketing, 2007, Vol.21, No.1, pp.64-72.
[2] William R. Forrester, Manfred F. Maute. The impact of relationship satisfaction on attributions, emotions, and behaviors following service failure. Journal of Applied Business Research, 2001, Vol.17, No.1, pp.1-14.

烈，他可能会大声指责服务人员，并向餐厅经理投诉，甚至会告诉亲戚朋友再也不要来这家餐馆就餐了。同样的服务失败，对不同顾客在利益上的影响程度可能也不相同，顾客所做出的反应也可能就会存在差异。一架飞机晚点，对某位乘客来说仅仅是晚到目的地1个小时，对行程没有任何影响；而另一位乘客却因此错过了母亲的生日晚会。显然，这两位顾客对飞机晚点和航空公司的评价肯定是不同的。

（五）顾客关于企业服务失败的经验

如果企业能够在第一次服务失败时就做出比较完美的补救，那么顾客对企业的满意度、评价和未来的购买意图，完全有可能比没有发生服务失败时还要高。有研究结果显示，只要企业能够有效地解决顾客的问题，80%的顾客会继续维持与该供应商的关系；如果问题能够被快速而有效地解决，那么就能留住95%的顾客，有的顾客还变得更加忠诚。[1]但是，面对这样的顾客时，企业应该更加小心。一旦再次发生服务失败，他们的反应可能要比其他顾客激烈得多。在一项对银行顾客20个月的实地研究中，实验人员发现：顾客的满意程度、服务评价和购买意图虽然会在第一次服务补救之后有所上升，但这种上升在第二次服务失败时就逐渐消失了。而且，该项研究结果还显示：顾客在服务失败之后期望会变得更高，那些经历过成功补救的顾客，其期望升高的幅度也更大。因此，他们在下次服务失败时，往往更容易觉得不满。

有些服务企业认为，只要两次失败之间隔的时间较长或者犯的错误不一样，顾客就会忘记之前不愉快的体验。但实际上，两次服务失败之间间隔时间的长短和相似程度，对顾客给予公司的评价没有显著影响，都会让顾客感到不满。不仅如此，多重服务失败的发生，会使顾客更加倾向于把失败的原因归结为公司的内部问题。此时，顾客转换供应商，甚至对公司进行抵制，都是很有可能的。[2]因此，对于那些把有效的服务补救当作低劣服务支撑的企业来说，应该牢牢记住：从第一次失败中吸取教训，立刻改正，不仅同样的错误别犯两次，也不能让同一个顾客失望两次。

三、抱怨的顾客

抱怨的顾客往往为企业提供了留住顾客的最好机会。因此，企业应该真诚地对待那些向其投诉的顾客。企业应该了解顾客为什么会抱怨，他们又保持着什么样的期望，以便给投诉的顾客提供满意的解决方案。

（一）顾客为什么会抱怨

顾客在经历了服务失败之后，往往会产生不满情绪。如前所述，其中一部分顾客就会

---

[1] Francis Buttle, Jamie Burton. Dose service failure influence customer loyalty? Journal of Consumer Behaviour, 2002, Vol.1, 3, pp.217-227.

[2] James G. Maxham III, Richard G. Netemeyer. A longitudinal study of complaining customer's evaluations of multiple service failures and recovery efforts. Journal of Marketing, 2002 October, Vol.66, pp.57-71.

把这种不满情绪通过抱怨表达出来。他们或者向服务供应商投诉,或者告诉周围的亲戚朋友,也有可能向消费者协会或工商局等单位抱怨,但也有些顾客似乎并不愿意抱怨。那么为什么有些顾客会抱怨呢?究其原因,不外乎以下几个方面。

1. 抱怨的顾客相信投诉会有积极的结果

如果顾客认为服务供应商应该提供良好的服务,应该公正地对待顾客,那么他们就认为自己应该通过向企业投诉来要求服务赔偿,以弥补服务失败对自己造成的损失。

2. 顾客会出于社会责任感而投诉

有些顾客在经历了服务失败之后,会感到自己有责任把企业的不足之处告诉企业,以便让企业有机会优化服务,从而让其他顾客不再经历类似的"损失",也使自己不会再受到同样的对待。实际上,这类顾客应该是企业表示欢迎,并应该给予鼓励的顾客。他们往往可以指出企业存在的某些缺点,并能够提供正确的建议,从而在一定程度上推动企业不断提高自己的服务水平。

3. 顾客基于某些心理学原因而抱怨

从消费者心理学的角度看,顾客抱怨一是为了宣泄不满,舒缓情绪;二是为了博得同情,获得他人的认同。同时,抱怨的消费者也可以给别人留下自己比那些不投诉的人更聪明、更有辨识力、更有水准的印象。

(二)消费者向企业投诉时所持有的期望

在上面已经提到,抱怨的顾客相信投诉会取得积极的结果。也就是说,顾客耗费了时间和精力向企业投诉,他们对于企业的反应和表现是持有期望的。企业只有达到,甚至超出了顾客的这种期望,才有可能进行成功的服务补救。现有研究结果表明:消费者在服务补救的流程中非常在乎的一件事,那就是公平。而且这种公平可以细分为三种类型,即结果公平、流程公平和交互公平。①

1. 结果公平

当服务失败发生时,顾客都希望能够获得赔偿。比较典型的赔偿形式有退款、打折、维修和更换等。有时,即使是道歉也会让顾客感觉好些。但大多数顾客都认为,他们得到的结果是不公平的。显然,企业需要根据顾客的不满程度、付出的时间和精力成本等,为顾客提供与之相匹配的解决方案或赔偿。一位顾客在超市购物后回到家,发现超市多收了自己2元钱,这位顾客的家住得离超市很远,这时候如果超市要求他自己回来取走这2元,顾客显然觉得太不值了,他对超市提供的解决方式肯定会觉得不满。如果超市请他在商品目录上选择一件价值2元甚至更高一点的商品,由超市寄给他作为补偿,那么顾客就会觉得这种方式要体贴得多。实际上,如果企业能够根据可能出现的情况,提前为给消费者设置一些选择,而不是直接给出自定的补救方案,那么顾客的反应就会积极很多。

2. 流程公平

除了希望得到公平的结果之外,顾客还期望在处理服务失败的流程中能够感受到流程

---

① Stephen S.Tax, Stephen W. Brown. Recovering and Learning from service failure. Sloan Management Review, 1998 Fall, pp.75-88.

公平。也就是说，他们希望自己的投诉能够被企业接待人员快速而有效地处理，并在处理流程中考虑了他个人的意见和具体条件。当整个投诉流程清晰明了、问题也解决得快速有效时，顾客就会觉得这样的流程非常公平，感觉就像"我只是说明了情况，他们索取了我的地址和一些其他信息，第二天就给我寄来了一件新产品，还有道歉信和小礼物"！比较而言，如果投诉的流程让顾客觉得又冗长又不方便，并且需要对着企业的好几个员工一遍遍地重复情况，员工的态度还很冷漠，那么顾客就会觉得企业不负责任，自己受到了不公平的对待。顾客可能会说："企业还要我提供证明，让我自己去弄明白退货规定，感觉就像我做错了一样。"有研究表明，如果流程公平的感知水平较低，那么顾客就会觉得自己得到了不公平的结果。在流程不公平的案例中，顾客会重新定义以前的交易，原本觉得是关系型的交易也会觉得更加商业化了。流程不公平的感知可能会威胁到个人的自尊，从而改变服务组织的整体形象。[①]

3. 交互公平

交互公平是指顾客在投诉或抱怨的过程中，希望工作人员能够礼貌、关切、诚实，为服务失败提供解释并真诚地替顾客解决问题。如果工作人员态度冰冷、漠不关心或忽视顾客，都会导致顾客认为受到了不公平的对待。通常，顾客在投诉时都带着生气冲动的情绪，工作人员也没有做出合理赔偿结果的权限，这往往会导致工作人员慌乱无措，不知道该如何妥善应答顾客。因此，企业应该对工作人员给予一定的礼仪、沟通和职业素养等方面的培训，并就一些特殊情况进行适当授权。

尤其应该注意的是，忠诚度越高的顾客，在受到不公平的对待时，反应也会越激烈。在管理战略和培训项目中，应当特别强调让忠诚的顾客感知到公平。企业可以授予一线员工在忠诚顾客经历服务失败时，给予最大限度的补救。忠诚的顾客应该受到企业的尊重。

四、不抱怨的顾客

即使企业能够对每一次服务失败都做出完美的补救，但也不是所有不满意的顾客都会给其实施服务补救的机会。事实上，并不是所有顾客都抱怨，通过调查得知，只有5%～10%的不满顾客会主动抱怨和投诉，给企业改正错误的机会。在顾客看来，大多数的抱怨可能都不会引起高层管理者的注意。所以，很多顾客觉得投诉根本没有意义，投诉成功的可能性很小。在竞争性很强、服务供应商林立的行业里，这些顾客可能选择直接转投其他企业，并开始传播企业的负面信息。[②] 在实践中，许多企业会用每百人中投诉的人数来衡量自己的服务质量。这一标准确实能够反映企业的服务水平，但并不是绝对的投诉人数越少越好。这是因为：大多数的不满顾客都不会进行投诉。而企业根本不知道自己究竟是在什么地方出了问题，得罪了顾客。那么那些不满的顾客为什么没有投诉呢？其中的主要原因，可能

---

① Tina L. Robbins, Janis L. Miller. Considering customer loyalty in developing service recovery strategies. Journal of Business Strategies, 2004 Fall, Vol.21, No.2, pp.95-109.

② Francis Buttle, Jamie Burton. Dose service failure influence customer loyalty? Journal of Consumer Behaviour, 2002, Vol.1, 3, pp.217-227.

包括以下几方面。

1. 顾客认为组织不会回应

有些顾客在经历服务失败之后,往往不相信自己的投诉或者抱怨能够被企业真正聆听,更不相信企业会对自己道歉或者给予赔偿等补救行动。

2. 顾客不愿意碰到对这次服务失败直接负责的个体

顾客可能对导致服务失败的工作人员很生气,尤其是和顾客发生过激烈冲突的工作人员,也可能会觉得投诉的时候如果遇到工作人员会很尴尬,特别是和顾客已经建立了长久顾客关系的工作人员。

3. 顾客对自己的权利和公司的义务并不确定

服务的无形性使顾客对服务流程的评价主要是主观的,难以形成客观固定统一的标准。因此,顾客即使有不满,也可能对自己的判断产生怀疑。同时,服务还具有流程性等特征,这就使得在一些服务失败中,顾客本身可能也要承担一定的责任,如由于顾客表述不清或者领会错误造成的。因此,顾客有时很难界定在服务失败中企业应该负有多少责任。

4. 顾客对专业性强的服务缺乏评价知识

对于医疗、管理咨询和法律等专业性很强的服务,顾客很难具备对服务做出合理评价的充足知识,也就难以对服务质量做出评价。

5. 顾客担心为抱怨花费时间和精力所带来的高成本

某些企业受理顾客投诉的流程冗长而复杂,往往要找好几个人才能解决问题。在顾客投诉以后,觉得花费的时间和精力与最后的结果相比实在太不值得了,这时很可能就会放弃投诉。即使企业受理投诉的流程简洁透明,如果顾客不了解,仍然会有这样的顾虑和担心。

因此,企业需要建立容易操作的、能够有效响应的抱怨处理系统,鼓励不满意的顾客积极投诉。在这一方面做得比较杰出的企业,通常都会为顾客抱怨提供多种渠道:一周7天24小时不间断的呼叫热线、800免费电话、400电话、电子邮件投诉受理、移动电话热线和网站在线客服等,使顾客可以很方便地与企业接触。例如,通用电气公司的顾客能够随时拨打"答疑热线"来快速地解决问题,实际上,每天都有三百万通用电气公司的顾客在这么做。企业的这些努力往往会提高顾客抱怨的可能性。[①] 不仅如此,企业还可以通过各种方式把这些渠道告诉给自己的顾客,使他们充分了解企业对其投诉的重视和尊重。

第三节 服务补救

当发生服务失败时,为了维持顾客对企业的好感,服务企业针对服务失败造成的问题而进行一系列保护性的努力的行为,称为服务补救。服务补救对企业的生存和发展具有重要意义。本节将重点阐述企业如何实施有效的服务补救,并不断地从补救流程中学习和提高。

---

① Stephen W. Brown. Practicing best-in-class service recovery. Marketing Management, 2000(summer), pp.8-9.

一、服务补救的意义和价值

图 15-2 清晰地描绘出服务补救在企业整个服务流程中的地位和作用。

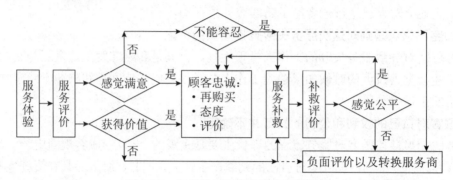

图 15-2 服务补救在服务流程中的价值

资料来源:Francis Buttle, Jamie Burton. Dose service failure influence customer loyalty? Journal of Consumer Behavior,2002, Vol.1, 3, pp.217-227

一般而言,顾客对企业的评价在一定程度上是基于感知到的服务是否满意,在一定程度上基于在服务中所获得的价值。当顾客对服务觉得不满或者企业没能给顾客提供足够的价值时,顾客对企业的态度就有可能恶化。任何企业都希望能够给顾客提供完美的服务,但由于本章第一节中所提及的种种原因,服务失败往往是难以避免的。在制造业中大力提倡的"零缺陷"目标,在服务业中往往很难达到。服务的标准化不仅很难实现,甚至可能是不受欢迎的。某些服务之所以可贵,正在于其定制特性。很难想象从理发店中走出的每一位顾客都是完全一样的发型。因此,为了挽留这些对企业产生不满情绪的顾客,企业需要进行有效的服务补救。

随着企业经营实践和营销理论的发展,忠诚顾客的培育得到了越来越多企业的重视。现在,几乎所有企业都知道,维持一个老顾客往往要比开发一个新顾客的成本低得多。在服务补救中,顾客忠诚度也是非常重要的先决因素。在企业进行服务补救时,应当了解不同忠诚度的顾客的期望与差异。一般而言,高忠诚度的顾客对企业的期望和要求往往会更高,他们希望受到特别的对待,而不是被看作一般的顾客。在实践中,服务补救对这样的顾客,往往意义更为重大。

资料卡 15-1　　酒店业的服务补救

在过去的几年里,酒店业中流传着这样一种概念:增强顾客忠诚度的关键在于强而有效的服务补救流程。一些人认为,对于那些经历过难忘的服务补救的顾客,其回头率要高于住店期间没有发生问题的顾客。然而,有研究结果显示,杰出的服务补救虽然意义重大,但这种想法是酒店业所不应该持有的。酒店业管理人员需要牢记以下几点:

1. 想要在服务补救中超出顾客的预期很难。能够显著超出顾客预期解决问题的概率,仅仅为 10%。对于大部分的顾客问题,酒店往往都难以提供完满的解决方案。

2. 如果酒店的服务补救仅仅能达到顾客的期望水平而不能超出的话,那么顾客对酒店的满意度就会明显地低于那些没有发生服务问题的顾客。

3. 仅有一种情况会使顾客满意度和忠诚度在服务失败之后还会提高,那就是服务人员在整个补救流程中都表现得十分卓越。出色地解决问题,只是酒店文化的一个组成部分,而非独立反应。

4. 相较于一开始就把顾客服务好,通过服务补救挽留顾客的成本往往要高得多。

实际上,顾客十分注重服务中的先动因素(proactive elements):不论是否发生服务问题,服务人员都会与顾客建立起积极的关系。例如,前台的小伙子真诚地关心顾客在这住得好不好,工作人员在顾客逗留期间让其感到自己是个有价值的顾客,工作人员能够预估到顾客的需求等。

资料来源:根据 Rick Garlick. The myth of service recovery. Lodging Hospitality,July 15,2006,pp.32-34. 整理改编。

二、服务补救策略

尽管有效的服务补救策略能够弥补顾客的损失,并给顾客提供某些利益,但有研究表明:大多数顾客对企业处理他们投诉和抱怨的流程是不满意的。企业可能花费了很多时间和精力来应对顾客投诉,但却发现收效甚微。不但吃力不讨好,而且再次面对服务失败时仍然觉得无从下手。下面就来讨论企业应该如何充分利用机会从服务失败中不断地学习,企业应该开发怎样的流程以支持服务补救的实施和企业的学习过程。为了将服务补救和企业学习结合起来,并使整个流程清晰而系统,本部分内容参考了洛夫洛克(Christopher H. Lovelock)和斯蒂芬·布朗(Stephen W. Brown)关于服务补救策略的看法,将服务补救策略分为以下四个阶段。[①]

(一)第一阶段——识别服务失败

对于服务组织来说,成功地实施服务补救的最大障碍在于:只有 5%～10% 的不满顾客选择向企业投诉。在前面,本书已经分析了那些不满的顾客为什么不进行投诉,但仅仅知道原因还不够,企业应该行动起来,主动识别服务失败。通过分析某些领先企业的服务补救流程,可以发现以下一些方法往往能够帮助企业有效地识别服务失败。

1. 建立服务标准

相对于有形产品而言,服务的无形性使顾客在消费某些服务之前无法确切地知道这种服务究竟是怎样的。换句话说,顾客对许多服务的期望都是模糊的,这也导致了在服务失败时他们不会投诉或者抱怨。对此,企业可以通过制定服务标准来使模糊的期望清晰化。其中,服务保证就是一种常用的形式。例如,联邦快递向顾客承诺,每个包裹都会在第二天上午 10 点 30 分之前送达,否则免收快递费。通过电子扫描技术,每个包裹交付和签收的时间都会输入电脑,反馈回联邦快递公司。这样,一旦发生服务失败,即使顾客不投诉,

---

[①] Stephen S.Tax,Stephen W. Brown. Recovering and Learning from service failure. Sloan Management Review,1998 Fall,pp.75-88.

企业也立刻就会知道。有许多快餐企业也会做出这样的承诺，例如，达美乐品牌的"30分钟必达"承诺，假如在下单30分钟内达美乐未将外卖送到，顾客就会获得一张迟到券，下次到店时可免费获得一个比萨。服务标准在向顾客传递承诺的同时，也为企业识别服务失败提供了标准。

2. 鼓励并培训顾客进行投诉

有些顾客之所以不进行投诉，是因为他们认为投诉不会有什么作用，而有些顾客则是因为不知道应该如何进行投诉。因此，企业不仅要鼓励顾客积极投诉，而且还要培训自己的顾客如何投诉。首先，企业可以将投诉的途径和方法明白地告诉顾客。例如，在任何顾客可以接触到的公司资料上，写明投诉的热线电话、电子邮件和网址等；其次，为了鼓励顾客投诉，企业应该尽量简化投诉的程序。有些企业把顾客的投诉电话在各部门间转来转去，使顾客一遍遍地重复自己的遭遇，结果心情越来越差。让顾客觉得投诉流程简单而又人性化，他们才会主动进行投诉；最后，企业可以鼓励服务人员主动询问，在服务流程的关键时点，员工主动地询问顾客是否不满。例如，在上甜点时，询问顾客对主菜是否满意等。这样，不仅可以随时收到顾客是否满意的信息，而且也能让顾客感觉自己受到了重视。

3. 运用技术支持

800电话和400电话的出现和广泛应用，使顾客能够更加方便地向企业投诉，同时企业也能够更快、更有效地对顾客作出回应。有研究显示：相对于书面文字而言，口头交流往往能够更好地向顾客表达理解和同情，电话也能避免面对面抱怨时的尴尬。在如今的互联网时代，越来越多的服务企业开始利用网络来为服务补救提供支持。细心的顾客能够在很多产品和宣传单上发现企业提供的电子邮箱或者公司网址。企业可以在网站上建立数据库，使顾客能够自己搜索并解决问题，也可以安排线上客服处理顾客的咨询和投诉。这些不仅为顾客提供了更多的选择，而且也能为企业降低成本。

（二）第二阶段——解决顾客问题

在大多数情况下，当顾客感觉服务发生了严重的问题时，他们就会立刻反映。这也意味着，顾客在抱怨的同时，期待着企业能够迅速采取行动。更重要的是，顾客期望企业能够让他们感受到公平。在服务补救流程中，顾客会关注结果公平、流程公平和交互公平，而不少企业却常常忽视了这些关键因素。有研究表明：公平对顾客的满意度有着重大的影响，顾客会把自己与他人进行比较。一旦觉得别人得到的比自己多，就会产生不满。因此，企业应该在整个服务补救流程中牢记：公平地对待顾客。除了将公平这一主题贯彻始终之外，企业还需要把以下四个方面结合起来，以便使自己能够有效地实施服务补救策略。

1. 服务人员的招聘、培训和授权

有研究显示，一线服务人员在接收到投诉时的有效响应，往往对服务补救的成功实施有着十分重要的影响。也就是说，一个成功的服务补救系统，需要关注顾客与员工的初次接触，并给予员工解决投诉问题能够依据的政策。因此，企业可以把服务补救的实施和企业人力资源管理实践结合起来。一般而言，服务员工在服务补救中的表现，将直接影响到

顾客对公平的感知。因此，在企业制定招聘标准和培训项目的时候，就应该把这一因素考虑进来。企业想要维持与顾客的关系，就应该重视那些能够充分了解顾客需求和顾客问题、并能够提供正确服务的人——企业的一线服务人员。企业不仅应该认识到这一点，而且也要面向自己的员工不断地强调他们的价值和意义。例如，福特公司在这方面的做法非常值得学习。福特公司的评估中心会对各个职位的应聘者进行九种技能评估。其中包括与服务补救密切相关的书面及口头交流能力、倾听技巧、问题分析能力、组织及跟进能力和压力管理能力等。在福特公司，顾客支持中心承担着服务补救的主要责任。因此，福特公司对该中心员工进行定期培训，培训项目涉及公司政策、服务保证以及倾听技巧、消解怨气和人际沟通等补救技能。为了让新员工能够对他们的工作有着实际的了解，福特公司还会开展一些模拟项目，像面对一个发怒的顾客、一个经销商会议或者一份经销商会议的报告等。这些培训项目不仅可以帮助员工学习如何更好地进行人际沟通，而且也为公司所建立的公平补救程序提供了详细的说明和指导。

在实践中，向员工授权使其能够对服务失败做出快速响应，对公平感知的三个维度都有着显著性影响。首先，当员工获得授权能够自己处理并解决问题时，他们的工作态度和工作积极性都会相应地得到提高；其次，如果员工不再需要把问题反映给经理或者相关部门而能当场解决的话，那么补救程序的响应性和便利性都会提高；最后，如果员工能够根据顾客的处境和要求灵活地提供补偿方案的话，那么顾客对结果公平的感知也会得到增强。尽管授权有着诸多益处，但在向员工进行授权这一问题上，企业仍需要十分谨慎处理，过度授权反而会给企业带来更多的问题。

2. 建立服务补救的指导原则和标准

服务补救的目的在于赢得顾客满意，并在整个补救流程中让顾客感知到公平。因此，企业应该针对服务补救制定一系列指导原则，以便能够帮助员工建立直接有效的工作参考。这样的指导原则，可能是一些模糊的描述，旨在为员工指明努力的方向。例如，在顾客发现问题之前，要预先发现并更正，而且要有礼貌；在问题出现之后，应立刻道歉，别找借口，保证把问题解决，并给顾客提供必要的补偿等。相对而言，也有企业把指导原则制定得非常清晰。例如，顾客打进电话的等待时间不能超过 30 秒，退货手续不能超过 15 分钟，顾客的邮件必须在 24 小时内给予回复等。

3. 迅速有效地对顾客做出响应

顾客在经历服务失败之后不向企业投诉，是企业实施服务补救的最大障碍。因此，为了尽量降低这种可能性，企业要利用各种方法使顾客与企业的接触方便而快捷，甚至人性化。例如，公司热线和电话中心的出现，都使顾客可以在一天 24 小时中任何时候都能迅速与公司取得联系。显然，这对顾客公平感知的三个维度都有积极的影响。同时，善于进行服务补救的企业不仅会让顾客方便地与企业取得联系，而且还会在顾客投诉或者抱怨之后立即采取行动。也许是一封道歉信，也许是一份优惠券或者小礼品等，都会增强顾客对流程与结果公平的感知。为企业的顾客代表或者专属的服务问题处理人员提供额外的培训，使他们在与顾客交流沟通的过程中有能力给顾客带来交互公平的感知等，都会让顾客感受到企业的诚意，从而提升顾客对企业的满意度，并减少负面口碑。

4. 维护顾客及产品数据库

随着大数据的广泛应用，越来越多的企业拥有了顾客数据库，将企业的数据库与服务热线和网站连接起来，在顾客投诉的同时把顾客的相关资料和服务经历记录下来，可以为企业迅速解决问题提供依据。例如，医院可以为每位病人建立电子病历，并据此记录判断病人目前的状况以及是否已确定了合适的治疗方法。同时，还可以为医院实施服务补救提供信息。例如，思科公司把以往发生的系统问题及解决方案记录下来，一旦顾客出现系统问题就可以立即找到对应的解决方法。此外，这些数据库也可以为企业以后的服务提供参考。例如，英国航空公司在机场设立了专门的录音室，顾客可以进入录音室投诉不满，公司通过对于信息的扫描和录入，建立了专门的顾客投诉数据库，便于其下次服务的改进。

（三）第三阶段——分析服务失败并对顾客进行分类

当企业尽一切能力弥补了服务过失、挽留住顾客时，服务补救并没有结束。企业还应该记录、分析并继续跟进，以便保证下一次提供此项服务时能够做得更好。每一次投诉的解决，都应该带来服务质量的改进。然而，现有研究结果却显示：大多数企业都不能准确地记录和整理服务失败的案例，结果企业很难从中学习并不断提高。首先，这可能是因为服务人员鲜有耐心倾听顾客所描述问题的细节，他们仅仅把投诉当成一件继续解决的独立事件来看待；其次，许多服务人员和管理人员会逃避问题的责任，反过来责怪顾客；再次，大量的投诉可能从来都没有得到有效解决，顾客写来投诉信、留言给服务人员或向许多服务人员抱怨，但企业却迟迟不采取行动。最后，企业没有一个专门的系统来收集和整理投诉信息。那么企业该如何保证顾客的投诉能够得到准确的记录、讨论和归类呢？除了在第一阶段和第二阶段中所给出的一些建议以外，企业还可以给一线员工提供专门的补救培训，在员工中形成从失败中学习的氛围。另外，以下三个方面也可以帮助企业对服务失败的数据进行有效的整理和分类。

1. 创建内部投诉表格

投诉表格是企业内部用来记录服务失败的表格，包括记录由此做出的服务保证内容。它不是在顾客前来投诉时给顾客填写的表格，而应该由企业员工亲自填写，目的就在于推动组织从服务失败中学习，并确保顾客的投诉能够得到妥善的解决。例如，施乐公司的"顾客行为诉求表"就记录了与顾客问题有关的详细信息：顾客的投诉原因被划分为13个范围，如机器运转、服务、订单、送货、安装和销售等，工作人员在其中选择对应的栏目；在每个范围以内，再进行更细的编码分类，如顾客服务问题又编码为12个小类，诸如获取服务困难、顾客代表不能解决问题、服务价格或维修时间等。同时，还有另外三类编码来识别问题的根本原因。其中，第一类用来记录问题主要发生在流程、人员、产品方面，还是政策方面；第二类则在态度、沟通、培训、道德、人为错误、技术和发货这七个因素之间进行编码；第三类编码则与企业领域相关，如销售、服务、供给及后勤等。此外，施乐还记录了问题的解决信息，包括责任人、解决方式、补救的经济意义及与顾客的接触细节等。在表格填好之后，就会交给顾客关系指导员，由指导员把信息传达至每个相关的个人。这样，一个综合的数据收集与分享流程就保证了服务改进所需要的关键信息。

2. 了解服务流程中的投诉

当顾客在服务流程中产生抱怨时，通常会向他能找到的、最近的服务人员反映。对企业而言，保证服务人员能够把这些投诉信息传递给组织，往往比要他们很好地回答顾客问题更有挑战性。那么如何才能让员工主动汇报顾客的投诉呢？这一挑战要求企业把一线员工纳入服务质量与顾客满意度的管理中来，更多地使用奖励方法，而不是一味地"一遭投诉即处罚员工"。

3. 对顾客进行分类

记录下那些投诉过的顾客，对企业而言是很有帮助的。首先，一次有效的服务补救，往往能够产生更高的满意感。但是，接下来再发生的服务失败会使这种好感消失殆尽。因此，有些企业把投诉过的顾客放进 VIP 名单。当这些顾客再次消费时，企业会小心翼翼地对待他们；其次，那些总是投诉、并且企业无论做什么都不能使其满足的顾客，可能就是公司的"错误顾客"。这些顾客寻求的，可能并不是当前企业能够提供的利益。并且，他们会消耗企业更多的资源。对于那些提供百分百无条件服务保障的企业，这样的顾客可能就是"祸害"。因此，有些酒店会准备一份名单，当这上面的顾客打电话来订房间时，他们就会向其推荐其他酒店。

（四）第四阶段——数据整合与综合服务提升

既然顾客会对那些他们认为重要的问题提出投诉，那么不妨把投诉看成一种重要的市场信息。但是，考虑到顾客很少会在服务失败发生时主动进行投诉，因此企业需要借助一些其他信息来源，以便不断改进服务。对数据进行管理，就是为了确保组织能够收集到相关的、可信的、及时的信息，并与服务质量改进的投资决策者分享这些信息。具体而言，往往要求企业尽力做到以下几点。

1. 记录服务质量数据

在识别服务失败并对服务质量进行改进的流程中，企业不仅需要来自于顾客投诉方面的数据，而且还需要借助有参考意义的相关资料，如顾客、员工及竞争者的调研资料、关键利益群体、顾客和员工的建议以及服务交付质量等方面的信息。企业需要把这些信息与收集到的投诉和抱怨信息结合到一起，综合考虑改进服务质量的恰当方法。那么企业应该如何取得这些信息呢？可供企业选择的常见方法包括：①企业可以请顾客填写一些评论表，以便了解顾客对服务消费的感受，或者对顾客进行研究；②定期对企业员工进行调研，听取他们对服务交付的意见。一线员工的意见，常常是企业创新的源泉；③管理人员秘密扮成顾客（平常所说的神秘顾客）亲自体验企业的服务交付流程，并对服务质量进行自我测评；④利用顾客服务热线以及顾客数据库中所收集到的服务信息。

2. 在企业内部分享数据

当企业从各种途径收集到信息以后，应该确保在服务质量改进中充分运用了这些信息。也就是说，企业应该采取一些措施，使那些真正对服务改进起到作用的人员接触并得到这些信息。例如，可以定期召开部门例会，每周或每月召开一次，企业管理人员和员工可以在会上分享信息，讨论关于提升服务质量的想法和计划。同时，技术手段也使信息的分享更为快捷。例如，福特公司把服务中心的顾客投诉信息直接发送给相关的销售商，以便解决投诉；发送给市场部和工程部与其他信息进行整合。当然，企业还可以通过培训等形式把这些资料转化为员工可以利用的服务工具，使他们在今后的服务中更有能力为顾客提供意想不到的服务体验。

3. 投资于服务质量改进

企业应该不懈地追求服务质量的提升，在必要的改进项目上不吝投入资本。但是，当企业决定要在服务改进方面有所投入时，应该先比较一下各种投资选项对顾客满意度、重复购买、服务成本以及市场份额所带来的影响。例如，提高酒店入住的速度和增加房间服务项目，哪个更能够吸引目标顾客？显然，服务质量的提升会给企业带来更高的顾客满意度、更多的老顾客，甚至更高的市场占有率，但同时也会带来更多的成本。企业的盈利性是对服务质量进行投资必须考虑的目标之一。因此，企业需要根据组织的需求，在质量改进与成本控制之间求得平衡。

资料卡 15-2　　Nancy Friedman 谈服务补救

作为顾客服务培训公司 telephone doctor（位于美国路易斯安那州）的总裁，Nancy Friedman 向服务企业提供了服务补救方面的一些建议。她认为，成功的服务补救需要七个步骤：

1. 承担起责任。只要代表公司接起了电话，就要承担起 100% 的责任。至少，打电话来的消费者认为你（指接电话的员工）应该这么做。从"这不是我的错"中走出来，想想"我能为顾客做些什么？"

2. 说对不起确实有用。有些顾客服务代表会说"如果那不是我的错，我不觉得我该说抱歉"。但在顾客的心目中，那就是企业的错。向顾客道歉不能完全解决问题，但确实能够在一定程度上消解顾客的怨气。

3. 立刻向顾客表示理解。当某个顾客对企业感到生气、甚至愤怒的时候，他往往需要一个人站在他这一边，或者至少能够理解他的感受。但是，除非确切了解消费者经历了什么，否则像"我知道你的感受"这样的话，应该谨慎使用。不过，服务人员可以尝试着说："那可真糟糕！"或者"噢，这真太不幸了！"

4. 快速行动。别让顾客花时间等待好的服务。用最快的速度把顾客需要的服务提供给他们。如果需要的话，连夜行动，这才叫服务补救。记住这句格言，"好服务不假两人之手。"迅速的行动可以让顾客感受到你对他的重视，这样有利于提高补救的效果。

5. 询问什么能让顾客满意。在少数案例中，顾客会非常难缠。如果穷尽己能依然不能让顾客满意，不如直接问问顾客："我该怎么做才能让您满意呢，王先生？"在大多数情况下，顾客的要求企业是可以办到的，只是没有想到，所以就直接询问吧。

6. 了解服务补救的真正含义。服务补救不仅仅是解决问题，还应该保证这个问题不会再出现。服务补救需要耐心地倾听顾客，尽管这看起来超出了所谓"义务"或"职责"的范畴。

7. 继续跟进。在让顾客满意的第二天或再稍晚一些时候，打个电话给顾客，问一问

"我们还能为您做些什么吗？"要确定他们是真的满意了。当你听到"谢谢，你们做得很好，我很感激"这样的话时，服务补救才是真的成功了。

资料来源：根据 Nancy Friedman. Seven steps to service recovery. htttp://www. nancyfriedman. com/2012/11/30/T-steps-to-service-recovery/，2018年9月.整理改编。

三、全球化背景下文化在服务补救中的意义

目前，在服务补救的研究中，一般都假设顾客的补救期望和偏好是同质的，是由行为、关系或者环境因素唤起的。但是随着经济全球化的发展，越来越多的服务企业开始跨国经营，网络技术的发展也使企业能够将服务交付到世界上的各个角落，也使企业需要面对不同国家、不同种族和不同文化的消费者。

在顾客参与度较高的服务中，顾客的个人因素会对服务结果产生直接影响。但对于多数企业而言，似乎在很大程度上却没有对顾客所处的核心文化模式对服务发挥的作用给予应有的关注。在服务经济全球化的趋势下，企业有必要对这一问题做一些探讨。在顾客参与度较高的服务中，根据文化模式可以将顾客分为三种类型，如表15-1所示。

表 15-1 消费者文化模式及特征

消费者文化模式	关系型（relational）	对抗型（oppositional）	功利型（utilitarian）
消费者表现	在服务失败后，强烈希望和供应商保持感情联系并共同做出补救	在服务失败后对供应商产生怀疑并站在对抗的立场	权衡由服务失败引起的时间和精力成本与维持关系带来的未来收益
消费者对服务失败的反应	• 情绪化（寻求安慰） • 焦虑（感到被疏远、背叛、失望、痛心） • 自我归因倾向 • 感到困窘 • 许诺解决问题 • 补救后满意度、忠诚度可能更高 • 愿意原谅、宽容企业	• 情绪化（攻击性、疏远性） • 失败一经发生，不可补救 • 不愿意原谅 • 愤怒 • 怀疑、挑剔 • 补救不能提升满意度 • 不轻易原谅	• 供应商归因倾向 • 公平看待 • 导致个人目标达成不便 • 恼怒 • 补救不能提升满意度
管理者判断其所属文化模式时可供识别的特征	• 表达自己的痛心 • 寻求安慰 • 愿意帮助企业 • 责怪自己 • 表示理解 • 会配合供应商	• 敌对 • 责怪供应商 • 表现得好斗 • 责备过头 • 表现出抗争性 • 要求过度的补救	• 不情绪化，但严格 • 理性 • 期望补偿失败造成的不便和占用的时间 • 注重实效
消费者期望从供应商处得到的补救	• 真诚道歉 • 表达尊重 • 关怀顾客 • 解释服务失败的原因 • 重视与顾客的伙伴关系	• 提供一系列补救选项供消费者选择（控制感） • 拒绝过度需求	• 承认错误、解释问题并承担责任 • 更换产品或退款 • 补偿顾客的时间和精力

资料来源：Torsten Ringberg，Gaby Odekerken-Schröder，Glenn L. Christensen. A cultural models approach to service recovery. Journal of Marketing，2007 July，Vol.71，pp.194-214.

这种根据文化模式对顾客进行分类的方法，为服务补救和服务营销提供了十分有益的管理建议。在服务补救实践中，服务供应商首先应该判别其提供的是高参与度、还是低参与度的服务。对于参与程度较低的服务失败，可以根据具体情况采取简易的处理方式，甚至是程序化的补救措施；而对于顾客参与度较高的服务失败则要求根据顾客所属的文化类型，实施与之相对应的补救措施。一般而言，顾客参与程度越高，服务供应商在服务补救方面的灵活性和控制性可能就越差，补救的难度可能也就越大。同时，服务补救需要对症下药的重要性，也在心理学研究中得到了支持。对不同类型的人需要运用不同的对待方式，与在补救时尝试扭转顾客的期望相比，根据消费者期望的服务补救方式来调整实施方案往往要更为有效。

根据顾客的文化模式实施服务补救，对引发顾客的共鸣也具有深远的意义。但同时，服务供应商也要对顾客进行更深入的分析，投入进行分析所需要的各种资源，并把这种针对性的补救思想融入员工的管理和培训中去。在这一方面，销售人员的工作性质为企业提供了一些有意义的借鉴。例如，在对销售人员进行培训时，非常重要的一点就是要求他们根据顾客的个性、需要和期望来调整自己的反应，如根据顾客预算调整介绍侧重。对于那些能够提出让自己感兴趣或者自己所关心问题的销售人员，顾客往往更愿意敞开心扉与之亲切交谈。因此，服务补救专家应当力争在提出一些相关问题的同时，准确地判断出顾客的类型。在很多服务企业中，鉴于一线人员不仅是服务产品的销售者，而且也是在服务失败发生时服务补救的实施者，所以企业可以把补救培训融入销售人员的培训中去。例如，下面一些技巧往往会帮助服务人员更好地展开服务补救：对不同类别的顾客有着清晰的认识和判断，能够体会到顾客的心情，能够根据顾客的期望灵活地调整服务补救的方式和手段，能够站在顾客的角度去看问题，在提供服务时能够让顾客感觉到贴心等。

总之，文化对服务补救的影响是多方面的、多层次的。而且，这方面的研究目前还相对较少，因此本书也只能提及"冰山一角"，但目的在于抛砖引玉。有兴趣的读者可以根据围绕相关问题进行更深入的研究，在探索中成长。

本章小结

服务失败往往是企业交付服务的流程中难以避免的，一些不可控因素及服务的本质特征都决定了企业不应该对服务失败抱有侥幸心理。本章在探讨了服务失败的不可避免之后，深入地剖析了服务失败发生的原因，如服务执行系统的失败、对顾客需求的反应失败、服务人员的不期之举以及顾客的不当行为等。在服务失败发生时，顾客可能会对服务失败做出各种各样的反应，如向服务供应商抱怨、向周围的同事朋友抱怨或者向第三方抱怨，但只有5%～10%的顾客会选择投诉。本章又深入地阐述了顾客对服务失败的反应以及影响顾客反应的关键因素。同时，本章还建议企业应该鼓励顾客进行投诉，并在进行服务补救时特别注重结果公平、流程公平和交互公平性。最后，本章在重点阐述了四阶段的服务补救策略之后，又突出了文化在服务补救中的意义和作用。

关键词汇

服务失败：当企业在服务交付流程中出现了失误、问题或者犯了错误，没能达到顾客对服务的最低要求，从而使顾客感到不满时，我们就可以认为发生了服务失败。

服务人员的不期之举：是指服务人员超出顾客意料之外的举动，这种举动既不是由顾客的需要引起的，也不在常规的服务交付计划中；既可能是积极的举动，也可能是消极的行为。

服务补救：当发生服务失败时，为了维持顾客对企业的好感，服务企业针对服务失败造成的问题进行一系列保护性的努力的行为，称为服务补救。

复习思考题

1. 服务失败发生的原因有哪些？
2. 顾客在服务失败发生后可能会有哪些反应？受到什么因素的影响？
3. 顾客在服务失败发生后的反应受什么因素的影响？
4. 服务补救的策略包括哪些内容？
5. 举一个自己经历的服务失败的例子，回忆企业当时是如何进行补救的。企业的补救措施是否恰当？还可以做哪些改进？

本章案例

亚马逊——电商时代的服务补救

亚马逊公司（Amazon），位于华盛顿西雅图，是美国最大的网络电子商务公司，也是网络上最早开始经营电子商务的公司之一。从1995年成立初期的只经营网络书籍销售到如今的广范围销售，亚马逊已经成为全球商品品种最多的网上零售商和全球第二大互联网企业。2017年2月，Brand Finance发布2017年度全球500强品牌榜单，亚马逊排名第三。亚马逊的优质顾客体验与其坚持公平原则的服务补救措施相关，曾在2014年年底，亚马逊对于货物错发后的不公平待遇进行了优秀的服务补救。

一、事故回顾

在2014年的"黑色星期五"购物活动中，中国女孩小周收到了由于订单错误生成而发货的Xbox One，在其向客服反映情况后，客服同意在其拒收的情况下进行退款。可是后来小周从网上得知英国一男子因亚马逊网络故障，收到了数万元包裹，而公司竟不要求其退货。小周感到受到了不公平对待，再次给客服发去了邮件，附上了英国男子的新闻链接。在亚马逊方收到邮件后，很快进行了处理，将游戏机免费送给了小周，让其欣喜若狂。

二、服务补救中的公平主题

亚马逊的这次成功补救满足了服务补救中的三个公平：结果公平、过程公平和交付公平。

1. 结果公平

对于企业来说，根据顾客不满意度的不同、付出的成本不同，其提供的解决方案也有所不同。亚马逊很好地把握住了小周不满意的中心在于公司对于她和英国男子的不公平对待，针对这一特点，亚马逊公司进行迅速反应，提供了与英国男子相同的赔偿方案——赠送错寄商品，很好地与其不满意进行了匹配，实现了结果公平。

2. 过程公平

从收到其电子邮件到做出最终赔偿，整个过程让小周感到清晰明了，问题也在无争吵的情况下得到了快速有效的解决，实现了过程公平。

3. 交付公平

在小周的电子邮件中，详细阐述了其经济状况，对此亚马逊表示充分理解，并且细心礼貌地为其解释了服务失败原因，还提供了赔偿，这就使顾客对于企业有了很好的印象，实现了交付公平。

三、优秀的绩效考核

亚马逊快速有效的补救，与其严格的考核标准密不可分。除了像大多数公司一样有对于顾客服务不满意率的统计和评估，亚马逊还专门设立了指标来检验服务补救的效果，即退货不满意率。在货物发生任何问题时，亚马逊都要求员工以最高效率处理投诉并且询问买家问题是否解决和对于问题解决的满意程度。通过将退货不满意率与员工绩效联系在一起，亚马逊很好地促进了其顾客满意度。

在如今的互联网时代，网购已成为人们日常生活中不可或缺的一部分。而由于其非实体性和多环节性，网购的服务失败十分普遍，对于其的补救也就成为网络电商企业竞争力的重要体现。正是亚马逊优秀的服务补救造就了它今日的成功。

资料来源：根据"服务补救——网购网站"，道客巴巴，http://m.doc88.com/p-5157623871970.html，2017年12月22日等资料整理。

思考题：

1. 亚马逊此次能够成功完成服务补救的关键是什么？

2. 小周本身对于退货是满意的，可是在看到英国男子的事件后又改变了想法，这体现了顾客的什么心理，请说明对于公司来说什么是很重要的？

即测即评

补充阅读材料

中文文献

B

[1] 白长虹，范秀成，甘源．基于顾客感知价值的服务企业品牌管理 [J]．外国经济与管理，2002，24（2）：7-13．

C

[2] 陈富民，李宗斌，林志航．质量功能配置（QFD）的研究及发展 [J]．成组技术与生产现代化，2001，18（4）：34-36．

[3] 岑成德，白琳．正确认识授权 有效运用授权 [J]．现代企业，2003（10）：24-25．

[4] 程鸣，吴作民．西方服务品牌研究评介 [J]．外国经济与管理，2006，28（5）：53-60．

D

[5] [美] 道格拉斯·霍夫曼，约翰·彼得森．服务营销精要：概念、策略和案例．胡介埙，译，东北财经大学出版社，2004．

[6] [美] 丹尼尔·贝尔．后工业社会的来临——对社会预测的一项探索 [M]．高铦，等译，北京：商务印书馆，1984．

F

[7] [美] 菲利普·科特勒，洪瑞云，梁绍明，陈振忠．市场营销管理．2版 [M]．亚洲版．梅清豪，译．中国人民大学出版社，2001．

[8] [美] 菲利普·科特勒，凯文·莱恩．凯勒．营销管理（全球版）．14版 [M]．王永贵，等译．北京：中国人民大学出版社，2012．

[9] [美] 菲利普·科特勒，王永贵．市场营销学 [M]．中国版．王永贵，等译．北京：中国人民大学出版社，2017．

[10] [美] 弗雷德里克·莱希赫尔德．忠诚的价值——增长、利润与持久价值背后的力量 [M]．常玉田，译．北京：华夏出版社，2001．

[11] [美] 菲利普·科特勒，加里·阿姆斯特朗．市场营销原理 [M]．楼尊，译．北京：中国人民大学出版社，2010．

G

[12] 郭国庆，贾淼磊，孟捷编．服务营销管理．3版 [M]．北京：中国人民大学出版社，2002．

[13] 郭国庆，等.服务营销管理[M].北京：中国人民大学出版社，2004.
[14] 郭贤达，蒋炯文.战略市场营销[M].王永贵，董伊人，编译.北京：北京大学出版社，2006.
[15] 谷慧敏，杨海英.服务业特许经营模式研究之经营绩效评价模型[J].商场现代化，2007（10）：7-8.
[16] 郭国庆.服务营销管理[M].北京：中国人民大学出版社，2005.
[17] 欧新黔.中国服务业发展报告[M].北京：中国经济出版社，2004.

H

[18] 何明光.论基于顾客忠诚的企业服务质量管理策略[J].企业经济，2004（5）：25-27.

K

[19] [芬]克里斯廷·格罗鲁斯.服务管理与营销——基于顾客关系的管理策略.2版[M].韩经纶等，译.北京：电子工业出版社，2002年.

L

[20] [美]罗格·D.布莱克韦尔，保罗·W.米尼德，詹姆斯·F.恩格尔.消费者行为学[M].吴振阳，倪建明，彭红英，徐虹，等译.北京：机械工业出版社，2009年

[21] 李欣，程志超.服务业顾客期望管理初探[J].北京：北京交通大学学报（社会科学版），2004，3（3）：44-47.

[22] 李雪松.刍议服务营销中的顾客期望管理[J].现代财经—天津财经大学学报，2006，26（4）：73-77.

[23] 梁彦明.服务营销管理[M].广州：暨南大学出版社，2004.

[24] 刘向阳.西方服务质量理论的发展分析及其启示[J].科技进步与对策，2003，20（8）：176-178.

[25] [美]理查德·B.蔡斯，尼古拉斯·J.阿奎拉诺，F.罗伯特·雅各布斯.生产与运作管理：制造与服务[M].宋国防，等译.北京：机械工业出版社，2002（8）.

[26] 李海洋.服务营销[M].北京：企业管理出版社，1996.

[27] 李明生.运用服务包理论创建铁路运输品牌产品[J].中国铁路，2004（2）：39-42.

[28] 李乾文.服务设计与质量功能展开[J].价值工程，2004，23（7）：5-7.

[29] 林鸣."移情别恋"该怨谁，中国质量报，2015.6.18（4）

[30] 刘铁明.关系营销与传统营销观念之比较[J].税务与经济：长春税务学院学报，1998（3）：56-58.

[31] 刘文献.特许经营的本质及其经济社会效益[J].连锁与特许，2004（10）：68-69.

[32] 李霞，陈雪琼.运用时间分析模型探讨酒店服务生产率的提升——以酒店中式铺床项目为例[J].北京第二外国语学院学报，2007（7）：57-63.

[33] 李锐，叶莲花，凌文辁.授权认知理论及其对管理的启示[J].现代管理科学，2006（10）：21-22.

[34] 罗明，黄文波.饭店服务生产率模型建构及管理[J].北京第二外国语学院学报，2007（1）：20-23.

P

[35] [美]A.佩恩.服务营销精要[M].郑薇，译.北京：中信出版社，2003.

[36] 潘轶彦.基于顾客价值的服务品牌接触点管理研究[D].南京：南京理工大学出版社，2004.

R

[37] 任素娟.服务业中排队等待问题的解决方案[J].对外经贸，2006（1）：111-112.

S

[38] 宋卫斌，苏秦．虚拟顾客服务系统排队模型 [J]．管理科学学报，2001，4（3）：52-57．
[39] 苏朝晖．客户关系管理．2 版 [M]．北京：高等教育出版社，2016．

T

[40] 唐晓芬．顾客满意度测评 [M]．上海：上海科技出版社，2001．
[41] [美] 唐·佩珀斯，马萨·罗杰斯．一对一未来 [M]．屈陆民，译．北京：华文出版社，2002．
[42] 唐中君、崔骏夫、禹海波．基于扩展质量功能展开和网络图的产品大数据分析方法及其应用探讨，载自中国科技论坛，2017 年 12 月 5 日．
[43] 田志友，王浣尘．解释结构模型在服务蓝图设计中的应用 [J]．工业工程与管理，2003，8（4）：46-50．

W

[44] 温碧燕，汪纯孝．服务公平性、顾客服务评估和行为意向的关系研究 [J]．中山大学学报（社会科学版），2002，42（2）：109-116．
[45] [美] 瓦拉瑞尔·A．泽斯曼尔，玛丽·乔·比特纳．服务营销 [M]．张金成，白长虹，译．北京：机械工业出版社，2004．
[46] 王辉．服务生产率在我国商业银行中的应用研究 [J]．天津商务职业学院学报，2007，9（3）：10-12．
[47] 王永贵．服务营销 [M]．北京：北京师范大学出版社，2007．
[48] 王永贵．顾客资源管理 [M]．北京：北京大学出版社，2005．
[49] 王永贵．客户关系管理 [M]．北京：清华大学出版社，北京交通大学出版社，2007．
[50] 王永贵．客户关系管理 [M]．北京：清华大学出版社，北京交通大学出版社，2007．
[51] 王永贵，徐宁．顾客抱怨与服务补救 [M]．天津：南开大学出版社，2007．
[52] 王元泉．服务质量管理研究 [D]．北京：首都经济贸易大学，2004．
[53] 王海涛．论服务生产率的构成及其管理 [J]．科技与管理，2005，7（6）：50-52．
[54] 武铮铮．从迪士尼乐园看我国服务业的市场定位 [J]．中国证券期货，2010（9）：114-115．

X

[55] 熊凯，王娟．服务企业顾客期望管理 [J]．当代财经，2005（1）：62-65．
[56] 许少英．服务利润链与服务营销管理 [J]．商场现代化，2006（31）：217-218．

Y

[57] [美] 约翰·彼得森，道格拉斯·霍夫曼．管理服务营销．邓小敏，王志刚，叶陈毅，译．北京：中信出版社，2004．
[58] 叶万春．服务营销学 [M]．北京：高等教育出版社，2001．
[59] [美] 约翰·科特，詹姆斯·赫斯科特．企业文化与经营绩效 [M]．北京：华夏出版社，2001．
[60] 银成钺，毕楠．自恋顾客的服务创造：感知控制及他人评价对自恋顾客服务评价的影响 [J]．外国经济与管理，2014，36（12）：22-32．

Z

[61] [美] 詹姆斯·A．菲茨西蒙斯，莫娜·J．菲茨西蒙斯．服务管理：运作、战略与信息技术．3 版 [M].

张金成，范秀成，译 . 北京：机械工业出版社，2003.

[62] 张宁俊 . 服务管理：基于质量和能力的竞争研究 [M]. 北京：经济管理出版社，2006.

[63] 张圣亮 . 服务营销与管理 [M]. 北京：人民邮电出版社，2015.

[64] [美] 詹姆斯 A. 菲茨西蒙斯，莫娜 J. 菲茨西蒙斯 . 服务管理：运作、战略与信息技术 [M]. 张金成，范秀成，译 . 北京：机械工业出版社，2006.

英文文献

A

[1] Allan C. Reddy, Bruce D. Buskirk and Ajit Kaicher. Tangibilizing the intangibles: some strategies for service marketing. Journal of services marketing, 1993, 7(3), pp. 13-17.

[2] A. Parasuraman, Leonard L. Berry, Valarie A. Zeithaml. Understanding customer expectations of service. Sloan Management Review, 1991, 32(3), p. 41.

[3] Alan W. H. Grant, Leonard A. Schlesinger. Realize your customers' full profit potential. Harvard Business Review, 1995, 73(5), pp. 59-62.

[4] Anna S. Mattila, Jochen Wirtz. Congruency of scent and music as a driver of in-store evaluations and behavior. Journal of Retailing, 2001, 77(2), pp. 273-289.

[5] Arun Sharma, Douglas M. Lambert. Segmentation of Markets Based on Customer Service. International Journal of Physical Distribution &Logistics Management, 1994, 24(8), pp. 50-58.

B

[6] Blattberg, R. C. and John Deighton. Manage marketing by the customer equity test. Harvard Business Review, July-August, 1996, pp. 136-144.

[7] Beth G. Chung. A service market segmentation approach to strategic humance resource management, Journal of quality management, 2001, 6(2), pp. 117-138.

[8] B. J. Jaworski,A. K. Kohli. Market orientation: antecedents and consequences. Journal of Marketing,1993, 57(3),pp. 53-71.

[9] B. A. Lukas,O. C. Ferrell. The effect of market orientation on product innovation. Journal of the Academy of Marketing Science,2000,28(2),p. 239.

[10] Baldwin W. Marchack. Market segmentation and service: A strategy for success. The Journal of Prosthetic Dentistry, March 1995, 73(3), pp. 311-315.

[11] Bernard . J. Jaworski. Toward a theory of marketing control: environmental context , control types , and consequences. Journal of Marketing, 1988, 52(3), pp. 23-39.

[12] Berry, L. L. "Relationship Marketing", in Berry, L. L. , Shostack, G. L. and Upah, G. D. (Eds), Emerging Perspectives on Services Marketing. Proceedings Series, American Marketing Association, Chicago, IL, 1983.

[13] Bill Orr. The ultimate customer-service channel. ABA Banking Journal, Dec 1998, 90(12), pp. 68.

[14] Bob King. Better Designs in Half the Time: Implementing Quality Function Deployment in America. GOAL / QPC, Methuen MA,1989.

C

[15] Gronroos , Service management and Marketing: A Customer Relationship. John Wiley, New York, 2000.

[16] Cam Scholey. Targeted marketing with value propositions, leadership is all in the image. CMA management, Oct2002, 76(7), p. 14.

[17] Chris Ezeh, Lloyd C. Harris. Servicescape research: a review and a research agenda. The Marketing Review, Vol. 7, No. 1, 2007, pp. 59-78.

[18] Christian Homburg, Wayne D. Hoyer&Martin Fassnacht. Service orientation of a retailer's busines strategy: dimensions, antecedents and performance outcomes. Journal of Marketing, Oct2002, 66(4), pp. 86-101.

[19] Cohen Lou. Quality Function Deployment How to Make QFD Work for You. Massachusetts: Addison Wesley Publishing Company,1995.

[20] Cooper, Robert G. , S. J. Edgett and R. G. Cooper. Product development for the service sector: lessons from market leaders. Perseus Books, 1999.

[21] Curtis P. Mclaughlin, Roland T. Pannesi. The different operations strategy planning process for service operations. International Journal of operations & production management, 1991, 11(3), pp. 63-76.

D

[22] David A. Collier, Susan M. Meyer. A service positioning matrix. International Journal Of Operations & Production Management, 1998, 18(12), pp. 1223-1244.

[23] D. J. McCort,N. K. Malhotra. Culture and consumer behavior. Journal of International Consumer Marketing, 1993, 6(2),pp. 91-127.

[24] Danny R. Arnold, K. Douglas Hoffman, James McCormick. Service pricing: a differentiation premium approach. The Journal of Service Marketing, Vol. 3, No. 3, 1989, pp. 25-32.

[25] David A. Tansik, Robert Routhieaux. Customer stress-relaxation: the impact of music in a hospital waiting room. International Journal of Service Industry Management, Vol. 10, No. 1, 1999, pp. 68-81.

[26] Dorsch, Michael J. and Les Carlson. A transaction approach to understanding and managing customer equity. Journal of Business Research, 1996, 35, pp. 253-264.

E

[27] E. C. Clemmer,B. Schneider. Toward understanding and controlling customer dissatisfaction with waiting during peak demand times, in: M. J. Bitner,L. A. Crosby ed,Designing A Winning Service Strategy. American Marketing Association,Chicago,1989,pp. 87-91.

[28] Eric R. Spangenberg, Ayn E. Crowley and Pamela W. Henderson. Improving the store environment: do olfactory cues affect evaluations and behaviors? Journal of Marketing, Vol. 60, April 1996, pp. 67-80.

F

[29] Francis Buttle, Jamie Burton. Dose service failure influence customer loyalty? Journal of Consumer Behaviour, Vol. 1, NO. 3, 2002, pp. 217-227.

G

[30] G. L. Shostack. Planning the service encounter,in: J. A. Czepiel,M. R. Solomon,C. F. Surprenant,ed. ,The

service Encounter. Lexington Books,Lexington,MA: 1985.

[31] G. L. Shostack. Service design in the operating environment ,in: W. R. George, C. Marshall,ed. ,Developing New Service. Chicago: American Marketing Association,1984.

[32] George J. Avlonitis , Kostis A. Indounas. Pricing objectives and pricing methods in the services sector. The Journal of Services Marketing, Vol. 19, No. 1, 2005, pp. 47-57.

[33] George J. Avlonitis , Kostis A. Indounas. Pricing practices of service organizations. Journal of Service Marketing, Vol. 20, No. 5, 2006, pp. 346-356.

[34] Gronroos. Christian. Creating a Relationship Dialogue: Communication, Interaction and Value. The Marketing Review, No. 1, 2000, p. 5.

H

[35] Haksin Chan, Lisa C. Wan. Consumer responses to service failures: a resource preference model of cultural influences. Journal of International Marketing, Vol. 16, No. 1, 2008, pp. 72-97.

I

[36] Irene C. L. Ng. Establishing a service channel: a transaction cost analysis of a channel contract between a cruise line and a tour operator. Journal of Service Marketing, 2007, 21(1): 4-14.

J

[37] Joseph Gatti. Internet is key credit card services channel. Direct Marketing, 2003, Preceding, p.1.

[38] J. Joseph Cronin, Jr. Michael K. Brady,Richard R. Brand,etc. Donald J. Shemwell. A cross-sectional test of the effect and conceptualization of service value. The Journal of Services Marketing,1997,11(6): 375-391.

[39] J. M. Rathmell. What is meant by services? Journal of Marketing , 1966, 30(10): 32-36.

[40] James G. Maxham III, Richard G. Netemeyer. A longitudinal study of complaining customer's evaluations of multiple service failures and recovery efforts. Journal of Marketing, Vol. 66, October 2002, pp. 57-71.

[41] James H. Donnelly, Jr. Marketing Intermediaries in Channels of Distribution for Services. Journal of Marketing, 1976, 40(1): 55-70.

K

[42] Kasturi, Anand. Internal Processes in Services and Customer Relationships, IIMB Management Review, 2003, 15(3), p. 84.

[43] Katz,K. ,B. Larson and R. Larson. Prescription for the Waiting-in-Line Blues: Entertain,Enlighten,and Engage. Sloan Management Review,1991, 32(2): 44-53.

[44] Ken Peattie, Sue Peattie. Sales promotion – a missed opportunity for services marketers? International Journal of Service Industry Management, Vol. 6, No. 1, 1995, pp. 22-39.

[45] Kirk L. Wakefield, Jeffrey G. Blodgett. The importance of Servicescapes in leisure service settings. Journal of Service Marketing, Vol. 8, No. 3, 1994, pp. 66-76.

L

[46] L. Bland. Profiting as an investment adviser. Practical Accountant, August, 1994, pp. 20-31.

[47] L. L. Berry. Cultivating service brand equity. Journal of the Academy of Marketing Science,2000,28(1):

128-137.

[48] Leslie De Chernatony, Susan Cottam and Susan Segal Horn. Communicating services brands' values internally and externally. The Service Industries Journal, 2006, 26(8): 819-836.

M

[49] M. J. Bitner , B. H. Booms, Lois A. Mohr. Critical service encounters: the employee's viewpoint. Journal of Marketing , 1994, 58, pp. 95-106.

[50] M. Morgan Robert, Shelby D. Hunt. The Commitment-Trust Theory of Relationship Marketing. Journal of Marketing, Vol. 58, July1994, p. 22.

[51] M. C. Crawford,A. Di Benedetto. New Product Management,6th ed. McGraw-Hill,Boston,MA,1999.

[52] Marn, M. V. and Rosiello, R. L.. Managing price, gaining profit. Harvard Business Review, Vol. 70, September-October, 1992, pp. 84-94.

[53] Michael D. Hartline, O. C. Ferrel. The management of customer-contact service employees: an empirical investigation. Journal of Marketing, 1996, 60(Oct), p. 52.

[54] Mark Albrecht. Delivering service/enhancing productivity tools. Accounting Technology, Supplement, 2007, 23, p. 14.

[55] Michael Hinshaw. A survey of key success factors in financial services marketinig and brand management. Journal of financial service marketing, 2005, 10(1), pp. 37-48.

[56] Michael J. Dorsch, Les Carlson, Mary Anne Raymond and Robert Ranson. Customer equity management and strategic choices for sales managers. Journal of Personal Selling & Sales Management, 2001, XXI(2), spring, pp. 157-166.

[57] Marla Royne Stafford,Thomas F. Stafford,Brenda P. Wells. Determinants of service quality and satisfaction in the auto casualty claims process. The Journal of Services Marketing,1998,12(6): 429.

[58] Mary Jo Bitner,Bernard H. Booms,Mary Stanfield Tetreault. The service encounter: diagnosing favorable and unfavorable incidents. Journal of Marketing,1990,54,p. 73.

[59] McFadden Daniel L, Train Kenneth E. Consumers'evaluation of new products Learning from self and others. The Journal of Political Economy,1996,104(4): 683-703.

[60] Michael K. Hui,John E. G. Bateson. Perceived control and the effects of crowding and consumer choice on the service experience. Journal of Consumer Research,1991,18,pp. 174-184.

[61] Michael K. Hui and David K. Tse. What to Tell Consumers in Waits of Different Lengths :An Integrative Model of Service Evaluation. Journal of Marketing , Vol. 60,April 1996, pp.81-90.

[62] Michael K. Hui, Laurette Dube, Jean-Charles Chebat. The impact of music on consumers' reaction to waiting for services. Journal of Retailing, 1997, Vol. 73(1): 87-104.

N

[63] Natalie Hedrick, Michael Beverland, Stella Minahan. An exploration of relational customers' response to service failure. Journal of services Marketing, Vol. 21, No. 1, 2007, pp. 64-72.

O

[64] Onkvist, S. , Shaw, J. and Suprenant, C. The measurement of service value: some methodological issues and models. Suprenant, C, 1987.

[65] Ojasola J. Quality dynamics in professional service. Helsinki/Helsingfors: Swedish School of Economics/CERS,Finland,1999.

P

[66] Pass, L. , Ton Kuijlen. Towards a general definition of customer relationship management. Journal of Database Marketing, 2001, 9(1): 51-60.

[67] Patreya Tansuhaj, Donna Randall, Jim McCullough. A services marketing management model: integrating internal and external marketing functions. The Journal of Service Marketing, Vol. 2, No. 1, winter 1998, pp. 31-38.

[68] Paul Carrington. Value propositions: making your message stick. Money Management, 21(11), March 2007, p. 15.

[69] Peter D. Bennett. Dictionary of Marketing Terms. American Marketing Association, Chicago, 1989.

[70] Power,Christopher,Driscoll,Lisa. Smart selling. Business Week,1992, 8(3), pp. 46-48.

R

[71] R. Deshpande,J. U. Farley,F. E. Webster. Corporate culture,customer orientation and innovativeness in Japanese firms: a quadra analysis. Journal of Marketing,1993,57,pp. 23-37.

[72] Rust, R. T, Valarie A. Zeithaml and Katherine N. Lemon. Driving Customer Equity: How Customer Lifetime Value is Reshaping Corporate Strategy. The Free Press, 2000.

[73] Ravald, Annika and Gronroos, Christian. The Value Concept and Relationship Marketing. European Journal of Marketing, Vol. 30, No. 2, 1996, pp. 19-30.

[74] Richard B. Chase. Where Does the Customer Fit in a Service Organization? Harvard Business Review, Nov, 1978, pp. 25-28.

[75] Rohit Ramaswamy. Design and management of Service Process. Addison-Wesley Publishing Company INC,1996.

[76] Ruth N. Bolton and Matthew B. Myers. Price-based global market segmentation for services. Journal of Marketing, July 2003, pp. 108-128.

S

[77] S. Taylor. The effects of filled waiting time and service provider control over the delay on evaluations of service. Journal of the Academy of Marketing Science,1995,23(1), pp. 38-48.

[78] S. W. Kelly. Discretion and the service employee. Journal of Retailing , 1993, 69(1), pp. 104-126.

[79] Schlissel, Martin R. , Chasin, Joseph. Pricing of service: an interdisciplinary review. The Service Industries Journal, Vol. 11, No. 3, 1991, pp. 271-286.

[80] Scott Widmier, Donald W. Jackson. Examining the effects of service failure, customer compensation, and fault on customer satisfaction with salespeople. Journal of Marketing Theory and Practice, Winter 2002, pp. 63-74.

[81] Sharon Morrison, Frederick G. Crane. Building the service brand by creating and managing an emotional brand experience. Brand Management, 2007, 14(5), p. 411.

[82] Shostack, G. Lynn. Service positioning through structural change. Journal of Marketing, 1987, 51(1), pp. 34-43.

[83] Shostack, G L. Designing service that deliver. Harvard Business Review. January-February, 1984, p. 139.

[84] Shostack, G L. Service positioning through structural change. Journal of Marketing, Vol. 51, January 1987, pp. 35-37.

[85] Spreng,Harrell and Mackoy. Service Recovery, Import on Satisfaction and Intentions. Journal of Service Management,1995, 9(1): 15-23.

[86] Sridhar Moorthy , Xubing Zhuang. Price matching by vertically differentiated retailers: theory and evidence. Journal of Marketing Research, May 2006, pp. 156-167.

[87] Stephen S. Tax, Stephen W. Brown. Recovering and Learning from service failure. Sloan Management Review, Fall 1998, pp. 75-88.

[88] Stephen W. Brown. Practicing best-in-class service recovery. Marketing Management, summer 2000, pp. 8-9.

[89] Stevens E. and Dimitriadis S.. Managing the new service development process: towards a systemic model. European Journal of Marketing, 2005, 39(1/2):175-198.

[90] Storbacka, K. and Jarmo R. Lehtine. Customer Relationship Management: Creating Competitive Advantage through Win-win Relationship Strategies. McGraw-Hill, 2001, 15(5): 485-488.

[91] Shirley Taylor. Waiting for service: The relationship between delays and evaluations of service. Journal of Marketing, 1994, 58(2): 56-59.

[92] Shostack, G. Lynn, Service Positioning Through Structural Change,Journal of Marketing; Jan 1987. 51(1): 34-43.

[93] S. Mohammed,C. Easingwood. Why European financial institutions do not test market new consumer products. International Journal of Bank Marketing,1993,11(3): 23-27.

[94] Sullivan Lawrence P. ,Quality Function Deployment. Quality Progress,1988(6): 39-50.

T

[95] Task motivation. Academy of Management Review,1990,1(54).

[96] T. Levitt. Production-line approach to service,Harvard Business Review,1972, 50(5): 42.

[97] Theodore L. Production-Line Approach to Service. Harvard Business Review, September-October, 1972, pp. 41-52.

[98] Thomas, Kenneth W and B. A. Velthouse. Cognitive elements of empowerment: An "interpretive" model of intrinsic task motivation. Academy of Management Review 1990, 15(4): 666-681.

[99] Tim Matanovich. Pricing services vs. pricing products. Marketing Management, July/August 2003, pp. 12-13.

[100] Tina L. Robbins, Janis L. Miller. Considering customer loyalty in developing service recovery strategies. Journal of Business Strategies, Vol. 21, No. 2, Fall 2004, pp. 95-109.

V

[101] V. A. Zeithaml,L. L. Berry,A. Parasuraman. The nature and determinants of customer expectations of service. Journal of Academy of Marketing Science,1993,21(1),pp. 1-12.

[102] V. Barezak. New product strategy,structure,process and performance in the telecommunication industry. Journal of Product Innovation Management,1995,12(3): 224-234.

[103] Valarie A. Zeithamal. How consumer evaluation processes differ between goods and services. in: James H. Donnelly, William R. George, Marketing of Service. American Marketing Association, Chicago, 1981, pp. 186-190.

W

[104] Wei Tung, Louis M. Capella and Peter K Tat. Service pricing: a multi-step synthetic approach. Journal of

Service Marketing, Vol. 11, No. 1, 1997, pp. 53-65.

[105] William R. Forrester, Manfred F. Maute. The impact of relationship satisfaction on attributions, emotions, and behaviors following service failure. Journal of Applied Business Research, Vol. 17, No. 1, 2001, pp. 1-14.

Y

[106] Yoji Akao,Quality Function Deployment. Integrating Customer Requirements into Product Design. Cambridge: MA,Productivity Press,1990.

[107] Yonggui Wang, Jay Kandampully, Hing-Po Lo and Guicheng Shi. Corporate reputation and brand equity: a Chinese study. Corporate Reputation Review, Vol. 9, No. 3, 2006, pp. 179-197.

Z

[108] Zeithaml, V. A.. Consumer Perceptions of Price, Quality and Value: A Means-end Model and Synthesis of Evidence. Journal of Marketing, Vol. 52,No. 3, 1988, pp. 2-22.

[109] Zeithaml A. Valarie, Roland T. Rust,Katherine N. Lemon. The customer pyramid: creating and serving profitable customers. California Management Review,2001,43(3): 118-142.

教师服务

感谢您选用清华大学出版社的教材！为了更好地服务教学，我们为授课教师提供本书的教学辅助资源，以及本学科重点教材信息。请您扫码获取。

» 教辅获取

本书教辅资源，授课教师扫码获取

» 样书赠送

市场营销类重点教材，教师扫码获取样书

 清华大学出版社

E-mail: tupfuwu@163.com
电话: 010-83470332 / 83470142
地址: 北京市海淀区双清路学研大厦 B 座 509

网址: http://www.tup.com.cn/
传真: 8610-83470107
邮编: 100084